भूषण ग्रंथावली

भूषण ग्रंथावली

सम्पादक

आचार्य विश्वनाथप्रसाद मिश्र

वाणी प्रकाशन

वाणी प्रकाशन
4695, 21-ए, दरियागंज, नयी दिल्ली 110 002

शाखा

अशोक राजपथ, पटना 800 004

फ़ोन: +91 11 23273167 फ़ैक्स: +91 11 23275710

www.vaniprakashan.in
vaniprakashan@gmail.com
sales@vaniprakashan.in

BHUSHAN GRANTHAWALI
Edited by Acharya Vishwanath Prasad Mishra

ISBN : 978-93-5000-264-3
Granthawali

संस्करण 1994, 2012
आवृत्ति 2017

मूल्य : ₹ 595

एस.जी. प्रिंटर्स, दिल्ली-110 093 में मुद्रित

वाणी प्रकाशन का लोगो मक़बूल फ़िदा हुसेन की कूची से

आरंभ-वचन

(प्रथम संस्करण)

अब तक भूषण का एक ही ग्रंथ 'शिवभूषण' प्रामाणिक रूप में प्राप्त है। शेष उनकी वीर, शृंगार और शांत रसों की प्रकीर्ण रचनाएँ हैं। 'शिवाबावनी' और 'छत्रसालदशक' उनके द्वारा संगृहीत पोथियाँ नहीं हैं। भूषण का जन्मकाल जो 'शिवसिंहसरोज' में दिया गया है वह १७३८ है। 'शिवभूषण' के निर्माणकाल का जो दोहा मिलता है उसमें संवत् १७३० दिया गया है। जनश्रुति के अनुसार 'शिवाबावनी' पहले बनी और 'शिवभूषण' बाद में। 'शिवाबावनी' में संवत् १७३० के बाद की घटनाएँ हैं, इसलिए शिवभूषण के निर्माणकाल को एक महाशय जाली मानते हैं। शिवभूषण के निर्माणकाल का दोहा हस्तलिखित हिंदीग्रंथों की 'खोज की रिपोर्ट' (सन् १९२३) में दिया हुआ है। इसमें दो प्रतियों के विवरण हैं। एक तो वही प्रति है जिसके आधार पर श्रीमिश्रबंधु महोदयों ने अपनी भूषणग्रंथावली संपादित की और दूसरी अन्यत्र की। काशिराज के पुस्तकालय में जो 'शिवभूषण' है उसमें भी यह दोहा है, पर पाठ में अंतर है। अभी हाल में मुझे एक प्रति मिली है जो प्राप्त प्रतियों में सबसे प्राचीन है। इसका लिपिकाल सं० १८१८ वै० है। इसमें वह दोहा उपस्थित है। पाठ वही है जो काशिराज के पुस्तकालयवाली प्रति में है। गोविंद गिल्लाभाई के पास भी एक प्रति थी जिसका हवाला उन्होंने अपने गुजराती 'शिवराजशतक' में दिया है। उसमें भी यह दोहा मिलता है। इस प्रकार दोहा जाली नहीं। अतः 'शिवभूषण' का निर्माणकाल संवत् १७३० निःसंदिग्ध है।

अब 'शिवसिंहसरोज' में दिए जन्मकाल को देखिए। हिंदी के ऐतिहासिकों को 'शिवसिंहसरोज' से बहुत धोखा हुआ है। यहाँ इतना ही कह देना पर्याप्त है कि उसमें कवियों का कविताकाल दिया गया है, जन्मकाल नहीं। स्वयम् शिवसिंहजी ने अपनी भूमिका में स्पष्ट लिखा है—'फिर कवियों का एक सूचीपत्र बनाकर, उनके ग्रंथ, उनके विद्यमान होने के सन्-संवत् और उनके जीवन-चरित्र जहाँ तक प्रकट हुए लिखे।' ये सन्-संवत् लिए कहाँ से गए इसका भी उल्लेख है—'जिन कवियों के ग्रंथ मैंने पाए उनके सन्-संवत् बहुत ठीक ठीक लिखे हैं और जिनके ग्रंथ नहीं मिले उनके सन्-

संवत् हमने अटकर से लिख दिए हैं।' भूषण का इन्हें कोई ग्रंथ नही मिला। वे साफ लिखते हैं—'इनके बनाए हुए ग्रंथ शिवराजभूषण, भूषणहजारा, भूषणउल्लास, दूषणउल्लास ये चार सुने जाते हैं।' फिर यह १७३८ इन्होंने किस अटकल से लिखा ? शंभुनाथ सुलंकी और मतिराम को इन्होंने भिन्न लिखा है और दोनो के विवरण में संवत् १७३८ है। भूषण और मतिराम भाई थे, अतः मतिराम का १७३८ संवत् यहाँ भी रख दिया गया। रही यह बात कि शिवसिंहसरोज में 'में उत्पन्न हुए' क्यों छपा है। उसका उत्तर यह है कि ग्रंथ छापते समय छापनेवालों या उसके संपादक की यह करतूत है। हस्तलिखित हिंदीग्रंथों की खोज की रिपोर्ट (सन् १९२३) में 'शिवसिंह-सरोज' की हस्तलिखित प्रति का जो विवरण दिया है उसमें 'उ०' ('में उत्पन्न हुए' का संक्षेप) किसी कवि के नाम के साथ नहीं है। शिवसिंह-सरोज के इन सन्-संवतों को जन्मकाल मानकर डाक्टर ग्रियर्सन, श्रीमिश्रबंधु महोदय, आचार्य रामचंद्र शुक्ल आदि सभी साहित्य के इतिहास-लेखकों को धोखा खाना पड़ा है और जहाँ उन्हें अन्य साधनों से कवि का समय मिला है वहाँ उनकी परेशानी भी बढ़ी है। अंत में कहीं कहीं, विशेषतः श्रीमिश्र-बंधुओं ने यह भी लिखा है कि सिवसिंहसरोज के सन्-संवत् जन्मकाल नहीं जान पड़ते। 'सरोज' के सन्-संवत् काव्यकाल ही हैं। इन सन्-संवतों को कविताकाल स्वीकृत कर लेने पर साहित्य के इतिहासों में बहुत कुछ उलट-फेर होगा, और इसके सिवा कोई चारा भी नहीं है।

'शिवाबावनी' को लीजिए। इसे 'शिवभूषण' से पहले की रचना मानना भारी भ्रम है। 'शिवाबावनी' और 'छत्रसालदशक' नाम के संग्रह स्वयम् भूषण के किए क्या, प्राचीन काल के संग्रह तक नहीं हैं। संवत् १९४६ में सबसे पहले गोवर्धनदास लक्ष्मीदास ने कच्छभुज से ये दोनों संग्रह प्रकाशित किए। इसे वे स्वयम् स्वीकार करते हैं—

"कोई कोई रसिक लोगों के पास से एकाधे कवित्त का पता मिलें वहाँ जाय लिख लेना जारी रखा थोड़े कवित्त जमा किए थे। बाद भगवत्संकल्प ऐसा ही हुआ की, प्रतापी भूषण कविराज के श्रम का नाश न होना और उन्होंने बनाई हुई कविता का पुनर्जन्म या जीर्णोद्धार होना वास्ते निमित्त रसिक सारस्वत व्यास हरीराम सूरजी और मित्रवर्य रा० रा० काशीनाथ पांडुरंग परब ईन महाशयों ने यह ग्रंथ प्रसिद्ध करने का मुजे उत्तेजन दिंया उस पर सें मुजे हिम्मत हुआ मैंने बहुत सा शोध करने में कुछ कवित्त जमा हुए और जिस ग्रंथ का नाम हम ऊपर लिख गए हैं वो सिवराजभुखण संपूर्ण ग्रंथ भी हाथ आया बाद भासा-काव्य में परिपूर्ण पेहेलवान् मिसिर श्रीगुरुप्रसादजी भवानीप्रसादजी इन्होंने कवित्तों की और सइ थग्रं को सोधने की बहोत सी मदद करने में यह अपूर्वकाव्य शिवाबावनी ग्रंथ खड हुआ। जो यह कृपापूर्वक श्रम न लेते तो ईस सहर में यह ग्रंथ खड़ा न होता। इस ग्रंथ में।

शिवाजी महाराज छत्रपती के युद्धप्रसंग के चुने हुए ५२ कवित्त रखे गए हैं। और महाराजा छत्रसाल पन्नानरेस के इसी कविराज भूषण के बनाये हुए १२ कवित्त रखे हैं और कुछ छुट काव्य भी रखी है।"

इस प्रकार स्पष्ट है कि सं० १९४६ के पूर्व न तो 'शिवाबावनी' का पता था और न 'छत्रसालदशक' का। इन संग्रहों की कोई हस्तलिखित प्रति भी तो आज तक नहीं मिली या सुनी गई।

× × × ×

भूषण की काव्यकृति का आधुनिक शैली से संपादन सर्वप्रथम मिश्रबंधु महोदयों ने किया। उसमें विस्तृत भूमिका और मूल के नीचे शब्दार्थों की टिप्पनी की योजना की गई। भूमिका में अधिकतर ऐतिहासिक पक्ष का ही उपबृंहण था। साहित्यिक पक्ष की यथावांछित विवृति उसमें न पाकर स्वर्गीय लाला भगवानदीनजी ने उसके संपादन की ओर हमारा ध्यान सं० १९८५ वि० में आकृष्ट किया। मिश्रबंधुओं की भूषणग्रंथावली काशी नागरीप्रचारिणी सभा ने प्रकाशित की थी और सभा द्वारा ही भूषण के संबंध में नई समस्या खड़ी कर दी गई थी। हिंदी के हस्तलिखित ग्रंथों का संक्षिप्त विवरण (जो सन् १९०० से १९११ तक की गई खोज का संक्षिप्तीकरण था) प्रकाशित करते हुए खोज के निरीक्षक बाबू श्यामसुंदरदास ने तत्सामयिक साहित्यान्वेषक की नूतन कल्पना में विश्वास करके उसका लेख भूमिका में मुद्रित करा दिया, जिसमें यह संभावना प्रकट की गई थी कि भूषण शिवाजी के दरबार में नहीं गए थे, उनका जन्म ही संवत् १७३८ में हुआ था और मतिराम उनके भाई नहीं थे। इस नवीन उद्भावना से बहुत से वे साहित्यिक और आलोचक व्यग्र हो गए थे जो शिवाजी के ही दरबार में भूषण का जाना ठीक समझते थे पर समुचित ऐतिहासिक सामग्री का आलोड़न न कर सकने से प्रतिपक्ष को अपेक्षित प्रमाण नहीं दे पाते थे। अतः हमारे लिए सारी ऐतिहासिक सामग्री का पुनरवलोकन अनिवार्य हो गया। इस ऐतिहासिक अंश के चयन-कलन में श्रीरमाकांतजी चौबे ने, देर से ही सही, हमारी भरपूर सहायता की। भूषण की रचना में कुछ पौराणिक कथाएँ भी यत्र-तत्र आ गई हैं। कथा-पुराण में निमग्नोन्मग्न रहनेवाले श्रीदेवाचार्य ने इस अंश में हाथ बँटाया। छल-छंद से दूर ही रहनेवाले श्रीबजरंगबली गुप्त ने पिंगल का प्रस्तार किया और ऐतिहासिक स्थलों का कलापूर्ण मानचित्र श्रीमोहनवल्लभ पंत ने अंकित कर दिया। भूमिका-लेखन, मूल का संपादन और टिप्पनियों की विस्तृत नियोजना अकेले मेरे बाँटे पड़ी। इस प्रकार के सज्जा-संभार से 'भूषणग्रंथावली' का

प्रकाशन किया गया और उसे छापा काशी के साहित्य-सेवक कार्यालय ने। उसकी कई आवृत्तियाँ हुईं। पर यथोचित परिष्कार-प्रतिसंस्कार का अवसर कार्यभार ने न दिया।

इधर भूषण-संबंधी बहुत-सी सामग्री सामने राशीभूत होने लगी। मेरे प्रिय शिष्य श्रीलक्ष्मीशंकर व्यास ने श्रीचुन्नीलालजी के संग्रह से संवत् १८१८ वाला 'शिवभूषण' का हस्तलेख ला दिया। फलतः भूषण पर नए सिरे से विचार करने की आवश्यकता पड़ी और उसी का परिणाम भूषण की प्रस्तुत समीक्षा का लेखन और उनकी काव्यकृति का चूर्णिका-चर्चित संपादन है। कथा-भागवत आधुनिक अनुसंधान को न प्रेय है न श्रेय। रहा पिंगल। सो पुरानी कविता के नाम से ही लोग पिंगल पढ़ने लगते हैं। इससे ऐसे अंशों के लिए प्रस्तुत संस्करण में अवकाश ही न रहा।

इसके संपादन में अपने अभिन्न एवम् अग्रजकल्प श्रीरमाकांत चौबे की ऐतिहासिक छानबीन, संग्रह-संकलन से यथावसर पूरा लाभ उठाया गया जिसके लिए उनका परम कृतज्ञ, श्रीमोहनवल्लभ पंत का उरेहा मानचित्र मुद्रित करा के संलग्न करने के हेतु उनका उपकृत और श्रीबजरंगबली गुप्त के दिए शिवाजी तथा छत्रसाल के चित्रों के निमित्त उनका अनुगृहीत हूँ। श्रीलक्ष्मीशंकर व्यास को १८१८ वाला हस्तलेख देने के लिए, काशिराज महाराज श्रीविभूतिनारायणसिंह को शिवभूषण तथा विरहमंजरी के हस्तलेखों का उपयोग कर लेने देने के लिए और महाराज अजयगढ़ को प्राचीन कवियों का बृहत् हस्तलिखित संग्रह प्रदान करने के लिए अनेक धन्यवाद। जिन जिन ग्रंथों का संपादन में उपयोग किया गया है उन सबके कर्ताओं के प्रति भी कृतज्ञता-प्रकाश करता हूँ।

शिवभूषण' का पाठ और रूप सं० १८१८ वाले हस्तलेख के अनुसार रखा गया है। अन्य हस्तलिखित प्रतियों के पाठांतर पादटिप्पनी में दिए गए हैं। जहाँ 'लिखक' का प्रमाद जान पड़ा वहीं परिवर्तन किया गया है। जहाँ उसका पाठ भ्रांति से लिखा लगा वहाँ पाठांतर में दर्शित किया गया। फिर भी कुछ ऐसे स्थल हैं जिन्हें ज्यों का त्यों रखा गया, भ्रम की संभावना होने पर भी; जैसे लाटानुप्रास के उदाहरण 'औरन के जाँचें' प्रतीकवाले दोहे को। सबका विवरण अनावश्यक विस्तार की भीति से नहीं दिया जाता। अन्य प्रतियों के उबरे छंद 'परिशिष्ट' में रखे गए। 'प्रकीर्णक' में पाठांतर तो दिए गए हैं पर वे कहाँ के हैं इसका निर्देश भी विस्तारभिया नहीं किया गया। 'अंतर्दर्शन' में भषण का काव्यकाल, मतिराम से बंधुत्व और शिवाजी से संबंध

यथार्थ रूप में दिखाने के लिए कुछ अधिक कागज काला करना पड़ा है, पर अनंगकथन और अकांडप्रथन दोनो से बचने का प्रयास रहा है। फिर भी एक विसंगति मिलेगी। 'अंतर्दर्शन' में जो पाठ है कहीं कहीं उससे भिन्न मूल ग्रंथ में। इसका हेतु यही है कि १८१८ वाले हस्तलेख के पाठ तब मिलाकर दिए गए जब मूल ग्रंथ छपने लगा। हस्तलेख के दो पृष्ठों के दो फलक भी दिए जाते हैं एक 'कविवंशवर्णन' वाले पत्रे का है और दूसरा पुष्पिका के पत्रे का। 'प्रकीर्णक' का संग्रह अनेक प्राचीन हस्तलेखों और पत्रिकाओं से किया गया है। भूषण की बहुत-सी वीररस और श्रृंगाररस की ऐसी रचना इसमें मिलेगी जो अभी तक उनको ग्रंथावली के किसी संस्करण में स्थान नहीं पा सकी है। भूषण और उनकी कृति के संबंध में अनेक नवीन तथ्यों का इसमें उद्घाटन किया गया है। हिंदी-जगत् के सामने बहुत-सी नूतन ग्रंथबद्ध सामग्री सर्वप्रथम रखी जा रही है।

वसंत-पंचमी, २०१०
ब्रह्मनाल, काशी

विश्वनाथप्रसाद मिश्र

अनुवचन

(द्वितीय संस्करण)

भूषण की अद्यावधि उपलब्ध समस्त रचना का प्रकाशन 'भूषण' नाम से सं० २०१० में किया गया। सं० २०१२ में कैप्टन शूरवीरसिंह ने नागरी-प्रचारिणी पत्रिका के दूसरे अंक में 'भूषण का समय' शीर्षक निबंध प्रकाशित किया। इसमें उन्होंने दो पुस्तकों की प्राप्ति की सूचना दी। एक मतिरामकृत 'वृत्तकौमुदी' की और दूसरे मुरलीधर कविभूषण कृत 'अलंकरप्रकाश' की। 'वृत्तकौमुदी' वही सुप्रसिद्ध ग्रंथ है जिसके आधार पर श्रीभगीरथप्रसाद दीक्षित ने यह सिद्ध किया था कि भूषण और मतिराम भाई भाई नहीं हो सकते, क्योंकि मतिराम ने इसमें अपने को वत्सगोत्रीय लिखा है। इसकी चर्चा यथास्थान प्रस्तुत ग्रंथ में की गई है। कैप्टन साहब का कहना है कि अलंकारप्रकाश नामक रचना उन्हीं भूषण कवि की है जिन्होंने 'शिवभूषण' लिखा है। इसका हेतु उन्होंने यह बताया है कि अलंकारप्रकाश के कर्ता भी शिवभूषण के कर्ता की ही भाँति कश्यपगोत्रीय हैं। अलंकारप्रकाश में कवि-परिचय का यह दोहा आया है—

> **रामकृस्न कस्यप कुलहि रामेस्वर सुव तासु।**
> **ता सुत मुरलीधर कियो अलंकारपरकासु॥**

मुरलीधर कविभूषण कश्यपकुलोत्पन्न रामकृष्ण के आत्मज रामेश्वर के पुत्र थे। पर ये मुरलीधर कहाँ रहते थे इसका पता उस ग्रंथ से नहीं चलता। कश्यपगोत्रीय कान्यकुब्ज ब्राह्मणों का जो विवरण खेमराज श्रीकृष्णदास के यहाँ से प्रकाशित कान्यकुब्जवंशावली में दिया गया है वह निम्नलिखित है—

> **'आदौ कश्यपगोत्रं च वर्णयामि समासतः।**
> **यत्र जाता महात्मानो भूसुराः सुमहत्कुलाः॥**
> **ब्रह्मा ब्रह्ममयो ह्यासीत्तस्य पुत्रो मरीचिकः।**
> **मारीचः कश्यपो जातो तद्वंशे देवलो ह्यभूत्॥**

'...देवलजी कश्मीर में निवास करने लगे एक समय वहाँ से चलकर भदावर ग्राम में आए वहाँ के राजा ने देवलजी का बहुत आदर किया, और अपना राजपंडित नियत किया देवलजी वहीं रहने लगे। देवलजी के पुत्र

आशादत्तजी महाप्रतापी प्रसिद्ध हुए और त्रिपाठी कहलाए, आशादत्तजी को शिवराजपुर के राजा ने अपना पुरोहित नियत करके यज्ञ किया और दक्षिणा में शिवराजपुर सहित साढ़े दस ग्राम दिए…।

मनोहग्रामं प्रथमं बरुआख्य द्वितीयम् ।
तृतीयं सखरेजं च गोरीग्रामं चतुर्थकम् ।।
पंचमं शिवराजाख्यं पुरं च शिवली ततः ।
उमरी सप्तमं ज्ञेयमष्टमं च पचोरकम् ।।
नवमं हरिवंशाख्यं गूदरं दशमं स्मृतम् ।
चिंगसाख्यपुरं चार्धमेते साद्यदिगास्पदाः ।।

…आशादत्तजी के ग्यारह पुत्र हुए…ये सब जहाँ बसे वहाँ के तिवारी कहाए…।'

भूषण गूदरपुर के त्रिपाठी थे। पर मुरलीधर कविभूषण भी गूदरपुर के ही त्रिपाठी थे यह अलंकारप्रकाश से स्पष्ट नहीं होता। इसलिए शिवभूषण के निर्माता भूषण से ये भिन्न कोई अन्य कवि हैं। इस पार्थक्य को स्वीकार न कर कैप्टन साहब ने दोनो की एकवाक्यता कर दी है। भ्रम का कारण यह है कि अलंकारप्रकाश के कर्ता का भी काव्यकाल वही है जो शिवभूषण के कर्ता का। प्रत्युत 'प्रकाश' वाले भूषण पहले हुए हैं। 'प्रकाश' का निर्माण-काल इस प्रकार दिया गया है—

पाँच सुन्न सत्रह बरिस कातिक सुदि छठि जानु ।
अलंकारपरकासु को कबि कीनो निरमानु ।।

अलंकारप्रकाश सं० १७०५ में निर्मित हुआ और शिवभूषण सं० १७३० में।

इन्हीं मुरलीधर कविभूषण का एक पिंगल का ग्रंथ 'छंदोहृदयप्रकाश' भी प्राप्त हुआ है, जिसका प्रकाशन कन्हैयाल माणिकलाल मुंशी हिंदी तथा भाषाविज्ञान विद्यापीठ, आगरा से डाक्टर विश्वनाथप्रसाद के संपादन में गत वर्ष सन् १९५९ में हुआ है। इसका निर्माणकाल यों दिया गया है—

संबत सत्रह सय बरस तेइस कातिक मास ।
पूनव को पूरन भयो छंदोहृदयप्रकास ।।

इस प्रकार यह सं० १७२३ में पूर्ण हुआ।

इसमें कवि परिचय यों दिया गया है—

गहवर गुनमंडित कबि पंडित रामकृस्न कस्यपकुलपूषन।
रामेस्वर ता तनय सुकबि जा (कबि) तन नहिन निरखेउ नेक दूषन।
मुरलीधर ता सुअन सुपंचम देबीसिंह किअउ कबि भूषन।
छंदोहृदयप्रकास रच्यो तिन्ह जगमगात जिमि मिहिर मयूषन॥

इस विवरण से स्पष्ट हो जाता है कि अलंकारप्रकाश के रचयिता और छंदोहृदयप्रकाश के प्रणेता एक ही हैं। साथ ही यह सूचना भी मिलती है कि मुरलीधर को कविभूषण की उपाधि पंचम देवीसिंह ने दी थी। पर शिवभूषण के कर्ता को

'कविभूषन पदवी दई हृदयराम सुतरुद्र।'

दोनो को कविभूषण की उपाधि भिन्न भिन्न नरेशों के द्वारा मिली है। इस प्रकार ये दोनो पृथक् पृथक् कवि हैं।

इसके साथ ही दूसरा प्रश्न खड़ा होता है। हिंदी के विभिन्न संग्रहों में 'भूषण' के नाम से जो छंद विशेषतया शृंगार के छंद मिलते हैं वे किस भूषण के हैं। मुरलीधर कविभूषण के इन दोनो ग्रंथों में अभी तक एक भी छंद ऐसा नहीं मिला जो संग्रह ग्रंथों में मिलनेवाले छंदों में से हो। इसलिए यही प्रमाणित होता है कि वे समस्त छंद शिवभूषण के कर्ता के ही हैं। परंपरा जिन भूषण कवि को मानती आ रही है अथवा जिनकी रचना संग्रहों में संगृहीत होती आई है वे मुरलीधर कविभूषण नहीं हैं। अर्थात् इन कवि का परंपरा को पता नहीं था। इसलिए कैप्टन साहब की स्थापना ठीक नहीं है।

नागरीप्रचारिणी पत्रिका में उनका निबंध प्रकाशित होने पर मैंने पत्रिका के सहायक संपादक के माध्यम से उन्हें पत्र लिखवाया कि 'अलंकारप्रकाश' की जो प्रति प्राप्त हुई है उसकी प्रतिलिपि अवलोकनार्थ भेज दें। पर उन्होंने न जाने क्यों उत्तर तक नहीं दिया। अलंकारप्रकाश अभी तक प्रकाशित भी नहीं कराया। उस पर दो एक लेख उन्होंने इधर उधर अवश्य प्रकाशित कर दिए हैं। उन लेखों के लिए मैं उनका अनुगृहीत हूँ। भले ही उनकी स्थापना मुझे मान्य नहीं है। मुझे ही क्या डाक्टर विश्वनाथप्रसाद को भी मान्य नहीं है। किसी को भी मान्य नहीं हो सकती।

प्राचीन काव्यधारा में नदीष्ण मेरे प्रिय शिष्य डाक्टर किशोरीलाल गुप्त ने कुछ प्रमाणों के आधार पर शिवभूषण के कर्ता का नाम खोज निकालने की सूचना पत्रों में दी थी। उन्होंने किसी पुराने संग्रह के आधार पर यह

बताया था कि उनका नाम 'ब्रजभूषण' था। उसी के उत्तरार्ध को कवि ने उपाधि या छाप के रूप में प्रयुक्त किया। पर इधर साक्षात्कार होने पर और चर्चा चलने पर उन्होंने उसकी प्रामाणिकता पर संदेह प्रकट किया। श्रीगुप्त निरंतर प्राचीन काव्यसंग्रहों के आलोड़न में दत्तचित्त रहते हैं। इसलिए उन्होंने भूषण कवि के दो नए छंद और खोज निकाले हैं। वे लिखते हैं—

'बिहारीसतसई के आजमशाही क्रम के कर्ता सुप्रसिद्ध हरजू मिश्र के वंशज पंडित दयाशंकर मिश्र के पास से मुझे एक हस्तलिखित संकलनग्रंथ देखने को मिल. है। उक्त संकलन पंडित अहलाद मिश्र का किया हुआ है। यह प्रति भी उन्हीं पंडितजी की लिखी हुई है और अतीव जीर्णशीर्ण हालत में है। उक्त पंडितजी का देहावसान १८५६ ई० में हुआ था। पंडित अहलाद मिश्र दयाशंकरजी के प्रपितामह पं० शीतलाप्रसादजी मिश्र के चचेरे भाई थे। उक्त पोथी में अहलादजी ने अपने पूर्वज अकबरी दरबार के प्रसिद्ध जगन्नाथ मिश्र, आजमगढ़ के राजा आजम खाँ, अजमत खाँ एवम् महावत खाँ के दरबारी एवम् गुरु पं० बलदेव मिश्र, बिहारीसतसई के आजमशाही क्रम के कर्ता हरजू मिश्र तथा देवीभागवत को पुराण सिद्ध करके वेदपाठी की उपाधि प्राप्त करनेवाले नीलकंठ मिश्र तथा अन्य पूर्वजों की रचनाओं के साथ अन्य अनेक सुकवियों के भी कुछ छंद संकलित कर दिए हैं। इस संकलन में महाकवि भूषण के भी दो छंद हैं, जो एक दम नए हैं।

एक छंद शांतरस का है। यह भूषण का शांतरससंबंधी द्वितीय प्राप्त छंद है—

जासों प्रीति चाहो तासों कीजै न अरथबाद मीतबनिता के पीछे कीजै न नजरि है।
याही ने असुर योगी छल नैनचितवन जानत है नीके करि हर और हरि है।
भूषन भनै रे मन सिद्ध से सनेह करु श्रीपति रिसाने ते बिपति तोपै परिहै।
साधनानिपुन नर भवसुख भोग करि बिपुल सुगमता से भवनिधि तरिहै।

दूसरा छंद शिवाजी-संबंधी है—

एक ओर गोवा ते फिरंगी जंगीभट भिरे दल फैलो समुद्र लौं जाकी बाँह छाँह सों।
एक ओर रन घेरि मुलुक दबाय लीन्हो भूषन लगै न पाई साभिओ सुबाह सों।
ऐसो काल पाय कै बिकल ह्वै भूपाल सबै कौन भट भिरैगो बलसिंधु अथाह सों।
एक ओर सिवराज एदिल सों लरो करै एक ओर टक्कर दिली के नरनाह सों।

इस संस्करण के प्रकाशन के पूर्व एक बार पुनः भूषणसंबंधी प्राचीन और नवीन सामग्री देखनी पड़ी। पं० शिवराजबली शुक्ल ने सन् १९०४

में 'शिवराजभूषण ग्रंथ' ज्ञानभास्कर प्रेस बाराबंकी से प्रकाशित कराया था 'जिसमें कविवर भूषण का जीवनचरित्र, शिवराजदृष्टिपंचक, शिवाबावनी व छत्रसालदशक के अतिरिक्त और भी फुटकल कवित्त संग्रह किए गए' थे। इन्होंने शिवसिंहसरोज के सं० १७३८ को अशुद्ध ठहराया है। ये लिखते हैं—'शिवसिंह सरोजकार ने इन चारो भाइयों का जन्मसंवत् १७२९–३०–३८ लिखा है, भूषण का जन्म भी सं० १७३८ लिखा है। पर यह बड़ी भूल है। स्वयं भूषण कवि अपने शिवराजभूषण ग्रंथ की समाप्ति में सं० १७३० लिखते हैं। अर्थात् महाराज शिवाजी के सिंहासनारूढ़ होने के १ वर्ष पहले वह ग्रंथ बना।'

इन्होंने भूषण के जीवनचरित्र के संबंध में लिखा है—'भूषणजी का कोई जीवनचरित्र भी अब तक नहीं लिखा गया। जो कुछ लिखा जाता है सो केवल लोकचलित किंवदंती तथा बंबई के सुप्रसिद्ध 'निर्णयसागर' छापेखाने में छपी हुई यदुवंशीय पुस्तकालय के मालिक यदुवंशी भाटिया ठाकुर गोवर्धनदास लक्ष्मीदास के द्वारा प्रकाशित भूषणचरित्र के सहारे।......तसवीर के देखने से मालूम पड़ता है कि भूषणजी शिवराजजी के समवयस्क थे और कौन जाने २०-२५ वर्ष की उमर में ही आप काव्यरचना में पटु हो गए हों।'

इससे पता चलता है कि इन्होंने ठाकुर गोवर्धनदास लक्ष्मीदासवाली पुस्तक का अवलोकन किया था। मेरे पास जो प्रति है उसमें आवरण पृष्ठ नहीं है। इस पुस्तक से पता चला कि उसका मुद्रण निर्णयसागर प्रेस में हुआ था। कदाचित् उसमें भूषण का कोई चित्र भी दिया गया था। हिंदीनवरत्न में जो चित्र दिया गया है वह मनगढ़ंत है। भारतकलाभवन के संचालक श्रीरायकृष्णदासजी ने भूषण के एक चित्र का पता बताया है। यह चित्र संप्रति औंधसंग्रहालय, बंबई में है। उसके संचालक महोदय ने कृपापूर्वक चित्र भेजने का वचन दिया है।

उक्तप्रति में जो शिवराजदृष्टिपंचक दिया गया है वह भूषण की रचना नहीं है, जैसा भ्रम से लोगों ने मान लिया है। इसके पाँचों छंदों का चतुर्थ चरण यह है—

'भूषन गिरा की भूषनीय अरचा की हिंद बीरमद छाकी बाँकी नजर सिवा की है'

'भूषण' शब्द चरण के आरंभ में देख और उसे छाप मानकर यह भूल की गई है।

प्रस्तुत द्वितीय संस्करण में यथास्थान मुद्रणदोष का निवारण करने के अनंतर 'चूर्णिका' का नियोजन पादटिप्पनी में कर दिया गया है। ग्रंथ का

उपयोग करनेवालों की सुविधा के लिए अंत में दो तीन अनुक्रमणिकाएँ जोड़ दी गई हैं। प्रतीकानुक्रम के अंतर्गत छंदों की अकारादिक्रम से सूची प्रस्तुत की गई है, नामानुक्रम के अंतर्गत ग्रंथों और ग्रंथकारों के नामों का अकारादिक्रमपूर्वक संग्रह और साथ ही ऐतिहासिक व्यक्तियों और स्थलों के नामों का उसी प्रकार निर्देश है।

इस संस्करण के प्रस्तुत करने में जिन जिन से सहायता मिली है उनमें से सबसे अधिक साधुवाद और आशीर्वाद के भाजन हैं सर्वश्री किशोरीलाल गुप्त, रामबली पांडेय और रामादास। श्रीगुप्त ने नवीन छंद खोजकर दिए, श्रीरामबली पांडेय ने सभी अनुक्रम अथक श्रम करके प्रस्तुत किए और श्रीरामादास ने संपादक-सहायक का कार्य विधिपूर्वक संपन्न किया।

आशा है यह संस्करण परिष्कार और उपस्कार के कारण अधिक उपयोगी प्रमाणित होगा।

महाशिवरात्रि, २०१६
वाणी-वितान भवन
ब्रह्मनाल, वाराणसी-१

विश्वनाथप्रसाद मिश्र

संकेत

व्यास—लक्ष्मीशंकर व्यास की प्रति।

काशि०—काशिराज के सरस्वती-भंडार की प्रति।

बंग—बंगवासी प्रेस की मुद्रित प्रति।

मिश्र—मिश्रबंधुओं की भूषणग्रंथावली।

गोविंद—गोविंद गिल्लाभाई का गुजराती 'शिवराजशतक'।

खोज—काशी नागरीप्रचारिणी सभा के खोज-विभाग के हस्तलेख और विवरणपत्र।

अन्य, अन्यत्र—शिवभूषण के अन्य हस्तलेख या मुद्रित संस्करण।

वही—पूर्वगामी संकेत।

ष़—ख।

सामग्री

शिवभूषण

हस्तलिखित

संवत् १८१८ की प्रति।

काशिराज के सरस्वती-भंडार की प्रति।

श्रीकृष्णबिहारीजी मिश्र की खंडित प्रति।

मुद्रित

भूषणग्रंथावली—मिश्रबंधु

,, —रामनरेश त्रिपाठी

,, —बंगवासी प्रेस

,, —संमेलन

संपूर्ण भूषण—मराठी

शिवराजभूषण—वेंकटेश्वर प्रेस

,, —नवलकिशोर प्रेस

,, —निर्णयसागर

,, —बाराबंकी

अंतर्दर्शन

अलंकार

साहित्य मानव-जीवन की आंतरिक भावनाओं का प्रतिरूप है। अतः साहित्य के सभी अंगों का मानव-जीवन के अभ्यंतर से घनिष्ठ संबंध है। इसी से अलंकारों का भी मानव-जीवन के अभ्यंतर से बहुत गहरा संबंध है, क्योंकि भावों के अभिव्यंजन का विशेष प्रकार ही 'अलंकार' है। मनुष्य किसी वस्तु के आकार, स्वाद एवम् रंग आदि के संबंध में आत्मानुभूति का प्रदर्शन दूसरों पर करता है, किंतु उक्त बातों की अभिव्यंजना ठीक-ठीक नहीं की जा सकती। इसलिए उनका निरूपण करने के लिए अतिप्रचलित, प्रसिद्ध एवम् ज्ञेय वस्तु का संकेत करके काम निकाला जाता है। किसी मधुर पदार्थ का आस्वाद लेने पर लोग उसकी व्यंजना—'गुड़-सा मीठा है', 'अंगूर-सा स्वादिष्ठ है' वा 'महुए-सा लगता है'—कहकर करते हैं। यही नहीं कभी-कभी शब्दों को कर्णप्रिय एवम् भावनाओं को सुखावह बनाने के लिए भी मूल शब्दों एवम् भावनाओं का परिष्कृत एवम् संस्कृत रूप मनुष्य समाज के समक्ष रखता है। ये दोनो प्रवृत्तियाँ समाज के व्यवहार में इतनी मिली हुई हैं कि हमें कभी-कभी इनके विलक्षण परिवर्तनों पर भी आश्चर्य नहीं होता। किसी की मृत्यु पर लोग यह नहीं कहते कि अमुक मर गया, अपितु समाज में ऐसा कहना अशुभ माना जाता है। वे कहते हैं कि 'अमुक का स्वर्गवास हो गया' वा 'अमुक संसार से उठ गए' आदि। भावनाओं को सुखावह बनाने की प्रवृत्ति का भोंड़ा रूप हमें मुसलमानी शाही दरबारों के वार्तालाप में मिलता है। अगर शाहेसल्तनत बीमार हों तो जवाब मिलेगा—'हुजूर के दुश्मनों की तबियत नासाज है।'

मानव-जीवन और अलंकार

जन-समाज में अभिव्यंजन की ऐसी पद्धतियाँ उसके विकास के समय से ही प्रचलित हो जाती हैं। जब आगे चलकर जन-समाज की भाषा साहित्यिक रूप धारण करती है और उसमें अनेकानेक ग्रंथों का निर्माण होने लगता है तब विद्वान् समालोचक उन पद्धतियों का भी विश्लेषण करते हैं और इस प्रकार की पद्धतियों का निरूपण होना आरंभ हो जाता है।

अलंकार शैली है

उक्त कथन से स्पष्ट है कि अलंकार एक प्रकार की अभिव्यंजन की शैली है। शैली का कोई अलग अस्तित्व नहीं हो सकता, क्योंकि भावों का नंगा रूप साहित्य के दायरे में नहीं आता। इस

कारण यदि हम भावों को शरीरी मानें तो शैली को उसके वस्त्रादि की उपमा नहीं दे सकते; क्योंकि भावों को शरीरी बनाने में शैली का हीं विशेषतः प्राधान्य रहता है। इसलिए शैली उक्त शरीरी का झलमलाता हुआ बाहरी रूप है। अलंकारों को कुछ लोग कविता-कामिनी के आभूषण की उपमा देते हैं। यदि गंभीरता से विचार किया जाय तो पता चलेगा कि जिस प्रकार कविता-कामिनी के मूर्त शरीर से आभूषणों का अलग अस्तित्व है उसी प्रकार अलंकारों का कविता से अलग अस्तित्व नहीं है। यदि कामिनी के अंगों से आभूषण अलग कर दिए जायँ तो भी उसके सौंदर्य में त्रुटि नहीं आ सकती, पर अलंकारों को कविता से अलग करते ही उक्त सौंदर्य नष्ट हो जायगा। अतः साहित्य-संसार में कविता के साथ अलंकारों का वही संबंध है जो कामिनी और उसके सौंदर्य में पाया जाता है। 'हारादिवदलंकाराः' कहकर अलंकार का क्षेत्र परिमित कर दिया गया है। जो अलंकारों को 'हारादिवत्' मानते हैं वे अलंकारों को उस स्थान से हटाना चाहते हैं जो वस्तुतः उन्हें प्राप्त होना चाहिए। भावों को शरीरी कह सकते हैं, शरीर का सौंदर्य नहीं। कविता-कामिनी के रूपक में शब्दों को शरीर का ढाँचा—हाड़-मांसादि—मानना चाहिए और भावों को शरीरी। इसके पश्चात् अलंकारों को सौंदर्य मानने से ही रूपक ठीक उतरेगा। आचार्य वामन ने स्पष्ट 'सौंदर्यमलंकारः' लिखा है। वे अलंकार को व्यापक रूप में ही ग्रहण करते हैं। परकाल में अलंकारों का रूप परिमित होने लगा और 'हारादिवदलंकाराः' मानकर लोगों ने उनका निरूपण दूसरे ही ढंग से आरंभ किया। परिणाम यह हुआ कि जहाँ अलंकारों को कविता का सौंदर्य मानकर 'उपमा-रूपकादि' अलंकारों को साहित्य में स्थान दिया गया था वहाँ परकाल में 'चित्र-अनुप्रास-मुद्रादि' अलंकारों का भी समावेश हुआ, जिनके विश्लेषण से स्पष्ठ पता चलता है कि इनका कविता-कामिनी के सौंदर्य से उतना संबंध नहीं है जितना भिन्न अस्तित्ववाले आभूषणों से है।

लक्षण-ग्रंथों का निर्माण

ऊपर कह चुके हैं कि अलंकार एक प्रकार की शैली है। यह भावों के साथ दूध-पानी को भाँति मिली रहती है। समाज में जहाँ कविता का प्रणयन आरंभ हुआ वहाँ कुछ लोग इस उद्योग में संलग्न होते हैं कि उक्त काव्य की शैली का निरूपण किया जाय और भविष्य में लोग उन शैलियों के सहारे कविता को बँधे हुए रूप में लेकर आगे बढ़ें। इससे स्पष्ट है कि लक्षण-ग्रंथों का प्रणयन लक्ष्य-ग्रंथों के निर्माण के बहुत समय पश्चात् होता है। जो लोग यह मानते हैं कि समाज में पहले लक्षण-ग्रंथ बनते हैं और तदनुकूल उदाहरण-ग्रंथों के रूप में साहित्य का उदय होता है वे भ्रम में हैं। महर्षि वाल्मीकि के समय में कोई लक्षण-ग्रंथ नहीं था, पर उन्होंने 'रामायण' की रचना की। कौन कह सकता है कि वह रस, भाव एवम् अलंकार से हीन है।

जिस प्रकार भाषा का निर्माण हो जाने पर पीछे व्याकरण द्वारा उसका निरोध किया जाता है और उसे विच्छिन्न रूप में बहने से रोका जाता है, ठीक उसी प्रकार साहित्य में कविता आदि का प्रणयन हो चुकने के बहुत समयानंतर अलंकारादि-विषयक ग्रंथों का निर्माण होता है। यह बात दूसरी है कि लक्षण-ग्रंथों का निर्माण होने के पश्चात् परकाल में लक्ष्य-ग्रंथों का प्रणयन उसी के आधार पर होने लगे। जब लक्षण-ग्रंथों के द्वारा कविता की धारा अवरुद्ध हो जाती है और वह परिमित क्षेत्र में ही उमड़-घुमड़कर बहने लगती हैं तब लक्षण-ग्रंथों का बाँध तोड़कर यह धारा बड़े वेग से बह निकलती है। यद्यपि इस कविता-धारा में भी शैली की गति वही रहती है जो पहले थी अथवा उससे कुछ परिष्कृत ढंग पर, पर ऐसे समय में बाँध का तोड़ डालना ही रचयिताओं का लक्ष्य हो जाता है। वे बाँध को ही जंजाल समझने लगते हैं।

यद्यपि लक्ष्य-ग्रंथ ही साहित्य की मूल वस्तु हैं और उन्हीं के आधार पर लक्षणादि के ग्रंथों का प्रासाद खड़ा किया जाता है, पर लक्ष्य-ग्रंथकारों से

लक्षण-ग्रंथकारों का उत्तरदायित्व

अपेक्षाकृत लक्षण-ग्रंथकारों का उत्तरदायित्व कहीं अधिक है। केवल यही नहीं अपितु उसके लिए प्रगाढ़ विद्वत्ता और मर्मज्ञता भी अपेक्षित है। संस्कृत के विद्वानों ने इस कार्य को बड़े अच्छे ढंग से हाथ में लिया था। लक्ष्य-ग्रंथकार अपने ग्रंथों की रचना करके अलग हो जाते थे, वे लक्षण-ग्रंथों के निर्माण में नहीं पड़ते थे और लक्षण-ग्रंथों के निर्माता केवल लक्षणों का निरूपण एवम् प्राचीन काव्य की समालोचना में ही भिड़ते थे, स्वयम् लक्षणानुसार उदाहरणों का निर्माण नहीं करते थे।

रीतिकारों को इस प्रकार रीति के विश्लेषण की बड़ी स्वच्छंदता थी। कभी-कभी लोग रीतिकारों की समालोचना पर चिढ़कर कह बैठते हैं कि यदि ये कुछ स्वयम् लिखते तो जान पड़ता। पर सुविचारित दृष्टि से ऐसा अनुकरणीय नहीं है। जब रीतिकार का कार्य केवल विषयालोचन और शैली का स्थिरीकरण रहता है तभी वह उसका सर्वोत्तम स्वरूप प्रस्तुत कर सकता है, किंतु जब वह स्वयम् उदाहरण रचने में संलग्न हो जाता है तब उसकी रचना मस्तिष्क का व्यायाम-मात्र होती है। हिंदी-साहित्य के रीतिकाल में कवियों की जैसी प्रवृत्ति पाई जाती है और उसका जैसा कुपरिणाम हुआ है उसे साहित्य का इतिहास स्पष्टतया बतलाता है। कवि लोग रीति का कोई विश्लेषण तो करते नहीं थे, केवल मोटे-मोटे लक्षण कहकर अपने उदाहरणों से लक्षण-ग्रंथों को चलता कर देते थे। इससे दो प्रकार की हानियाँ होती हैं; एक तो लक्षणों का विश्लेषणात्मक और वैज्ञानिक निर्माण नहीं हो पाता, दूसरे उदाहरण-स्वरूप बहुत ही साधारण कविता सामने आती है। संस्कृत में यह बात नहीं

थी। यदि दो-एक अपवाद मिलें भी तो ऐसा कहने में वे बाधक नहीं हो सकते। भरत, मम्मट आदि रीतिकार थे, उदाहरणकार नहीं।

हिंदी के रीतिकार

हिंदी में आचार्य बनने की बलवती वांछा के जागरित हो उठने से एक और बुराई उत्पन्न हुई। जो लोग संस्कृत की ओर लक्षण-निर्माण के लिए दृष्टि दौड़ाते थे उनके सामने अति विस्तृत क्षेत्र दिखाई देता था। इसलिए वे लोग प्रायः किसी सरल ग्रंथ का ही पल्ला पकड़ते थे। परिणाम यह हुआ कि अधिकांश ग्रंथों में जितने उदाहरण पाए जाते हैं उन सभी का स्वरूप प्रायः एक-सा हो गया। अपना नया आविष्कार बहुत कम में पाया जाता है। बहुतों ने तो अलंकारों की गिनती मात्र गिनाई है। जिन लोगों का ध्यान संस्कृत की ओर विशेष गया और जिनमें उक्त भाषा का विशेष पांडित्य था उनमें सबसे बड़ा दोष यह आ गया कि उन्होंने केवल संस्कृत का ही अनुकरण किया, हिंदी की प्रकृति की उपेक्षा की। फल यह हुआ कि वे लोग ऐसे अलंकारों को भी हिंदी में बरबस रखने लगे जिनका हिंदी की प्रकृति से बिलकुल संबंध नहीं है।

अलंकारों का उद्‌गम

अलंकारों के विषय में ऊपर कह चुके हैं कि वे समाज की विभिन्न प्रवृत्तियों के कारण विभिन्न स्वरूपों में निर्मित हुए हैं। समाज में अपनी भाव-व्यंजना, कौशल-प्रदर्शन आदि की प्रवृत्ति के कारण इनकी रूप-भिन्नता होती है। किसी वस्तु के रूप, रंग और गुण का ठीक-ठीक प्रदर्शन करने के लिए उसी के समान किसी अन्य वस्तु का आश्रय लेना पड़ता है, क्योंकि संसार की प्रत्येक वस्तु का अस्तित्व, प्रकृति, गुण आदि दूसरी वस्तु से भिन्न है। ईश्वर की सृष्टि में कहीं साम्य नहीं है। एक ही माता-पिता से एक ही समय एक ही स्थान पर उत्पन्न बालकों में भी रूप, रंग, गुण की विभिन्नता पाई जाती है, अन्यथा संसार का कार्य न चल सके। इसलिए मनुष्य को किसी वस्तु के रूप-रंगादि का अभिव्यंजन करते समय उससे मिलती-जुलती किसी वस्तु का निर्देश करना पड़ता है। कभी-कभी दो वस्तुओं का स्वरूप समझाने में उनसे विपरीत रूप-रंगवाली वस्तु का भी उल्लेख करना पड़ता है। इन प्रवृत्तियों के कारण पहले समाज की बोलचाल में और पीछे साहित्यिक भाषा में समता एवम् विषमता सूचक शैलियों का प्रादुर्भाव होता है। अमांगलिक समाचारों एवम् कार्यों के परित्याग और सुखावह एवम् श्रवण-सुखद बातों के सुनने की मानवीय प्रवृत्ति के परिणाम-स्वरूप पर्याय, अतिशयोक्ति आदि अलंकारों का प्रचार बढ़ता है। जब समाज में व्यावहारिक बनावट आ जाती है, लोग मानवीय प्रवृत्ति के कारण अपना कुछ कौशल दिखाने के अभ्यासी हो जाते हैं, तब ऐसी शैलियों का प्रचलन होता है जिनमें अलंकाराभास मात्र होता है और जिनका संबंध अलंकारादि के आंतरिक रूप से न होकर बाह्य रूप से होता है। अनुप्रासादि, मुद्रादि इसी के परिचायक

हैं। हिंदी के पिछले खेवे के कवियों में जो चमत्कारवाद की बाढ़ आई उसका मूल कारण मुसलमानी राज्य भी था। उस समय बाह्याडंबर का बोलबाला था। इसी प्रकार नाना प्रकार की मानवीय प्रवृत्तियों के कारण व्यंग्यमूलक, शृंखलामय, आधाराधेयमूलक, कार्य-कारणमूलक, उक्ति-वैचित्र्यमूलक, समतामूलक, विषमतामूलक, रमणीयतामूलक, कौशलमूलक आदि अनेक प्रकार के अलंकारों का प्रादुर्भाव होता है। कुछ अलंकारों का उद्गम समाज न होकर रीतिकारों की विचारधारा भी हुआ करती है। अलंकारों का विश्लेषण करते समय वे भी कई अलंकारों का निर्देश कर जाते हैं। बहुत-से अलंकारों का निर्माण कविताकार भी करते हैं। उनके आधारभूत पहले के ही अलंकार होते हैं, पर वे अपने कौशल-प्रदर्शन के लिए भी ऐसा कर डालते हैं। यही कारण है कि किसी भी साहित्य के प्रारंभिक जीवन में स्वाभाविक एवम् सीधे-सादे अलंकारों का ही ग्रहण होता है और उनकी संख्या भी परिमित रहती है, पर आगे चलकर उनका भारी जाल फैल जाता है और चमत्कारवाद की प्रवृत्ति जग उठने पर लोग केवल पेचीले शब्दाडंबर और टेढ़े-मेढ़े वाक्यों को ही काव्यरचना का गौरव समझने लगते हैं। तात्पर्य यह कि अलंकारों का वास्तविक उद्गम मानव-समाज और उसकी विभिन्न प्रवृत्तियाँ हैं। इसलिए इनका ध्यान रखकर ही लक्षण-ग्रंथों में अलंकारों का वर्गीकरण एवम् विभाजन होना चाहिए और इसी के अनुसार उनका क्रम भी निर्धारित करना चाहिए।

अलंकार के सबसे प्रथम आचार्य संस्कृत में भगवान् वेदव्यास हैं। उन्होंने 'अग्निपुराण' में अलंकारों पर भी विचार किया है। उन्होंने अलंकारों के तीन भेद किए हैं—१ शब्दालंकार, २ अर्थालंकार और ३ उभयालंकार (शब्दार्थालंकार)। प्रायः यही क्रम तब से चला आ रहा है। उभयालंकार के अर्थ में अब अंतर है —जहाँ दो अलंकारों का मिश्रण हो, चाहे वे दोनों अर्थालंकार हों या शब्दालंकार अथवा अर्थ और शब्द दोनो के हों। संस्कृत-साहित्य में और आगे चलकर हिंदी में भी इसी वर्गीकरण का अनुसरण किया गया है। संस्कृत-साहित्य में वर्गीकरण पर पुनः दृष्टिपात करनेवाले दूसरे आचार्य हैं 'रुद्रट'। इन्होंने अलंकारों के चार विभाग किए हैं—१ वास्तवमूलक, २ औपम्यमूलक, ३ अतिशयमूलक और ४ श्लेषमूलक। इस वर्गीकरण में बहुत कुछ वैज्ञानिक विभाजन का ध्यान रखा गया है। शब्द और अर्थ वाले भेद वस्तुतः बहुत व्यापक रूप में हैं। रचना में शब्द और उसका अर्थ मुख्य होता है। इसी आधार पर पूर्वोक्त सीधा-सादा वर्गीकरण किया गया था और इन्हीं दो और दोनो के मिश्रित रूप को मिलाकर लोग तीन भेद मानते चले आते थे। 'रुद्रट' ने सबसे पहले इस पर गंभीर विचार करके अलंकारों का विभक्तीकरण किया। संस्कृत में वर्गीकरण पर ध्यान देनेवाले तीसरे आचार्य राजानक रुय्यक हैं। इन्होंने अलंकारों

वर्गीकरण

को सात भागों में बाँटा है—१ औपम्यमूलक, २ विरोधमूलक, ३ शृंखलामूलक, ४ न्यायमूलक, ५ गूढ़ार्थ-प्रतीतिमूलक, ६ संसृष्टिमूलक और ७ संकरमूलक। पिछले दो विभागों का उपयोग अब भी कुछ भिन्न रूप में होता है।

संस्कृत-साहित्य के आचार्यों की दृष्टि वर्गीकरण पर गई अवश्य, पर वर्गीकरण जैसा होना चाहिए था वैसा हो नहीं पाया। उसके कई कारण भी हैं। पहले अलंकारों की संख्या अपेक्षाकृत कम थी और उनमें पिछले काल की तरह पेचीलापन कम आया था। भेद-प्रभेद की प्रवृत्ति भी लोगों में उतनी नहीं थी। इसलिए थोड़े से ही विभागों में उनका काम चल जाता था, पर अब उतने से ही काम नहीं चलता।

हिंदी का वर्गीकरण

हिंदी के आचार्यों में सबसे पहले केशवदास ने वर्गीकरण की प्रवृत्ति दिखलाई। किंतु उन्होंने 'अलंकार' शब्द का ग्रहण व्यापक अर्थ में किया। उन्होंने इसके पहले दो भेद किए—१ सामान्यालंकार और २ विशेषालंकार। सामान्यालंकार के फिर चार भेद किए गए—१ वर्णालंकार, २ वर्ण्यालंकार, ३ भूमिभूषण और ४ राज्यश्रीभूषण। इन सबमें कविप्रौढ़ोक्ति-सिद्ध बातों का निरूपण किया गया है। कविप्रौढ़ोक्ति-सिद्ध बातें भी रचना की शैली के अंतर्गत हैं अवश्य, पर इनमें वस्तुतः बहुत-से ऐसे विषयों का समावेश भी हो गया है जिनका संबंध शैली से न होकर वर्ण्य विषय से है। विशेषालंकार में उपमादि का वर्णन है। केशव का यह वर्गीकरण काव्यपरिपाटी जाननेवालों के लिए तो अच्छा है, पर वैज्ञानिक विश्लेषण की दृष्टि से यह वस्तुतः कोई वर्गीकरण ही नहीं है। शेष सभी आचार्यों ने वही शब्द और अर्थ वाले दो भेद अथवा और आगे चलकर उभयालंकार को भी लेकर तीन भेद माने हैं। केवल 'दास' ही हिंदी में एक ऐसे आचार्य मिलते हैं जिन्होंने इस पर पूर्ण नहीं तो अच्छा ध्यान अवश्य दिया है। 'दास' ने मिलते-जुलते अलंकारों का एक-एक समूह बनाया है और संस्कृत-व्याकरण के ढर्रे पर 'तुदादिगणी', 'चुरादिगणी' की भाँति प्रत्येक समूह का नाम रख दिया। उन्होंने समस्त अलंकारों को ग्यारह समूहों में बाँटा है—१ उपमादि, २ उत्प्रेक्षादि, ३ व्यतिरेकरूपकादि, ४ अत्युक्त्यादि, ५ अन्योक्त्यादि, ६ विरुद्धादि, ७ उल्लासादि (गुणदोषादि), ८ समादि, ९ सूक्ष्मादि, १० स्वभावोक्त्यादि और ११ दीपकादि। 'दास' ने इनका नामकरण स्वतंत्र रूप से नहीं किया।

इधर वैज्ञानिक युग में वर्गीकरण की चर्चा चलने पर कुछ लोगों ने इस ओर अपनी रुचि दिखलाई है। सुब्रह्मण्य शर्मा ने कुल अलंकारों को आठ भागों में विभक्त किया है—१ औपम्यमूलक, २ विरोधमूलक, ३ कार्यकारणसिद्धांतमूलक, ४ न्यायमूलक, ५ अपह्नवमूलक, ६ शृंखलावैचित्र्यमूलक, ७ विशेषणवैचित्र्यमूलक और ८ कविसमयमूलक। इनमें से चौथे के वाक्य-

न्याय, तर्क-न्याय और लोक-व्यवहारमूलक तीन भेद किए गए हैं। इनके अतिरिक्त कुछ लोगों ने पाँच विभागों में अलंकारों को रखा है—१ साम्यमूल, २ विरोधमूल, ३ शृंखलामूल, ४ न्यायमूल और ५ वस्तुमूल। साम्यमूल के छह भेद भी किए गए हैं—१ अभेद-प्रधान, २ भेद-प्रधान, ३ भेदाभेद-प्रधान, ४ प्रतीति-प्रधान, ५ गम्य-प्रधान (व्यंग्यमूलक) और ६ अर्थ-वैचित्र्यप्रधान। न्यायमूल के भेद तो वे ही हैं जो शर्माजी ने किए हैं। वस्तुमूल में वे अलंकार रखे गए हैं जो पूर्वोक्त चार विभागों में नहीं आ सके हैं। इसलिए 'वस्तुमूल' वस्तुतः 'फुटकल खाता' है, कोई तात्त्विक भेद नहीं। यह केवल अर्थालंकारों का वर्गीकरण है। 'अलंकार-पीयूष' में शब्दालंकारों के भी दो विभाग किए गए हैं—१ आवृत्तिमूलक और २ वर्णकौतुक (चित्र)।

विचारणीय है कि प्रस्तुत अलंकारों का बरबस कोई समूह बना देने मात्र से काम न चलेगा। सबसे प्रथम इस बात की आवश्यकता है कि अलंकारों में काट-छाँट की जाय। अलंकार भाषण अथवा भाषा की एक शैली है। इसमें ऐसे ही अलंकारों को स्थान मिलना चाहिए जो वस्तुतः शैली के अंतर्गत आते हों और जिनका हिंदी भाषा की प्रकृति से विरोध न हो। इसका विश्लेषण और तदनंतर वर्गीकरण करने के लिए लक्षण-ग्रंथों के उदाहरणों का सहारा न लेकर हिंदी के वास्तविक कविताकारों का सहारा लेना होगा। केशव, दास आदि के ग्रंथों से नहीं, अपितु तुलसी और सूर के ग्रंथों से इस शैली के निरूपण के लिए उदाहरण खोजने होंगे। केवल वर्गीकरण का येन-केन-प्रकारेण ढाँचा खड़ा कर देने से वर्गीकरण के कर्तव्य की इतिश्री न हो जायगी। यदि इस प्रकार परिश्रम किया जायगा तो हिंदी में इस विषय के अच्छे ग्रंथ प्रस्तुत हो जायँगे। इससे जिज्ञासुओं को भी लाभ पहुँचेगा, क्योंकि अलंकारों का जो जाल बिछा हुआ है उसमें पड़कर माथापच्ची करने के लिए धैर्य की आवश्यकता है। जिज्ञासु स्वभावतः इससे घबरा जाया करते हैं। यद्यपि इस समय अलंकारों का जो क्रम मिलता है उसे ध्यान से देखने पर पता चलता है कि मिलते-जुलते अलंकार एक स्थान पर ही रखे गये हैं, पर उपयुक्त श्रेणी-विभाग न होने से कोई अच्छा लाभ नहीं होता।

संस्कृत में अलंकारशास्त्र

हिंदी-साहित्य के अलंकारशास्त्र का स्वरूप समझने के लिए आवश्यक है कि संस्कृत-साहित्य के रीति-संप्रदायों से थोड़ा-बहुत परिचय प्राप्त कर लिया जाय। संस्कृत-साहित्य में रीति-ग्रंथों के विवेचन की बड़ी सुंदर शैली थी। रीतिकार की कोटि लक्ष्य-ग्रंथकारों से सर्वथा भिन्न होती थी। इसलिए उन्हें विषय का विवेचन करने में पर्याप्त स्वतंत्रता रहती थी। हिंदी में इन दोनो कोटियों के एक में मिल जाने से आचार्यता का तो सर्वथा लोप ही हो गया। लक्षण-ग्रंथों का सहारा

संस्कृत में रीतिशास्त्र

लेना तो मिस-मात्र था, लोगों की दृष्टि लक्ष्य-ग्रंथों के ही निर्माण में टिकी हुई थी। संस्कृत-साहित्य की तर्कसिद्ध शैली का परिणाम बड़ा सुंदर हुआ। आज रीतिग्रंथों का जैसा निरूपण संस्कृत-साहित्य में मिलता है वैसा अन्य किसी साहित्य में नहीं। काव्य-रीति के संबंध में तो उन्होंने पर्याप्त खोद-विनोद का सहारा लिया था। फल-स्वरूप संस्कृत-साहित्य में कई प्रकार कि 'वादों' का जन्म हुआ और आचार्यों के भिन्न-भिन्न संप्रदाय स्थापित हो गए। यह 'वाद' केवल 'ध्वनिवाद', 'रसवाद्द' और 'अलंकारवाद' ही तक नहीं रुका। इसका विकास 'वक्रोक्तिवाद' या 'अतिशयोक्तिवाद' और 'औचित्य' की सीमा तक पहुँचा। इन्हीं के अनुसार आचार्यों के भिन्न-भिन्न संप्रदाय भी हो गए। इनका ध्यान रखने से ही रीतिशास्त्र का विकास भली भाँति हृदयंगम किया जा सकता है।

रीतिशास्त्र पर सबसे प्रथम ध्यान देनेवाले भगवान् वेदव्यास हैं। इन्होंने अग्निपुराण में 'अलंकारों' का वर्णन किया है। इन्होंने जो वर्गीकरण कर दिया

आदिम रीतिकार

है उसकी पद्धति आज तक चली आ रही। वेदव्यासजी में किसी प्रकार के 'वाद' की प्रवृत्ति नहीं पाई जाती। उन्होंने आचार्य के नाते अलंकारों का स्वरूप-विवेचन मात्र कर दिया है। उनके समय में इनकी संख्या भी परिमित थी। इन्हीं के समकालीन दूसरे आचार्य मुनि भरत हुए हैं। इन्होंने 'नाट्यशास्त्र' नामक ग्रंथ में नाटकीय तत्त्वों का बड़े विस्तार के साथ विवेचन एवम् निरूपण किया है। इन्होंने रस एवम् अलंकारादि सभी को नाटक का परिपोषक माना है। इन्होंने रस का जो विवेचन किया है वह ज्यों-का-त्यों अब तक चला आ रहा है। इन्होंने अलंकार केवल चार माने हैं—उपमा, दीपक, रूपक और यमक।

'नाट्यशास्त्र' के पश्चात् काव्य-रीति पर दूसरा ग्रंथ भामह का 'काव्यालंकार' मिलता है। ये वस्तुतः 'वक्रोक्तिवादी' थे। 'काव्यालंकार' सबसे पहला

वक्रोक्तिवाद

ग्रंथ है जिसमें अलंकारशास्त्र का विस्तृत विवेचन मिलता है। इनके 'वक्रोक्तिवाद' को आगे चलकर 'कुंतक' ने बड़े जोरों से उठाया और 'वक्रोक्तिजीवित' नाम का एक बहुत ही विद्वत्तापूर्ण ग्रंथ रचा। कुंतक की संमति में काव्य के सभी क्षेत्रों में वक्रोक्ति का ही प्राधान्य है। ध्वनि आदि सभी उपादान इसी के अंतर्गत आ जाते हैं। हिंदी में इस पद्धति का अनुसरण किसी ने नहीं किया।

भामह के पश्चात् 'अलंकारवाद' ने जोर पकड़ा और इस संप्रदाय में बड़े अच्छे-अच्छे अलंकार-ग्रंथों का प्रणयन हुआ। 'अलंकारा एव काव्ये प्रधानम्' इसी प्रकार के आचार्यों का मत था। रुद्रट, वामन, भोजराज, दंडी, रुय्यक,

अलंकारवाद

वाग्भट, जयदेव, केशव मिश्र आदि प्रसिद्ध अलंकारवादी आचार्य हुए हैं। रुद्रट ने काव्यालंकार, वामन ने काव्यालंकारसूत्रवृत्ति, भोजराज ने सरस्वतीकंठाभरण, दंडी ने काव्यादर्श, रुय्यक ने अलंकारसर्वस्व, वाग्भट ने वाग्भटालंकार, जयदेव ने चंद्रालोक और केशव मिश्र ने अलंकारशेखर नामक विवेचनात्मक ग्रंथों का निर्माण किया। यहाँ पर यह कह देना आवश्यक है कि 'अलंकारवाद' की जो लहर उठी थी वह धीरे-धीरे चमत्कारवाद में परिणत होने लगी। अलंकारों का रूप पहले व्यापक था, वे शैली के रूप में ही गृहीत होते थे। इसलिए किसी 'वाद' के फेर में न पड़नेवाले भगवान् वेदव्यास ने भी कह दिया था—'अर्थालंकाररहिता विधवेव सरस्वती'। किंतु पीछे चमत्कारवाद ने जोर पकड़ा। हिंदी के प्रसिद्ध चमत्कारवादी केशवदास ने इन्हीं लोगों का अनुसरण किया। चमत्कारवाद की इस थोथी प्रवृत्ति और रीति-ग्रंथ लिख मारने की भोंड़ी पद्धति ने कितने ही होनहार कवियों को चौपट कर दिया जिनमें से महाकवि 'भूषण' भी हैं। अलंकारों के डिब्बे में ठूँस-ठूँसकर भरने के कारण इनकी वीररस की कविता का स्वाभाविक सौंदर्य दबकर भद्दा हो गया है।

रसवाद और ध्वनिवाद

अलंकारवाद की हवा के बाद रसवाद और व्यवस्थित रूप लेकर ध्वनिवाद की लहर उठ खड़ी हुई। इसने प्रायः सभी प्रकार के वादों को दबा दिया। प्रसिद्ध रसवादियों ने भी ध्वनिवाद की व्यवस्थित एवम् परिपुष्ट शैली को स्वीकार कर लिया। इस संप्रदाय के प्रधान प्रवर्तक थे आनंदवर्धनाचार्य। इन्होंने अपने 'ध्वन्यालोक' नामक ग्रंथ में ध्वनि को ही काव्य के उत्तम स्वरूप का निदर्शक माना है। आगे चलकर संस्कृत के आचार्यों ने इसी को प्रधानता दी और मम्मटाचार्य ने काव्यप्रकाश, विश्वनाथ ने साहित्यदर्पण तथा पंडितराज जगन्नाथ ने रसगंगाधर इसी पद्धति के अनुगमन पर बनाया। वस्तुतः काव्य-पद्धति का यथावत् निरूपण इसी संप्रदाय के लोगों ने किया। हिंदी के प्राचीन काल के प्रसिद्ध आचार्य चिंतामणि, श्रीपति, सुखदेव, कुलपति, दास आदि सभी ने इसी संप्रदाय का अनुगमन किया है। वस्तुतः काव्य का स्वरूप समझाने के लिए इससे बढ़कर और कोई दूसरी पद्धति है भी नहीं।

संस्कृत में रीतिग्रंथों के निर्माण का अंत

सत्रहवीं शताब्दी के पश्चात् संस्कृत में रीति-ग्रंथों के निर्माण का अभाव-सा हो गया। बात यह थी कि संस्कृत भाषा जनता के व्यवहार से उठ चुकी थी, उसका स्थान प्राकृत, अपभ्रंश और तदनंतर देशी भाषाओं ने ग्रहण कर लिया था। यही नहीं, अपितु इन भाषाओं में भी साहित्य की रचना का आरंभ हो चुका था। संस्कृत का पठन-पाठन अध्ययनशील लोगों तक ही परिमित हो चला था। इसलिए यह स्वाभाविक था कि संस्कृत में रीति-

ग्रंथों का प्रणयन रुके और अन्य प्रचलित भाषाओं में उसका प्रवाह बढ़े। जहाँ और जब मूल भाषा के साहित्य के विभिन्न अंगों में रचना-प्रवाह का अवरोध हुआ है वहीं से और उसी समय से देशी प्राकृतों में उन उन अंगों के निर्माण की प्रवृत्ति जागरित हो उठी है और कहीं-कहीं तो यह बाँध ऐसा टूटा है कि बड़े जोरों की बाढ़ आ गई है। संस्कृत के पश्चात् प्राकृतों और अपभ्रंश में ऐसे ग्रंथों का पता नहीं चलता, केवल हेमचंद्र का ग्रंथ मिलता है, जो ग्यारहवीं शताब्दी के अंत में बना था। संस्कृत के पश्चात् विभिन्न काव्यांगों के निर्माण की शृंखला हिंदी भाषा से सीधे ही जुड़ जाती है। भाषा का निर्माण भले ही विकास-क्रम से हुआ हो, पर रीति-ग्रंथों और काव्यांगों के रचने की प्रवृत्ति सीधे संस्कृत से ही आई है। अट्ठारहवीं शताब्दी के प्रारंभ से ही हिंदी में रीति-ग्रंथों के प्रणयन की हवा चली। ठीक उसी समय एक प्रकार से संस्कृत में रीति के ग्रंथों की समाप्ति हो चुकी थी। इस समय संस्कृत में दो शैलियों का प्राधान्य था—एक 'काव्यप्रकाश' के ढंग की विस्तृत विवेचनात्मक प्रणाली और दूसरी 'चंद्रालोक' की संक्षिप्त शैली। आगे चलकर 'चंद्रालोक' के अलंकार-प्रकरण पर अप्पय्य दीक्षित ने 'कुवलयानंद' के नाम से तिलक किया और 'कुवलयानंद' पर वैद्यनाथ मिश्र ने 'अलंकार-चंद्रिका' नामक टीका की। इसलिए हिंदी में एक प्रकार से तीन ढंग के लक्षण-ग्रंथों का प्रणयन प्रारंभ हुआ। पहला प्रकार 'काव्यप्रकाश' की प्रणाली पर था जिसमें काव्य, रस, रीति, गुण, अलंकार आदि सभी काव्यांगों का विस्तृत विवेचन किया गया था और दूसरा प्रकार 'चंद्रालोक' के ढंग का था जिसके लिए हिंदीवालों ने दोहे के ऐसा छोटा छंद चुना। इस प्रणाली के प्रथम आचार्य थे महाराज जसवंतसिंह। तीसरा प्रकार दूसरे का ही परिष्कृत रूप था, जिसमें चंद्रालोक ही नहीं अपितु 'कुवलयानंद' भी आधार बनाया गया था। कुछ लोग ऐसे भी थे जो इनमें से किसी का अनुकरण न कर अलंकारों के संबंध की सामान्य भावना को ही लेकर पुस्तक-प्रणयन करते थे; जैसे मतिराम, भूषण आदि। हिंदी के रीति-ग्रंथों के द्वितीय उत्थान में, जो गद्य में स्वरूप-विवेचन को लेकर हुआ, काव्यप्रकाश, साहित्यदर्पण आदि की तर्कसिद्ध शास्त्रीय शैली का ही अधिकांश में अनुगमन देख पड़ता है। कुछ लोगों ने सीधे संस्कृत से न लेकर इस शैली को 'दास' आदि हिंदी के ही आचार्यों से ग्रहण किया। तृतीय उत्थान वैज्ञानिक विश्लेषण की ओर झुकता हुआ जान पड़ता है।

हिंदी में अलंकारवाद

संस्कृत भाषा में जब किसी विषय के ग्रंथों का निर्माण रुक गया है तब देशी भाषाओं में तत्तद्विषय के ग्रंथों की रचना की प्रवृत्ति हुई है। क्योंकि

जनता जब किसी विषय की अभ्यासी हो जाती है तब वह अपनी ज्ञान-पिपासा को शांत करने के लिए कोई-न-कोई स्रोत ढूँढ़ ही निकालती है। यों तो संस्कृत भाषा के व्यवहार से उठ जाने के ही परिणाम-स्वरूप भारत में अनेक प्राकृतों, अपभ्रंशों एवम् अन्य प्रांतीय बोलियों का प्रादुर्भाव हुआ, जिनमें हिंदी भाषा भी है, पर विद्वन्मंडली से संस्कृत भाषा का न तो पहले ही लोप हुआ और न सरासर लोप हो ही जायगा। हिंदी भाषा के थोड़ा-बहुत विकसित हो लेने पर भी संस्कृत भाषा का व्यवहार बड़े-बड़े और विवेचनात्मक ग्रंथों में होता ही रहा। संस्कृत के पश्चात् जब अपभ्रंशों ने अपना टेढ़ा-मेढ़ा स्वरूप जनता के सामने रखा और वे भी साहित्य-क्षेत्र में अपनी कला दिखाकर अस्त होने लगे तब हिंदी ने अपना सिर उठाया। काव्य-ग्रंथों से साथ ही साथ हिंदी में लक्षण-ग्रंथों के निर्माण की आवश्यकता प्रतीत होने लगी। पहले कह चुके हैं कि लक्ष्य-ग्रंथों का पर्याप्त मात्रा में प्रणयन हो चुकने के बहुत समयानंतर काव्य-परिपाटी को व्यवस्थित और प्रौढ़ बनाने के उद्देश्य से लक्षण-ग्रंथों की रचना होने लगती है। पर हिंदी के लिए यह बात नहीं थी। क्योंकि संस्कृत-साहित्य का अक्षुण्ण भांडार खुला पड़ा था। इसलिए हिंदी में केवल कविता-रचना की ही प्रचुरता रही। लक्षण-ग्रंथों का उद्भव बहुत कालांतर से हुआ, जब लोगों के लिए संस्कृत के ग्रंथ अत्यंत दुरूह हो गए थे। यही बात अलंकारशास्त्र के ग्रंथों की भी है।

हिंदी में लक्षण ग्रंथ का प्रारंभ

श्रीशिवसिंह सेंगर ने अपने 'शिवसिंहसरोज' में 'पुष्य' नामक किसी कवि का नाम लिया है, जिसे वे लगभग ७०० संवत् का बतलाते हैं। उन्होंने लिखा है कि 'पुष्य' ने दोहों में अलंकार-ग्रंथ बनाया था। पुष्य ने जो अलंकार-ग्रंथ बनाया वह कैसा था और उसमें अलंकारों का स्वरूप-विवेचन किस प्रकार और किस रूप में किया गया इसका पता कुछ भी नहीं। उक्त ग्रंथ 'भाषा' में रचा गया था। इस 'भाषा' शब्द से हिंदी भाषा ही का ग्रहण नहीं होता। 'भाषा' शब्द का प्रयोग प्रायः संस्कृत से भिन्न बोलचाल की प्राकृत के लिए हुआ करता था। इसलिए 'भाषा' का तात्पर्य प्राकृत या अपभ्रंश भी हो सकता है। अतः पुष्य के उक्त अलंकार-ग्रंथ की चर्चा करना व्यर्थ है, उसका नामोल्लेख ही अलम् होगा। हाँ, पुष्य के अलंकार-ग्रंथवाली बात से यह स्पष्ट पता चलता है कि प्राकृतों एवम् अपभ्रंशों में भी लक्षण-ग्रंथों के निर्माण की आवश्यकता प्रतीत होने लगी थी और उसका श्रीगणेश भी हो गया था। संस्कृत के लक्षण-ग्रंथों का पूरा प्रभाव प्राचीन हिंदी के ग्रंथों पर पड़ा हुआ ज्ञात ही होता है, साथ ही उनकी सुदृढ़ और प्रौढ़ रचना से यह भी पता चलता है कि हिंदी की काव्य-परिपाटी भी भली भाँति मँज चुकी थी। अतः

पुष्य

स्पष्ट है कि हिंदी के आदिम रूप में भी लक्षणों के संबंध में तत्परता थी। ग्रंथों का प्रणयन भी निश्चय ही हुआ होगा।

विक्रम की सोलहवीं शताब्दी तक किसी लक्षण-ग्रंथ का पता नहीं चलता। इस समय तक हिंदी भाषा ने अपना स्वतंत्र अस्तित्व कर लिया था।

सोलहवीं शताब्दी

लड़ाई-झगड़े का समय निकल जाने से और मुगल बादशाहों का शांतिमय शासन हो जाने से प्रजा के चित्त में कुछ स्थिरता आ गई थी। वह अपनी जीवन-समस्या से छुट्टी पाकर काव्यों की ओर भी झुक चली थी। धर्म के क्षेत्र में अवश्य हलचल मची हुई थी। रामानंद एवम् वल्लभाचार्यादि महात्माओं ने भारतीय जनता को नवीन बढ़ती हुई लहर से बचाने के लिए राम और कृष्ण के स्वरूप उनके समक्ष खोलकर रखने आरंभ कर दिए थे। इन दोनों अवतारों के संबंध में कविता का सच्चा प्रवाह बह चला था। कबीर साहब, नानक आदि संतों ने ईश्वर का जो निर्गुण रूप जनता के सामने खड़ा किया था उससे जनता की तृप्ति नहीं हुई, क्योंकि जनता भगवान् की वह अनेकरूपता देखना चाहती थी जिसमें सांसारिक आसक्ति का भी सामंजस्य हो। यही कारण था कि साकारोपासना की वायु बही और बड़े वेग से बही। उसी के साथ-साथ कवि भी अपनी वाणी द्वारा सगुणोपासना की सार्थकता का प्रतिपादन करने में लग गए। सूर एवम् तुलसी आदि महात्माओं के काव्यों का गंभीरतापूर्वक मनन कीजिए, स्पष्ट पता चल जायगा कि ये लोग जनता के सामने सगुण-स्वरूप को काव्यमाधुरी के साँचे में ढालकर रखने का प्रयत्न कर रहे हैं। इस समय काव्य-रचना का प्राचुर्य हो जाने से कवियों का ध्यान हिंदी में भी लक्षण-ग्रंथों के प्रणयन की ओर जाने लगा था। संस्कृत-ग्रंथों के आधार पर तो लोग चलते ही थे, पर नवसिखुए लोगों के लिए हिंदी में भी रीति-ग्रंथों की आवश्यकता उत्पन्न हो गई थी। संस्कृत भाषा व्यवहार से उठ चुकी थी। अतः हिंदी में इन ग्रंथों का निर्माण होना अनिवार्य हो गया था। उस समय तक कितने ही ग्रंथ बने होंगे—चाहे वे छोटे ही क्यों न हों और चाहे उनमें काव्य के किसी एक ही अंग का स्वरूप-विवेचन क्यों न किया गया हो।

इस समय का जो सबसे पहला ग्रंथ कहा जाता है वह है सूरदास की 'साहित्य-लहरी'। इसमें दृष्टिकूट के पद लिखे गए हैं। पदों में अलंकार और नायिका के संकेत और नाम आए हैं। पर अब यह परवर्ती रचना मानी जाती है। नंददास की रसमंजरी नायिकाभेद की पुस्तक है जो भानुदत्त की रसमंजरी के आधार पर बनी है। उस समय के अन्य रीति-ग्रंथों का पता नहीं, पर अलंकार-प्रभावित ग्रंथ मिलते हैं। तुलसीदास के 'बरवै रामायण' के देखने से तो ऐसा जान पड़ता है मानो वह अलंकारों के उदाहरण के लिए ही बनाया गया हो। क्योंकि उसमें अलंकार बहुत सटीक और स्पष्ट रूप से झलकते हैं। इसी

समय कृपाराम ने 'हित-तरंगिणी' नामक ग्रंथ रस-रीति पर बनाया। उक्त ग्रंथ में श्रृंगार-रस का वर्णन बड़े विस्तार के साथ किया गया है। ग्रंथ सं० १५९८ का बना है। उसके एक दोहे से ऊपर कही हुई बात की पुष्टि होती है—

बरनत कवि सृंगार रस, छंद बड़े बिस्तारि।
मैं बरन्यों दोहानि बिच, यातें सुघर बिचारि॥

जब कवि श्रृंगार के लक्षण-ग्रंथों की बात कहता है तो अलंकार आदि के भी कुछ लक्षण-ग्रंथ बने होंगे। पर अब यह परवर्ती रचना मानी जाती है।

सत्रहवीं शताब्दी—केशव

सत्रहवीं शताब्दी के आरंभ से ही अन्य रीति-ग्रंथों के साथ-ही-साथ अलंकार के लक्षण-ग्रंथों का भी निर्माण होने लग गया था। गोपा कवि ने सं० १६१५ के आसपास 'रामभूषण' और 'अलंकारचंद्रिका' नामक दो ग्रंथ अलंकारों के स्वरूप-विवेचन में ही लिखे। अकबर के दरबारी कवियों में से कई रीति-ग्रंथों की रचना की ओर झुके। उनमें से करनेस बंदीजन ने अलंकार-विषय पर ही तीन ग्रंथ रचे—कर्णाभरण, श्रुति-भूषण और भूप-भूषण। इन ग्रंथों की रचना होने से यह पता चलता है कि हिंदी में रसवाद के साथ-साथ काव्यक्षेत्र में अलंकारवाद खड़ा होने लग गया था। उक्त ग्रंथ देखने में नहीं आए, इससे यह नहीं कहा जा सकता कि उनमें अलंकारों का निरूपण कैसा किया गया है और उनके आधार कौन-कौन से संस्कृत-ग्रंथ हैं। इनके पश्चात् सत्रहवीं शताब्दी के मध्य में आचार्य केशवदास ने अलंकार का अच्छा विवेचन किया। केशव संस्कृत के अगाध पंडित थे। उन्होंने संस्कृत के सभी प्राप्य ग्रंथों को थहाया होगा। अलंकारवादी होने के कारण उन्होंने संस्कृत के महाकवि दंडी, राजानक रुय्यक और केशव मिश्र का अनुगमन किया। 'कविप्रिया' में अलंकारों के विवेचन के साथ ही-साथ उन्होंने काव्य-शिक्षा की आवश्यक सामग्री पर भी थोड़ा-सा विचार किया है। केशव ने अलंकार का ग्रहण बहुत व्यापक रूप में किया है। उसके दो भेद किए हैं—सामान्यालंकार और विशेषालंकार। सामान्यलंकारके चार भेद किए गए हैं—१ वर्णालंकार (इसमें बताया गया है कि कवि-संप्रदाय में किन-किन वस्तुओं का कौन-कौन-सा रंग माना जाता है), २ वर्ण्यालंकार (इसमें वस्तुओं के आकार का निर्दश किया गया है), ३ भूमि-भूषण (इसमें बतलाया गया है कि किसी स्थल-विशेष का वर्णन करने में किन-किन पदार्थों का वर्णन अपेक्षित है) और ५ राज्यश्री-भूषण (इसमें राज्यके वर्णनीय विषयों का उल्लेख है)। विशेषालंकार में उपमादि अलंकारों का वर्णन किया गया है। इस प्रकार केशव ने कवि-प्रौढ़ोक्ति-सिद्ध बातों को भी अलंकार का अंग मानकर उसका क्षेत्र विस्तृत बनाया। यही कारण था कि केशव के पश्चात् कविप्रिया का मान हिंदी जाननेवाले कवि-संप्रदाय में वैसा ही हुआ जैसा संस्कृतज्ञों में काव्यप्रकाशादि ग्रंथों का है। यद्यपि हिंदी में आगे चलकर जो रीतिशास्त्र

और विशेषतः चमत्कार की बाढ़ आई वह केशव की परिपाटी पर न होकर एक दूसरी ही परिपाटी के अनुसरण पर थी, तथापि 'कविप्रिया' का व्यवहार कविसंप्रदाय में और विशेषतः बुंदेलखंड की ओर तो इतना अधिक हो गया था कि बिना इस ग्रंथ के पढ़े किसी की काव्य-विषयक योग्यता अपूर्ण ही समझी जाती थी। यद्यपि केशव के पहले कई अलंकार-ग्रंथ बन चुके थे, पर काव्य पर व्यवस्थित रूप में विद्वत्तापूर्ण विचार करने के कारण इन्हें ही हिंदी का प्रथम आचार्य मानना समीचीन होगा। करनेस आदि ने जो अलंकार के ग्रंथ रचे थे उनमें वे केवल चलते कर दिए गए थे। उनका मुख्य लक्ष्य काव्य था, काव्य-रीति का विवेचन नहीं। आगे चलकर हिंदी में लक्षण-ग्रंथों का जो बाहुल्य हुआ उसमें आचार्य की कोटि में आनेवाले बहुत कम कर्ता हैं। वे लोग लक्षण लिखकर अलंकार चलते कर देते थे। हाँ, उनके उदाहरणों में उनका कवित्व अवश्य चमचमाता था। कुछ लोग तो ऐसा भी कर गुजरते थे कि अपने फुटकल छंदों को लेकर मुख्य-मुख्य अलंकारों का लक्षण जोड़-जाड़कर एक अलंकार-ग्रंथ का ढाँचा खड़ा कर देते। 'भूषण' का 'शिवभूषण' इसी प्रकार के ग्रंथों में से है।

विक्रम की सत्रहवीं शताब्दी के समाप्त होते-होते चमत्कारवाद का प्रभाव कवियों पर पड़ने लगा था। यद्यपि लक्षण-ग्रंथों के प्रणयन में लोगों ने कविप्रिया का अनुकरण-अनुसरण नहीं किया, पर केशव की इस जमाई हुई परिपाटी का प्रभाव बहुत-से कवियों पर पड़ा। कुछ बड़े-बड़े कवि भी इस प्रभाव से नहीं बचे। आगे चलकर लक्षण-ग्रंथों के रचने की जो शैली निकली उसके विषय में

हिंदी में रीतिशास्त्र का स्वरूप

पहले दो-चार बातें जान लेनी हैं। संस्कृत में अलंकारवाद रसवाद, ध्वनिवाद, वक्रोक्तिवाद, औचित्यवाद आदि वादों की जैसी लहर उठी वैसी हिंदी में नहीं। केवल दो वादों का नाम लिया जा सकता है—१ अलंकारवाद और २ शृंगारवाद का। ये दोनों भी व्यवस्थित रूप में नहीं थे। अलंकारवाद तो चमत्कारवाद था। वह संस्कृत की भाँति तर्कसिद्ध न था। शृंगारवाद तो बहुत ही परिमित था। नाट्यशास्त्र के ग्रंथों में नायिकाभेद के जो लक्षण दिए गए थे उन्हीं के उदाहरणों का ढेर लगता रहा। अधिकतर संयोग-शृंगार वर्ण्य विषय रखा गया। उसमें भी अनेकरूपता न आ सकी। विप्रलंभ-शृंगार के घर से घुसकर जीवन के कल्पनामय क्षेत्र को पल्लवित-पुष्पित करने का साहस करनेवाले थोड़े ही निकले। ध्वनिवाद तो केवल दो-चार लक्षण-ग्रंथों में ही सिमटा रहा।

विक्रम की अठारहवीं शती में रीतिशास्त्र की बाढ़ आ गई। जो सामने आता वही या तो अलंकार के लक्षण जोड़कर उनके उदाहरणों का टेढ़ा-मेढ़ा ढाँचा खड़ा कर देता अथवा नायिकाभेद की शरण लेकर 'राधा-माधव' को

रिझाने के बहाने आश्रयदाताओं के प्रीत्यर्थ रस-सरिता बहाने लगता।
लक्षण जोड़कर अलंकारों के उदाहरणों का ढेर लगाने
अठारहवीं शती में भी वे संस्कृत-साहित्य में बहुत दूर तक नहीं गए।
राजानक मम्मटाचार्य के 'काव्यप्रकाश' का प्रचलन था
ही। कुछ ने तो उसी की ओर हाथ बढ़ाए। पर लक्षण-ग्रंथ निर्माण करने की वास्तविक इच्छा होती तो उसके प्रकाश में ही बहुत कुछ देखा जा सकता था। उन्होंने यह नहीं सोचा कि लक्षणकार का पद उदाहरणकार से सर्वथा भिन्न है। रीतिकार तो पूर्ववर्ती या समकालीन निर्माताओं के ग्रंथों का अध्ययन कर रीतिशास्त्र की नीवँ देता है। अपनी कविता के मसाले से ऊपर ही ऊपर भारी भरकम ढाँचा नहीं खड़ा करता। पर हिंदी के कवियों को तो कवित्वशक्ति दिखानी थी। अलंकारों की शरण जाना तो प्रदर्शन का बहाना मात्र था। संक्षेप में वहाँ 'दर्शन' नहीं 'प्रदर्शन' था। फिर 'काव्यप्रकाश' ऐसे विवेचनापूर्ण ग्रंथ से क्या काम निकलता। आचार्य केशवदास की कविप्रिया से भी काम न चला, क्योंकि उसमें भी संस्कृतवाली क्लिष्ट प्रणाली का आधार था। संस्कृत की भाँति सूत्र, कारिता और वृत्ति का विस्तार न होकर पद्य में ही परिमित रहने से ग्रंथ कहीं-कहीं दुरूह हो गया। इसी से न 'काव्यप्रकाश' के आधार पर अधिक ग्रंथ बन सके और न कविप्रिया की प्रणाली पर। जिस संस्कृत-ग्रंथ का आधार विशेष लिया गया वह पीयूषवर्षी जयदेव-कृत 'चंद्रालोक' और उसके अलंकार-प्रकरण पर लिखी अप्पय दीक्षित की 'कुवलयानंद' टीका है। 'चंद्रालोक' में एक ही श्लोक में लक्षण और उदाहरण दोनों संपुटित हैं। 'कुवलयानंद' में 'चंद्रालोक' के लक्षणों का स्पष्टीकरण तो है ही, विषय को स्पष्ट करने के लिए और उदाहरण भी दिए गए हैं। इन दोनों के आधार पर अलंकार-ग्रंथ रचने का जो प्रवाह चला उसका प्रभाव आज तक वर्तमान है। अठारहवीं शती में कहने को तो कई अलंकाराचार्य हुए और अनेक अलंकार-ग्रंथ बने, पर इस रीतिकाल अथवा अलंकृत-युग में केवल दो ही तीन व्यक्ति ऐसे हुए जिन्होंने आचार्यपद का उत्तरदायित्व थोड़ा-बहुत समझा; जैसे—कुलपति, श्रीपति मिश्र और भिखारीदास ने। शेष में से अधिकतर ने या तो कुवलयानंद वा चंद्रालोक का सीधा अनुवाद कर डाला या उनके आधार पर लक्षण जोड़े और उदाहरणों की भरमार कर दी। सभी ने कुवलयानंद का ही आधार नहीं लिया। जब 'कुवलयानंद' के हिंदी अनुवाद हो गए तब बहुतों ने हिंदी-ग्रंथों को ही आधार बनाया। आधार बनाए जानेवाले ऐसे हिंदी-ग्रंथों में महाराज जसवंतसिंह का 'भाषाभूषण' विशेष रूप से उल्लेख-योग्य है। यत्र-तत्र कुछ स्थलों को छोड़कर यह 'चंद्रालोक' के पंचम मयूख का अनुवाद है। इसमें नायिकाभेद का प्रकरण बढ़ा दिया गया।

इस शती के आरंभ में सेनापति और चिंतामणि दो अच्छे अलंकराचार्य

हुए। दोनों ने 'काव्यप्रकाश' का अनुसरण किया है। सेनापति' का 'काव्य-कल्पद्रुम' अप्राप्य है। पर काव्यप्रवृत्ति से स्पष्ट है कि इनपर संस्कृत की तर्कसिद्ध पद्धति का प्रभाव सुव्यवस्थित रूप में पड़ा था। थे तो ये भी 'केशव' की ही भाँति चमत्कारवादी पर 'केशव' और 'सेनापति' में स्पष्ट और विशेष अंतर है। 'केशव' पर संस्कृत का गहरा प्रभाव था, उनका झुकाव भी संस्कृत की ओर अधिक था। उन्हें हिंदी-कविता लिखने में संकोच हो रहा था। जहाँ कुल के 'दास' भी संस्कृत बोलते हों वहाँ 'भाखा' में लिखना! किंतु सेनापति पर संस्कृत का प्रभाव नहीं। इनकी भाषा में हिंदी का प्रकृत रूप है। इनका 'काव्यकल्पद्रुम' काव्यप्रकाश के आधार पर बना। सेनापति के पश्चात् चिंतामणि त्रिपाठी पर दृष्टि जाती है। इन्होंने रीतिसाहित्य का अच्छा विचार किया। काव्यशास्त्र के तीन ग्रंथ लिखे—कविकुलकल्पतरु, काव्यविवेक और काव्यप्रकाश। तीनों ग्रंथ शिवसिंह सेंगर ने देखे थे, पर अब पिछले दो अप्राप्य हैं। चिंतामणि ने काव्यांगों का विस्तृत विवेचन किया है। 'काव्यप्रकाश' मम्मट के काव्यप्रकाश के आधार पर रहा होगा। इनकी विवेचन-शैली अच्छी है। परवर्ती कवियों के सामने रीति का बहुत ही परिष्कृत मार्ग इन्होंने उपस्थित किया।

विवेचनात्मक पद्धति

भाषाभूषण

इसी समय महाराज जसवंतसिंह ने अपना 'भाषाभूषण' लिखा। यह 'चंद्रालोक' के पंचम मयूख, (अलंकार-प्रकरण) का अधिकांश में उल्था-मात्र है। केवल आदि में कुछ नायक-नायिकाओं और रस-भावादि के लक्षण भी जोड़ दिए गए हैं। अलंकारशास्त्र में प्रवेश कराने और कंठस्थ करने के विचार से पुस्तक बड़े काम की है। पर लक्षणों का जैसा विवेचन आवश्यक है वैसा न तो इसमें हो ही सकता था और न किया ही गया है। किंतु पुस्तक कवित्व-शक्ति दिखलाने के लिए नहीं लिखी गई है। इसका उद्देश्य थोड़े में (सूत्ररूप में) अलंकारों का स्वरूप बतलाना है। इनका यह कार्य इस दृष्टि से स्तुत्य है। इन्होंने कहीं कहीं कुछ बातें बढ़ाई भी हैं। जैसे, अपह्नुति में एक भेद अपनी ओर से रखा है। 'भाषाभूषण' का निर्माण हो जाने पर परवर्ती कवियों में से बहुतों ने इसको आधार बनाया। इस ग्रंथ का बहुत संमान हुआ। संस्कृत में चंद्रालोक और कुवलयानंद जिस प्रकार अलंकार-प्रवेश के लिए प्रचलित थे या हैं उसी प्रकार हिंदी में यह प्रचलित हुआ है। इस पर कई टीकाएँ भी लिखी गईं जिनमें से पाँच का ठीक-ठीक पता चलता है। इनमें से वंशीधर-कृत 'अलंकार-रत्नाकर', प्रतापसाहि की टीका और गुलाब की 'भूषणचंद्रिका' प्रसिद्ध और अच्छी है।

जैसा कह चुके हैं, कवियों ने या तो विवेचन की प्रवृत्ति के कारण 'काव्य-प्रकाश' आदि ग्रंथों का सहारा लिया अथवा संक्षेप में अलंकार का स्वरूप

समझाकर काम चलता किया। संक्षिप्त पद्धतिवालों ने चंद्रालोक, कुवलयानंद का और भाषाभूषण बन जाने पर इसका भी आधार लिया। कुछ ने तो केवल दोहों में ही लक्षण-उदाहरण दोनो दिए और कुछ ने उदाहरणों की प्रचुरता से आकार बढ़ाया। कुछ ऐसे भी थे जिन्होंने पूर्वप्रचलित ग्रंथों के लक्षण रखकर अपने रचित उदाहरणों की भरमार की। ऐसों में से बहुतों ने उदाहरण अपने आश्रयदाता अथवा इष्टदेव पर ही घटाए।

अलंकार-ग्रंथकारों की गति-विधि

कुछ ऐसे भी थे जिन्होंने उदाहरणों में विषय-वैभिन्य का भी ध्यान रखा। इनके अतिरिक्त कुछ ऐसे भी थे जो शास्त्रीय पद्धति से रीतिशास्त्र का सम्यक् विवेचन करना चाहते थे। ऐसों ने केवल अपने ही बनाए उदाहरण नहीं रखे, पूर्ववर्ती कवियों की कविता भी उदाहरण-स्वरूप उद्धृत की। साथ ही विषय को स्पष्ट करने के लिए लक्षण और उदाहरण का समन्वय गद्य में भी किया। पद्य में रीतिशास्त्र का विवेचन भली भाँति नहीं हो सकता, उसके लिए गद्य की आवश्यकता होती है। संस्कृत में कारिका और वृत्ति की योजना इसी से करते थे। पर गद्य में उस समय वैसी प्रौढ़ता नहीं थी और रीतिशास्त्र का निरूपण संस्कृत के ही आधार पर होता था। 'भाखा' की प्रकृति का बहुधा किसी को ध्यान न था। इसलिए उनका प्रयत्न सफल न हुआ। पर इससे लाभ अवश्य हुआ। टीका के रूप में थोड़ी-बहुत टेढ़ी-सीधी गद्य-रचना होती रही। विवेचन की प्रवृत्ति से उसके विकास का मार्ग प्रशस्त होने लगा और आगे चलकर गद्य का थोड़ा-सा विकास होते ही गद्य में विस्तृत विवेचन का सूत्रपात हो गया। बहुत दिनों से चली आती गद्य-परंपरा के कारण उस समय एक तो गद्य का गुण लोगों को उतना ज्ञात न था, दूसरे गद्य में विवेचन के आदर्श संस्कृत के ग्रंथ थे, जिनमें नैयायिकों की 'तावच्छिन्नकावच्छेद' वाली क्लिष्ट प्रणाली के ढंग से विवेचन किया गया था। इससे हिंदी के इन प्रयत्नशील रीतिकारों का उद्योग सफल न हो सका, पर उससे गद्य के विकास में अच्छी सहायता मिली।

अठारहवीं शती में 'काव्यप्रकाश' का आधार लेनेवाले दो रीतिकारों का ऊपर उल्लेख हो चुका है। अब शेष पर दृष्टि डाली जाती है। कुलपति मिश्र ने १७२७ में रसरहस्य' नामक ग्रंथ लिखा। इसमें महापात्र विश्वनाथ के साहित्यदर्पण का भी आश्रय लिया गया। इन्होंने किसी

काव्यप्रकाश की विवेचनात्मक पद्धति

का अंधानुसरण नहीं किया, प्रत्युत शास्त्रीय पद्धति से आचार्यों के मत का विवेचन करके उसे ग्रहण किया। कहीं-कहीं अपनी स्वतंत्र संमति भी लिखी। ये अच्छे आचार्य थे। पर इन्हें व्रजभाषा-पद्य में ही संपूर्ण विषय कहना पड़ा इससे

जैसा विवेचन करना चाहते थे वैसा वस्तुतः बन न पड़ा। शब्दशक्ति और भावादि प्रकरण में इन्होंने अधिकांश लक्षण-उदाहरण संस्कृत-ग्रंथों से ही लिए हैं, पर अलंकार-प्रकरण में अपने आश्रयदाता रामसिंह की प्रशंसा के ही स्वरचित उदाहरण रखे हैं। 'काव्यप्रकाश' के अनुगामी दूसरे कवि कुमारमणि भट्ट हैं। इन्होंने सं० १७७६ में 'रसिकरसाल' नाम का ग्रंथ बनाया। तीसरे काल्पी-निवासी 'श्रीपति' हैं। इन्होंने काव्यरीति पर कई ग्रंथ लिखे—कवि-कल्पद्रुम, रससागर, अनुप्रास-विनोद और अलंकारगंगा। इनके अतिरिक्त इनका सबसे उत्तम ग्रंथ 'काव्यसरोज' या 'श्रीपतिसरोज' है। इन्होंने अलंकार का अच्छा विचार किया है। थे तो ये केशव की ही भाँति चमत्कारवादी, पर साथ ही अच्छे काव्याभ्यासी। इन्होंने 'केशव' के पद्य दोषों के उदाहरण में दिए हैं। इनका 'काव्यसरोज' मम्मट के काव्यप्रकाश के ही आधार पर बना। विवेचना बड़ी अच्छी है। ग्रंथ प्रौढ़ और आचार्यता का निदर्शक है। कहा जाता है कि 'भिखारीदास' ने 'श्रीपति' की बहुत-सी बातें चुपचाप अपने 'काव्यनिर्णय' में रख ली हैं। तत्त्वतः दोनों का आधारभूत संस्कृत का एक ही ग्रंथ है, इसी कारण समता जान पड़ती है।

भिखारीदास

भिखारीदास ने सं० १८०३ में बहुत ही बढ़िया रीतिग्रंथ 'काव्यनिर्णय' बनाया। इसमें केवल काव्यप्रकाश का ही आधार नहीं लिया गया। संस्कृत के अन्य ग्रंथ भी आधार बनाए गए, जिनमें चंद्रालोक, साहित्यदर्पण आदि प्रसिद्ध ग्रंथ भी हैं। इन्होंने हिंदी के रीतिग्रंथों का भी अध्ययन-मनन किया था। ध्वनि का विवेचन इसमें सावधानी से किया गया है, पर विवेचन की कमी के कारण वह कहीं-कहीं अस्पष्ट और संस्कृत का अंधानुसरण करने से कहीं-कहीं अशुद्ध भी हो गया है। अलंकार के विवेचन में 'दास' ने अधिक सावधानी से काम लिया। हिंदी में सबसे पहले अलंकारों के वर्गीकरण पर इनका ध्यान गया। आजकल अलंकारों का जो क्रम प्रचलित है वह 'काव्यप्रकाश' के क्रम से सामान्यतः और कुवलयानंद के क्रम से विशेषतः मिलता है। इस क्रम में थोड़ी-बहुत वर्गीकरण की प्रवृत्ति अवश्य है, एक ढंग के अलंकार एक साथ कथित हैं। फिर भी यह स्पष्ट वर्गीकरण नहीं। हिंदी में 'दास' की दृष्टि सबसे पहले इस पर गई। इन्होंने एक प्रकार के अलंकारों का समूह बनाकर विवेचन किया। वस्तुतः 'दास' ने वर्गीकरण का प्रयत्न-मात्र किया है, उसमें पूर्णता नहीं है। इन समूहों के नाम ही वैयाकरणी अथवा वैद्यकी ढंग के 'तुदादि, चुरादि' या 'लवंगादि, चंदनादि' की भाँति 'उपमादि, उल्लासादि' हैं। 'दास' ने कुछ नए अलंकार निकालने का भी यत्न किया, पर उनमें कोई विशेष चमत्कार नहीं भासता। जैसे, 'तद्गुण' के सहारे 'स्वगुण' अलंकार की कल्पना, जिसमें कोई वस्तु अपने अंगों का गुण ग्रहण करके रंग बदल देती

है। 'दास' में आचार्यता भली भाँति झलकती है। अलंकार के अतिरिक्त इनका 'तुकनिर्णय' हिंदी में एकदम नई वस्तु है। इससे इनकी अन्वेषिणी प्रवृत्ति का पता चलता है।

पाँचवे आचार्य सोमनाथ हैं। इन्होंने 'रस-पीयूषनिधि' की रचना की। यह भी संस्कृत के रीतिकारों की तर्कसिद्ध शैली पर बना है।

संक्षिप्त शैली

अब दूसरे ढंग की संक्षिप्त शैली पर विचार करना चाहिए। महाराज जसवंतसिंह के 'भाषाभूषण' के पश्चात् दूसरी पुस्तक सूरति मिश्र की 'अलंकार-माला' है, जो सं० १७६६ में बनी। इसमें भी दोहेवाली पद्धति ही ग्रहण की गई है। अधिकांश में यह कुवलयानंद के आधार पर बनी। उसके पद्य इसमें अनूदित मिलेंगे। कहीं-कहीं कवि ने स्वतंत्र रूप से भी अलंकार लिखे हैं। तीसरी पुस्तक 'रसिक-सुमति' की है, जिसका नाम 'अलंकारचंद्रोदय' है और जो सं० १७८५ के लगभग बनी। यह भी दोहों में ही है और कुवलयानंद पर अवलंबित है। चौथी पुस्तक गुरुदत्तसिंह उपनाम 'भूपति' की है, जिसका नाम 'कंठाभरण' है। यह दोहों में ही बनी और इसके दोहे उक्त कवि की लिखी 'सतसई' में भी दिए गए। अनुमान से यह भी कुवलयानंद के ही आधारभूत रही होगी। पाँचवीं पुस्तक 'अलंकाररत्नाकर' है, जिसके रचयिता दलपतिराय और वंशीधर दो व्यक्ति हैं। यह वस्तुतः महाराज जसवंतसिंह के 'भाषाभूषण' की टीका है। जिस प्रकार 'चंद्रालोक' के अलंकार-प्रकरण की टीका अप्पय दीक्षित ने 'कुवलयानंद' नाम से की उसी प्रकार इन दोनो कवियों ने 'भाषाभूषण' का स्पष्टीकरण उदाहरणादि देकर किया। इसकी दो बातें विशेष रूप से उल्लेख-योग्य हैं। एक तो इसमें उदाहरण काव्यग्रंथों से चुन-चुनकर और प्रसिद्ध कवियों की कविता से ढूंढ़-ढूंढ़कर रखे गए हैं, दूसरे लक्षणों के साथ उदाहरणों के समन्वय का यत्न गद्य में किया गया है। उदाहरण कहीं-कहीं दंडी आदि संस्कृत के आचार्यों के भी रखे गए हैं। पुस्तक सभी दृष्टियों से उत्तम है। इसमें संस्कृत की शास्त्रीय पद्धति का अच्छा अनुसरण है।

मतिराम और भूषण

अब ऐसों के ग्रंथों पर विचार करना है जो वस्तुतः चले तो इसी पद्धति पर, पर जिनकी दृष्टि उदाहरणों पर विशेष थी, लक्षणों पर उतनी नहीं। ऐसों में सबसे पहले मतिराम और भूषण का ही नाम आता है। 'मतिराम' ने 'ललितललाम' अपने आश्रयदाता बूंदी के भाऊसिंह के नाम पर बनाया। इसमें अधिकांश उदाहरण उन्हीं पर घटित किए गए हैं। 'मतिराम' के लक्षण बहुत साफ और उदाहरण भी स्पष्ट हैं। 'भूषण' ने शिवाजी के नाम पर 'शिवभूषण' अलंकार-ग्रंथ सं० १७३० में बनाया। इनका एक ग्रंथ 'भूषणउल्लास' भी कहा जाता है। भूषण के लक्षण कई स्थानों पर अस्पष्ट

और भ्रामक हैं। कहीं-कहीं तो उदाहरण भी नहीं बन पड़े हैं। इसका एक कारण तो यह है कि इन्होंने बरबस सभी अलंकारों के उदाहरण शिवाजी की प्रशंसा में घटाए। दूसरे 'भूषण' में काव्यरीति का अच्छा अभ्यास न था। उदाहरण के लिए 'विकल्प' को लीजिए। इसमें दो समान बलवाली विपरीत वस्तुओं के एक ही समय में एक स्थान पर घटित न हो सकने के कारण विकल्प करना पड़ता है, दो में से किसी एक के भी होने का अनिश्चय रहता है। इन्होंने लक्षण ठीक देते हुए भी उदाहरण ऐसा दे दिया जिसमें 'विकल्प' न होकर 'निश्चय' हो गया, जिससे अलंकार बिगड़ गया—'भूषण गाय फिरो महि में बनिहै चित-चाह सिवाहि रिझाए।' 'भूषण' ने दो-एक नए अलंकार निकालने का भी यत्न किया, पर उसमें भी सफलता नहीं मिली। इन्होंने एक नया अलंकार 'सामान्य-विशेष' माना है, जिसमें 'विशेष' का कथन करके 'सामान्य' लक्षित कराया जाता है। यह आलंकारिकों के अप्रस्तुतप्रशंसालंकार की 'विशेष-निबंधना' है। इसके उदाहरण भी स्पष्ट नहीं हैं। दूसरा नया अलंकार है 'भाविक छवि', जिसका लक्षण है 'दूरस्थित वस्तु को संमुख देखना'। 'भाविक' में 'समय की दूरी' है और 'भाविक छवि' में 'स्थान की दूरी'। वस्तुतः 'भाविक छवि' भाविक का ही अंग है, उससे भिन्न नहीं। 'भूषण' ने सब अलंकारों का वर्णन भी नहीं किया है। कई अलंकार तो केवल चलते कर दिए हैं, उनके भेदों का पता भी नहीं चलता। 'मतिराम' का 'ललितललाम' अलंकार का जैसा परिपूर्ण और प्रौढ़ ग्रंथ है वैसा 'भूषण' का 'शिवभूषण' नहीं। अलंकार का अभ्यास 'भूषण' को बहुत कम था। अलंकार के चक्कर में उनकी कविता भी बहुत कुछ विकृत हो गई और रस-परिपाक भी जैसा चाहिए वैसा न हो पाया। इससे अच्छा रस-परिपाक तो उन छंदों में है जो 'शिवभूषण' के नहीं हैं। 'शिवभूषण' को अलंकार की दृष्टि से देखने पर बहुत कुछ निराश होना पड़ता है।

अन्य आचार्य

इन दोनो कवियों के पश्चात् इस प्रकार के केवल दो कवि और रह जाते हैं। एक हैं प्रसिद्ध देवदत्त और दूसरे हैं दत्त। 'देव' ने 'काव्यरसायन' या 'शब्दरसायन' ग्रंथ लिखा। इसमें अलंकारों का भी वर्णन है। देव ने उपमा अलंकार का तो कुछ विस्तार से वर्णन किया, जैसा दंडी और केशव ने किया है, पर शेष अलंकारों में से बहुत थोड़े से लिए और उन्हें भी चलता कर दिया। एक छंद में चार-चार पाँच-पाँच अलंकार तक निबटा दिए। 'देव' की इस त्वरा का कारण समझ में नहीं आता। कुछ सज्जनों का कहना है कि 'देव' ने पहले से प्रस्तुत रचना लेकर अलंकारों का ठाट ठटा, इसलिए जिस अलंकार के पद्य नहीं थे उन्हें छोड़ दिया और कुछ छंदों में कई अलंकार दर्शा दिए। जो कुछ हो, यह स्पष्ट है कि देव का रूप आचार्यत्व के नाते वैसा नहीं

निखरा, जैसा कवि के नाते। 'दत्त' ने सं० १७९१ में 'लालित्यलता' बनाई। ये चमत्कारवादी जान पड़ते हैं। इनका विवेचन और ढंग 'मतिराम' का सा है।

उन्नीसवीं शती

विक्रम की उन्नीसवीं शती के आरंभ ही से अलंकारशास्त्र में चमत्कारवाद तो बढ़ा, पर रीति के विवेचन की थोड़ी-बहुत जो प्रवृत्ति अठारहवीं शती के कुलपति, श्रीपति और दास आदि में देखी गई उसका एकदम अभाव हो गया। इसी लिए काव्यप्रकाश के आधार पर चलनेवाला या संस्कृत के विवेचनापूर्ण ग्रंथों का अनुसरण करनेवाला एक भी आचार्य नहीं दिखाई देता। हाँ, एकाध अनुवाद अवश्य हो गए। धनीराम ने १८६७ के लगभग 'काव्यप्रकाश' का उल्था आरंभ किया, पर वह पूरा न हो सका। कहीं-कहीं 'साहित्यदर्पण' का भी अनुवाद हुआ। चमत्कारवाद के बढ़ जाने से लोगों की दृष्टि केशव की ओर भी गई। कुछ लोगों ने उनके ही स्वर में स्वर मिलाया। केशव द्वारा जमाई 'कविप्रिया' की परिपाटी के दर्शन एक बार फिर हुए। गुमान मिश्र ने रीति-क्षेत्र में ही नहीं, कविता-क्षेत्र में भी केशव का अनुगमन किया और हर मेल के छंद जुटाए। ये संस्कृत के भारी पंडित और 'नैषध' के प्रसिद्ध अनुवादक थे। इन्होंने सं० १८१८ में 'अलंकारदर्पण' बनाया। इनके अतिरिक्त दो ऐसे कवियों का नाम और मिलता है जो केशव की परिपाटी के पोषक थे। एक गुरुदीन पाँड़े, जिन्होंने सं० १८६० में 'बागबहार' बनाया। इसमें हर प्रकार से 'केशव' का अनुसरण किया गया। एक तो कविप्रिया की तर्ज पर इसमें 'प्रकाश' रखे गए, दूसरे विषय-वर्णन में 'केशव' की रामचंद्रचंद्रिका से मेल मिलाने के लिए बहुमेल छंद भी लाए गए। इस प्रकार अलंकार के साथ-साथ पिंगल को भी निबटा दिया गया। दूसरे व्यक्ति हैं प्रसिद्ध कवि 'बेनी-प्रबीन'। इन्होंने 'नानाराव-प्रकाश' अपने आश्रयदाता की प्रशंसा में कविप्रिया के ढर्रे पर बनाया।

इस शती में अधिकता 'भाषाभूषण' के ढंग के ग्रंथों की रही, पर कुछ विशेषता भी थी। प्रायः लोग दोहों में ऐसी पुस्तक रचकर छुट्टी पा लेते थे, पर अब अधिक लोग अन्य छंद और विशेषतः कवित्त, सवैया, छप्पय आदि के उदाहरण भी देने लगे। उदाहरण कुवलयानंद से न लेकर उन्हीं के जोड़-तोड़ के रचकर रखे गए। यही नहीं, पहले के कवियों ने एकदम शृंगार के ही उदाहरण जुटाए थे, अब अन्य रसों के उदाहरण भी समाविष्ट किए जाने लगे। इस ढंग के ग्रंथों में दूलह के कविकुलकंठाभरण का, शंभुनाथ के अलंकारदीपक का, रूपसाहि के रूपविलास का, ऋषिनाथ की अलंकारमणिमंजरी का, बैरीसाल के भाषाभरण का, नाथ के अलंकारदर्पण का, रामसिंह के अलंकारदर्पण का, पद्माकर के पद्माभरण का और प्रतापसाहि की भाषाभूषण की टीका

का नाम लिया जा सकता है। इनमें कुछ ग्रंथ ऐसे हैं जिनमें रस और नायिका-भेद का भी थोड़ा-सा परिचय आदि में दिया गया है। कुछ ऐसे भी हैं जिन्होंने आदि में अलंकारों के लक्षण लिख दिए हैं और पीछे उनके उदाहरण एकत्र दे डाले हैं। ऐसे ग्रंथों में बड़े छंदों का सहारा लेने से एक लाभ अवश्य हुआ। पहले दोहे में अलंकार का निरूपण भली भाँति नहीं हो पाता था, अब बड़े छंदों से विषय अधिक स्पष्ट होने लगा। इस शती के अधिकांश ग्रंथों में बड़े-बड़े छंदों का ही उपयोग किया गया, जिससे उदाहरण में स्थल-संकोच के कारण होनेवाली गड़बड़ी बहुत कुछ दूर हो गई। पहले के आचार्यों में से विवेचन की प्रवृत्तिवाले अथवा आचार्यत्व को थोड़ा-बहुत समझनेवाले बड़े ही छंदों में बहुधा उदाहरण रखते थे, पर तब प्रवृत्ति व्यापक न थी, अब व्यापक हो गई।

इस शती के आदि में ही 'रघुनाथ' अच्छे आचार्य हुए। इनका 'रसिक-मोहन' उत्तम अलंकार-गंथ है। इसमें केवल शृंगार के पद्य नहीं हैं। एक-

रघुनाथ और प्रतापसाहि

एक अलंकार के कई उदाहरण हैं। प्रायः उदाहरण के प्रत्येक चरण में अलंकार आया है। ऐसा उद्योग पहले के कम आचार्यों ने किया था। 'दास' आदि के कई उदाहरणों में यह विशेषता है अवश्य, पर वह यत्र तत्र ही है। इतना होने पर भी उदाहरणों में क्लिष्टता नहीं है। भाषा सुबोध होने से अलंकारों को हृदयंगम करना सुगम है। समष्टि में 'रसिकमोहन' अलंकार की उत्कृष्ट पुस्तक है। 'भाषाभूषण' के तिलककार प्रतापसाहि बड़े प्रौढ़ और काव्याभ्यासी आचार्य थे। टीकाकार भी ये अच्छे थे। इन्होंने ध्वनि पर भी विचार किया है और 'व्यंग्यार्थकौमुदी' नाम की पुस्तक लिखी है। ये इस शती के अंत में हुए।

इस शती के मध्य के लगभग उत्तमचंद भंडारी हुए, जिन्होंने 'अलंकार-आशय' बनाया। ग्रंथ दलपतिराय वंशीधर के ग्रंथ के ढर्रे का है। इसमें उदाहरण अन्य कवियों के दिए गए हैं और व्याख्या गद्य में भी की गई है।

उक्त कर्ताओं के अतिरिक्त और बहुतों ने अलंकारविषयक ग्रंथ बनाए। जिनमें से चंदन का 'काव्याभरण' (१८४५), भानुकवि का 'नरेंद्रभूषण' (१८४५), थान कवि का 'दलेलप्रकाश' (१८४८), बेनी बंदीजन का 'टिकैतरायप्रकाश' (१८४९), देवकीनंदन का 'अवधूतभूषण' (१८५७), ब्रह्मभट्ट का 'दीपप्रकाश' (१८६५), रामसहायदास का 'वाणीभूषण' (१८७३) ग्वाल कवि का 'रसिकानंद' (१८७९) और रघुनाथ के पुत्र गोकुलनाथ की 'चेतचंद्रिका' एवम् 'कविमुखमंडन' का नामोल्लेख आवश्यक है। गोकुलनाथ अपने पिता की ही भाँति अच्छे आचार्य हुए।

हिंदी में चमत्कारवाद का प्रवाह पहले से ही चला आ रहा था। कोरे चमत्कारवाले अलंकारों के फेर में कई कवि पड़े। कुछ ने काव्य-मात्र में उसे ग्रहण किया और कुछ वैसे अलंकारों पर विशेष रूप से स्वतंत्र ग्रंथ ही रचने लगे। पहले प्रकार के प्रणेताओं में केशव, सेनापति और पद्माकर का नाम लिया जा सकता है। दूसरे प्रकार के कर्ताओं में वे हैं जो 'साहित्यलहरी' ऐसी पुस्तकों में दृष्टिकूटकों का चक्रव्यूह खड़ा करने लगे। अठारहवीं शती में भी इस प्रकार के कई ग्रंथ बने, जिनमें अब्दुलरहमान का 'यमशतक' (१७६३) अच्छा है। उन्नीसवीं शती में भी ऐसा क्रम चलता रहा। काशिराज की 'चित्र-चंद्रिका' बहुत प्रसिद्ध है। इसमें चित्रालंकार की नुमाइश है। दिमागी कसरत की गई है। एक ग्रंथ 'प्रवीणसागर' भी है, जिसके अंत में चित्रालंकार के अनेक चित्रपट जुड़े हुए हैं।

बीसवीं शती का आरंभ होते ही अलंकारों की दमदमाहट कम होने लगी, फिर भी पुरानी पद्धतिवाले लोग अलंकार के ग्रंथों की कभी-कभी रचना कर दिया करते थे। 'सेवक' कवि ने १९३८ में 'काव्यप्रकाश' का उल्था किया। भाषाभूषण अथवा चंद्रालोक–कुवलयानंद की संक्षिप्त पद्धति भी समाप्त नहीं हुई थी। 'गुलाब' कवि ने 'भाषाभूषण' की 'भूषणचंद्रिका' टीका की। इन्होंने कई अलंकार-ग्रंथ लिखे हैं और अलंकार-ग्रंथों पर टीकाएँ भी कीं। 'मतिराम' के 'ललित-ललाम' पर इनकी 'ललितकौमुदी' अच्छी टीका है। इसमें कविरायजी ने गद्य में अलंकार समझाए हैं और स्थान-स्थान पर विषय को स्पष्ट करने के लिए अपने 'वनिताभूषण' से भी उदाहरण उद्धृत किए हैं। इनके ग्रंथों के देखने से पता चलता है कि इनका आलंकारिक ज्ञान अच्छा था। इन्होंने काव्य के अन्य अंगों पर भी लिखा है। इसी समय के लगभग चतुर्भुज मिश्र ने 'अलंकार-आभा' नाम से कुवलयानंद का पद्यानुवाद किया।

बीसवीं शती

इस शती के आदि में ही पुराने कँड़े के आचार्यों में सबसे अच्छे लछिराम ब्रह्मभट्ट हुए। इन्होंने काव्यांगों पर विभिन्न राजाओं के नाम से कई ग्रंथ रचे जिनमें से 'रामचंद्रभूषण' और महाराज गिद्धौर के नाम पर बना 'रावणेश्वर कल्पतरु' बहुत प्रसिद्ध हैं। लछिराम का ढंग 'मतिराम' का सा है, पर 'मतिराम' की भाँति पूर्णता और प्रौढ़ता नहीं। कई स्थानों पर उदाहरण अस्पष्ट और अपूर्ण हैं।

पुराने कँड़े के गद्यकारों में भारतेंदु बाबू के पिता श्रीगोपालचंद्र (गिरिधरदास) के भारतीभूषण, प्रसिद्ध टीकाकार सरदार कवि के हनुमद्भूषण, तुलसीभूषण, मानसभूषण आदि, लेखराज के गंगाभूषण और लघुभूषण, बलदेव कवि के प्रतापविनोद, द्विज गंग की महेश्वरचंद्रिका, रसिकबिहारी के काव्यसुधाकर और गोबिंद गिल्ला भाई की भूषणमंजरी का नाम उल्लेख योग्य है।

कहा जा चुका है कि अलंकार आदि रीति-विषयों का विवेचन पद्य में अच्छी तरह नहीं हो सकता। पर पुराने जमाने से ही पद्य में ग्रंथ लिखने की परिपाटी चली आ रही थी। इसलिए काव्य अथवा अलंकार के सिद्धहस्त अभ्यासियों को भी पद्य में ही ग्रंथों का निर्माण करना पड़ता था। श्रीपति, कुलपति आदि आचार्यों को इसीलिए इच्छित सफलता नहीं मिल सकी। 'दास' आदि ने अपने ग्रंथों में कहीं-कहीं कुछ गद्य लिखकर विषय को स्पष्ट करने का उद्योग किया और दलपतिराय-वंशीधर ऐसे लोगों ने तो रीतिग्रंथों को परिपूर्ण बनाने के लिए प्रचलित गद्य में भरपूर जोर मारा। पर ब्रजी वस्तुतः पद्य की भाषा थी। उसका उस समय तक ऐसा विकास नहीं हो सका था कि गूढ़ से गूढ़ विषय गद्य में सरलता से समझाए जा सकते। गद्य का उपयुक्त विकास संस्कृत में भी नहीं था। इसलिए संस्कृत का अनुगमन करनेवाले सीधे-सादे पद्य में ही अनुवाद करके छुट्टी पा लेते थे। प्राचीन टीकाकारों ने अलंकारों को टीका के साथ-साथ गद्य में समझाने का उद्योग किया है, पर अधिकांश टीकाओं में पद्य में ही विवेचन भी जोड़कर रख दिया गया है, जैसे लालचंद्रिका में। अंगरेजों के संसर्ग से और भारतेंदु बाबू, राजा शिवप्रसाद आदि के उद्योग से ज्यों ही हिंदी-गद्य विकासोन्मुख हुआ त्यों ही रीतिग्रंथों में भी निरूपण के लिए उसका सहारा लिया जाने लगा।

द्वितीय उत्थान

गद्य में विस्तृत विवेचन के साथ-साथ शास्त्रीय पद्धति पर अलंकारों का विवेचन करनेवाला सबसे पहला ग्रंथ है कविराजा मुरारिदान का 'जसवंत-जसोभूषण'। मुरारिदान ने इसके आदि में कुछ व्यंग्य का भी परिचय दिया है, पर है यह केवल अलंकार का ही ग्रंथ। इस पोथे में कई विशेषताएँ हैं। इसमें प्रत्येक अलंकार का लक्षण प्राचीन प्रसिद्ध अलंकार-ग्रंथों से उद्धृत किया गया है और उसकी मीमांसा भी की गई है। प्रत्येक अलंकार के नाम से उसका लक्षण निकालने की प्रवृत्ति दिखलाई गई है। प्राचीन ढंग की संस्कृतवाली तार्किक प्रणाली से लक्षणों का निर्णय किया गया है और बहुत से व्यर्थ जान पड़नेवाले अलंकारों अथवा उनके भेदों का अंतर्भाव भी अन्यान्यों में कर दिया गया है। कविराजा ने प्राचीन संस्कृत के आचार्यों को फटकारने में भी कमाल किया है। पर प्रत्येक अलंकार का लक्षण उसके नाम में ही अनुस्यूत करने के फेर में कहीं-कहीं गोता भी खाना पड़ा है। अवश्य ही अलंकार के नाम का संबंध उसके लक्षण से भी है, पर किसी अलंकार का पूरा लक्षण उसके नाम के छोटे से संपुट में अँट जाना असंभव नहीं तो दुरूह अवश्य है। अलंकारों के लक्षणों की व्युत्पत्ति नामों से करते हुए कई जगह खींचातानी और अंधाधुंधी भी की गई है। फिर भी कविराजा का परिश्रम और प्रयत्न श्लाघ्य है।

मुरारिदान

सेठ कन्हैयालाल पोद्दार और 'भानु'जी

इसके पश्चात् एक अच्छा खासा अलंकार-ग्रंथ प्रसिद्ध काव्यमर्मज्ञ सेठ कन्हैयालाल पोद्दार ने अलंकारप्रकाश नाम से प्रकाशित कराया। यह अधिकांश में मम्मट के 'काव्यप्रकाश' के आधार पर लिखा गया है। इसके अनंतर अलंकारप्रकाश में अन्य काव्यांगों को जोड़कर और उसका संशोधन करके काव्यकल्पद्रुम नामक ग्रंथ पूर्ण काव्यरीति पर प्रकाशित कराया जिसे और विस्तृत करके दो खंड किए—अलंकारमंजरी और रसमंजरी। साथ ही 'संस्कृत-साहित्य का इतिहास' नाम से काव्यरीति का इतिहास भी पृथक् पुस्तकाकार निकाला। पोद्दारजी ने अलंकारों का अच्छा विवेचन किया है, पर संस्कृत का पद-पद पर अनुसरण करने से और संस्कृत की तर्कप्रणाली का ही आश्रय लेने से ग्रंथ दुरूह हो गया है। संभवतः इस बात पर ध्यान नहीं दिया गया कि संस्कृत और हिंदी की प्रकृति भिन्न-भिन्न है। जो अलंकार हिंदी के योग्य नहीं हैं अथवा अलंकारों के जो भेद हिंदी की प्रकृति से भिन्न हैं उन्हें भी रखा गया है। पिछले खेवे के कवियों ने ऐसे बहुत से अलंकार और उनके भेदादि छोड़ दिए थे जिनका लगाव हिंदी की प्रकृति से नहीं था। उनकी पुनरावृत्ति अनावश्यक है। यथा—लाटानुप्रास के पदावृत्ति और नामावृत्ति नामक प्रकार और यथासंख्य के शब्द एवम् आर्थ नामक भेद। इनके पश्चात् प्रसिद्ध पिंगलाचार्य बाबू जगन्नाथप्रसाद 'भानु' का काव्यप्रभाकर नामक ग्रंथ प्रकाशित हुआ। इसमें सभी काव्यांगों का विचार किया गया है और आदि में छंदों का भी वर्णन दे दिया गया है। अलंकारों के लक्षण संस्कृत के प्रसिद्ध ग्रंथों के हैं और नीचे उनका हिंदी-पद्यानुवाद भी है। गद्य में भी अर्थ दिया गया है और एक अलंकार के कई उदाहरण हैं, जिनमें 'रामचरितमानस' से उदाहरण प्रायः सभी अलंकारों में है। इनके दो ग्रंथ हिंदी-काव्यालंकार और अलंकारप्रश्नोत्तरी भी हैं। भानुजी ने विषय को सरल बनाने का उद्योग तो अवश्य किया पर विवेचन की कमी और अलंकारों का व्यापक अभ्यास न होने से इनमें कुछ अपूर्णता रह गई है। कहीं-कहीं उदाहरण भी अंडबंड दे दिए गए हैं, जैसे—'कीकर पाकर' वाला मुद्रा का प्रसिद्ध उदाहरण श्लेष में रखा है।

लाला भगवानदीन

अभी तक सबसे बड़ी कमी पाठशालाओं और महाविद्यालयों में पढ़ाए जाने योग्य अलंकार-ग्रंथ की थी। प्राचीन ग्रंथ तो पढ़ाने योग्य थे ही नहीं और इधर जो नए निकले उनमें शृंगार लबालब। इस पर स्वर्गीय लाला भगवानदीनजी की दृष्टि गई। उन्होंने छात्रोपयोगी अलंकारमंजूषा नामक ग्रंथ प्रस्तुत किया। इसका सबसे बड़ी विशेषता है शृंगारिक पद्यों का अभाव। उदाहरण एकाधिक दिए गए और उन्हें भली भाँति समझाया भी गया। इससे इसका पर्याप्त

प्रचार हुआ। लालाजी ने शास्त्रीय विवेचन पर उतना ध्यान तो नहीं दिया पर अलंकारों की विभिन्नताएँ अच्छी तरह समझाईं। कई स्थानों पर कुछ नई खोज भी की; जैसे—स्मरण, दीपक में। फिर भी संस्कृतशास्त्र का पूर्ण मंथन न करने से दो-एक स्थान पर कुछ-का-कुछ हो गया। जैसे श्लेष के दो भेद (शब्द और अर्थ) आपने इस प्रकार किए हैं—जहाँ कवि का मुख्य तात्पर्य एक ही अर्थ से होता है (शब्द-श्लेष) और जहाँ कवि का तात्पर्य दोनो वा तीनो अर्थों से होता है (अर्थ श्लेष)। अलंकाराभ्यासी जानते हैं कि शब्द और अर्थ का भेद परिवृत्ति का सहत्व या असहत्व है, एक या एकाधिक अर्थ का ग्रहण नहीं। इसी प्रकार से क्रम (यथासंख्य) के 'भग्नक्रम' और 'विपरीतक्रम' भेद हैं। फिर भी हिंदी में छात्रोपयोगी ऐसी उत्तम पुस्तक आज तक नहीं बनी। अलंकारों में प्रवेश पाने के लिए पुस्तक अद्वितीय है।

साहित्य की दिनोदिन उन्नति से लोगों का ध्यान अलंकारों की वैज्ञानिक खोज की ओर भी गया। पं० रमाशंकर शुक्ल 'रसाल' ने 'अलंकारपीयूष' ग्रंथ

तृतीय उत्थान

हिंदी-जनता के समक्ष प्रस्तुत किया, जिसमें 'अलंकारों के वैज्ञानिक विकास' पर विचार है और संस्कृत तथा हिंदी के अलंकारशास्त्र का इतिहास भी है। प्रत्येक अलंकार के सूक्ष्मातिसूक्ष्म भेद हैं। तात्पर्य यह कि पुस्तक भारी भरकम है। अलंकारों की बाहरी सामग्री जुटाकर रखने में बहुत श्रम किया गया है। उदाहरण कई स्थलों पर लक्षणों से घटित नहीं होते। कुछ भी हो, पुस्तक अच्छी है। हिंदी में वैज्ञानिक खोज की प्रवृत्ति सूचित करती है।

अलंकार-संबंधी छोटी-मोटी कई और पुस्तकें निकलीं जिनमें सेठ अर्जुन-

अन्य ग्रंथ

दास केडिया का 'भारतीभूषण' शास्त्रीय पद्धति से लिखा गया है। इसमें प्रत्येक उदाहरण का लक्षण से पूरा समन्वय दिखाकर बात स्पष्ठ की गई है।

हिंदी में कुछ चमत्कारवादियों ने प्राचीन ढंग के 'यमकशतक', 'श्लेष-चंद्रिका', 'वक्रोक्तिविनोद' आदि की तर्ज पर कुछ पुस्तकें गद्य में भी प्रस्तुत कीं, जिनमें, पं० जगन्नाथप्रसाद चतुर्वेदी का 'अनुप्रास का अन्वेषण' उल्लेखनीय है। संस्कृत के विवेचनात्मक ग्रंथों का अनुवाद भी गद्य में हुआ है। पं० शालग्रामशास्त्री ने 'विमला' नाम से 'साहित्यदर्पण' की विद्वत्तापूर्ण टीका लिखी। काशी नागरीप्रचारिणी सभा से 'रसगंगाधर' की भी टीका प्रकाशित हुई। काव्यप्रकाश और ध्वन्यालोक के हिंदी-अनुवाद भी निकले। पं० बलदेव उपाध्याय का 'भारती साहित्यलास्त्र' सैद्धांतिक विवेचन का विशालकाय ग्रंथ बड़े श्रम और अध्यावसाय से प्रस्तुत हुआ।

ऊपर जो इतिहास दिया गया उससे पता चलता है कि रीतिशास्त्र के लिए संस्कृत का सीधा अनुकरण किया गया। नूतन अनुसंधान करके शास्त्रीय पद्धति

से विस्तृत और विद्वत्तापूर्ण विवेचन करने की प्रवृत्ति कम रही। संस्कृत के कुछ अलंकार हिंदी के काम के नहीं, उन्हें हिंदी में लाने की आवश्यकता नहीं।

उपसंहार

कुछ ऐसे अलंकार भी चले आ रहे हैं जिनका संबंध अलंकारों से नहीं। चित्रालंकार दिमागी कसरत भर है। काकु-वक्रोक्ति जिस प्रकार हिंदी में गृहीत हुई वह व्यंग्य का विषय है, अलंकार का नहीं। अब आवश्यकता इसकी है कि नये सिरे से वर्गीकरण हो और नए ढंग से विभक्तीकरण एवम् निरूपण। उदाहरण रीतिग्रंथों से न लेकर कविता-ग्रंथों से लिए जायँ।

वीरकाव्य

स्थायी काव्य

संसार में दो प्रकार के काव्य विशेष रूप से स्थायी रह सकते हैं, एक भक्तिकाव्य दूसरे वीरकाव्य। भक्तिकाव्य का संबंध ईश्वर से है, इसलिए उसके पाठ अथवा अनुशीलन से मानसिक विप्लव शांत होता है। वीरकाव्य का संबंध व्यावहारिक जगत् से है। उसमें पूर्वपुरुषों के पराक्रमपूर्ण कर्मों का वर्णन रहता है, इससे जनता इस प्रकार के काव्यों को भी सुरक्षित रखती है। इनके पारायण से आदर्श ऊँचा करने का अवसर मिलता है और वीरतापूर्ण वर्णनों से चित्त में उत्साह एवम् उल्लास होता है। संस्कृति को सनातन बनाए रखने के लिए इनका प्रचलन बड़े काम का होता है। संसार की कितनी ही संस्कृतियाँ अतीत की गोद में समा गईं, कितनी ही जातियाँ विदेशी बेड़ियों में जकड़ी जाकर पददलित हो गईं, पर भारतीय पुरानी संस्कृति को पकड़े अनेक टक्कर खाकर भी जीते रहे। वीरकाव्यों का पठन-पाठन और अनुसरण होने से रामायण-महाभारत को वे न भूल सके। धोती के स्थान पर ढीली मोहरी का पायजामा पहना, बगलबंदी उतारकर ढीलमढाली मिर्जई-अचकन पहनी, चौगोशिया टोपी उतारी, दुपलिया दी, कोट-पतलून और हैट-नकटाई आदि से भी बने-ठने, पर 'राम' को न भूले। इसी से समय के प्रवाह में टिके रह सके।

वीरकाव्य की व्यापकता

संसार का कोई साहित्य नहीं जिसमें वीरगाथाओं अथवा वीरकाव्यों का अभाव हो। बहुधा ये काव्यसंदर्भ साहित्य के आदिकाल में मिलते हैं। कारण भी है। प्राचीन काल में जीवन-संग्राम केवल गृहस्थी तक न था। उस समय संसार में अपनी स्थिति दृढ़ करने के लिए प्रत्येक जाति को दूसरी से भिड़ने की आवश्यकता हुआ करती थी। किसी प्रभावशाली व्यक्ति के शासन से अल्पकाल के लिए जनता भले ही विश्राम पा ले, अन्यथा उसका अंत होते ही उसे एक हाथ से तलवार और दूसरे से गृहस्थी सँभालते हुए जीवन-यापन करना पड़ता। प्राचीन इतिहास के पन्ने पलटिए। वे आपको स्थान-स्थान पर गृह-

कलह और राजकलह दोनों से रक्तरंजित मिलेंगे। संस्कृत की वीरप्रशस्तियों के अतिरिक्त विश्वसाहित्य में सबसे प्रसिद्ध महाकाव्य यवनानियों के हैं। इनके नाम हैं 'इलियड' और 'ओडेसी' और इनका कर्ता है प्रसिद्ध कवि 'होमर'। ये दोनों वीर-महाकाव्य हैं और इनमें 'ट्राय' के युद्ध का वर्णन है।

हिंदी-साहित्य का आरंभ ऐसे समय में होता है जब भारत का पश्चिमी भाग मुसलमान जाति के आक्रमणों से आक्रांत था और उत्तर भारत के प्रायः

हिंदी में वीरकाव्य का आरंभ

सभी प्रमुख नरेशों की दृष्टि उस ओर खिंची हुई थी। वीरता के नवोन्मेष से परिपूर्ण राजपूतों का राज्य चारों ओर फैला हुआ था। भारत का पश्चिमोत्तर प्रदेश इन्हीं के हाथों में था। बर्बर भावनाओं से भरित और लूटपाट के लोभ से लालायित आक्रमण बढ़ते ही जाते थे। उनसे सामना करने के लिए दृढ़ और युद्धप्रिय जाति की आवश्यकता थी और उन्हें कविता द्वारा प्रोत्साहित करनेवाले ऐसे कवियों की सहयोगिता अपेक्षित थी जिनकी वाणी में उन्माद और आवेश की सच्ची शक्ति हो तथा जिनकी भुजाओं में रण-कौशल का बल हो। विक्रमादित्य और भोजराज का वह स्वर्णयुग बीत चुका था जब चमत्कार पर 'प्रत्यक्षरं लक्षं ददौ' की वृत्ति थी। राजदरबार में बैठे बैठे पेंचीले भाव-संघटन का समय नहीं था। रणक्षेत्र में खड़े होकर ललकारते हुए वीरों में युद्धोत्साह और वीरोन्मेष भर देने की बेला थी। इन्हीं कारणों से हिंदी के आदियुग में वीर-प्रशस्तियों का प्रणयन हुआ। अधिकांश वीर-प्रशस्तियाँ या गाथाएँ मौखिक रूप में ही कही सुनी जाती रहीं। मौखिक परंपरा में वे जिह्वा के पथ पर दौड़ती हुई परिवर्तित और विकृत होती रहीं।

पराक्रम-प्रिय राजपूत जाति में राजकवियों के रखने की प्रथा थी। उन्होंने आश्रयदाताओं की प्रशंसा अथवा पराक्रम की कविता की। उनका प्रचार एवम्

हिंदी में वीरकाव्य का स्वरूप

प्रसार सार्वजनिक न होकर एकदेशीय ही था। आगे चलकर कुछ कविता वीर-देवताओं पर बनी, जैसे—हनूमान्, दुर्गा, काली, नृसिंह आदि पर। इनमें यों तो भक्ति का उन्मेष था, पर इन्हें 'वीररस' की कविताओं में ग्रहण कर सकते हैं। इनका प्रसार अपेक्षाकृत विस्तृत क्षेत्र में हुआ।

हिंदी-साहित्य में वीररस की कविता का उत्थान तीन रूपों में मिलता है—एक रूप या प्रथम उत्थान आदिकाल में वीरप्रशस्तियों का है जिनमें वीरगाथा, वीरगीत और मुक्तक वीर-कविता आती है। दूसरे या द्वितीय उत्थान के दर्शन छत्रपति शिवाजी और महाराज छत्रसाल के उदय पर होते हैं। इसमें शुद्ध वीरकाव्य मिलता है, प्रथम उत्थान की भाँति वीरता और प्रीति का मिश्रण नहीं। तीसरा रूप या तृतीय उत्थान स्वतंत्रता की लहर के साथ हुआ। इसमें कहीं-कहीं कुछ करुण-रस का भी पुट है। भारत, भारत-

माता मातृभूमि की दयनीय दशा पर आँसू बहाना, उसके उद्धार के लिए कटिबद्ध होना और अन्य बंधुओं को बद्धपरिकर करना इसका रूप है। विदेशी शासन की निंदा और आत्मगौरव का उद्‌घाटन इसके विषय हैं। वीररस की कुछ कविता इस समय प्राचीन वीरों पर भी हुई। इसका भी लक्ष्य राष्ट्रीय ही था प्रत्यक्ष नहीं परोक्ष रूप से; जैसे, वीरपंचरत्न आदि में।

वीरप्रशस्ति की परंपरा दो रूपों में मिलती है—प्रबंधकाव्य और वीरगीत। प्रबंधों का रूप साहित्यिक है, पर वीरगीत लौकिक रूपरंग के हैं।

प्रथम उत्थान के दो रूप

मौखिक रहने से उनका मूलरूप परिवर्तित होता गया। काव्य दो स्थानों में सुरक्षित रहते थे। एक तो उस राजदरबार में जहाँ का कवि होता था और दूसरे उस कवि के वंशजों के यहाँ। ऐतिहासिक महत्त्व का तत्त्व दोनो ही नहीं जानते थे। इस कारण प्रबंधकाव्यों में भी दोनो द्वारा प्रक्षिप्तांशों के जोड़ने का यत्न किया गया। परिणाम यह हुआ कि वीरकाव्यों के रूपों में आकाश-पाताल का अंतर हो गया। केवल कुछ अंश जोड़कर ही उन्होंने कर्तव्य की इतिश्री नहीं मानी, प्रत्युत ग्रंथ के मूल रूप में भी मनमाना संशोधन कर डाला। इसलिए केवल तथ्य का ही लोप नहीं हुआ अपितु प्राचीन काव्यभाषा का रूप भी बहुत-कुछ बदल गया। जब रक्षित काव्यों की यह दशा हुई तो जनता की जिह्वा पर रहनेवाली वीरकविता का क्या कहना। जगनिक का 'आल्हा' इसका बड़ा बढ़िया उदाहरण है, जिसका प्रचार उत्तरापथ के मध्य भाग में बहुत है। इसका रूप विभिन्न स्थलों में विभिन्न प्रकार का हो गया और इसके मूल रूप का अब ठीक पता नहीं चलता। सभी प्रदेशों की बोलियों ने इस पर अपना रंग चढ़ाया।

वीर-प्रशस्तियों का नाम प्रायः 'रासो' मिलता है। जिस राजा अथवा

'रासो' की व्युत्पत्ति

वीर के कृत्यों का वर्णन पुस्तक में रहता है उसी के नाम के आगे 'रासो' शब्द जुड़ता है। 'रासो' शब्द व्युत्पन्न करने में विद्वानों का मतभेद है।

इस शब्द के छह रूप अब तक मिले हैं। रास, रासा, रासो, रासौ, रायसा, रायसो। इसके व्युत्पादन में संस्कृत के छह शब्द समय-समय पर प्रस्तुत किए गए हैं—रहस्य, रसायण, राजादेश, राजयश, रास और रासक। 'हिंदी-शब्दसागर' 'रासो' की व्युत्पत्ति 'रहस्य' से मानता है; शिवरहस्य देवीरहस्य आदि ग्रंथों की भाँति। 'रहस्य' का प्राकृत रूप 'रहस' तो मिलता है, पर 'रासा' या 'रास' नहीं। अब 'रहस्य' शब्द से 'रासो' का संबंध कोई नहीं जोड़ता। आचार्य शुक्ल अपने इतिहास में 'रासो' को 'रसायण' से व्युत्पन्न करते हैं। 'रसायण' से 'रासो' हो जाना असंभव नहीं, पर 'रसायण' से 'रासो' तक पहुंचने में बीच की स्थिति कोई न कोई अवश्य होती, किंतु

उसका पता कहीं नहीं चलता। इससे 'रसायण' रसपूर्ण काव्य का ही द्योतक है; भक्तिरसायन, शब्दरसायन, काव्यरसायम की भाँति। 'राजादेश' और 'राजयश' शब्दों की कल्पना इसीलिए की गई कि 'रायसो' से संबंध जुड़ सके। 'आदेश' का 'आयसु' होता है, 'राजादेश' का 'रजायसु' बहुत प्रचलित है। तुलसीदास ने मानस में इसका अनेक स्थलों पर व्यवहार किया है; 'रायसो' या 'रायसु' अथवा 'रायायसु' का प्रयोग कहीं नहीं। 'राजादेश' या 'रजायसु' का अर्थ राजाज्ञा है। केवल 'राजा' होने से 'राजादेश' का अर्थ 'राजकाव्य' कैसे हो जायगा। 'राजयश' भी ठीक नहीं। जैसे कोशों में 'अहिवात' का मूल 'आधिपत्य' अनुमित हुआ, पर वह वस्तुतः 'अविधवात्व' से निकला है वैसे ही रायसो से उलटे चलकर राजयश की कल्पना की गई। कुछ लोग किसी नाम का संस्कृत-मूल बहुत मिलता-जुलता गढ़कर बता देने में बड़े पटु होते हैं, उनके अनुसार 'जयप्राण' से विकृत होकर 'जापान' बना, 'स्कंधनिवासी' से घिसकर 'स्कैंडेनेविया' हो गया। 'राजयश' ऐसों की ही कल्पना है।

पृथ्वीराजरासो के हस्तलेखों में ही अनेक पुष्पिकाओं में पृथ्वीराजरासक' शब्द आया है। रासो का मूल संस्कृत रूप यही रासक शब्द है। जैसे संस्कृत के 'घोटक' शब्द से व्रजी का 'घोरो', खड़ी का 'घोड़ा' और अवधी का 'घोर' निकला, वैसे ही रासक से व्रजी का रासो, खड़ी का रासा और अवधी का रास बना। रासक का प्राकृत रासअ और वर्णव्यत्यय से रायस और व्रजी के अनुरूप रायसो तथा खड़ी के अनुरूप रायसा शब्द बना। रासक शब्द का अर्थ काव्य है। इसलिए पृथ्वीराजरासो, बीसलदेवरासो का अर्थ पृथ्वीराज-काव्य और बीसलदेवकाव्य है।

वीर-प्रशस्तियों में पाश्चात्य वीरकाव्यों की भाँति प्रेम और युद्ध का वर्णनात्मक रूप अधिक है। इनमें वीरनायक का युद्ध अधिकतर नायिका के रूप-लावण्य पर मुग्ध होने से हुआ है। जहाँ ऐतिहासिक दृष्टि से युद्ध के मूल में कोई कामिनी नहीं है वहाँ भी वैसी कल्पना कर ली गई है। पृथ्वीराजरासो में शहाबुद्दीन मुहम्मद गोरी से पृथ्वीराज के युद्ध का हेतु यवन-कामिनी है। तात्पर्य यह कि शौर्य अधिकतर शृंगार का सहकारी है। करुण को अंग बनाकर वीरता का जैसा प्रदर्शन वीरकाव्यों के उपयुक्त हो सकता था वैसा यहाँ नहीं मिलता। शृंगार वहाँ भी आ सकता था। जिस रमणी के करुण-क्रंदन पर वीरनायक प्रतिपक्षी से युद्ध मोल लेता वह अंत में उसकी वीरता-शरण्यता पर रीझकर उसे ही आत्मार्पण कर देती। इसका आभास किसी-किसी ग्रंथ में मिलता भी है।

युद्ध और प्रेम

वीर प्रशस्तियों की भाषा

'रासो' के रचयिता भाट या चारण होते थे। इनका स्थान राजपूताना था। ये दो प्रकार की भाषा में कविता किया करते थे। एक का नाम 'डिंगल' था और दूसरी का 'पिंगल'। 'डिंगल' की कविता चारण-कल्पित राजस्थान में होती थी और 'पिंगल' की सामान्य-काव्यभाषा व्रजी में। वीर-प्रशस्तियों में से प्रबंधात्मक वीर-गाथाओं में अधिकतर सामान्य-काव्यभाषा का ही व्यवहार है और सभी में कुछ न कुछ राजस्थानी का पुट है। काव्यप्रवाह के पुराने रूप भी हैं और अपभ्रंश के पद भी। जैसे—बयन (वचन), सायर-साअर (सागर), बिसाउ (विषाद) और मनह (मनस्), पवित्त (पवित्र), जंपिय आदि।

खुमानरासो

वीरगाथाओं में पुराना दलपतिविजय का 'खुमानरासो' कहा जाता है। खुमान चित्तौर की गद्दी के रावल थे। सं० ८१० से लेकर १००० तक के बीच तीन खुम्माण चित्तौर की गद्दी पर बैठे। इनमें से यह किस खुम्माण की प्रशंसा में है कहा नहीं जा सकता। 'खुमानरासो' की जो प्रति मिलती है वह खंडित है और उसमें महाराणा प्रताप तक का वर्णन है।

पृथ्वीराजरासो

कालक्रम में दूसरा ग्रंथ चंदबरदाई-कृत 'पृथ्वीराजरासो' माना जाता है। इसकी कई प्रतियाँ मिलती हैं, पर एक दूसरी में अंतर है। इसमें कथित घटनाओं और संवतों का मेल ऐतिहासिक घटनाओं और संवतों से नहीं मिलता। मोहनलाल विष्णुलाल पंड्या, गौरीशंकर हीराचंद ओझा, हरप्रसाद शास्त्री आदि विद्वानों में इस संबंध में कितने ही वादविवाद हो चुके हैं। ओझाजी तो इस निष्कर्ष तक पहुँच चुके हैं कि 'पृथ्वीराजरासो' केवल जाली ही नहीं है प्रत्युत उसके कर्ता चंदबरदाई का महाराज पृथ्वीराज के दरबार में होना भी संदिग्ध है[1]। यह ग्रंथ बहुत बड़ा है। इसमें ६९ समय (अध्याय) हैं। मात्रिक और वर्णिक दोनों प्रकार के छंदों का प्रयोग हुआ है। मुख्य-मुख्य छंद ये हैं—दूहा (दोहा), कबित्त (छप्पय), तोमर, गाहा (गाथा), साटक (शार्दूलविक्रीड़ित), तोटक, भुजंगप्रयात। पूरी पुस्तक चदबरदाई की लिखी नहीं कही गई है, उसका पिछला भाग चंद के पुत्र जल्हन का लिखा हुआ है—'पृथ्वीराज-सुजस कबि चंद कृत चंदनंद उद्धरिय तिमि।' शब्दवेधी बाणवाली कथा, जो पृथ्वीराज द्वारा शहाबुद्दीन गोरी के मारे जाने की है, इसी ग्रंथ की है। पुस्तक में प्रेमकथाओं की कल्पना करके परिणामस्वरूप युद्ध कराया गया है। इन वीरकाव्यों में वीरता-पूर्ण कार्यों की अनेकरूपता नहीं पाई जाती। जो छोटी-छोटी अनेक 'प्रेम और

१—देखिए, कोशोत्सव-स्मारक-संग्रह में ओझाजी का लेख।

युद्ध' की कथाएँ जोड़ी हुई हैं उनमें भी कार्यान्वय नहीं। ग्रंथ की भाषा भी बेढंगी है। वर्णिक छंदों की भाषा तो और भी उखड़ी हुई है। शब्दों को अनुस्वारांत बनाकर संस्कृत का अनुकरण किया गया है। मात्रिक छंदों में कवित्त (छप्पय) की भाषा कुछ कुछ ठिकाने की है। भाषा में प्राचीनता-नवीनता दोनो हैं। वर्णन भी दो प्रकार के मिलते हैं—साहित्यिक और इतिवृत्तात्मक।

कहा जाता है कि 'पृथ्वीराजरासो' के जोड़-तोड़ में दो बड़े-बड़े ग्रंथ कन्नौज के प्रसिद्ध राजा जयचंद की प्रशंसा में बने। एक भट्टकेदार का लिखा 'जयचंद-प्रकाश' और दूसरा मधुकर कवि कृत 'जयमयंकजसचंद्रिका'। इन दोनो ग्रंथों का उल्लेख मात्र दयालदास-निर्मित 'राठौडाँ री ख्यात' में मिलता है।

अन्य रासो-ग्रंथ

प्रबंधकाव्यों के ढर्रे पर बने वीरचरितों में से तीन-चार ग्रंथ और उल्लेख-योग्य हैं। एक है अन्हलवाड़े के राजकवि का 'कुमारपालचरित्र'। यह अन्हलवाड़े के तत्कालीन नरेश कुमारपाल की प्रशंसा में है। दूसरा है 'हम्मीररासो' और तीसरा है 'हम्मीरकाव्य'। इन दो के प्रणेता शार्ङ्गधर थे। हम्मीरदेव का हठ लोकप्रसिद्ध है। इनके संबंध में जयचंद सूरि ने संस्कृत में भी 'हम्मीर-महाकाव्य' की रचना की है और आगे भी कई ग्रंथ रचे गए हैं, जिनमें जोधराज का 'हम्मीररासो' और चंद्रशेखर का 'हम्मीरहठ' अच्छे हैं। चौथा ग्रंथ 'बिजयपालरासो' है जिसके प्रणेता मल्लसिंह भट्ट थे। इसमें वर्तमान करौली के पूर्वकालीन नरेश विजयपाल के चरित्रों का वर्णन है।

वीरगीत

वीरगीतों के रूप में मिलनेवाले उल्लेखनीय दो ग्रंथ कहे जाते हैं। एक नरपति नाल्ह का 'वीसलदेवरासो' और दूसरा जगनिक-कथित 'आल्हा'। बीसलदेवरासो को प्रेमकाव्य ही कहा जा सकता है, वीरगीत कथमपि नहीं। इसमें विग्रहराज चतुर्थ उपनाम बीसलदेव की छोटी-सी प्रेमगाथा वर्णित है। पुस्तक में प्रणयन-काल 'बारह सौ बहोत्तराँ मँझारि। जेठ बदी नवमी बुधवारि' दिया है। विग्रहराज चतुर्थ का समय सं० १२२० के आसपास पड़ता है। नाल्ह की रचना भी १२१२ का निर्देश करती है। इससे लोग इसे विग्रहराज का समकालीन कहते हैं। ओझाजी इसे भी परवर्ती कृति मानते हैं। पुस्तक बहुत छोटी है, उसमें लगभग २०० चरण हैं। उसके चार खंड हैं। पुस्तक में वीसलदेव के विवाह और विवाहिता स्त्री राजमती के विरह का वर्णन है, क्योंकि ग्रंथ के अनुसार विवाह के अनंतर बीसलदेव उड़ीसा विजय करने चला गया था। पुस्तक घटनात्मक नहीं वर्णनात्मक ही है। बीसलदेव का विवाह भोज परमार की पुत्री से कराया गया है और ब्याह में माघ एवम् कालिदास आदि का भी

नाम आया है। भाषा में भी गड़बड़ है। भाषा अधिकांश राजस्थानी है, कहीं-कहीं प्राचीन रूपों की भी झलक है।

वस्तुतः जगनिक का 'आल्हा' ही प्रसिद्ध वीरगीत है। जगनिक कालिंजर के परमाल राजा का भाट था। इसमें महोबे के दो प्रसिद्ध वीरों आल्हा-ऊदल के वीरतापूर्ण कार्यों का विस्तार से वर्णन है। आल्हा को जनता ने इतना अपनाया और इसका प्रचार उत्तर भारत में इतना बढ़ा कि मूल काव्य लुप्त हो गया। विभिन्न बोलियों में अब इसके विभिन्न रूप हो गए हैं। इन वीरगीतों का संग्रह 'आल्हाखंड' नाम से छपा है। कदाचित् मूल ग्रंथ वृहत् था और उसका कुछ और ही नाम था, यह उसका खंड मात्र है।

जैसे हिंदू राजदरबारों में राजकवि होते थे वैसे ही भारत के मुसलमान शासक भी अपने दरबारों में राजकवि रखते थे। मुगल-दरबार में गंग, शिरोमणि भट्ट, चिंतामणि और कालिदास त्रिवेदी उल्लेख-योग्य कबिद हुए हैं, जिन्होंने प्रशस्तिकाव्य लिखा। रजवाड़े के दरबारी कवि केशवदासजी ने 'रतनबावनी', 'वीरचरित्र' और 'जहाँगीरजसचंद्रिका' तीन वीरकाव्य लिखे। रीवाँ के अजबेस कवि के कई फुटकल छंद मिलते हैं। दुरसाजी चारण ने महाराणा प्रताप की प्रशंसा और अकबर की निंदा में 'प्रताप-चौहत्तरी' लिखी। 'रासो' की पद्धति पर लिखा मान कवि का 'राजबिलास' उदयपुर के महाराणा राजसिंह की प्रशस्ति है।

द्वितीय उत्थान में विशुद्ध वीरकाव्य कई अच्छे कवियों ने लिखा। इस उत्थान में पाँच प्रकार की पद्धतियाँ मिलती हैं—(१) शुद्ध वीरकाव्य, (२) रासो-पद्धति का शृंगारमिश्रित वीरकाव्य, (३) वीर-देव-काव्य या भक्ति-भावित वीरकाव्य, (४) अनूदित वीरकाव्य (महाभारत ऐसे वीरकाव्यों के अनुवाद), (५) दरबारी कवियों का प्रकीर्ण वीरकाव्य।

द्वितीय उत्थान

प्रथम पद्धति के प्रधान कवि—भूषण, श्रीधर, लाल, सूदन और पद्माकर हैं। इन पाँचों में भी उदात्त-भावना-भावित कर्ता दो ही हैं—भूषण और लाल। भूषण की उदात्त भावना लाल से भी बढ़ी-चढ़ी कही जा सकती है। भूषण ने आश्रयदाताओं को परखकर महाराज शिवाजी और छत्रसाल को चरितनायक बनाया था। भूषण ने 'शिवभूषण' के अतिरिक्त प्रकीर्ण वीरकाव्य भी लिखा है। भूषण को जातीय अर्थात् जातिगत भेदभाव रखनेवाला कवि कहा गया है। क्योंकि उन्होंने हिंदूपति शिवाजी की प्रशंसा और कट्टर मुसलमानी बादशाह औरंगजेब की निंदा की है। ध्यान देने योग्य है कि भूषण के उद्‌गार मुसलमानी धर्म के विरोध में नहीं हैं, अत्याचार और

शुद्ध वीरकाव्य—भूषण

अन्याय के विरोध में हैं। वह भी विशेष रूप से औरंगजेब या उसके सूबेदारों के अनाचारों-अतिचारों के विरोध में। यदि इनकी दृष्टि जातिद्वेष से दूषित होती तो औरंगजेब ही को क्यों, उसके पूर्वपुरुषों और वंशजों को भी खोटी-खरी कहते। पर स्थिति ठीक विपरीत है। औरंगजेब की तो निंदा है और उसके बाप-दादों की प्रशंसा—

१—दौलत दिली की पाए कहाएअलमगीर बब्बर अकब्बर के बिरद बिसारे तें।
२—बब्बर अकब्बर हिमायूँ साह सासन सों, नेह तें मुधारी हेम हीरन तें सगरीं।
३—बब्बर अकब्बर हिमायूँ हद्द बाँधि गए, हिंद औ तुरुक की कुरान-बेद ढबकी।

औरंगजेब के प्रति इनकी खीझ अकृत्यों के कारण थी, जातिगत रागद्वेष के कारण नहीं। भूषण का वीरकाव्य सभी दृष्टियों से महत्वपूर्ण हैं—क्या राजनीतिक, क्या साहित्यिक, क्या सामाजिक। उसको यदि लघुता मिली है तो आलंकारिक पद्धति से। अलंकार के चमत्कारी बंधन से जहाँ वह मुक्त है वहाँ उत्कृष्ट और प्रकृत है। जैसे 'शिवभूषण' के आदि का रायगढ़-वर्णन और शिवाजी तथा छत्रसाल की प्रशस्ति में बनी प्रकीर्ण रचना।

श्रीधर और लाल

श्रीधर ने 'जंगनामा' में फरुंखसियर और जहाँदारशाह के युद्ध का वर्णन किया है। यह ६६ पृष्ठों का बढ़िया युद्धकाव्य हैं। लाल कवि ने महाराज छत्रसाल के वीरचरित पर कई ग्रंथ लिखे, जिनमें 'छत्र-प्रकाश' प्रसिद्ध है। इनके ग्रंथ इतिवृत्तात्मक हैं। स्थान-स्थान पर साहित्यिक छटा भी मिलती है। लाल ने वीर-काव्य के उपयुक्त छंदों का चुनाव नहीं किया। छंद रखे दोहा-चौपाई जो वीररस के छंद ही नहीं हैं। तुलसीदासजी ने दोहे-चौपाई में लिखे राम-चरितमानस में वीररस का अधिकतर वर्णन दूसरे-दूसरे छंदों में किया है। इतने से ही तोष न हो सका तो दंडक, छप्पय, झूलना आदि उद्धृत कवित्तों का प्रयोग वीररस के लिए किया, जिनका संग्रह 'कवित्तावली' में हुआ है। दूसरी बात भाषा-संबंधी है। उक्त छंद अवधी के खास छंद हैं, व्रजी के नहीं। लाल की जो रचना कवित्तों में है उससे उनकी शक्ति-सामर्थ का पूरा पता चलता है।

सूदन

सूदन ने भरतपुर के महाराजा वदनसिंह के पुत्र सुजानसिंह उपनाम सूरजमल के युद्धों का लंबा वर्णन 'सुजानचरित्र' में किया। यह ग्रंथ भी अच्छा है। पर इसमें कुछ भद्दी प्रवृत्ति भी दिखाई देती है। स्थान-स्थान पर घोड़ों तलवारों, अन्य अस्त्र-शस्त्रों की लंबी सूची या वस्तुओं की नामावली सरसता में विघातक है। इसका प्रभाव भाषा की सुबोधता पर पड़ा और वह अरबी-फारसी के कठिन शब्दों से लदकर दुरूह हो गई। ओजगुण के लिए वे शब्द बिगाड़े भी गए—तितलौकी की बेल नीम पर चढ़ी।

पद्माकरकी 'हिम्मतबहादुर-विरुदावली' तथा 'प्रताप-विरुदावली' भी वर्णनात्मक पोथियाँ हैं। रचनाएँ साधारण हैं। पद्माकर के फुटकल वीररस के छंदों में जो ओज है वह इनमें नहीं। पहली में नवाब के सरदार बाँदा के 'हिम्मतबहादुर'के वीर कृत्यों का वर्णन है, दूसरी में जयपुर के प्रतापसिंह की प्रशस्ति। ये पद्माकर की प्रारंभिक रचनाएँ हैं।

पद्माकर

रासोवाली मिश्रित पद्धति पर वीरकाव्य के केवल तीन कर्ता उल्लेख्य हैं–जोधराज, चंद्रशेखर और सूर्यमल्ल। जोधराज ने 'हम्मीररासो' रचा। इसमें केवल पद्धति का ही नहीं, चारणों की भाषा का भी अनुकरण है। चंद्रशेखर वाजपेयी ने 'हम्मीरहठ' नामक छोटा पर उत्तम वीरकाव्य बनाया। इसमें चारणों की पद्धति का साहित्यिक संस्कार है। भाषा में सौष्ठव है और वर्णनों में समीचीनता। एक स्थल पर कवि ने न जाने सुअवसर कैसे खो दिया। हम्मीर के प्रतिनायक अलाउद्दीन को महल में चुहिया के फुदकने-मात्र से डरा दिया। चरितनायक का अधिक-से-अधिक उत्कर्ष प्रदर्शित करने के लिए प्रतिनायक की भी वीरता बहुत बढ़ा-चढ़ाकर कही जाती है। परंपरा में प्रचलित कथा ज्यों-की-त्यों ले लेने से यह दोष आ गया। जनता में प्रचलित 'तिरिया-तेल, हमीरहठ चढ़ै न दूजी बार' कहावत इसी पोथी की है। सूर्यमल्ल का 'वंशभास्कर' भारी पोथा है, जिसमें बूँदी के राजवंश का विस्तृत वर्णन है।

रासो-पद्धति

वीर-देवकाव्य की अधिकांश पुस्तकें वीरकेसरी हनूमान् के यशोगान में हैं। शेष देवताओं की संख्या भी परिमित है—दुर्गा, कालिका, नृसिंह तक। संस्कृत के हनुमन्नाटक के हिंदी में कई अनुवाद भी हुए, जिनमें से 'हृदयराम' का कबित्त-सवैयों में अनुवाद सुंदर है। इस पद्धति पर रची पुस्तकों में भगवंतराय खीची का हनुमानपचासा, मानसिंह-कृत हनुमान-नखशिख, हनुमान-पचीसी, हनुमान-पंचक, महाबीर-पचीसी, लछिमन-शतक, नरसिंह-चरित्र, नरसिंह-पचीसी, मनियार सिंह की हनुमत्-छब्बीसी, मून का राम-रावण-युद्ध, बहादुरसिंह (चरखारी) कृत हनुमान-चरित्र, वीररामायण, खुमान 'मान' (चरखारी) कृत हनुमाननखशिख, हनुमान-पंचक, हनुमान-पच्चीसी, लक्ष्मण-शतक, नृसिंह-चरित्र, नृसिंह-पचीसी के नाम विशेष उल्लेख-योग्य हैं।

वीर-देवकाव्य

महाभारत का अनुवाद कई कवियों ने किया। कुछ ने स्वतंत्र रूप से भी कितने ही छंद बनाकर। सबसे पुराना अनुवाद सबलसिंह चौहान का है जो दोहे-चौपाई में है। कुछ ने पूरे ग्रंथ का अनुवाद न करके किसी अंश का ही अनुवाद किया। जैसे कुलपति का 'द्रोणपर्व' और गणेशपुरी 'पद्मेश' का 'कर्णपर्व'। कुलपति ने दुर्गा पर भी कुछ कविता लिखी है। छत्रसिंह कायस्थ का

महाभारत के अनुवाद

'विजय-मुक्तावली' महाभारत के आधार पर होते हुए भी बहुत कुछ स्वतंत्र है। वर्णन अपने ढंग के बनाकर जोड़े हैं। महाभारत का सबसे उत्तम अनुवाद काशिराज के तीन दरबारी कवियों का है। प्रसिद्ध कवि रघुनाथ के पुत्र गोकुलनाथ, उनके पौत्र गोपीनाथ तथा गोकुलनाथ के शिष्य मणिदेव ने मिलकर यह महत्कार्य संपन्न किया। जिसने जितने अंश का अनुवाद किया उसका भी उल्लेख है। अनुवाद की भाषा परिमार्जित है।

कुछ नरेशों के राजदरबार ऐसे भी थे जहाँ कवियों की खासी मंडली होती थी। ऐसे नरेश स्वयम् कवि या काव्यमर्मज्ञ होते थे। महाराजा छत्रसाल, भगवंतराय खीची (फतहपुर), रीवाँ-नरेश, अयोध्या-नरेश महाराज मानसिंह, काशी-नरेश आदि का नाम उल्लेख्य है। इन दरबारों में सब प्रकार की कविता रची गई। उन्हीं के अंतर्गत वीरकाव्य भी है। उल्लेख-योग्य दरबारी कवि ये हैं- घनश्याम शुक्ल, इन्होंने दलेल खाँ की प्रशंसा में कविता लिखी। मोहनलाल भट्ट, ये पद्माकर के पिता थे। इन्होंने कई राजाओं की युद्धवीरता और दानवीरता का वर्णन किया। हरिकेस, ये महाराज छत्रसाल के दरबारी कवियों में बड़े ही काव्यनिपुण थे। भगवंतराय खींची के दरबारी कवि शंभुनाथ, मल्ल, मून, भूधर, नाथ आदि। राजा जोरावर सिंह के पुत्र और नरेंद्रभूषण के रचयिता भान कवि, दलेल-प्रकाश के प्रणेता थान कवि, पंडित प्रबीन, लछिराम आदि।

दरबारी कवि

इनमें से दो प्रकार के कवियों की कविता का अधिक प्रचार हुआ। एक उनकी जिनके चरितनायक देशप्रसिद्ध वीर शिवाजी, छत्रसाल आदि थे। दूसरे जिन्होंने देवकाव्य के रूप में रचना की। शेष में से बहुतों की कविता कालचक्र से नष्ट हो गई। उन दरबारी कवियों को द्रव्यलोभी ही समझिए जो समाज अथवा देश के उन्नायक लोकनायकों को त्याग साधारणों की चाटुकारी में पड़े रह गए। कविता केवल रुपयों के लिए करना शक्ति का अपव्यय है। पर सभी ऐसे नहीं थे और न सबने केवल प्रशंसा के पुल ही बाँधे हैं। वीर-काव्य का विषय निश्चित न होने से आश्रयदाता ही विषय हो जाते थे।

तृतीय उत्थान

तृतीय उत्थान की राष्ट्रीय झलक भारतेंदु बाबू से ही मिलने लगती है—नीलदेवी, भारतदुर्दशा में बहुत स्पष्ट। आगे चलकर कांग्रेस की स्थापना और देश में राजनीतिक हलचल से राष्ट्रीय कविता अधिक मात्रा में रची गई। कविता अधिकतर प्रकीर्ण है। ऐसी कविता करनेवाले बड़े छोटे सभी प्रकार के कवि हैं। इसमें वीर और करुण दोनों का मेल है। जिनका जीवन राजनीतिक लहर से विशेष संपृक्त है उनमें मुख्य ये हैं—सर्वश्री गयाप्रसाद शुक्ल 'त्रिशूल', माखनलाल चतुर्वेदी, बालकृष्ण शर्मा 'नवीन', अनूप शर्मा, मैथिलीशरण गुप्त, गुलाबरत्न वाजपेयी 'गुलाब', माधव शुक्ल, हितैषी, पद्मधर अवस्थी 'पद्म' आदि। इनमें कवित-

सवैया लिखनेवालों ने प्राचीन पद्धति पर आधुनिक भाषा में सुंदर वीररसात्मक कविता लिखी। राष्ट्रीय कविता की इस पद्धति का मार्ग निश्चित नहीं था, सामयिकता ही विशेष थी अर्थात् राजनीतिक विचारों की ही छाया इनमें मिलेगी।

तृतीय उत्थान में दो कवि विशेष प्रकार के हैं, दोनो प्राचीन काव्य के प्रेमी पर एक ने खड़ी में और दूसरे ने व्रजी में वीरकाव्य लिखा। एक थे स्वर्गीय लाला भगवानदीन और दूसरे हैं वियोगी हरि।

वीरपंचरत्न

लालाजी ने 'वीरपंचरत्न' लिखा जिसमें पौराणिक और ऐतिहासिक वीर-बालकों, वीर-युवकों, वीर-रमणियों का चरित्र फड़कती हुई ओजपूर्ण भाषा में वर्णित है। भाषा अरबी-फारसी पदों से मिश्रित खड़ी बोली है। छंद भी फारसी के हैं। भाषा चलती हुई और वर्णन सजीव हैं। पुस्तक का प्रचार मध्यप्रदेश की ओर अधिक हुआ। अच्छे-अच्छे कवियों तक ने इसके अध्याय-के-अध्याय कंठस्थ कर डाले। लालाजी का दूसरा 'वीररसात्मक' खंडकाव्य 'महाराष्ट्र देश की वीरांगनाएँ' था, पर उसका आरंभ होकर ही रह गया। लालाजी सामयिक राष्ट्रीय विषयों पर पुराने ढंग से भी कविता किया करते थे, जैसे—चरखाष्टक में। उनका वीरपंचरत्न बेजोड़ ग्रंथ है।

वियोगी हरि ने दोहों में 'वीरसतसई' लिखी। इसकी भाषा खड़ी न होकर व्रजी है। इसमें प्राचीन काल से लेकर आज तक के वीरों, वीरों के स्थानों, उपकरणों आदि पर कविता है। 'वीर' शब्द का

वीरसतसई

ग्रहण इनमें बहुत व्यापक अर्थ में है। इसमें ऐसों के भी दर्शन होते हैं जो काव्याभ्यासियों की दृष्टि से वीर नहीं कहे जा सकते। वीर ही नहीं, वीररस का भी ग्रहण व्यापक अर्थ में किया गया है। विरहवीर तो रसाभ्यासियों के अनुसार शृंगार के ही विभाव होंगे। रसपरिपाक सर्वत्र एक-सा नहीं है। वीररस के लिए दोहा छंद भी अनुकूल नहीं है। पर पुस्तक में व्रजी की सरसता स्थान स्थान पर है।

वीररस के कवियों में 'भूषण' ने जैसे लोकरक्षण के सिद्धांत से लोकनायक को आलंबन चुना वैसे कम कवियों ने। लोकनायक वर्ण्य होने से ही 'भूषण' की कविता जनता की जिह्वा पर आज भी चढ़ी फिरती है।

उपसंहार

आधुनिक युग में प्राचीन लोकनायकों पर भी कुछ ग्रंथ इधर लिखे गए हैं—महाराणा प्रताप और छत्रसाल पर।

आलोचना

'भूषण' की कविता मुक्तक है। इसकी आलोचना भाषा, भाव और वर्णन-शैली की दृष्टि से की जा सकती है। पर इनकी कविता का संबंध

इतिहास से भी है। वर्ण्य ऐतिहासिक होने से उस दृष्टि से भी विचार होना चाहिए। 'शिवभूषण' रीतिशास्त्र है, उसमें अलंकारों का निरूपण है, इसलिए अलंकारशास्त्र की दृष्टि से भी इसका विश्लेषण आवश्यक है। भूषण की आलोचना में वीरकाव्य के प्रमुख कवियों से उनकी तुलना भी की जा सकती है।

भाषा

'भूषण' के पहले से ही हिंदी-साहित्य में सर्वत्र सामान्य-काव्यभाषा प्रयोग में आती थी। राजस्थान में इसका नाम 'पिंगल' था। राजस्थानी जोड़-तोड़ में अपनी भाषा को 'डिंगल' कहते थे। इस सामान्य-काव्यभाषा का संक्षिप्त नाम 'भाषा' था और यह व्रजी ही थी। प्रेमगाथावाले 'जायसी' आदि कवियों ने अवधी का व्यवहार किया। आगे चलकर तुलसीदास ने दोनों के मेल से मिश्रित काव्यभाषा का मार्ग दिखलाया जिसमें रीढ़ व्रजी की थी, पर प्रयोग अवधी के भी मिल जाते थे। फिर भी तुलसीदास ने कवित्तावली, गीतावली, विनयपत्रिका आदि में सामान्य-काव्यभाषा व्रजी का रूप प्रधान रखा है। तुलसीदास के अनंतर जो व्रजी का रूप गृहीत हुआ वह मिश्रित भाषा का ही रूप था। शुद्ध व्रजी व्रजवासी कवियों में ही दिखाई देती है, जैसे 'रसखानि' और 'घनआनंद' में। जो कवि जिस प्रदेश का होता था वह अपनी प्रादेशिक बोली का मेल व्रजी में अवश्य करता था। केशव ने बुँदेली का मेल किया तो देव और भूषण ने बैसवाड़ी का। तुलसीदास ने व्रजी में संस्कृत की कोमलकांत और सामासिक पदावली का ग्रहण करके नूतन सरणि की उद्भावना की। विनयपत्रिका के आरंभिक पदों में उनकी नूतन सरणि दिखाई देती है। केशवदासजी संस्कृत के पंडित थे और उन्हें संस्कृत का अभिमान भी था, किंतु सामान्य-काव्यभाषा में संस्कृत की सरणि किस प्रकार गृहीत हो इधर उनका ध्यान न गया ही और न ऐसी सरणि की उद्भावना में वे समर्थ ही थे। उन्होंने अपने पांडित्य का प्रदर्शन करने के लिए संस्कृत के अप्रचलित और हिंदी के लिए अव्यावहारिक शब्दों का प्रयोग अवश्य किया। काव्योपयोगी जनभाषा के रूप में हिंदी का परिष्कार वे न कर सके।

सामान्य-काव्यभाषा व्रजी जिस प्रकार प्रादेशिक बोलियों के शब्दों का चयन करती आई उसी प्रकार विदेशी भाषा के प्रचलित और व्यवहारयोग्य शब्दों का संग्रह भी। तुलसीदास के समय से लेकर श्रृंगारकाल के अंत तक होनेवाले कवियों ने भी विदेशी शब्दों को एकदम अस्पृश्य नहीं समझा। मुसलमान भारत में जो विदेशी भाषा लेकर आए और उन्हें राजकाज के व्यवहार के लिए तथा अपनी बात समझाने और यहाँ के निवासियों के विचार समझने में जो कठिनाई अनुभूत हुई उसके लिए आरंभ ही से प्रयत्न होते आए हैं। अमीर खुसरो के नाम से प्रसिद्ध खालिकबारी ने हिंदी और अरबी-फारसी

शब्दों के पर्यायों का संग्रह किया। संस्कृत और अरबी-फारसी के पर्यायों के भी कई कोश समय-समय पर निर्मित होते रहे हैं। कहा जाता है कि इस प्रकार के कोशों के बहुत से हस्तलेख लिखवाकर उन्हें ऊँटों पर लदवाकर वितरित किया जाता था। पारसीकप्रकाश नाम का एक कोश मिलता है जो संस्कृत और अरबी-फारसी के पर्यायों का कोश है। ऐसे ही प्रयासों का परिणाम यह हुआ कि ब्याह-शादी, धन-दौलत, हर-एक आदि बहुत से शब्द-युग्मक व्यवहार में आ गए, जिनमें एक शब्द देशी-भाषा हिंदी का और दूसरा विदेशी भाषा का है। ऐसे कोशों का प्रभाव हिंदी के व्याकरण पर भी पड़ा। संस्कृत का आत्मा शब्द पुंलिग होते हुए भी 'रूह' के संसर्ग से स्त्रीलिंग हो गया। कैसी विलक्षणता है कि हिंदी में आत्मा का व्यवहार स्त्रीलिंग में होता है और परमात्मा का पुंलिग में। संस्कृत का देवता शब्द स्त्रीलिंग होते हुए भी हिंदी में पुंलिग हो गया, क्योंकि विदेशी आकारांत शब्दों को पुंलिग लिखने-बोलने के अभ्यासी थे। केशवदासजी एक ओर देवता को स्त्रीलिंग लिखते रहे, दूसरी ओर तुलसीदास पुंलिग। यदि आगे चलकर हिंदी में संस्कृत का लिंग सुरक्षित रखने की प्रवृत्ति न जगती तो माला, धर्मशाला, पाठशाला, दुबिधा आदि कितने ही शब्द पुंलिग ही में व्यवहृत होते। व्रजी के कवि कुछ दिनों तक यही समझते रहे कि विदेशी-भाषा-मिश्रित खड़ी बोली मुसलमानों की ही विशिष्ट बोली-बानी है। इसीलिए उनका प्रसंग आने पर व्रजी में भी खड़ी के वाक्यांश वे बहुधा रख दिया करते थे, जैसे भूषण ने किया है। एक ही भाषा की दो भिन्न शैलियाँ किस प्रकार हो गईं और एक अधिकतर मुसलमानों के व्यवहार में रहकर तथा अरबी-फारसी के शब्दों और प्रयोगों से लदकर स्वतंत्र भाषा की भ्रांति उत्पन्न करने में सहायक हुई इसका पता उस समय की परिस्थिति पर ध्यान देने से तुरंत चल जाता है। भूषण औरंगजेब और उसके सरदारों के प्रसंग में खड़ी बोली का वाक्यांश रखना प्रायः नहीं भूलते, जैसे—

१—अफजलखानजू को मारा मयदान जाने बीजापुर गोलकुंडा डराया वराज है।

२—बचैगा न समुहाने बहलोलखाँ अयाने भूषण बखाने दिल आन मेरा बरजा।

३—अवरंग अठाना साहसूर की न मानै आनि जब्बर जोराना भयो जालिम जमाना को।

४—सिवा की बड़ाई औ हमारी लघुताई क्यों कहत गरो परिबे कों पातसाह गरजा।

उद्धरणों से स्पष्ट है कि कवि खड़ी के वाक्यांश तो रखना चाहता है पर व्रजी के प्रयोग भी अभ्यासवश और छंदानुरोध से आ ही गए हैं, जैसे भयो, गरो।

विदेशी शब्द किस प्रकार अपना लिए गए थे इसका पता इतने ही से चल जाता है कि उनसे क्रियाएँ भी बनाई जाती थीं और वे भाषा के व्याकरण

से शासित किए जाते थे। 'शरीक' से 'शरीकता' और 'गम' से 'गमना' तुलसीदास के काव्य में प्रयुक्त है। भूषण ने ऊपर 'जोर' से 'जोराना' का प्रयोग किया ही है। 'लरजीदन' से 'लरजिबो' व्रजी में बन ही गया और ऐसा बना कि अब इस बात पर सहसा ध्यान नहीं जाता कि वह किसी विदेशी शब्द से बना है। व्रजभाषा के अच्छे-अच्छे कवियों ने बेधड़क इसका प्रयोग किया है, जैसे पद्माकर ने—

१–कहै 'पदमाकर' लवंगनि की लोनी लता लरजि गई ती फेरि लरजन लागी री।
२–पात बिन कीन्हें ऐसी भाँत गन बेलिन के परत न चीन्हें जे ये लरजत लुंज हैं।

भूषण की रचना में विदेशी शब्दों से बने क्रियापद देखिए—

१–'भूषन' भनत तहाँ सरजा सिवाजो गाजी, तिनको तुजुक देखि नेकहू न लरजा।
२–पेसकसैं भेजत बिलाइति पुरतगाल, सुनिकै सहमि जाति करनाट-थली है।
३–कीरति के काज महराज सिवराज सब, ऐसे गजराज कबिराजन कों बकसै।
४–ताते ह्वै अनेक कोऊ सामने चलत कोऊ पीठ दै चलत मुख नाइ सरमात हैं।
५–सुनिये खुमान हरि तिनको गुमान तिन्हैं देबे कों जवाब कबि'भूषन'यों अरजा।

'मुगलेटे', 'पठनेटे' आदि प्रादेशिक प्रयोग हैं अथवा गढ़े हुए। 'अन-चैन' और 'दलदार' में उपसर्ग संस्कृत का, शब्द फारसी का और इसका विपर्यास शब्द संस्कृत का, प्रत्यय फारसी का दिखाई देता है।

'भूषण' ने अरबी-फारसी और तुर्की के शब्द कुछ अधिक प्रयुक्त किए हैं। इसका मुख्य कारण एक और था। इनके आश्रयदाता शिवाजी थे और महाराष्ट्र देश में इन्हें अपनी कविता उसके निवासियों के लिए बोधगम्य बनानी थी। अतः इन्होंने तत्कालीन मराठी की प्रवृत्ति ग्रहण की। यद्यपि आधुनिक मराठी बँगला की ही भाँति संस्कृत-शब्द-बहुल हो रही है तथापि शिवाजी के समय की मराठी में अरबी-फारसी शब्दों का अधिक प्रयोग होता था। बाहुल्य यहाँ तक बढ़ा कि तत्कालीन मराठी को अरबी-फारसी जाने बिना समझना दुरूह है। उस समय के मराठी पत्रों में ९६ प्रतिशत तक फारसी शब्द मिलते हैं। केवल पत्र-व्यवहार में नहीं, मराठी कविता में भी फारसी शब्द घुस गए थे। बाह्य संघटन और भाषा की शैली पर भी फारसी का प्रभाव पड़ा। उसमें प्रयुक्त किल्लें, परगणें, मौजें आदि फारसी के किलये, परगनये और मोजये के घिसे रूप हैं। मराठी के नियमानुसार इन्हें किल्ला, परगणा, मोजा होना चाहिए। बेदिल, गैरमिसिल ऐसे शब्द 'भूषण' की भाषा में मराठी से आए हैं। फारसी का प्रभाव उपाधिवाची शब्दों तक पर पड़ा, जैसे—चिटणीस, फड़नीस, अब्बा, बाव आदि। आदिलशाह का 'एदिल' और बहादुर खाँ का 'बादर खाँ' मराठी की नकल है। माची, गुसुलखाना, भठी, फिरंगें, बीछू, हुन्नैं, जुमिला, नालबंदी, बारगीर, बरगी,

आमखास, तोड़ादार ऐसे शब्द मराठी से लिए गए हैं। ऐसे शब्दों का प्रयोग बखरों में निःसकोच किया गया है।

व्रजी में बुंदेली के कुछ क्रियापद सर्वसामान्य हो गए हैं। बिहारी तक ने 'देखबा' का प्रयोग किया है। तुलसीदास की अवधी में भी ऐसे प्रयोग पहुँच गए थे—'ये दारिका परिचारिका करि पालिबी करुनामई'। भूषण की रचना में भी ऐसे रूप आए हैं—

(१) धीर धरबी न धरा कुतुब के धुर को।

(२) कीबी कहैं कहा औ गरीबी गहे भागी जाहिं।

भूषण ने बैसवाड़ी एवम् अंतर्वेदी के प्रादेशिक प्रयोग भी किए हैं—

(१) लागें सब ओर छितिपाल छिति में छिया।

(२) सूबन साजि पठावत है नित फौज लखे मरहट्टन केरी।

(३) काल्हि के जोगी कलींदे को खप्पर।

(४) गजन की ठेल-पेल सेल उसलत है।

(५) तेरी तरवार स्याह नागिन तें जासती।

भूषण ने सामान्य-काव्यभाषा का जो रूप लिया वह बहुत परिष्कृत नहीं है। जैसी सफाई इनकी प्रकीर्ण रचना में है और जो शब्दमाधुरी शृंगाररस की कृति में उपलब्ध होती है वह 'शिवभूषण' में नहीं। अपनी भाषा को बोधगम्य बनाने का प्रयास इन्होंने अवश्य किया। यह दूसरी बात है कि अभ्यासवश प्रादेशिक शब्दों और छंदानुरोध से विकृत शब्दों का भी प्रयोग ये करते रहे।

ऐसा विकार या तोड़-मरोड़ विदेशी शब्दों तक में है, जैसे फारसी के तनाय (तनाब = डोर), बगार (बलगार = दुर्गम घाटी), अरबी के सरजा (शरजः = सिंह), अबस (व्यर्थ), तुर्की के तुरमती, तिलक। भूषण ने तत्सम रूपों का प्रयोग अपेक्षाकृत कम किया है। ऐसे तद्भव या ठेठ शब्द अधिक हैं—जैसे आह (हियाव, सामर्थ्य), ओत (आश्रय), गारो (गर्व), नेतु (निश्चय), धोप (तलबार), पैली (उस पार), कलकानि (दुःख) आदि। तुलसीदासजी की नकल पर संस्कृत के क्रियापद भी कहीं-कहीं रगड़-कर रख दिए गए हैं।—जैसे, जहत हैं, सिदति है।

भूषण ने अपभ्रंश-काल से चले आते पुराने रूप कम लिए हैं और जो लिए भी हैं वे बहुत चलते। जैसे—बयन, पैज, नयर, पब्बय, पुहुमि, गढ़ाइ (गढवइ)। इस दिग्दर्शन का तात्पर्य यह कि भूषण की भाषा मिश्रित है। शब्द तोड़े-मरोड़े अवश्य गए; पर विवशता से, छंद में बैठाने के लिए, प्रवाह और पादांत के हेतु। महिमावान का महिमेवाने, अंबरीष का अंबरीक तुकांत के लिए ही है। बीच में विकृत रूप न अधिक हैं और न बेठिकाने ही।

जिन बहुत से शब्दों का अंगभंग करने का दोष भूषण पर लगाया जाता है वे अधिकतर मराठी से लिए गए हैं।

भूषण की कृति वीररस की है और वीररस का गुण 'ओज' माना गया है। इस ओज गुण के लिए काव्य में परुषा वृत्ति लानी पड़ती है। इस वृत्ति के अनुकूल संयुक्त रेफयुक्त और द्वित्व वर्णों का प्रयोग अधिक किया जाता है तथा टवर्ग का भी अधिक व्यवहार अपेक्षित होता है। बड़े आश्चर्य की बात है कि वीररस की रचनाओं में भूषण ने इस वृत्ति का विशेष सहारा नहीं लिया। अमृतध्वनि छंद में ही अनुप्रास की छटा दिखाने के लिए अवश्य कुछ ऐसा प्रयास किया है जो इस वृत्ति के अनुकूल है। अमृतध्वनि छंद में विशेष उच्चारण से शब्दों के वर्ण या वर्णों का द्वित्व अथवा संमिलन कर दिया जाता है। परिचित शब्द भी इसी से बहुतों को दुर्बोध हो जाते हैं। वे शब्दों के उच्चारण की विशेष विधि पर ध्यान नहीं देते। जैसे—'बंक क्करि, अति डंक क्करि' में पाँच शब्दों का व्यवहार हुआ है—बक, करि, अति, डंक और करि। 'बंक' और 'करि' दो शब्द परुषा वृत्ति को केवल उच्चारण के द्वारा विशेष रूप से व्यक्त करते हैं। सामान्यतया बंक शब्द का उच्चारण करने में बं पर उदात्त स्वर है, पर परुषा वृत्ति के लिए दोनो वर्ण उदात्त कर दिए गए हैं। फलतः बंक और करि के मेल में 'क्' वर्ण (बंक का द्वितीय वर्ण 'क्') द्वित्व को प्राप्त हो गया है। इसी प्रकार 'सोचच्चकित भरोचच्चलिय बिमोचच्चखजल' मूल रूप में सोचत, चलिय, बिमोचत, चखजल शब्द हैं। अपेक्षित वर्णों को उदात्त कर देने से उन्हें ऊपरवाले रूप प्राप्त हो गए हैं। उदात्त स्वर का प्रयोग लिखने में न होने के कारण ऐसे छंद विलक्षण और कठिन जान पड़ते हैं। पृथ्वीराजरासो आदि में इस प्रकार के शतशः प्रयोग हुए हैं और उदात्त स्वर के व्यवहार से अपरिचित होने के कारण 'रासो' के जितने संस्करण आज तक प्रकाशित हुए हैं सब भ्रष्ट और अशुद्ध छपे हैं।

'वीररस की रचना के लिए परुषा वृत्ति प्रयोग में आती है' ऐसा कहने का यह तात्पर्य नहीं कि वीरकाव्य का कर्ता सर्वत्र शब्दों पर अनावश्यक बोझ लादता रहे। जिन चारण-भाटों ने रासो आदि प्रशस्ति-काव्य लिखे उनकी प्रकृति ही ऐसी हो गई थी कि वे शब्दों पर वैसा अपेक्षित भार डालते रहे। मध्यकाल में सूदन ने अपने सुजानचरित में इस प्रकार का प्रयोग बहुत किया है। पद्माकर ने भी 'हिम्मतबहादुर-विरुदावली' में ऐसी प्रवृत्ति कुछ-कुछ दिखलाई है। गोस्वामी तुलसीदास की 'कवित्तावली' में एक-आध स्थल पर ही यह प्रवृत्ति दिखती है, जैसे—'डिगति उर्बि अति गुर्बि सब्ब पब्बै समुद्द सर' और 'परत दसकंठ मुक्खभर' में। उन्होंने सर्वत्र इस पद्धति का ग्रहण इसीलिए नहीं किया कि इसमें कृत्रिमता अधिक है। भूषण की रचना में

उपरिकथित रासो-पद्धति अमृतध्वनि को छोड़कर अन्यत्र नहीं दिखती। इसका हेतु यही है कि इन्होंने केवल बानगी के लिए ऐसे प्रयोग कर दिए, ये भी उसे कृत्रिम ही मानते थे। रसानुभूति के लिए परुषा वृत्ति का प्रयोग अनिवार्य नहीं है। जो वास्तविक अनुभूति जगाने में अक्षम होते हैं वे ही वृत्ति के बाहरी दिखावे से अधिक काम लेना चाहते हैं। इसलिए यह स्वीकार करना पड़ता है कि कम से कम इस विषय में भूषण ने समझदारी से काम लिया है।

देशी भाषाओं में अपभ्रंशकाल की अनेक प्रवृत्तियाँ आई हैं। प्रत्युत संस्कृत से देशी का पार्थक्य अपभ्रंशकाल से ही समझना चाहिए। देशी भाषाओं में तुकांत और मात्रा-वृत्तों का विशेष ग्रहण अपभ्रंश से ही होता है। यह अपभ्रंश भाषा 'उकारबहुला' थी। 'नाम' अर्थात् संज्ञा और विशेषण अकारांत होने पर कर्ता और कर्म में 'उकारांत' कर दिए जाते थे। अपभ्रंश की यह विशेषता साहित्य में गृहीत व्रजी और अवधी दोनो में है पर सार्वत्रिक न होकर क्वाचित्क है। साहित्यिक व्रजी में यह वैकल्पिक है। इसी से किसी की रचना में ऐसा प्रयोग अधिक मिलता है और किसी में कम। परवर्ती काल में यह प्रवृत्ति धीरे-धीरे हटती गई। इसी से केशवदास, बिहारी आदि की कृति में यह अधिक है और पद्माकर, द्विजदेव में नाममात्र को। भूषण की रचना में भी यह कम है, पर है अवश्य। अठारहवीं शती के प्रथम चरण से यह प्रवृत्ति कम होने लगी और उन्नीसवीं शती के प्रथम चरण अर्थात् भारतेंदु के उदित होने पर हट गई। 'खड़ी' के अधिक व्यवहार ने भी इसके हटने में सहायता की। भूषण की शृंगारी रचना में अर्थात् आरंभिक कृति में यह कुछ अधिक है। गोतु, उदोतु, सोतु, होतु के प्रयोग वहीं मिलते हैं। दाटियतु, पाटियतु, बाढ़ियतु, चाहियतु, मारु, दुवारु, दरकतु, धरकतु, अवतारु, पारु, गाइयतु, आइयतु, काँधियतु, बाँधियतु आदि के प्रयोग शृंगारेतर रचना में गिने चुने हैं और गुजरात की ओर के हस्तलेखों में ही अधिक मिलते हैं।

भाषा में विशेष प्रकार का वाग्योग उसकी शक्ति-सामर्थ्य का व्यंजक है। मार्मिकता के लिए प्रत्येक समर्थ भाषा वाग्योगों का अधिक व्यवहार करती है। इसी प्रकार लोक में अनेक ऐसी उक्तियाँ भी प्रचलित हो जाती हैं जो किसी घटना या कथांश के आधार पर चल पड़ती हैं और विविध प्रसंगों में किसी समर्थनीय का समर्थन करने आया करती हैं। व्रजी में वाग्योग अर्थात् मुहावरों के प्रयोग में घनआनंद और लोकोक्तियों के विनियोग में ठाकुर विशिष्ट हैं। प्रदेश भेद से अनेक रंग-ढंग के प्रयोग-विनियोग होते रहे हैं। भूषण की रचना में अंतर्वेदी रीति अधिक है—

मुहावरे—१—केते धौं नदी-नदन की रेल उतरति है।

२—पाग बाँधियतु मानों कोट बाँधियतु है।

३—दंत तोरि तखत तरे तें आयो सरजा।

४—मीरन के अवसान गए मिटि।

५—नाह दिवाल की राह न धाओ।

लोकोक्ति–१—कालिह के जोगी कलींदे को खप्पर।

२—सौ-सौ चूहे खायकै बिलाई बैठी जप के।

भूषण की रचना वीररस की है अतः वीरत्व का विचार वर्ण्य या व्यंजित विषय के प्रसंग में सर्वप्रथम आता है। वीरत्व लौकिक गुण है। समाज के उद्भव के साथ ही इसका भी आविर्भाव हुआ है। इससे उपेत महापुरुषों का यश अनादि काल से गाया गया है। इसे लौकिक कहने का तात्पर्य यही है कि लोक के संपर्क में आने पर ही इसका उदात्त स्वरूप व्यक्त होता है। व्यक्ति-साधना या आत्म-साधना के रूप में इसका जो प्रादुर्भाव होता है उसकी भी थोड़ी-बहुत प्रशंसा होती ही है, पर विरुदावली नहीं गाई जाती। आत्मरक्षा के निमित्त अपने शरीर की पुष्टि करनेवाला प्रशंसनीय हो सकता है परंतु उसके द्वारा वीरत्व का आलंबन नहीं खड़ा हो सकता। जब अत्याचार के दमन, दुष्टों के निर्दलन और पीड़ितों के रक्षण की ओर वीरत्व उन्मुख होता है तभी उसका सच्चा रूप निखरता है। आत्मगत वीरत्व स्वार्थघटक होकर समाज में उद्दंडता, उच्छृंखलता, अहंता आदि असत् वृत्तियों को उद्बुद्ध करता है। इसी से उसका परार्थघटक होना समाज के लिए उपयोगी है। अतः इसी के गीत गाए जाते हैं। वीरत्व का लक्ष्य सत् का संघटन और असत् का विघटन बहुत प्राचीन काल से माना गया है। इसी से काव्य में वीरत्व के आलंबन या नेता वे ही माने गए हैं जो लोककल्याण या लोकरक्षण में प्रवृत्त रहते हैं। राम, कृष्ण, महाराणा प्रताप, शिवाजी, छत्रसाल आदि महापुरुष ही सच्चे वीरनायक हैं।

वीरत्व

वीरत्व की अन्विति रक्षित से रक्षक द्वारा होती हुई प्रशंसक या भावुक तक चली जाती है। इसी से वीरत्व की प्रशंसा लोक में तभी होती है जब रक्षापात्र रक्षा का पूर्ण अधिकारी हो और रक्षक बिना किसी विशेष स्वार्थ के उसकी रक्षा करे। श्रद्धा, संमान, प्रशंसा आदि का पात्र बनने के लिए वीरत्व से स्वार्थ का निष्कासन अनिवार्य है। वीररस का प्रवाह तभी बह सकता है जब वीरत्व या उत्साह का उत्स परार्थ या धर्म की ओर उन्मुख हो और उसका आलंबन या लक्ष्य अधर्म को बहा या मिटा देना हो। सच्चे वीरत्व के आधार या आश्रय और लक्ष्य या आलंबन में सत् और असत् की पक्ष-प्रतिपक्ष रूप में स्थिति परमावश्यक है। किंतु इसका यह अभिप्राय नहीं कि कोरे वीरत्व में कोई आकर्षण ही नहीं होता। सामान्य शक्ति या पहुँच से आगे बढ़ा हुआ असामान्यत्व का प्रदर्शन भी चित्त को अपनी ओर खींचता ही है। ऐसी स्थिति में भावुक के हृदय में श्रद्धा या संमान चाहे न भी जगे पर कुतूहल या आश्चर्य के

उद्रेक से वह वीरत्व की प्रशंसा किए बिना न रहेगा। यदि कोरा वीरत्व असत्-साधन में प्रवृत्त होगा तो उसके प्रवर्तक के प्रति लोकशत्रु के नाते घृणा, क्रोध, रोष, क्षोभ आदि दुःखात्मक वृत्तियाँ जगेंगी और वीरत्व के कारण उद्‌बुद्ध होनेवाली उत्साह, आश्चर्य, कुतूहल आदि सुखात्मक वृत्तियों से विरोध उत्पन्न हो जायगा। फलतः ये दबते-दबते दब जायँगी। इस प्रकार स्पष्ट हुआ कि वीरत्व तीन प्रकार का होता है। लोकसाधक परार्थघटक उत्तम वीरत्व, कोरा स्वार्थघटक मध्यम वीरत्व और स्वार्थसाधक परार्थविघटक अलोकोपयोगी निकृष्ट वीरत्व। इन्हें ही क्रम से सात्त्विक, राजस और तामस भी कह सकते हैं। इनमें काव्योपयोगी अर्थात् वीररस का संचार करनेवाला सात्त्विक या राजस वीरत्व ही होता है। पर प्रबंधकाव्यों में पक्ष-प्रतिपक्ष का संविधान होने के कारण तामस वीरत्व का भी वर्णन अवश्य होता है। रामकथा में राम, लक्ष्मण, हनूमान् आदि का वीरत्व सात्त्विक, धनुर्यज्ञ में धनुष उठाने के लिए राजाओं का वीरत्व राजस और रावण, कुंभकर्ण आदि का वीरत्व तामस था।

वीरत्व या वीररस का पोषक भाव उत्साह है। यहाँ तक उस उत्साह का वर्णन किया गया जो युद्ध की ओर प्रवृत्त करता है। पर वीरत्व की अभिव्यक्ति केवल योद्धा में ही नहीं होती। युद्ध-पर्यवसायी उत्साह के अतिरिक्त उसकी अन्य अनेक स्थितियाँ होती हैं जो सात्त्विक ही होती हैं। रीतिग्रंथों में दयावीर, दानवीर, धर्मवीर, सत्यवीर, क्षमावीर आदि जो अनेक वीर माने गए हैं उनसे यह बात स्पष्ट हो जाती है। किंतु इन सभी उदात्त वीरों के सच्चे रूप का बोध सानुबंध रचनाओं द्वारा ही ठीक-ठीक हो सकता है। इसलिए निबंध, फुटकल या मुक्तक रचना में इनके उदाहरण कम मिलते हैं। पर युद्धवीर के संबंध में यह बात नहीं है। युद्धवीरता की विविधता के कारण उसके उदाहरण सानुबंध और निबंध दोनों प्रकार की पद्धतियों में सुगमतापूर्वक प्रस्तुत हो सकते हैं। इसी विविधता के कारण शास्त्रकारों ने सब प्रकार के वीरों में युद्धवीर को ही प्रधान माना है। विविधता के ही कारण वीरत्व का रूप खड़ा करने में अर्थात् विभावन करने में व्याप्ति अधिक दिखाई देती है। युद्धवीर के अधिक उदाहरण मिलने का मुख्य कारण यही है।

उत्साह लक्ष्य और साध्य दो की ओर देखनेवाला भाव है। इसीलिए यह अन्य भावों से विलक्षण है। उत्साह जिस वस्तु या व्यक्ति की ओर प्रवृत्त होता है वह तो इसका लक्ष्य या आलंबन है, पर जिस विचार से प्रवृत्त होता है वह इसका साध्य है। किसी दानी का लक्ष्य दानपात्र होता है और उसका साध्य यश। लक्ष्य व्यक्त रहता है और साध्य अव्यक्त। इसलिए कहा जा सकता है कि उत्साह के दोहरे आलंबन होते हैं—एक व्यक्त और दूसरा अव्यक्त। व्यक्त साधक होता है और अव्यक्त साध्य। चरम साध्य अव्यक्त आलंबन ही होता है, इसी से कुछ लोग उसे ही उत्साह का वास्तविक आलंबन मानते हैं। किंतु

काव्य की प्रक्रिया में प्रत्यक्ष कार्यसाधक व्यक्त आलंबन ही होता है। अतः शास्त्रकारों ने उसी को प्रकृत आलंबन कहा है। आश्रय और आलंबन के साथ साध्य को जोड़ लेने से उत्साह के स्वरूप का ठीक-ठीक बोध हो जाता है। जहाँ उत्साह का साध्य कोई अन्य भाव होता है वहाँ वह उस भाव का अंग बन जाता है। यदि कोई किसी के प्रेम में उत्साह प्रदर्शित कर रहा हो, उसकी सेवा-सुश्रूषा में दौड़धूप मचा रहा हो तो उसका वह उत्साह प्रेम-भाव या शृंगार रस का अंग अर्थात् संचारी भाव कहा जायगा। अतः वह उत्साह वीररस का निष्पादक न होगा और वह उत्साही वीर न कहा जायगा। आधुनिक हिंदी में देश पर जितनी रचनाएँ हुई हैं उन्हें उत्साह या वीररस की उक्तियाँ समझकर भ्रम में न पड़ना चाहिए। जहाँ देश के स्वरूप, ऐश्वर्य, महत्ता आदि का दर्पपूर्ण वर्णन रहता है वहाँ देश के प्रति प्रेमभाव की ही व्यंजना होती है। जहाँ उसकी विपत्ति, अवनति, पराधीनता आदि पर आँसू बहाए जाते हैं वहाँ शोक भाव या करुण रस की अभिव्यक्ति होती है। केवल जहाँ देशोद्धार का संकल्प करके विपत्ति सहने, मर मिटने, बलिवेदी पर चढ़ जाने की सानंद प्रतिज्ञा होती है वहीं उत्साह या वीररस अपने प्रकृति रूप में प्रगट होता है। स्मरण रखना चाहिए कि विस्मय और उत्साह ऐसे भाव हैं जिनका संचरण सभी रसों में हुआ करता है*। विस्मय या चमत्कार के इसी सर्वसंचरण से प्राचीन काल में धोखा खाकर श्रीनारायण कृती ने कहा था—

रसे सारश्चमत्कारः सर्वत्राप्यनुभूयते। तच्चमत्कारसारत्वे सर्वत्राप्यद्भुतो रसः।
—साहित्यदर्पण, तृतीय परिच्छेद।

ठीक इसी प्रकार संप्रति उत्साह की स्थिति सर्वत्र देखकर सर्वत्र वीररस होने का धोखा लोगों को हो रहा है।

वीर और वीरत्व पर संक्षिप्त विचार कर लेने के अनंतर वीर-कवि-कर्म पर भी थोड़ा ध्यान देना आवश्यक प्रतीत होता है। पहले कहा जा चुका है कि काव्य में अधिक उदाहरण युद्धवीर के ही मिलते हैं, अतः युद्धवर्णन की ही मीमांसा समीचीन होगी। युद्ध में कवि की दृष्टि दोनों पर रहती है—योद्धा पर भी और उसके कर्म युद्ध पर भी। योद्धा का वर्णन करते हुए वह उसकी तेजस्विता, धीरता, प्रचंडता, भीषणता आदि का भी उल्लेख करता है और उसकी मारकाट, संहार-विनाश का भी। इस प्रकार कवि वीर की अंतर्वृत्ति के साथ-साथ उसकी बहिर्वृत्ति का भी निरूपण करता है और उसके द्वारा प्रवर्तित कार्य की व्याप्ति का भी। इससे उसकी दृष्टि एक ओर से दूसरी ओर और दूसरी ओर से पहली ओर आती जाती रहती है।

* स्थायिनोऽपि व्यभिचरन्ति हासः शृंगारे रतिः शान्तकरुणहास्येषु भयशोकौ करुणशृंगारयोः क्रोधो वीरे जुगुप्सा भयानके उत्साहविस्मयौ सर्वरसेषु।—रसतरंगिणी।

अतः वही कवि युद्धवर्णन में समर्थ हो सकता है जिसमें समाहार की शक्ति प्रबल हो। कभी-कभी युद्ध दूर तक फैला रहता है, इसलिए उस विस्तृत युद्धक्षेत्र का अंकन करने के लिए कवि को अनेक व्यापारों का एक ही साँस में कथन करना पढ़ता है। युद्ध में यदि उसकी दृष्टि एक ही व्यापार से बद्ध होकर रह जाय तो उसे बहुत से व्यापार छोड़ देने पड़ेंगे। अतः जो कवि अपनी दृष्टि का प्रसार व्यापक नहीं बना सकता वह ऐसे युद्धों का वर्णन करने में असफल रहेगा। रणभूमि में घटित होनेवाले विकट व्यापारों पर उसकी दृष्टि एक से दूसरे, दूसरे से तीसरे, तीसरे से चौथे पर होती हुई त्वरित गति से प्रसरित होनी चाहिए। इससे स्पष्ट हुआ कि निरीक्षण की पूर्ण क्षमता और समाहार की सच्ची शक्ति के बिना युद्ध का मनोग्राह्य लेखा कोई कवि प्रस्तुत नहीं कर सकता।

युद्ध में गिनाने को तो अनेक कर्म हो सकते हैं, पर सबकी सूची देकर न तो युद्ध का दृश्य ही अंकित किया जा सकता है और न कोई प्रभावकारी परिणाम ही निकाला जा सकता है। अतः समर के बहुल व्यापारों में से चुने हुए मार्मिक उत्कट कर्म ही लेने पड़ते हैं। जो कवि इन संशोधित खंडवृत्तों का चयन नहीं कर सकता उसके विवरण प्रभविष्णु नहीं बन सकते। वास्तविक वीरकर्म का कथन सुगम नहीं है। राजसी ठाट-बाट, चमत्कार या जानकारी के दिखावे में लग जानेवाले प्रायः इसी अवसर पर चूक जाया करते हैं और साज-सामान की लंबी सूची भर रख देते हैं। सूची प्रस्तुत करना और बात है, और लेखा देना और बात। सूचीकार का बाना पहनकर कवि अपने प्रकृत कर्म से तो विरत होता ही है, काव्य-श्रोता या पाठक को भी विरत कर देता है। श्रोता या सहृदय समर-संभार, वीर-व्यापार, नर-संहार आदि के खंड-दृश्य मानसप्रत्यक्ष करना चाहता है, अनजाने अस्त्रों, पशुभेदों, सामाग्रियों आदि की नामावली सुनना नहीं। अतः नाममाला गूँथने में संलग्न होना दोष है। सूदन में यह प्रवृत्ति औरों की अपेक्षा विशेष है।

वीरकाव्य ओजस्वी होना चाहिए। अतः ओज गुण की निष्पत्ति के लिए तदनुकूल भाषा एवम् ध्वनि की आवश्यकता होती है। भाषा के विचार से पुराने वीरगायक द्वित्व वर्णों, संयुक्ताक्षरों, टवर्ग, रेफ आदि का विधान किया करते थे और ध्वनि के विचार से उद्धत छंदों जैसे अमृतध्वान, छप्पय, कबित्त, भुजंगी, तोटक आदि का प्रयोग करते थे। पर केवल ओज लाने के लिए शब्दों का अंगभंग करना उचित नहीं। समर्थ कवि बिना वर्णविकृति के ही ओजस्विता उत्पन्न कर लेते हैं, जैसे तुलसीदास। किंतु छंदोविधान के संबंध में ऐसी बात नहीं है। विविध वृत्तों का संघटन ही ऐसा किया गया है कि वे विभिन्न रसों के अनुकूल नाद उद्भूत कर सकें। कबित्त तो सब रसों में मँज चुका है। पर छप्पय में वीररस ही खिलता है। चौपाई के चरण वीरभाव के

अनुकूल नहीं पड़ते। इसी से लाल के छत्रप्रकाश में छंद-संगीति का प्रभाव है। रामचरितमानस का बंध चौपाई-बहुल है पर उसमें भी युद्धप्रसंग में अन्य छंदों का उपयोग किया गया है। वृत्तपरिवृत्ति से उसका रणप्रसंग रसमय हो उठा है।

वीरभाव के रसोद्बोधक नाना रूप हुआ करते हैं। इन सबका प्रभूत भांडार हिंदी-वाङ्मय में आदिकाल से लेकर आधुनिक काल तक संचित होता आया है। त्रेता के राम-लक्ष्मण आदि वीरों से लेकर कलि के हंमीर, प्रताप, शिवाजी, छत्रसाल आदि वीरों के पृथक्तासूचक युद्धप्रसंगों की वीरगाथा कई प्रकार की वाणी एवम् वृत्तों में व्यक्त हुई है। प्राचीन काल के रावण, जरासंध आदि की शौर्यपूर्ण दुर्मद रणलीला, मध्यकाल के अलाउद्दीन, दलेल खाँ के दुष्कर करुणा-परिचायक वीर-कथाकाव्य भी बने हैं।

वीररस का स्थायी भाव 'उत्साह' माना गया है। अतः जितने प्रकार के वीरत्व में 'उत्साह' होगा वे सभी वीररस के अंतर्गत आ जायँगे। कुछ लोग तो उत्साह के क्षेत्र को विस्तृत बनाकर सभी प्रकार की स्फूर्ति में उत्साह मानते हैं; यहाँ तक कि शृंगार में भी। किंतु 'उत्साह' और 'स्फूर्ति' में अंतर है। स्फूर्ति तो एक प्रकार से सभी स्थायी भावों में वर्तमान रहती है। स्फूर्ति का तात्पर्य भाव के 'वेग' से है। यही कारण है कि भावों को मनोवेग कहते हैं। इसलिए सभी स्थायियों में उत्साह को मिश्रित मानना ठीक नहीं है। उत्साह वह मनोवेग है जो किसी महत्कार्य को संपन्न करने में प्रवृत्त करता है। महत्कार्य से संबद्ध होने से वीरत्व की अभिव्यक्ति अनेक रूपों में होती है, पर 'विद्यावीर' का क्षेत्र परिमित है और कर्मवीर का व्यापक। इसी से दानवीर, दयावीर, धर्मवीर और युद्धवीर ये चार प्रकार के वीर ही प्रधान माने गए हैं। भूषण ने इन चारों का वर्णन किया है। 'दानवीर' का उदाहरण 'मंगल-मनोरथ के प्रथमहि दाता तोहि' प्रतीक के कबित्त में, 'दयावीर' का उदाहरण 'जाहि पास जात सो तो राखि ना सकत यातें' प्रतीक के कबित्त में, 'धर्मवीर' का उदाहरण 'बेद राखे बिदित पुरान परसिद्ध राखे' प्रतीक के कबित्त में समझिए।

सब प्रकार के वीरत्व में युद्धवीरत्व प्रधान है। दयावीर को दयापात्र की रक्षा के लिए, धर्मवीर को धर्म की सुरक्षा के हेतु कभी-कभी अनिवार्य रूप से झगड़ा मोल लेना पड़ता है। दान और कर्म में भी युद्ध की संभावना रहती ही है। इसी से युद्धवीरता प्रधान मानी गई है। इसके उदाहरण इनकी रचना में अनेक हैं। कहीं-कहीं चारो प्रकार की वीरता एक ही कबित्त में कथित है। जैसे—'दान-समै द्विज देखि मेरहू कुबेरहू की' प्रतीकवाले कबित्त में। जिसके चारो चरणों में क्रमशः दान, धर्म, दया और युद्ध की वीरता वर्णित है।

वीररस के सहकारी रौद्र और भयानक हैं। इन दोनों की भी व्यंजना भूषण ने की है। भयानक रस की अभिव्यक्ति में स्थान-स्थान पर शिवाजी की धाक से प्रतिपक्षियों का भयभीत होना ऐतिहासिक दृष्टि से कुछ को खटका है।

रसव्यंजना

काव्य और इतिहास में अंतर अवश्य है। जो काव्य में व्यंजित होता है वह इतिहास में कथित रहता है। अभिव्यक्ति की प्रणाली में कहीं कथितार्थ बढ़ा-चढ़ा हो सकता है पर उसका व्यंग्यार्थ मात्र वहाँ प्रयोजनीय होगा। भयानक रस की व्यंजना में प्रतिपक्ष को भीत दिखाना ही इष्ट है। अतः काव्य और इतिहास में पार्थक्य नहीं रह जाता। भूषण ने यह कोई असत्य बात नहीं लिखी। शिवाजी की युद्धनीति सहसा-आक्रमण की थी। इसे इतिहास सकारता है। सहसा-आक्रमणों द्वारा भीत कर देने से ही पर्याप्त आतंक छा जाता है। उस समय शिवाजी की धाक ने शत्रुओं को जितना त्रस्त कर रखा था उतना उनकी जमकर लड़ाइयों ने नहीं। शिवाजी की इस धाक का जैसा उल्लेख भूषण ने किया है उसके समानार्थी वचन तत्कालीन विदेशियों के पत्रों में मिलते हैं। भूषण ने धाक की व्यंजना करने में प्रतिपक्षी की शक्ति का अपलाप नहीं किया है। औरंगजेब के ऐश्वर्य और सामर्थ्य का निदर्शन 'उत्तर पहार बिधनोल खँडहर झारखंडहु प्रचार चारु केली है बिरद की' प्रतीकवाले कबित्त में बहुत स्पष्ट है। रौद्र रस की व्यंजना 'सबन के ऊपर ही ठाढ़ो रहिबे के जोग' प्रतीकवाले कबित्त में और भयानक रस की 'कत्ता की कराकनि चकत्ता को कटक काटि' प्रतीक की घनाक्षरी में है।

बीभत्स की व्यंजना में कालिका, रुद्र आदि के महामहोत्सव का पारंपरिक वर्णन है, जैसे—'भूप सिवराज कोप करि रन-मंडल में', 'किलकति कालिका कलेजे की कलल करि' प्रतीक के कबित्तों में।

शत्रुनारियों-शत्रुदेशवासियों के वैधव्य-शोकादि का वर्णन करके अंग-रूप में करुण की भी व्यंजना 'बिज्जपूर बिदनूर सूर सर धनुष न संधहिं' प्रतीक के छप्पय में तथा अन्यत्र भी की है। अद्भुत रस अंग-रूप में 'सुमन में मकरंद रहते हे साहिनंद' प्रतीक के कबित्त में माना जायगा और 'हास' अंग-रूप में 'चित्त अनचैन आँसू उमगत नैन देखि' प्रतीक के कबित्त में कहा जायगा। ऐसे ही 'निर्वेद' 'साहिन के उमराव जितेक सिवा सरजा सब लूटि लए हैं' प्रतीक के सवैये में आया है। शांतरस की व्यंजना पृथक् ही 'देह देह देह फिर पाइये न ऐसी देह' प्रतीक के कबित्त में उपदेशात्मक पद्धति से की गई है। शृंगार के अंग-रूप में वीर 'मेचक कवच साजि बाहन बयारि बाजि' प्रतीक के कबित्त से रखा गया है।

यह सब दिखाने का प्रयोजन इतना ही है कि वीररस का जो क्षेत्र भूषण

ने चुना उसमें उन्होंने विविध प्रकार से उसकी व्यंजना की है। त्रास या भय के अनेक रूपों की व्यंजना अनेक प्रकार की रसात्मक स्थितियों की कल्पना के साथ की गई है। नूतन उद्भावना की क्षमता भूषण में अच्छी थी, अलंकारों के फेर में पड़ने से उसमें भले ही त्रुटि आ गई हो। खीझ, व्याकुलता, दैन्य आदि की सहायता से शिवाजी के आतंक की व्यंजना में नूतनोद्भावना के अनेक प्रयोग भूषण की रचना में हैं, जैसे—'मुलुक लुटायो तो लुटायो कहा भयो, तन आपनो बचायो महाकाज करि आयो है' में खीझ, 'तोरि कै छरा सों अच्छरासी यों निचोरि कहैं, तुमने कहे ते कंत मुकतों में पानी हैं' में व्याकुलता, 'भीख माँगि खैहैं बिन मनसब रैहैं, पै न जैहैं हजरत महाबली सिवराज पै' तथा 'करि मुहीम आए कहत, हजरत मनसब दैन, सिव सरजा सों बैर करि ऐहैं बचिकै हैं न' में दैन्य और 'चौंकि-चौंकि चकता कहत चहुँघा तें यारो, लेत रहौ खबरि कहाँ लौं सिवराज है' में प्रतिपक्षी की व्यग्रता आतंक की व्यक्ति में सहायक है और 'मानव की कहा चली एते मान आगरे में आयो-आयो सिवराज रटैं सुकसारिका' में

शृंगार

पक्षियों के भी उसे रटने से उसकी व्याप्ति दिखाई गई है। वीररस की ही भाँति शृंगार रस की व्यंजना में भी भूषण ने नवीन उद्भावनाएँ की हैं, जैसे—'रावरेहू आए हाय-हाय मेवराय सब धरती जुड़ानी पै न बरती जुड़ानी मैं' तथा 'कारो घन घेरि-घेरि मान्यो अब चाहत है, एते पर करति भरोसो कारे काग को' में। दूसरे उदाहरण में कालों से ठगी जाकर भी गोपिका काले कौए का विश्वास कर रही है। मानव-मन की कैसी विलक्षणता है!

दृश्यचित्रण के लिए मुक्तक में स्थान ही कम होता है। वीररस की कृति में युद्धस्थल का चित्रण आ सकता है पर युद्धस्थल में अनेक दृश्यों के त्वरित गति से संघटित होने के कारण चित्रण की विशेष विधि ही काम में आ सकती है। अनेक दृश्यों का सुगुंफित चित्रण वहाँ प्रायः

दृश्यचित्रण

नहीं आ पाता। गत्वर दृश्यचित्रण ही किया जाता है। इसलिए भूषण की रचना में स्थिर दृश्यचित्रण का अनुसंधान व्यर्थ ही है। शिवभूषण के आरंभ में रायगढ़ का वर्णन करने में स्थिर दृश्यचित्रण का अवसर उन्हें मिला है, पर जैसी अन्य हिंदी-कवियों की स्थिति है वैसी ही इनकी। वह वर्णन भी अलंकारों के घटाटोप से आच्छादित है। इतना अवश्य कह सकते हैं कि कल्पना-संभावना भूषण ने विलक्षण अथवा प्रसंगानुभूतिविरुद्ध नहीं की है। इसका यह तात्पर्य नहीं कि वे परंपरासिद्ध वर्ण्यवस्तुसंकलन से भी विमुख हैं। केशवदासजी की कविप्रिया या कविशिक्षा से वे पूर्ण प्रभावित हैं। रायगढ़ में अफगानिस्तानी मेवों के अतिरिक्त छहों ऋतुओं में वसंत का निवास भी है। 'लवली लवंग यलानि केरे' के साथ ही 'दाख दाड़िम सेव' भी हैं और अंत में 'छहू रितु बसत बसंत जहँ'। इसके लिए

यही कहा जा सकता है कि राजा-रईस अपने बगीचों में शौकिया दूसरे देशों के फल-फूल के पेड़-पौधे भी लगाते हैं। भौगोलिक दृष्टि से रायगढ़ समशीतोष्ण भी हो सकता है। अतः वर्ष भर वसंत की सी स्थिति कहना कविप्रौढ़ोक्तिसिद्ध न होकर प्रकृतिसिद्ध भी है।

साधर्म्य-विचार

वीरता के आतंक की व्यंजना करते हुए सारूप्य-साधर्म्य का विचार बहुत कुछ भूषण ने अवश्य रखा है। अन्य बहुत से दरबारी कवियों की भाँति पारंपरिक उक्तियाँ ही या चामत्कारिक सूक्तियाँ ही नहीं कही हैं, जैसे—

(१) छूटे बार, बार छूटे, बारन तें लाल देखि, 'भूषन' सुकवि बरनत हरखत हैं।
क्यों न उतपात होंहि बैरिन के झुंडन में, कारे घन उमड़ि अँगारे बरखत हैं।

काले केशों और काले बादलों एवम् लाल तथा अंगारों में वर्णसाम्य मात्र नहीं, उत्पात की भीषणता दिखाने के लिए पानी के स्थान पर आग बरसाई गई है। शृंगार रस (संयोग) में केशों का ऐसा वर्णन भावविरुद्ध हो जाता।

(२) समद लौं समद्र की सेना त्यों बुंदेलन की, सेलैं समसेरैं भईं बाड़व की लपटैं।

अब्दुस्समद की सेना को समुद्र कहने में उसकी अपारता व्यंग्य है। दूर से बहुत से मनुष्यों का जमावड़ा जलराशि की भाँति लहराता हुआ ज्ञात भी होता है। भीड़ को 'रेला' (प्रवाह) कहते भी हैं।

औरंगजेब दक्षिण में जिन सूबेदारों को भेजता है उनका पानी उतर जाता है। वे अपना-सा मुँह लेकर लौट आते हैं। यदि बादशाह ने उन्हें उत्साहित करके पुनः भेजा तो भी उनकी वही दशा होती है। इसके लिए कहा गया है—

(३) रहँट की घरी जैसे औरंग के उमराव, पानिप दिला तें ल्याइ ढारि ढारि जात हैं।

उत्तर से दक्षिण और दक्षिण से उत्तर आने-जाने में जो चक्कर काटना पड़ता है वह 'रहँट' से बहुत मेल खाता है। घड़े पेंच के सहारे चला करते हैं। उमराव भी परप्रेषित यंत्रवत् विवश हैं। 'पानिप' का श्लेष है सो तो है ही।

(४) सूखत जानि सिवाजू के तेज तें पान-से फेरत औरँग सूबा।

'पान' यदि उलटे पलटे न जायँ तो वे गरमी-पानी से सूख-सड़ जाते हैं, सूबेदारों की भी ऐसी ही स्थिति; 'सूखत', 'तेज' और 'फेरत' श्लिष्ट।

(५) आलमगीर के मीर वजीर फिरैं चउगान बटान से मारे।

शिवाजी के सामने आते हैं तो मार-पीटकर भगा दिए जाते हैं और लौटकर औरंगजेब के पास पहुँचते हैं तो वहाँ से फटकार सुनकर फिर दक्षिण पलटते हैं।

कहीं-कहीं असावधानी भी हो गई है। जैसे—

मिलतहि कुरुख चकत्ता को निरखि कीन्हो, सरजा सुरेस ज्यों दुचित व्रजराज को।

औरंगजेब को 'व्रजराज' (श्रीकृष्ण) कहना ठीक नहीं हुआ। श्रीकृष्ण ने

इंद्र की वर्षा से जन-समाज की रक्षा की थी, दूसरे 'दुचित' नहीं हुए थे। औरंगजेब के प्रति जो भाव जगाना अभिप्रेत है इससे उसकी सिद्धि नहीं होती।

वीररस के प्रसंग में रणस्थल-वर्णन की अपेक्षा रणप्रस्थान-वर्णन ही भूषण की रचना में अधिक है और जो है वह प्रोढ़ोक्तिसिद्ध है। सेना के चलने से शेष-कच्छप की दुर्दशा, समुद्र का हिलना, धूल से सूर्य का छिपना आदि—

(१) तारा सो तरनि धूरिधारा में लगत,जिमि थारा पर पारा पारावार यों हलत है।
(२) टूटि गे पहार बिकरार भुबमंडल के, सेष के महसफन कच्छप कचरि गे।
(३) दल के दरारन तें कमठ करारे फूटे, केरा के से पात बिहराने फन सेष के।
(४) उलटत पलटत गिरत झुकत उझकत सेष-फन बेदपाठिन के हाथ से।
(५) रंकीभूत दुवन करंकीभूत दिगदंती, पंकीभूत समुद्र सुलंकी के पयान तें।
(६) काँच से कचरि जात सेष के असेष फन, कमठ की पीठ पै पिठी सी बाँटियतु है।

अत्युक्ति-अतिशयोक्ति की कमी नहीं—

(१) 'आयो आयो' सुनत ही, सिव सरजा तुव नाँव।
बैरि-नारि-दृगजलन सों, बूड़ि जात अरि-गाँव।।

(२) रावरे नगारे सुनि बैरवारे नगरन, नैनवारे नदन निवारे चाहियतु है।

केशव और दास ऐसे आचार्यों ने भी रीतिशास्त्र के विवेचन में जब सफलता नहीं पाई तो भूषण की कथा ही क्या! उन दोनो की दृष्टि में शास्त्र-पक्ष प्रधान था, काव्यपक्ष नहीं। फिर भी असफलता ही हाथ! भूषण के सामने शास्त्र या अलंकार-निरूपण साधन है, व्याज-बहाना है, वह भी व्यवस्थारहित। क्रम से उदाहरण नहीं बनाए गए। कुछ तो पहले से ही बने बनाए थे। शेष बना लिए गए। ग्रंथ का ढाँचा खड़ा हो गया! सहारा या अध्ययनानुशीलन सीधे किसी संस्कृत अलंकार-ग्रंथ का भी नहीं! इसी से भूषण के लक्षण और उदाहरण दोनो कई स्थलों पर अस्पष्ट और दोषपूर्ण हैं।

अलंकार-निरूपण

भूषण के अलंकार-निरूपण में एक बात और है। लक्षण में कहीं-कहीं अलंकारों के प्रकार तो कई गिनाए हैं पर उदाहरण सबके नहीं दिए। कारण यह होगा कि पहले से प्रस्तुत कविता में उस अलंकार का उदाहरण न रहा होगा। तात्पर्य यह कि 'भूषण' में आलंकारिक विशेषता ढूंढ़ना और अलंकार-शास्त्र की सूक्ष्म दृष्टि खोजना व्यर्थ है। केवल कहाँ-कहाँ गड़बड़ है इसका निर्देश भर पर्याप्त होगा।

पंचम 'प्रतीप' का लक्षण भूषण ने यों दिया है—'हीन होय उपमेय सों नष्ट होत उपमान'। इसका अर्थ है कि उपमेय से 'हीन' (घटकर) होने के कारण उपमान नष्ट हो जाय। चंद्रालोककार का लक्षण यों है—'उपमानस्य कैमर्थ्यमपि मन्वते'। तात्पर्य यह कि जब उपमेय उपमान का भी कार्य कर सकने में समर्थ है तो उसकी (उपमान की) क्या आवश्यकता। पुस्तक में इस

अलंकार के तीन उदाहरण हैं। पहले उदाहरण में उपमान के नष्ट होने की बात स्पष्ट वर्णित है। शेष दो उदाहरणों में उपमानों का 'कैमर्थ्य' दिखलाया गया है। उपमानों की केवल हीनता दिखाने से यह 'व्यतिरेक' का विषय हो गया है।

भूषण ने विरोध और विरोधाभास दो अलंकार माने हैं। 'विरोध' का लक्षण यों है—'द्रव्य क्रिया गुन में जहाँ उपजत काज-बिरोध।' 'विरोध' को कुछ लोगों ने स्वतंत्र अलंकार नहीं माना, क्योंकि दो वस्तुओं के प्रत्यक्ष विरोध में वैसा चमत्कार नहीं। दो वस्तुओं के बीच होनेवाले वैषम्य को लोगों ने विषम' अलंकार का विषय माना है जिसका लक्षण यों है—

गुणक्रियाभ्यां कार्यस्य कारणस्य गुणक्रिये।
क्रमेण च विरुद्धे यत्स एव विषमो मतः॥

'कार्य और कारण की गुण-क्रियाओं में विरोध हो'। यदि लक्षण की संगति बैठाई जाय तो 'द्रव्य' के स्थान पर 'हेतु' ठीक होता। 'विरोध' 'विरोधाभास' तो नहीं है क्योंकि 'विरोधाभास' में द्रव्य, क्रिया, गुण और जाति का परस्पर विरोध होता है। 'विरोधाभास' के लक्षण में इन चारो का नाम भी नहीं लिया। अलंकार के नाम की व्याख्या भर है। 'विरोध' के उदाहरण में वैषम्य तो है, पर कार्य-कारण का संबंध सुस्पष्ट नहीं है।

छेकानुप्रास और लाटानुप्रास का लक्षण भूषण ने यों दिया है—

स्वर-समेत अच्छर पदनि, आवत सदस-प्रकास।
भिन्न अभिन्ननि पदन सों छेक लाट-अनुप्रास॥

अक्षरों का सादृश्य-प्रकाश हो तो छेकानुप्रास और अभिन्न पदों का सादृश्य-प्रकाश हो तो लाटानुप्रास। उक्त लक्षण में 'स्वर-समेत' पद चिंत्य है। बिना स्वर मिले भी केवल व्यंजनों से अनुप्रास होता है। भूषण ने भी अपने उदाहरण में उसे ग्रहण किया है। जैसे 'दिल्लिय दलन' में 'द ल' अक्षरों का अनुप्रास है, पर दोनों शब्दों में इनकी मात्राएँ एक-सी नहीं हैं।

'संकर' का लक्षण भी भ्रामक है—'भूषन एक कबित्त में भूषन होत अनेक'। यह तो 'उभयालंकार' का लक्षण है। उभयालंकार के दो भेद 'संकर' और 'संसृष्टि' माने जाते हैं। 'संकर' में अलंकारों की मिलावट क्षीर-नीरवत् (दूध-पानी की तरह) होती है और संसृष्टि में तिल-तंदुलवत् (तिल-चावल की भाँति स्पष्ट पृथक्)।

लक्षणों की अपेक्षा भूषण के उदाहरण अधिक अशुद्ध हैं। उपमा के दूसरे उदाहरण में उपमान तो आया है पर उपमेय का पता नहीं। उक्त छंद के पाठांतर से संगति बैठ सकती है। पाठांतर 'अल्लिफतै' है। पर इतिहास से इस नाम की पुष्टि नहीं होती। यदि इसे शाइस्ता खाँ के पुत्र 'अबुल फतह' का विकृत नाम मानें तभी विधि बैठ सकती है। लुप्तोपमा के दूसरे

उदाहरण में—'तारे सम तारे गए मूँदि तुरकन के' है। इसमें उपमा के चारो अंग स्पष्ट हैं। इससे पूर्णोपमा होगी, लुप्तोपमा नहीं।

परिणाम अलंकार का उदाहरण कई स्थलों पर रूपक हो गया है। लक्षण भी अस्पष्ट है। दोनो में अंतर यह है कि रूपक में उपमान अपना कार्य करने की योग्यता स्वयम् रखता है, पर परिणाम में उपमान असमर्थ होते हुए उपमेय के साहचर्य से समर्थ हो जाता है। भूषण के पहले उदाहरण की पहली पंक्ति 'भौंसिला भूप बली भुव को भुज भारी भुजंगम सों भरु लीनो' में परिणाम है। 'भुजंगम' उपमान पृथ्वी का भार उठाने में असमर्थ है, पर 'भुज' उपमेय के साहचर्य से उसमें उक्त योग्यता आ गई है। कुछ लोग 'भारी भुजंगम' को 'शेषनाग' समझते हैं। ऐसा हो तो पहली पंक्ति में भी 'परिणाम' न होगा। अन्य चरणों में शुद्ध रूपक है। इस अलंकार का दूसरा उदाहरण भी ठीक नहीं।

भ्रांतिमान् का उदाहरण लीजिए। प्रकृत (उपमेय) को अप्रकृत (उपमान) के रूप में देखकर उसे अप्रकृत के तुल्य मान बैठना भ्रांतिमान् है। यह भ्रम निश्चयकोटिक होता है। प्रकृत को निश्चय ही अप्रकृत समझ लिया जाता है। पर भूषण का उदाहरण है—

सिंह सिवा के सुबीरन सों गो अमीर न बाँचि गुनीजन घोषैं।

'घोषैं' का पाठांतर 'धोषैं' भी है जिसका अर्थ है 'गुणीजन के धोखे' अर्थात् अमीर इस भ्रम में नहीं बच गए कि उन्हें गुणीजन समझ लिया गया। यह तो उलटी बात है। यदि गुणियों के धोखे अमीर बच जाते तो भ्रांतिमान् होता।

'निदर्शना' के प्रथम भेद में दो भिन्न वाक्यों को उपमा द्वारा एक किया जाता है। मम्मट लिखते हैं—'अभवन्ववस्तुसंबंध उपमापरिकल्पकः'। भूषण के उदाहरण में न तो दो भिन्न वाक्य ही स्पष्ट हैं और न उपमा द्वारा उनका एकीकरण ही—

बौद्ध में जो अरु जो कलकी महँ बिक्रम हूवे कों आगे सुनो है।
साहस भूमि-अधार सोई अब श्री सरजा सिवराज में सोहै।

'जो बिक्रम बौद्ध और कल्कि में सुना गया वही शिवाजी में शोभित है' भिन्न वाक्य कहाँ है। केवल 'जो सो' द्वारा दोनो के विक्रम की एकरूपता दिखा दी गई। मम्मट ने कालिदास का यह प्रसिद्ध श्लोक उदाहरण में दिया है—

क्व सूर्यप्रभवो वंशः क्व चाल्पविषया मतिः।
तितीर्षुर्दुस्तरं मोहादुडुपेनास्मि सागरम्॥

पहली पंक्ति एक वाक्य और दूसरी पंक्ति दूसरा वाक्य है। दोनो की एकता उपमा द्वारा की गई है।

समासोक्ति में श्लिष्ट विशेषणों के बल पर प्रस्तुत से अप्रस्तुत स्फुरित होता है। भूषण ने जो लक्षण दिया है उसमें अतिव्याप्ति दोष है, क्योंकि वह अप्रस्तुतप्रशंसा पर भी घटित हो सकता है। दोहेवाला दूसरा उदाहरण श्लेष हो गया है, क्योंकि शिवाजी के पक्षवाले जिस अर्थ को अप्रस्तुत माना है वह स्पष्ट प्रस्तुत है। दोनो अर्थों के प्रस्तुत होने से श्लेष ही होगा, समासोक्ति नहीं —

तुही साँच द्विजराज है, तेरी कला प्रमान।
तो पर सिव किरपा करी, जानत सकल जहान ॥

यही दशा तीसरे उदाहरण की भी है।

अप्रस्तुतप्रशंसा में अप्रस्तुत के वर्णन द्वारा प्रस्तुत का बोध कराया जाता है। इसके पाँच भेद होते हैं जिनमें से एक सारूप्यनिबंधना 'अन्योक्ति' नाम से प्रसिद्ध है। भूषण के उदाहरणों में अन्योक्ति का उदाहरण एक भी नहीं। सब अस्पष्ट हैं। ये तीनों कार्यनिबंधना के उदाहरण माने जा सकते हैं। पहले दो विशेषनिबंधना भी माने जा सकते हैं। भूषण ने 'सामान्य-विशेष' नामक पृथक् ही अलंकार माना है, जो विशेषनिबंधना से भिन्न नहीं। देखिए—

हिंदुनि सों तुरुकिनि कहैं, तुम्हैं सदा संतोष।
नाहिन तुम्हरे पतिन पै, सिव सरजा को रोष ॥

वर्णन से 'रोष' के कारण की ओर ध्यान जाता है इसी से इसे 'कार्यनिबंधना' कहा गया है।

द्वितीय पर्यायोक्ति का उदाहरण अन्यत्र 'कैतवापह्नुति' में है। कैतवापह्नुति में जो और उदाहरण है उसमें तो अपह्नुति किसी प्रकार सिद्ध भी हो जाती है, पर उक्त उदाहरण पर्यायोक्ति का ही है, कैतवापह्नुति में मिस, व्याज आदि शब्दों का प्रयोग निषेध के लिए होता है। इस प्रकार उपमेय का निषेध करके उपमान की स्थापना की जाती है, पर पर्यायोक्ति में 'मिस' कार्यसाधन के लिए आता है। यहाँ उपमेय-उपमान की स्थिति नहीं होती। 'पक्का मतो करिकै मलेच्छ मनसब छाँड़ि मक्का ही के मिस उतरत दरियाव है' में मक्का जाने का बहाना प्राण बचाने के अभिप्राय से है। कैतवापह्नुति के उदाहरण में 'अमर के नाम के बहाने गो अमरपुर' में 'अमरसिंह' उपमेय का निषेध होकर 'देवता' उपमान की स्थापना हो रही है, इससे इसमें अपह्नुति हो जाएगी।

समालंकार के उदाहरण भी अस्पष्ट हैं। भूषण दिखलाना चाहते हैं कि जैसा औरंगजेब था वैसे ही उसे शिवाजी मिले। पर कहने में न तो चमत्कार है और न अनुरूप वस्तुओं के योग की सम्यक् प्रशंसा ही। 'जोर सिवा करता अनरत्थ भली भई हत्थ हथ्यार न आया' और 'भली करै सिवराज सों, औरँग करै सलाह' में केवल 'भली भई' एवम् 'भली करै' समालंकार के द्योतक आ गए हैं।

बरबस शिवाजी से संबद्ध अर्थ प्रकट करने के कारण 'विकल्प' अलंकार की भी दुर्दशा हो गई। 'विकल्प' में दो समान बलवाली वस्तुओं का विरोध दिखाया जाता है। साहित्यदर्पणकार लिखते हैं—'विकल्पस्तुल्यबलयोर्विरोधश्चातुरीयुतः'। इसीलिए उक्त दोनो वस्तुओं में से किसी एक के भी होने का निश्चय नहीं होता; दोनो का विकल्प रहता है। यहाँ महत्ता दिखाने के लिए अंत में शिवाजी का पक्ष निश्चित कर दिया गया—

(१) मोरँग जाहु कि जाहु कमाऊँ सिरीनगरै कि कबित्त बनाए।
'भूषन' गाय फिरो महि में बनिहै चित-चाह सिवाहि रिझाए।

(२) और करौ किन कोटिक राह सलाह बिना बचिहौ न सिवा सों।

यदि कहा जाता कि 'या तो मोरंग आदि में चित-चाह की पूर्ति हो सकती है या शिवाजी के यहाँ' तो अलंकार बन जाता। हाँ, बात ठीक न होती। यदि कहा जाता कि 'मनोभिलाष या तो शंकर पूर्ण कर सकते हैं या शिवाजी' तो बात बनी रह जाती। विकल्प में केवल दो समान बलवाली वस्तुएँ इसीलिए दिखाई जाती हैं कि तीसरी का अभाव होता है।

काकुवक्रोक्ति हिंदी में संस्कृत से भिन्न समझ ली गई है। वक्रोक्ति में दूसरे की उक्ति का भिन्नार्थ किया जाता है, अपनी उक्ति का नहीं। यदि कहें कि 'आप तो बड़े महाशय हैं' और इसका तात्पर्य कंठध्वनि-विकार से 'आप तो बड़े दुराशय हैं' हो तो यह अपनी उक्ति का ही भिन्नार्थ हुआ। इस प्रकार के कथनों में विपरीत-लक्षणा के बल पर काक्वाक्षिप्त व्यंग्य होता है, वक्रोक्ति नहीं। भूषण ने भी परंपरा की लकीर पीटी है। मम्मटाचार्य कहते हैं—

यदुक्तमन्यथा वाक्यमन्यथाऽन्येन योज्यते।
श्लेषेण काक्वा वा ज्ञेया सा वक्रोक्तिस्तथा द्विधा॥

साहित्यदर्पणकार भी बतलाते हैं—

अन्यस्यान्यार्थकं वाक्यमन्यथा योजयेद्यदि।
अन्यः श्लेषेण काक्वा वा सा वक्रोक्तिस्ततो द्विधा॥

इन ग्रंथों में उदाहरणों की व्याख्या में परोक्ति का विश्लेषण भी है—

काले कोकिलवाचाले सहकारमनोहरे।
कृतागसः परित्यागात्तस्याश्चेतो न दूयते॥

एक सखी ने निषेधार्थ में कहा कि 'इस वसंत में भी अपराधी पति के त्याग से नायिका का चित्त खिन्न नहीं है'। दूसरी ने 'खिन्न नहीं है' को जरा गले की आवाज से दूसरी तरह से कहकर उसी वाक्य को दुहराया। बस अर्थ पलट गया। इस प्रकार के दो पक्षों की योजना भुलाकर दूसरे ही पक्ष पर ध्यान रखने से हिंदी में भ्रांति हो गई अर्थात् हिंदीवालों ने कंठध्वनि-विकार को तो पकड़ा, पर परोक्ति को छोड़ दिया।

अधिक विचार-विश्लेषण की आवश्यकता नहीं। अन्य असार्थक उदा-

हरणों के लिए फलोत्प्रेक्षा, परिकर, विभावना (चतुर्थ), काव्यलिंग, अर्थांतरन्यास (विशेष-भेद), मिथ्याध्यवसिति, निरुक्ति और छेकानुप्रास के उदाहरण देखिए—

भूषण ने जो दो नवीन अलंकार 'सामान्य-विशेष' और 'भाविक-छवि' रखे हैं उनका विचार भी हो गया। नूतनोद्भावना में सफलता कैसे मिलती जब प्राचीन के समझने में ही भ्रम है।

भूषण ने कुल १०५ अलंकार कहे हैं। जिनमें १०० अर्थालंकार हैं और ५ अनुप्रास, यमक, पुनरुक्तिवदाभास, चित्र, संकर में से पहले चार शब्दालंकार हैं। संकर उभयालंकार का प्रकारभेद है। अर्थालंकारों में भेदों की संख्या भी जुड़ी हुई है। इस प्रकार इन्होंने अर्थालंकार भी पूरे नहीं कहे। अल्प, विकस्वर, ललित, मुद्रा, रत्नावली, विवृतोक्ति, युक्ति, प्रतिषेध आदि कई अलंकार छूट गए। जितने अलंकार लिए हैं उनमें से कुछ के पूरे भेद कहे हैं कुछ के अधूरे और कुछ के भेद ही नहीं।

पुरानी कविता में कुछ दोष तो प्रतिलिपिकारों की असावधानी से हो जाते हैं, पर कुछ दोष ऐसे होते हैं जो प्रतिलिपिकारों के मत्थे नहीं मढ़े जा सकते।

दोष-विचार

भूषण की कविता के विरति-भंग और यति-भंग दोष ऐसे ही हैं। कबित्तों के चरणों में 'विश्राम' यथास्थान नहीं है। प्रवाह बहुत उखड़ा हुआ है। 'शिवभूषण' के पहले ही कबित्त में दो स्थानों पर विरति-भंग है—

इहिलोक परलोक सुफलकरन कोकनद से चरन हिये आनिकै जुड़ाइये।
अलि-कुल-कलित कपोल ध्याइ ललित, अनंद-रूप सरित में 'भूषन' अन्हाइये।

कबित्त में १६ अक्षरों पर चरण के बीच 'विश्राम' होता है। 'विश्राम' के लिए 'कोकनद' के दो टुकड़े करने पड़ेंगे। कहा जाता है कि १६ के बदले १४ में भी विश्राम कुछ कर्ताओं ने रखा है। यदि ऐसा भी मान लें तो दूसरे चरण में १५ वर्णों पर विश्राम पड़ेगा। १६ पर मानें तो 'अनंद' के 'अ' अक्षर के बाद होगा। इसमें विरति और प्रवाह दोनों गड़बड़ हैं—

सुभट सराहे चंदावत्त कछवाहे, मुगलौ पठान ढाहे फरकत परे फर मैं।

'मुगलौ' के 'मुग' पर 'विश्राम' पड़ता है। १४ वर्णों पर ही विश्राम समझें तो भी प्रवाह बढ़िया नहीं—'ढाहे मुगलौ पठान' होता तो अच्छा होता। प्रवाह का दोष नीचे के चरण में बहुत ही खटकता है—

सातौ बार आठौ जाम जाचक नेवाजै नव, अवतार थिर राजै कृपन हरि गदा।

उत्तरार्द्ध में कई लघु अक्षरों के आ जाने से ही धारा बिगड़ गई है।

लवली लवंग यलानि केरे लाखहों लगि लेखिये।
कहुँ केतकी कदली करौंदा कुंद अरु करबीर हैं।

'केरे' कह लेने पर 'कदली' कहना पुनरुक्ति है। यदि 'केरे' का अर्थ 'के'

लगाया जाय तो भी 'तरु' की आकांक्षा-अपेक्षा है। अतः 'न्यूनपदत्व' फिर भी होगा।

वैरि-नारि दृग जलन सों बूड़ि जात अरि-गाँव।

'बैरि' और 'अरि' के पर्याय से शब्द की पुनरुक्ति बचाई गई है। 'अरि' के बिना भी काम चल सकता था।

दावा द्रुम-दंड पर चीता मृग-झुंड पर, 'भूषन' बितुंड पर जैसे मृगराज है।

दावाग्नि द्वारा पेड़ की डाल (दंड) का जलना क्या, वन का वन जल जाता है। कहीं कहीं 'दंड' के बदले 'ढुंड' पाठ है। 'सूखा वृक्ष' शीघ्र जलेगा। इससे भी आग की भीषणता व्यक्त न हुई। दावाग्नि हरे वृक्ष को भी जला देती है।

दुहूँ कर सों सहसकर मानियतु तोहि, दुहूँ बाहु सों सहसबाहु जानियतु है।

'दुहूँ' का अर्थ 'दो ही' लिया गया है, पर होता है 'दोनो ही'। 'दुही' होता तो ठीक होता।

बिन अवलंब कलिकानि आसमान में ह्वै, होत बिसराम जहाँ इंदु औ उदय के।

'उदय' का अर्थ है 'उदय और अस्त होनेवाले सूर्य'। यह गढ़ंत शब्द है। ठीक अर्थ की व्यक्ति कष्ट से होती है। कहीं कहीं 'उडु थके' पाठ है और 'होत' के बदले 'लेत' है। इससे उक्त दोष तो नहीं रह जाता; पर अर्थ में चमत्कार 'सूर्य' अर्थ से ही अधिक है।

बीररस ख्याल सिवाराज भुवपाल तुव, हाथ को बिसाल भयो 'भूषन' बखान को।

शिवाजी के खंग का वर्णन है। 'हाथ को बिसाल' का अर्थ है 'हाथ की विशालता का कारण'। पर 'बिसाल' शब्द उक्त अर्थ व्यक्त करने में असमर्थ है।

तेहि निषेध अभ्यास ही, भनि भूषन सो और।

यह 'निषेधाक्षेप' का लक्षण है। अर्थ यह है कि जहाँ निषेध का अभ्यास (दिखाया गया) हो वहाँ अन्य आक्षेप (निषेधाक्षेप) होता है। निषेधाक्षेप में निषेध का आभास होता है अभ्यास नहीं। यह प्रतिलिपि का प्रमाद हो सकता है।

नरलोक में तीरथ लसै महि तीरथों की समाज में।
महि मैं बड़ी महिमा भली महिमै महारज लाज में।

'महि' का अर्थ अस्पष्ट है। 'महि' का अर्थ 'पृथ्वी' नहीं होगा; क्योंकि तीर्थ ही वस्तुतः पृथ्वी में होते हैं, तीर्थों में पृथ्वी नहीं। यदि 'महि' का अर्थ 'महाराष्ट्र' लिया जाय, जैसा कुछ लोगों ने लिया है, तो भी संगति नहीं बैठती।

'शिवभूषण' के छंद ३१५ में 'को चकवा को सुखद ?' का उत्तर 'साहिनंद' है। शिवाजी के पक्ष में तो 'साहिनंद' का अर्थ स्पष्ट है, पर उक्त उत्तर में इसकी विधि नहीं बैठती। यदि चकवा' का अर्थ 'चक्रवाक' किया जाय

तो उत्तर में सूर्यवाची कोई शब्द आना चाहिए। 'साहिनंद' का अर्थ 'सूर्य' नहीं हो सकता। यदि 'चकवा' का अर्थ 'चक्रवर्ती' लिया जाय तो 'साहिनंद' का अर्थ 'राजपुत्र' होगा। दूसरे अर्थ से ही संगति बैठ सकती है। कवि का अभिप्रेतार्थ स्पष्ट नहीं।

कंस के कन्हैया, कामदेवहू के कंठनील, कैटभ के कालिका बिहंगम के बाज है।
'कंस के कन्हैया' आदि कह लेने पर 'बिहंगम' के बाज कहना पतत्प्रकर्ष दोष है।

अलंकार-निरूपण की दृष्टि से भूषण की तुलना किसी से व्यर्थ है। इनका अलंकार-निरूपण उत्तम नहीं कहा जा सकता। वीरकाव्यकर्ता की दृष्टि से

तुलना

भूषण की तुलना दूसरों से हो सकती है। वीरकाव्यकर्ताओं में भी कितने ही चरितनायक के अनुपयुक्त चुनाव के कारण छट जाते हैं। 'रासो' के रचयिताओं की वीररस की धारा शृंगाररस से मिश्रित है। भूषण ने वीर में कहीं शृंगार का पुट नहीं दिया। इससे शुद्ध वीरकाव्यकर्ताओं से ही इनकी तुलना हो सकती है। शुद्ध वीरकाव्यकारों मे केवल लाल और सूदन ही ऐसे हैं जो भूषण के सामने रखे जा सकते हैं। लाल ने काव्य को इतिहासवत् कहा है। सूदन ने वस्तुओं की सूची गिनाने में जितनी शक्ति लगाई उतनी रसाभिव्यक्ति को उत्कृष्ट करने में नहीं। अतः भूषण की कविता हिंदी में उत्तम वीरकाव्य है यह निःसंदिग्ध है। भूषण वीररस के सर्वश्रेष्ठ कवि हैं, वीरकाव्यकर्ताओं के 'भूषण' हैं।

अलंकार का ज्ञान प्राप्त करने के लिए कोई 'शिवभूषण' नहीं उठाता। काव्य की चमत्कारपूर्ण सूक्तियाँ वीरदेवकाव्यों में भूषण के काव्य से कहीं अच्छी हैं। इनकी कविता के पढ़ने और सुनने की लालसा का कारण दूसरा ही है। इन्होंने लोकरक्षा का भाव प्रधान रखा। शिवाजी ऐसे लोकोपकारक एवम् देशरक्षक नायक को आलंबन बनाया। जिन वीरनायकों द्वारा लोक का कल्याण एवम् उद्धार होता है जनता उन्हीं को अपने हृदय-मंदिर में प्रतिष्ठित करती है। भूषण ने इस बात को भली भाँति समझा था। वे कहते भी हैं—

'भूषन' यों कलि के कबिराजन राजन के गुन गाय नसानी।
पुन्यचरित्र सिवा सरज सर न्हाय पवित्र भई पुनि बानी।

काव्यकृति

भूषण की काव्यकृतियों के संबंध में श्रीशिवसिंह सेंगर लिखते हैं—'इनके बनाए हुए ग्रंथ शिवराजभूषण १, भूषणहजारा २, भूषणउल्लास ३, दूषण-

उल्लास ४ ये चार ग्रंथ सुने जाते हैं। कालिदासजू ने अपने ग्रंथ हजारा को आदि में ७० कबित्त नवरस के इन्हीं महाराज के बनाए हुए लिखे हैं। इस विवरण में उल्लिखित चार ग्रंथों में से केवल पहला मिलता है। 'भूषणहजारा' यदि 'कालिदासहजारा' की ही भाँति हो तो वह संग्रह-ग्रंथ होगा। अन्यथा वह कवि के ही एक सहस्र मुक्तकों का संकलन होगा। यदि सचमुच 'भूषण-हजारा' ग्रंथ हो और उसमें कवि के एक सहस्र मुक्तक संकलित हों तो यह निश्चित है कि अब तक उनकी लगभग आधी रचना ही उपलब्ध है। उसके अतिरिक्त भी रचना होगी, जो रचना आज प्राप्त है उसमें की न्यूनाधिक उसमें न भी होगी आदि आदि कल्पना-अनुमान की शाखा-प्रशाखा से बहुत कुछ सोचा-समझा जा सकता है। भूषणउल्लास और दूषणउल्लास नामों को एक साथ देखने से यही जान पड़ता है कि ये किसी संपूर्ण काव्यरीति पर लिखे गए ग्रंथ के दो अध्याय हैं। पहला अलंकारप्रकरण है और दूसरा दोषप्रकरण। यदि ऐसा ही हो तो भूषण ने संपूर्ण काव्यागों पर भी कोई ग्रंथ अवश्य लिखा होगा। उसके अन्य प्रकरण भी होंगे। उन प्रकरणों में नायक-नायिकाभेद का प्रकरण भी हो सकता है। इधर भूषण की जो शृंगार-संबंधी बहुत सी रचना मिली है उसमें नायिकाओं के उदाहरण रूप में बने अनेक कबित्त-सवैये स्पष्ट जान पड़ते हैं। यदि उसका कोई नायिकाभेद-प्रकरण न हो तो उन्होंने नायिकाभेद पर स्वतंत्र पुस्तक लिखी होगी यह कल्पना बड़े मजे में की जा सकती है।

इनके अतिरिक्त 'शिवाबावनी' और 'छत्रसालदशक' दो पोथियाँ उनके नाम पर चलती हैं तथा कुछ फुटकल कबित्त वीररस के, कुछ प्रशस्ति-काव्य और शृंगाररस की कुछ प्रकीर्ण रचना भी प्राप्त हुई है। शांतरस का भी एक छंद प्राप्त हुआ है। उनके नाम पर मिली रचना में से कुछ संदिग्ध है क्योंकि वह दूसरे-दूसरे कवियों के नाम पर भी विभिन्न संग्रह-ग्रंथों में संगृहीत की गई है। 'शिवाबावनी' और 'छत्रसालदशक' बहुत आधुनिक संग्रह हैं। ये भूषण की कोई पुस्तकाकार कृतियाँ नहीं हैं। इसका आगे विचार किया जाएगा। इस प्रकार उनका अब केवल एक ही ग्रंथ प्राप्त है— शिवभूषण' या 'शिव-राजभूषण', शेष उनकी वीर-शृंगार रसों की प्रकीर्ण रचना है। 'सिवभूषण' की रचना संवत् १७३० वि० में हुई थी।

इधर कुछ दिनों पूर्व भूषणकृत 'शिवभूषण' की एक बहुत पुरानी प्रति देखने को मिली जो संवत् १८१८ की लिखी हुई है। अब तक 'शिवभूषण' की जितनी प्रतियाँ मिली हैं यह उन सबसे प्राचीन है। यह प्रति काशी के सुप्रसिद्ध वैद्य स्वर्गीय श्रीचुन्नीलालजी के संग्रह की है[१]। यहाँ उसी प्रति पर

१—वैद्यजी बड़े ही रसिक, काव्य-मर्मज्ञ और अच्छे कवि थे। इन्हें पुराने कवियों के संबंध में न जाने कितने कथा-प्रसंग याद थे। संग्रह की भी इनमें विशेष रुचि थी। हस्त-

कुछ विचार करने की आवश्यकता है, क्योंकि इस प्रति द्वारा भूषण के संबंध में कुछ नई बातें ज्ञात हुई हैं।

'शिवभूषण' की जितनी हस्तलिखित पुस्तकों का मुझे पता चला है वे सब बहुत बाद की लिखी हुई हैं। एक प्रति काशिराज के 'सरस्वती-भंडार' में है। इसमें लिपिकाल नहीं दिया गया है। पर पुस्तकालय के सूचीपत्र में लिपिकार का नाम 'हनुमान तिवारी' लिखा हुआ है। राजपुस्तकालय के अनेक हस्त-लिखित ग्रंथों और सूचीपत्र का आलोड़न करने से पता चला कि श्रीहनुमान तिवारी ने सैकड़ों ग्रंथों की प्रतिलिपियाँ की हैं। ये राज के स्थायी लिपिकार जान पड़ते हैं। इनका समय संवत् १९०० के आसपास अनुमित होता है। इसके अतिरिक्त 'हिंदी हस्तलिखित ग्रंथों की खोज' के विवरणों से 'शिवभूषण' की दो और हस्तलिखित प्रतियों का पता चलता है। एक प्रति नीलगाँव (सीतापुर) के तालुकेदार राजा लालताबख्श सिंह के पास है जो संवत् १९०२ की लिखी हुई है। लेखक का नाम दुर्गाप्रसाद है[1]। दूसरी प्रति श्रीकृष्णविहारी मिश्र के पास है। यह संवत् १९४३ की लिखी है। इसके लिपिकार श्रीयुगुलकिशोर मिश्र हैं[2]। इसी प्रति के आधार पर मिश्रबंधु महो-दयों ने अपनी 'भूषणग्रंथावली' के 'शिवराजभूषण' का संपादन किया है। इन दोनो प्रतियों में पूर्ण साम्य है। इसलिए यह निश्चित है कि या तो ये दोनों प्रतियाँ किसी एक ही प्राचीन प्रति की प्रतिलिपियाँ हैं या दूसरी प्रति इसी प्रति से नकल की गई है। श्रीकृष्णविहारी मिश्र के पास मुझे शिव-भूषण की एक और खंडित प्रति भी देखने को मिली थी, जिसमें जहाँ तक मुझे स्मरण है, लिपिकाल नहीं दिया है। पर अनुमान से मैं यह कह सकत हूँ कि उससे और मिश्रबंधु महोदयों की मुद्रित प्रति से मिलान करने पर कोई उल्लेखनीय अंतर नहीं दिखाई पड़ा। इसलिए वह प्रति भी संवत् १९०० के आसपास की हीं है और कदाचित् श्रीयुगुलकिशोरजी की प्रतिलिपि के आधार पर ही लिखी गई होगी।

इनके अतिरिक्त इसकी एक हस्तलिखित प्रति सिहोर (कठियावाड़) निवासी स्वर्गीय श्रीगोविंद गिल्लाभाई के पास भी थी। इसका उल्लेख उन्होंने

लिखित ग्रंथों का इन्होंने बहुत अच्छा संग्रह कर रखा था। ये दीनदयाल गिरि के प्रशिष्य थे अर्थात् श्रीगोस्वामी दंपतिकिशोरजी के शिष्य थे। इनके संग्रह की बहुत सी पुस्तकें इधर-उधर हो गईं, कुछ कीड़े चाट गए और कुछ सड़-गल गईं। पर अब भी इनके संग्रह में कितने ही अलभ्य हस्तलिखित ग्रंथ पड़े हुए हैं—संस्कृत के भी और हिंदी के भी। इधर इनके जामातृ और मेरे प्रिय शिष्य श्रीलक्ष्मीशंकरजी व्यास बी० ए० (आनर्स), एम० ए० ने इनके पुस्तकालय के ग्रंथों को व्यवस्थित करने में हाथ लगाया तो उन्हें 'शिवभूषण' की यह प्रति मिली।

१—देखिए हिंदी हस्तलिखित-ग्रंथों की खोज, सन् १९१२, ६१ ए।

२—देखिए वही।

अपने गुजराती 'शिवराज-शतक' की भूमिका में किया है। पर इसका लिपिकाल नहीं दिया गया है। अतः यह नहीं कहा जा सकता कि यह प्रति पूर्वोक्त प्रति से प्राचीन है या उसके बाद की। हाँ, यह अवश्य कह सकते हैं कि उक्त प्रति और श्रीगोविंद गिल्लाभाई की प्रति में बहुत अधिक साम्य है। इसलिए यह निश्चित है कि ये दोनो किसी एक ही मूल प्रति से नकल की गई हैं। इसके लिपिकार 'जीवन सूरदास' नाम के कोई सज्जन हैं जिन्होंने ग्रंथ की प्रतिलिपि 'स्वअध्ययनार्थं' की है। इन्होंने ग्रंथ के प्रारंभ में 'श्रीगणेशाय नमः' लिखने के स्थान पर 'पार्श्वनाथाय नमः' लिखा है। इससे स्पष्ट है कि यह प्रति जैन-धर्मावलंबी व्यक्ति की लिखी है। अतः गुजरात में ही कहीं यह प्रतिलिपि की गई होगी। बहुत संभव है कि इन दोनो प्रतियों में से एक दूसरी से उतारी गई हो। पर जब तक श्रीगोविंद गिल्लाभाई वाली प्रति सामने न हो तब तक दृढ़तापूर्वक कुछ नहीं कहा जा सकता।

शिवाजी के संबंध में जब से दक्षिण में अनुसंधान-कार्य होने लगा तब से इतिहासज्ञ शिवाजी के राजकवि भूषण की रचना की खोज करने लगे। तब तक भूषण की कोई रचना मुद्रित नहीं हुई थी। संवत् १९४४ के आसपास पूने से श्रीशंकर पांडुरंग और रानाडे महोदय के प्रयत्न से 'शिवभूषण' सबसे पहले मुद्रित हुआ। इसका संपादन श्रीगोविंद गिल्लाभाई की प्रति और जयपुर के राजपुस्तकालय से प्राप्त प्रति के आधार पर हुआ था। संवत् १९४६ में डकन कालेज के श्रीजनार्दन और जयपुर के श्रीदुर्गाप्रसाद शास्त्री के उद्योग से 'शिवभूषण' का दूसरी बार प्रकाशन हुआ। संवत् १९५० में जबलपुर के श्रीपरमानंद सुहाने ने इसी सामग्री के आधार पर तीसरी बार 'शिवभूषण'-का संशोधन करके उसे लखनऊ के नवलकिशोर प्रेस से प्रकाशित कराया। कलकत्ते के बंगवासी प्रेस और वेंकटेश्वर प्रेस से भी इसके संस्करण प्रकाशित हुए। काशी नागरीप्रचारिणी सभा द्वारा श्रीमिश्रबंधुओं की ऐतिहासिक छानबीन से पूर्ण 'भूषण-ग्रंथावली' इसके उपरांत प्रकाशित हुई, जिसमें 'शिव-भूषण' के अतिरिक्त 'शिवाबावनी' और 'छत्रसालदशक' भी संमिलित थे।

पूने और बंबई से 'शिवभूषण' का प्रकाशन होने पर भूषण की कविता की ओर बहुत से लोग आकृष्ट हुए। कच्छभुज के भाटिया बुकसेलर्स गोवर्द्धन-दास लक्ष्मीदास ने संवत् १९४६ में सबसे पहले भूषण के कुछ सुने-सुनाए छंदों का संग्रह 'शिवाबावनी' और 'छत्रसालदशक' के नाम से प्रकाशित किया। इसमें कुछ फुटकल छंद भी संगृहीत थे। मिश्रबंधु महोदयों की 'भूषण-ग्रंथावली' में इसी संस्करण की रचनाएँ ली गई थीं, पर उसमें कुछ उलटफेर भी किया गया है। 'शिवाबावनी' और 'छत्रसालदशक' संवत् १९४६ के पूर्व अस्तित्व में नहीं आए थे। इनकी कोई भी हस्तलिखित प्राचीन प्रति

कहीं नहीं मिलती। प्रकाशक ने स्वयम् यह बात लिखी है कि हमने ही 'शिवाबावनी' और 'छत्रसालदशक' नाम रखे हैं।

'शिवभूषण' की मुद्रित और हस्तलिखित प्रतियों को सामने रखकर मिलान करने पर स्पष्ट प्रतीत होता है कि इसकी तीन प्रकार की हस्तलिखित प्रतियाँ मिलती हैं। एक प्रकार की वे हैं जिनका साम्य काशिराज के पुस्तकालय की प्रति से होता है। दूसरे प्रकार की प्रतियाँ वे हैं जिनका ऐक्य श्रीमिश्रबंधुओं की प्रति या श्रीयुगुलकिशोरजी की प्रति से होता है। तीसरे प्रकार की प्रतियाँ वे हैं जिनका एकत्व श्रीगोविंद गिल्लाभाई की प्रति से स्थापित हो जाता है। तीनों में जो भेद है उसका भी निर्देश कर देना आवश्यक है। काशिराज की प्रति से मिलनेवाली प्रतियों और श्रीमिश्रबंधुओं की प्रति से साम्य रखनेवाली प्रतियों में अलंकारों की संख्या बराबर है, अंतर केवल उदाहरणों का है। काशिराज की प्रति में अलंकारों के उदाहरण अपेक्षाकृत कम हैं। श्रीमिश्र-बंधुओं की प्रति में बहुधा दो-दो तीन-तीन छंद प्रत्येक अलंकार में उदाहरण स्वरूप दिए गए हैं, पर काशिराज की प्रति में बहुधा एक ही उदाहरण या यदा कदा दो उदाहरण भी हैं। दोनों में अलंकारों की सूची भी अंत में दी गई है। पर निर्माण-काल का दोहा काशिराजवाली प्रति में श्रीमिश्रबंधुओं की प्रति से पूरा मेल नहीं खाता। वह पाठ में श्रीगोविंद गिल्लाभाई की प्रति के दोहे से ही मिलता है।

श्रीगोविंद गिल्लाभाई की प्रति में प्रत्येक अलंकार के उदाहरण बहुधा दो-दो हैं। एक बड़े छंद (कबित्त, सवैया, छप्पय आदि) में और दूसरा छोटे छंद (दोहे या सोरठे) में। पर दोहे के उदाहरण श्रीमिश्रबंधुओं की प्रति में इससे कहीं अधिक अलंकारों में दिए गए हैं। इतना ही नहीं, इसमें अलंकारों की सूची अंत में नहीं है। यही नहीं, कुछ अधिक अलंकारों का विवेचन भी मिलता है। तुल्ययोगिता अलंकार में 'अवर्ण्य भेद' भी रखा गया है, उसके उदाहरण में 'सपत नगेस आठो ककुभ गजेस' प्रतीकवाला कबित्त उद्धृत है। श्रीमिश्रोंवाली प्रति में यह छंद फुटकल में है। कुछ अधिक अलंकार भी लक्षण-लक्ष्यसहित बढ़े हुए हैं; जैसे—विपरीत, ललित, पूरब अवस्था, गूढ़ोत्तर, चित्रोत्तर (इसी में प्रश्नोत्तर भी है), सूक्ष्म, युक्ति, प्रति-षेध और विधि नामक अलंकार।

यह कहा जा चुका है कि प्रस्तुत प्रति श्रीगोविंद गिल्लाभाई की प्रति से मेल खाती है, इसलिए ये अलंकार भी लक्षण-लक्ष्यसहित इसमें मिलते हैं। भूषण के कुछ छंद फुटकल में ऐसे मिलते थे जो स्पष्ट ही अलंकारों के उदाहरण के लिए रचे जान पड़ते थे। ऐसे सभी छंद इन नए अधिक अलंकारों के उदाहरणों में समा जाते हैं। इनके अतिरिक्त भी इसमें कुछ नए छंद मिलते हैं जो अभी तक अमुद्रित थे।

इस प्रति में उक्त बढ़ती के अतिरिक्त ध्यान देने योग्य भिन्नता है कवि के पिता के नाम की। आज तक 'शिवभूषण' की जितनी प्रतियाँ प्रकाशित हुई हैं उन सबमें भूषण के पिता का नाम 'रत्नाकर' दिया हुआ है—

> दुज कनोज कुल कस्यपी, रत्नाकर-सुत धीर।
> बसत तिबिक्रमपुर सदा तरनिततूजा-तीर॥

पर इसमें इसके स्थान पर दोहे का पाठ इस प्रकार है—

> द्विज कनोज कुल कस्यपी, रतिनाथ को कुमार।
> बसत तिबिक्रम सदा, जमुना-कंठ सुठार॥

इसका विस्तृत विचार कवि के 'जीवनवृत्त' में आगे किया जाएगा।

भूषण के 'शिवभूषण' के निर्माणकाल १७३० वि० को अशुद्ध समझकर और 'शिवभूषण' में कथित ऐतिहासिक तथ्यों को कई स्थानों पर उसके अनंतर का दिखाकर भूषण को शिवाजी का दरबारी कवि न मानकर उनके पौत्र साहूजी का दरबारी कहा गया है। अनेक ऐतिहासिक ग्रंथों का आलोड़न कर और भूषण के शिवभूषण में आई घटनाओं से मिलान कर यही निष्कर्ष निकला कि भूषण को शिवाजी का दरबारी कवि न मानने में और शिवभूषण के निर्माण-संवत् १७३० को अशुद्ध या 'सम सत्रह सै तीस या सें तीस' को संवत् १७३७ मानने में शुद्ध भ्रम है। इस भ्रम का कारण इतना ही है कि शिवसिंह सेंगर ने अपने 'शिवसिंहसरोज' नामक कविवृत्तसंग्रह में भूषण का समय १७३८ दिया है। यह १७३८ उनका जन्मकाल मान लिया गया है। शिवसिंहसरोज में दिए सन्-संवतों के संबंध में क्या भ्रांति हुई और उसमें सन्-संवतों के देने की विधि कैसी रही है इन सबको भली भाँति जान लेने के लिए सबसे पहले उसके सन्-संवतों की ही विस्तार से छानबीन कर लेनी चाहिए जिससे सदा के लिए यह दोष निर्मूल हो जाय।

शिवसिंहसरोज के सन्-संवत्

संवत् १९३४ में शिवसिंह सेंगर ने लगभग १००० कवियों का वृहत् इतिवृत्त-संग्रह किया, जो नवलकिशोर प्रेस (लखनऊ) से मुद्रित भी हो चुका है। वहाँ से इसकी सात आवृत्तियाँ प्रकाशित हो चुकी हैं। इस संग्रह का नाम 'शिवसिंहसरोज' है। इसके दो खंड हैं। प्रथम खंड में कवियों की कविताएँ नमूने के रूप में उद्धृत की गई हैं और दूसरे खंड में कवियों का संक्षिप्त परिचय दिया गया है। आधुनिक काल का हिंदी में यह सबसे पुराना कविवृत्तसंग्रह है। इसके अनंतर जितने भी प्रामाणिक हिंदी-साहित्य के इतिहास प्रकाशित हुए उनमें इसका आधार ग्रहण किया गया। डॉ० ग्रियर्सन, मिश्रबंधु महोदय, आचार्य रामचंद्र शुक्ल—हिंदी-साहित्य के सभी इतिहास-लेखकों—ने 'सरोज' में दिए गए विवरणों का ग्रहण किया है और उनमें उल्लिखित सन्-संवत् को स्वीकृत किया है, उसे प्रमाण माना है। पर ऐसा करने में बहुत

बड़ा भ्रम हो गया है। नवलकिशोर प्रेस से 'शिवसिंहसरोज' जिस समय प्रकाशित हुआ उसमें सन्-संवतों के अनंतर 'उ०' छापा गया। सबसे पहले नाम के आगे 'उ०' 'उत्पन्न हुए' रूप में सामने आया। फल यह हुआ कि 'सरोज' में जितने सन् संवत् दिए गए हैं वे कवियों के जन्मकाल मान लिए गए। ऐसा करने से हिंदी-साहित्य के इतिहासों को भारी भ्रांति हो गई। इसका निराकरण हिंदी-हित के विचार से अत्यंत आवश्यक है।

'सरोज' में ऐसा जान पड़ता है कि पहले 'उ०' नहीं था। हिंदी-हस्तलिखित ग्रंथों की सन् १९२३-२५ की 'खोज' में 'शिवसिंहसरोज' का जो विवरण छापा गया है उसमें किसी कवि के संवत् के आगे 'उ०' या 'उत्पन्न हुए' नहीं है। इस हस्तलेख का प्राप्तिस्थान ठाकुर दिग्विजयसिंह तालुकेदार, दिकौली, बिस्वाँ सीतापुर है। हस्तलेख में 'उ०' न होते हुए भी मुद्रित में यह 'उ०' कैसे आ गया इसका कारण एक तो यह हो सकता है कि स्वयम् ग्रंथकार ने अपनी प्रति में 'उ०' लिखा हो और जब वह प्रकाशित होने लगी हो तो संपादक ने 'उ०' को 'उत्पन्न हुए' का संक्षिप्त रूप मान लिया हो तथा पहले नाम के 'उ०' को 'उत्पन्न हुए' छाप दिया हो। दूसरा कारण यह हो सकता है कि स्वयम् संपादक ने इन सन्-संवतों को जन्मकाल या उत्पत्तिकाल मानकर अपनी ओर से इसे बढ़ा दिया हो। यदि स्वयम् लेखक ने 'उ०' लिखा हो तो उसे 'उपस्थिति-काल' का संक्षिप्त रूप मानना पड़ेगा क्योंकि 'शिवसिंहसरोज' के सन्-संवत् काव्यकाल के ही हैं, जन्मकाल के नहीं। पहले इन्हें जन्मकाल मानकर इनकी छानबीन करनी चाहिए। फिर इस बात के अनेक प्रमाण दिए जायँगे कि 'सरोज' में काव्यकाल या उपस्थितिकाल दिया गया है। इसी सिलसिले में यह भी स्पष्ट हो जाएगा कि 'सरोज' का कालनिर्णय किस प्रकार का है, उसकी प्रणालियाँ क्या हैं और उसे पुष्ट आधार माना जा सकता है या नहीं।

सबसे पहले कवि का ही विवरण उठा लीजिए—'१ अकबर बादशाह, दिल्ली; संवत् १५८४ में उत्पन्न हुए'। इतिहास के पन्ने खोलनेवाला तक जानता है कि अकबर बादशाह का जन्म १५४२ ई० में हुआ था। इसलिए यदि ईसाई सन् को विक्रमीय संवत् में बदलें तो १५९७ उसका जन्मसंवत् ठहरता है। अतः क्या ईसाई, क्या विक्रमी दोनों ही से इस संवत् का मेल नहीं खाता। इसलिए यह अकबर का जन्मसंवत् कदापि नहीं हो सकता। प्रत्येक व्यक्ति यह जानता है कि 'गुरु-शिष्य', 'पति-पत्नी', 'भाई-भाई', 'पिता-पुत्र', 'स्वामी-सेवक' के जन्मकाल में अधिकतर भेद ही होता है। औरों में चाहे एकता भी हो जाय पर पिता-पुत्र का जन्म एक ही संवत् में या एक वर्ष के अंतर से कदापि संभव नहीं। 'सरोज' में गुरु-शिष्य, भाई-भाई, पति-पत्नी,

स्वामी-आश्रित यहाँ तक कि पिता-पुत्र के सन्-संवत् एक ही दिए गए हैं या एकाध वर्ष के अंतर से। भला इन्हें जन्मसंवत् कैसे माना जा सकता है। उदाहरण लीजिए—

गुरु—वल्लभाचार्य व्रजवासी गोकुलस्थ सं० १६०१ में उ०।

शिष्य—कुंभनदास व्रजवासी वल्लभाचार्य के शिष्य सं० १६०१ में उ०।

शिष्य—चतुर्भुजदास १६०१ में उ०।

,, छीतस्वामी १६०१ में उ०।

'सरोज' में चतुर्भुजदास और छीतस्वामी को वल्लभाचार्यजी के पुत्र विट्ठलनाथजी का शिष्य लिखा है पर उनका 'उ०' (जन्मकाल[1]) वही है जो वल्लभाचार्यजी का।

पति—कुंभकर्ण राना चित्तौड़ मीराबाई के पति सं० १४७५ के लगभग उ०।

पत्नी—मीराबाई सं० १४७५ में उ०।

जेठा भाई—फैजी, शेख अबुल फैज नागौरी, शेख मुबारक के पुत्र सं० १५८० में उ०।

छोटा भाई—फहीम शेख, अबुल फज़ल फैज़ के कनिष्ठ सहोदर सं० १५८० में उ०।

जेठा भाई—भूषण त्रिपाठी टिकमापुर जिले कानपुर सं० १७३८ में उ०

छोटा भाई—मतिराम त्रिपाठी टिकमापुर जिले कानपुर सं० १७३८ में उ०

पिता—कवींद्र उदयनाथ त्रिवेदी वनपुरानिवासी कवि कालिदासजू के पुत्र सं० १८०४ में उ०।

पुत्र—दूलह त्रिवेदी वनपुरवाले कविंदजी के पुत्र सं० १८०३ में 'उ०'। भला पुत्र का जन्म पिता से पहले कैसे हो सकता है? कवींद्र और दूलह के समय में थोड़ा ही अंतर है। कभी कभी पुत्र पिता के कई वर्षों पहले ही उत्पन्न हो गया है। देखिए—

	पिता	पुत्र
१	रतनसेन कवि बंदीजन बुंदेलखंडी। प्रताप कवि के पिता सं० १७८८ में उ०।	परताप बंदीजन बुंदेलखंडी रतनसेन के पुत्र सं० १७६० में उ०
२	शीतल त्रिपाठी टिकमापुरवाले लाल कवि के पिता सं० १८९१	लाल कवि, बिहारीलाल त्रिपाठी टिकमापुरवाले सं० १८८१ में उ०

अधिक उदाहरणों की आवश्यकता नहीं। इतने से ही स्पष्ट हो गया होगा कि 'सरोज' में दिए सन्-संवतों को जन्मकाल मानने में स्पष्ट बाधा है। केवल दो स्थानों में नाम के साथ जन्मकाल दिया गया है—एक तो नानक के नाम के साथ और दूसरे स्वयम् ग्रंथकर्ता के नाम के साथ। जन्मकाल देने की पद्धति

१—ये विट्ठलनाथ के शिष्य थे, वल्लभाचार्य के तो प्रशिष्य हुए।

ऐतिहासिकों की यह रही है कि वे उसके साथ मृत्युकाल भी देते हैं। नानक के विवरण में मृत्युकाल का उल्लेख किया है। मृत्युकाल अपना दिया ही नहीं जा सकता था। ऐसा क्यों हुआ है इसका उल्लेख भूमिका में स्वयम् लेखक ने कर दिया है। वे लिखते हैं—'तत्पश्चात् एक सूचीपत्र कवि लोगों का बनाय उनके ग्रंथ और सन्-संवत् उनके विद्यमान होने के और उनके जीवनचरित्र, जहाँ तक प्रकट हुए सब लिखे······जिन कवि लोगों के ग्रंथ हमने पाए हैं उनके सन्-संवत् बहुत ठीक-ठीक लिखे हैं और जिनके ग्रंथ नहीं मिले उनके सन्-संवत् हमने अटकर से लिख दिए हैं······क्योंकि इस संग्रह के बनाने का कारण केवल कवि लोगों के काल, औसर, देश, सन्-संवत् बताना है।'

शिवसिंहजी ने पूर्वार्ध में कवियों की कविता उद्धृत करते समय बहुत से ग्रंथों की आरंभिक पंक्तियाँ अपने पुस्तकालय से ग्रंथ देखकर उद्धृत कर दी हैं। उत्तरार्ध में उन कवियों का जो समय दिया गया है वह पूर्वार्ध में उद्धृत रचना का निर्माण-काल है।

१—इच्छाराम अवस्थी पचरुवा इलाके हैदरगढ़ के सं० १८५५ में उ०। ब्रह्म-विलास नाम ग्रंथ वेदांत में बहुत बड़ा बनाया है (उत्तरार्ध से)

ब्रह्मविलास ग्रंथ का निर्माणकाल (पूर्वार्ध से)

संबत सत दस आठ गत ऊपर पाँच पचास।
सावन सित दुति सोम कहँ कथा-प्रारंभ-प्रकास॥

सत दस आठ—१८००+पाँच पचास–५५=१८५५

२—करन भट्ट पन्नानिवासी सं० १७९४ में उ०। इन्होंने 'साहित्यचंद्रिका' नाम ग्रंथ 'बिहारीसतसई' की टीका श्री बुंदेलखंडवंशावतंस राजा सभासिंह, हृदयसाहि पन्नानरेश की आज्ञानुसार बनाया है (उत्तरार्ध से)

साहित्यचंद्रिका का निर्माणकाल (पूर्वार्ध से)

बेद खंड गिरि चंद्र गनि भाद्र पंचमी कृष्ण।
गुरबासर टीकाकरन पूरचो ग्रंथ कृतष्ण॥

वेद—४, खंड ६, गिरि ७, चंद्र १। 'अंकानां वामतो गतिः' 'अंकों की गति बाईं ओर से होती है' के नियम से १७९४ हुआ।[१]

इन उदाहरणों से ही प्रमाणित है कि 'सरोज' में रचनाकाल के ही सन्-संवत् दिए गए हैं। सब कवियों के नाम के साथ उन्होंने संवत् नहीं दिए हैं। 'सरोज' में कुल १००३ के विवरण हैं। पूर्वार्ध में ८३९ कवियों की कविताएँ उद्धृत हैं। २६० कवियों के परिचय में नाम के साथ सन्-संवत् नहीं दिए गए हैं। ५१ कवियों के साथ 'विद्यमान' या उसका संक्षिप्त रूप 'वि०' दिया

१—विस्तृत विवरणों के लिए देखिए 'हिंदुस्तानी' में प्रकाशित मेरा 'शिवसिंहसरोज के सन्-संवत्' शीर्षक निबंध।

गया है। इस प्रकार केवल ६९२ कवियों के नाम के साथ संवत् दिए गए हैं। इनमें से लगभग ४०० के सन्-संवत् स्वयम् 'सरोज' के प्रमाण से या अन्य प्रमाणों से रचनाकाल सिद्ध हो जाते हैं। अतः यह निश्चित है कि अन्य लगभग ३०० कवियों के सन्-संवत् उनके रचनाकाल के ही होंगे। ये सन्-संवत् जन्मकाल नहीं हैं इसके लिए प्रमाण भी दिया जा सकता है कि यदि लेखक ने जन्मकाल ही देने की पद्धति रखी होती तो जिन कवियों को उन्होंने 'विद्यमान हैं' लिखा है उनके जन्मकाल भी वे दे सकते थे और अन्य कवियों की अपेक्षा उनके जन्मकाल उन्हें थोड़ा सा ही प्रयत्न करने पर ठीक ठीक मिल भी जाते। उन्हें 'विद्यमान हैं' लिखने से प्रमाणित है कि कवियों के संबंध में वे काव्यकाल या उपस्थितिकाल देने की पद्धति का अनुगमन कर रहे हैं, जिसका उल्लेख उन्होंने अपनी भूमिका में स्पष्ट शब्दों में किया है। कुछ कवियों के विवरण में भी उन्होंने लिखा है कि हमें इनका कोई ग्रंथ नहीं मिला। इसी से सन्-संवत् नहीं दिए। इन सब बातों से स्पष्ट है कि सन्-संवत् देने में वे उपस्थितिकाल का उल्लेख करते थे।

किंतु इसका तात्पर्य यह नहीं कि उन्होंने कविताकाल देने में बहुत सावधानी रखी है। जहाँ कवि के रचित ग्रंथों से सन्-संवत् मिले वहाँ उन्हें दे दिया। कहीं कहीं जिस ग्रंथ में कवि की कविता संगृहीत है उस ग्रंथ का संग्रह-काल ही उस कवि का सन्-संवत् मान लिया गया है, जैसे कमंच कवि के विवरण में। कहीं संवत् विक्रमीय और कहीं सन् ईसाई दे दिया गया है। ईसाई संवत् का व्यवहार अधिकतर राजा या दरबार के मुसाहिबों के परिचय में किया गया है। ये सन्-संवत् ऐतिहासिक ग्रंथों से उठाकर रखे गए हैं, ऐसा स्पष्ट प्रतीत होता है। कहीं जन्मकाल भी रख दिया है और कहीं मृत्युकाल दे दिया है। इस प्रकार समस्त सन्-संवतों को जन्मकाल मानकर चलना सरासर भ्रांति है। जहाँ अन्य प्रमाणों से निश्चय न हो जाय 'सरोज' के संवतों को प्रामाणिक मान लेना इतिहास की दृष्टि से भ्रमपूर्ण पद्धति है। मिश्रबंधु महोदयों को अन्य प्रमाणों से जब दिखाई पड़ा कि जन्मकाल मान लेने में अड़चल है तो उन्होंने एकाध स्थल पर 'मिश्रबंधुविनोद' में लिखा है—'सरोज' में प्रायः कविताकाल को उत्पत्तिकाल लिखा गया है'—(मिश्रबंधु-विनोद', प्रथम भाग, पृ० ७, चतुर्थ संस्करण)

भूषण के विद्यमान होने का सन्-संवत् १७३८ वि० 'शिवसिंहसरोज' में दिया गया है। इसका हेतु यह है कि मतिराम का भी उपस्थिति-काल १७३८ वि० दिया गया है। मतिराम के नाम के साथ यह सन्-संवत् उनके आश्रय-दाता भाऊसिंह के काल के आधार पर दिया गया है। इसका निष्कर्ष यह निकला कि श्रीसेंगर के समक्ष 'शिवभूषण' ग्रंथ की हस्तलिखित प्रति उस समय नहीं थी जब वे उनके विद्यमान होने का सन्-संवत् दे रहे थे। उनकी

जो रचना पूर्वार्ध में उद्‌धृत है उसमे 'शिवभूषण' का एक ही छंद है 'इंद्रजिमि जंभ पर' प्रतीकवाला। संग्रहों से ही फुटकल रचना संकलित कर दी गई है। उक्त कबित्त 'शिवभूषण' में मालोपमा के उदाहरण में दिया गया है। पर यह विभिन्न संग्रहों में प्रायः सर्वत्र मिलता है। यह वही इतिहास-प्रसिद्ध कबित्त है जिसे कवि ने सबसे पहले शिवाजी को सुनाया था। संकलित रचना में शिवाजी, संभाजी, छत्रसाल और कमाऊँ-नरनाह की प्रशस्ति के छंद हैं।

'शिवभूषण' या 'शिवराजभूषण' का रचनाकाल जिस दोहे में उल्लिखित है उसका पाठ भिन्न-भिन्न संस्करणों में भिन्न-भिन्न मिलता है—

सम सत्रह सै तीस पर सुचि बदि तेरस भान।
भूषन सिवभूषन कियो पढ़ियो सुनो सुजान॥

रचनाकाल

—(काशिराज और बंगवासी प्रेस)

सुभ सत्रह सै तीस पर बुध सुधि तेरसि मान।

—(मिश्रबंधु)

समत सत्रह सें तीस पर सुचि बदि तेरसि भानु।
भूखन सिवभूषन कियौ पढ़ौ सकल सुजान॥

—(लक्ष्मीशंकर व्यास)

संवत सतरह तीस पर सुचि बदि तेरस भानु।
भूषन सिवभूषन कियो पढ़ो सकल सुज्ञान॥

—(गोविंद गिल्लाभाई)

सर्वत्र संवत् १७३० ही है। 'सें तीस' सैंतीस नहीं है। 'सै' को 'सें' लिखना प्रवाह प्राप्त है। पर जिसने 'सरोज' के १७३८ वि० को भूषण का जन्मकाल समझा उसने पहले तो यह घोषणा कर दी कि दोहा जाली है और बाद में जोड़ा गया है। विचारने की बात है कि जाल करने की आवश्यकता ही किसी को क्यों पड़ी। जब जन्मकाल १७३८ वि० किसी प्रकार सिद्ध न हो सका तो कहा गया कि 'शिवभूषण' का निर्माणकाल ही १७३८ वि० है। 'सैंतीस पर' का अर्थ ३० के आगे की संख्या ३८ लिया। संवत् १७३८ वि० में यदि 'शिवभूषण' का निर्माणकाल मान लिया जाय तो यह कहा जा सकता था कि शिवाजी के दरबार में भूषण नहीं गए। क्योंकि संवत् १७३८ वि० में उनका स्वर्गारोहण हो गया था। वे साहूजी के दरबार में गए। हिंदी में नूतन अनुसंधान करने का यश लेने के लिए ऐसी कल्पना की गई, मगर अब यह कहा जा रहा है कि इस दोहे में भूषण ने ग्रंथ का निर्माणकाल और अपना जन्मकाल दोनो बड़ी विदग्धता के साथ प्रकट किया है। कोई ऐसी कल्पना नहीं कर सकता—'अंधहु बधिर न कहहिं अस'। पर हिंदी में ऐसा कहनेवाले हैं और ऐसों की ही साखी पर श्रीयदुनाथ सरकार ने 'शिवभूषण' शिवाजी के इतिहास के लिए अप्रामाणिक घोषित कर दिया है।

ऊपर जो पाठ दिए गए हैं उनमें मुख्य अंतर दोहे के द्वितीय चरण में है। मिश्रबंधुओं की प्रति में 'बुध' दिन है, पर महीने का नाम नहीं है। अतः उन्होंने संवत् १७३० के पंचांग से पता चलाकर माना है कि कार्त्तिक शुक्ला त्रयोदशी को ग्रंथ का निर्माण हुआ। ऐसा जान पड़ता है कि 'बुध सुदि तेरस मान' लिपिप्रमाद से हो गया है। 'मान' का 'भान' हो जाना तो कुछ भी कठिन नहीं है। 'बुध सुदि' के संबंध में यह कल्पना हो सकती है कि पहले 'सुचि बदि' में शब्दों का व्यत्यय हुआ और 'बदि सुचि' हुआ। हो सकता है कि 'बदि' शब्द 'बुद' हुआ हो और 'बुध' समझा गया हो। ऐसे ही 'सुचि' को 'सुदि' रूप मिला हो या माना गया हो। अतः यही ठीक जान पड़ता है कि मूल पाठ 'सुचि बदि तेरस मान' था।

अब देखना चाहिए कि 'सुचि' शब्द का अर्थ क्या है। अमरकोश कहता है

> वैशाखे माधवो राधो ज्येष्ठे शुक्रः शुचिस्त्वयम्।
> आषाढ़े श्रावणे तु स्यान्नभाः श्रावणिकश्च सः॥

इसके अनुसार 'शुचि' का अर्थ आषाढ़ है। 'शुचि' शब्द ग्रीष्म ऋतु के लिए भी आता है और ग्रीष्म में ज्येष्ठ और आषाढ़ दो महीने होते हैं। मेदिनी-कोश में स्पष्ट उल्लेख है—

> शुचिर्ग्रीष्माग्नि शृंगारेष्वाषाढे शुद्धमन्त्रिणि।
> ज्येष्ठे च पुंसि धवले शुद्धेऽनुपहते त्रिषु॥

इस प्रकार काल-विभाग के लिए 'शुचि' ग्रीष्म, ज्येष्ठ और आषाढ़ तीन के लिए आता है। अब देखना यह है कि 'शिवभूषण' में 'शुचि' का अर्थ क्या है। 'शुचि' का अर्थ 'ग्रीष्म' नहीं है। उसमें दो मास होते हैं। 'बदी' किसी एक ही महीने की होगी। अतः 'शुचि' का अर्थ यहाँ या तो आषाढ़ है या ज्येष्ठ। उत्तर और दक्षिण के पंचांगों और व्यवहार में महीनों के शुक्ल पक्ष में तो कोई भेद नहीं होता पर कृष्ण पक्ष में अंतर पड़ता है। यहाँ 'बदी' कृष्ण पक्ष के लिए है। उत्तर में पूर्णिमांत मास होते हैं और दक्षिण में अमांत। इससे अंतर यह पड़ता है कि जिसे उत्तरवाले आषाढ़ कृष्ण कहेंगे उसे दक्षिणवाले ज्येष्ठ कृष्ण। जान पड़ता है कि यहाँ भूषण ने 'शुचि' शब्द का व्यवहार इसी चातुर्य से किया है। यहाँ 'शुचि' के दोनों अर्थ हैं आषाढ़ भी और ज्येष्ठ भी। दक्षिण के अनुसार ज्येष्ठ कृष्ण था और उत्तर के अनुसार आषाढ़ कृष्ण।

'शिवाबावनी' की गाथा अब क्रमप्राप्त है। "शिवाबावनी जैसी मिलती है उसका संग्रह स्वयम् भूषण ने ही किया और वह

शिवाबावनी की गाथा शिवभूषण के पहले की रचना है। तथा उसमें संवत् १७३० वि० के बाद की घटनाएँ हैं अतः शिवभूषण के निर्माण का दोहा जाली है, बाद में जोड़ा गया है। भूषण ने उसकी

रचना नहीं की अथवा 'सैतीस' का अर्थ 'सैंतीस' है आदि आदि' कल्पना केवल इसलिए की गई जिससे प्रमाणित किया जा सके कि भूषण शिवाजी के दरबार में गए ही नहीं, साहूजी के दरबार में पहुँचे। पर जैसा कहा जा चुका है कि 'मूलं नास्ति कुतः शाखा'। 'शिवाबावनी' का संकलन बहुत आधुनिक है।

भूषण जब शिवाजी से मिले तब उन्होंने उनकी प्रशंसा की कविता सुनाई। यह किंवदंती प्राचीन काल से चली आ रही है। इसका रूप भिन्न-भिन्न है। कोई कहता है कि एक ही छंद १८ बार सुनाया गया, कोई कहता है कि एक ही छंद ५२ बार सुनाया गया और कोई कहता है कि ५२ बार में ५२ भिन्न भिन्न छंद सुनाए गए। जिस जनश्रुति के अनुसार ५२ भिन्न-भिन्न छंद शिवाजी को सुनाए गए उसी के आधार पर एक प्रकाशक ने वीररस के पुराने संग्रहों से तथा कुछ भाटों से ५२ छंद लेकर और उन्हें भूषण का ही समझकर तथा उन्हें शिवाजी के ही संबंध में मानकर 'शिवाबावनी' प्रकाशित की। संवत् १९४६ से पहले 'शिवाबावनी' का अस्तित्व नहीं था।

राष्ट्रीय भावना के जगने पर शिवाजी के इतिहास की खोज जिस समय दक्षिण में होने लगी उस समय 'भूषण' की कविता की खोज भी की जाने लगी। 'शिवभूषण' की एक हस्तलिखित प्रति सिहोर-निवासी स्वर्गीय गोविंद गिल्लाभाईजी के पास थी। उसकी प्रतिलिपि संपादित होकर पूना से प्रकाशित की जाने लगी। यह घटना सं० १९४५ की है। पर पीछे सं० १९४६ में उसका प्रकाशन रोक दिया गया। इसके प्रकाशित होते ही 'भूषण' की कविता की ओर लोगों की विशेष अभिरुचि हुई। इस अवसर से लाभ उठाने के विचार से 'भूषण' के संबंध में प्रचलित किंवदंती के आधार पर कच्छभुज के पुस्तक-विक्रेता भाटिया गोवर्धनदास लक्ष्मीदास ने सं० १९४६ (सन् १८९०) में 'शिवाबावनी' नाम का संग्रह प्रकाशित किया। यह संग्रह पुराने संग्रहों तथा सुने सुनाए छंदों से संकलित करके प्रस्तुत किया गया था।

प्रकाशक हिंदी-साहित्य से अनभिज्ञ थे। फलस्वरूप इस संग्रह में भूषण के अतिरिक्त अन्य कवियों के छंद भी संगृहीत हो गए। जो छंद शिवाजी की प्रशंसा के थे उनके अतिरिक्त इसमें ऐसे छंद भी रखे गए जो उनकी प्रशंसा में न होकर अन्य नरेशों की प्रशस्ति में हैं। प्रकाशकों को इतिहास का भी ज्ञान न था, इसलिए उन्होंने शिवाजी को 'सुलंकी' समझ लिया, जैसा कि शिवसिंहसरोज में लिखा है। इसलिए किसी 'सुलंकी' और अवधूतसिंह सुलंकी की प्रशंसा के छंद भी उसमें जुड़ गए। साहू की प्रशंसा के छंद इसीलिए 'शिवाबावनी' में मिलते हैं कि प्रकाशकों ने इस बात का विचार बिना किए ही 'शिवाबावनी' नामक संग्रह प्रकाशित किया कि शिवाबावनी' में शिवाजी की ही प्रशंसा के छंद होने चाहिए।

उस संग्रह के अनंतर सन् १८९३ में 'शिवराजबावनी' के नाम से वही संग्रह दूसरे स्थान से दक्षिण में प्रकाशित हुआ। फिर उत्तर भारत में इसके संस्करण निकलने लगे। मिश्रबंधुओं ने जो 'शिवाबावनी' अपनी भूषण-ग्रंथावली में सबसे पहले छापी उसमें कुछ परिवर्तन कर दिया।

संप्रति 'शिवाबावनी' में सबसे पहला छंद छप्पय है। पुरानी 'शिवाबावनी' में यह छप्पय नहीं है। मिश्रबंधुओं ने 'शिवाबावनी' में जो परिवर्तन किया है उसके फलस्वरूप यह छंद उन्हीं की 'शिवाबावनी' में सबसे पहले रखा गया। 'शिवाबावनी' के आरंभ में कोई मंगलाचरण का छंद नहीं था, इसलिए उन्होंने 'शिवभूषण' से यह छप्पय उठाकर 'शिवाबावनी' के आदि में रख दिया। 'शिवबावनी' का आठवाँ छंद सरदार कवि कृत 'शृंगारसंग्रह' (जिसके अंत में वीररस के छंदों का भी संग्रह है) में 'गंग' कवि के नाम पर दिया हुआ है और 'दानशाह' की प्रशंसा में है—

बाने फहराने घहराने घंटा गजन के, नाहीं ठहराने राव राने देसदेस के।
नग भहराने अरु नगर पराने सुनि, बाजत निसाने दानसाहजू नरेस के।
कुकुभ के कुंजर कसमसाने 'गंग' भनै, भौन के भजाने अलि छूटे लट केस के।
दल के दरारन तें कमठ करारे फूटे, केरा के से पात बिहराने सिर सेस के।

'शिवाबावनी' में दूसरे चरण के उत्तरार्द्ध के स्थान पर 'बाजत निसाने सिवराजजू नरेस के' पाठ है। ध्यान देने की बात है कि इस छंद का जो पाठ 'शिवाबावनी' में गृहीत है उसमें भूषण का नाम भी नहीं है।

इसी प्रकार 'शिवबावनी' का दसवाँ छंद 'ऊँचे घोल मंदिर के अंदर रहनवारी' 'शिवसिंहसरोज' में 'इंदु' कवि के नाम पर दिया हुआ है—

ऊँचे धौल मंदिर के अंबर रहनवाली, ऊँचे धौल मंदिर के अंदर रहाती हैं।
कंदपान भोग करैं कंदपान करैं भोग, तीनि बेर खानवारी बीन बेर खाती हैं।
मैन नारी-सी प्रमान मैन नारी-सी प्रमान, बीजन डुलाती ते वै बीजन डुलाती हैं।
कहै कबि 'इंदु' महाराज आज बैरि-नारि नगन जड़ाती ते वै नगन जड़ाती हैं।

'बावनी' के छंद में मुख्य अंतर यह है कि इसके तृतीय चरण के पूर्वार्द्ध के स्थान पर उसमें 'भूषन सिथिल अंग भूषन सिथिल अंग' है और चौथे चरण के पूर्वार्द्ध के स्थान पर 'भूषन भनत सिवराज बीर तेरे त्रास'।

'बावनी' का उन्नीसवाँ छंद 'डाढ़ी के रखैयन की डाढ़ी सी रहत छाती०' 'शृंगारसंग्रह' में निवाज कवि के नाम पर छत्रसाल की प्रशंसा में मिलता है—

दाढ़ी के रखैयन की डाढ़ी सो रहत छाती, बाढ़ी जग हद्द मरजाद हिंदुआने की।
रैयत के दिल की कसक सब निकसिकै, मिटि गई ठसक तमाम तुरकाने की।
कहत 'नेवाज' दिल्लीपति-दिल धकधकै, धाक सुनि राजा छत्रसाल मरदानेकी।
मोटी भई चंडी बिनचोटी के दलन खाय, छोटी भई संपति चकत्ता के घराने की।

'बावनी' के छंद में 'कहत निवाज' के स्थान पर 'भूषन भनत' और 'छत्रसाल' के स्थान पर 'सिवराज' पाठ है, और कोई विशेष अंतर नहीं।

'बावनी' में एक सवैया 'केतिक देस दले दल के बल०' भी है। ठीक ऐसा ही सवैया दत्त कवि का भी मिलता है। उन्होंने इस छंद के चतुर्थ चरण की समस्या पर कई सवैये लिखे हैं—

केतिक देस जिते दल के बल, चाँपि धराधर चूरिकै नाख्यौ।
रूप गुमान हरयो गुजरात को, सूरत को रस चूसिकै चाख्यौ।
जट्ट की हद्द लिखी कवि दत्त ने झूठ नहीं यह साँच कै भाख्यौ।
है रँग तो सिवराज महाबलि, नौरँग में रँग एक न राख्यौ॥

'बावनी' के छंद से भेद इतना ही है कि प्रथम पंक्ति के 'धराधर' के स्थान पर वहाँ 'दक्षिण' है और तीसरा चरण यों है—

पंजन पेलि मलिच्छ मले सब, सोई बच्यो जिहि दीन ह्वै भाख्यौ।

इस सवैये में 'भूषण' का नाम भी नहीं आया है। 'शिवसिंहसरोज' में यह 'भूषण' के ही नाम पर दिया गया है। 'दत्त' कवि ने इसी छंद की समस्या पर कई सवैये लिखे हैं। बहुत संभव है कि शिवाजी की प्रशंसा में होने के कारण यह 'भूषण' के नाम पर चल पड़ा हो।

औरंगजेब की कुत्सा के निम्नांकित दो छंद शिवाबावनी में क्यों पड़े हैं? पूर्वोक्त प्रकाशकों के कारण—

'किबले के ठौर बाप बादसाह साहजहाँ' और 'हाथतसबीहलिएप्रातउठिबंदगीको'।

कुछ लोग मानते हैं कि ये छंद भूषण के नहीं हैं, किसी ने पीछे से बनाए हैं, जो भूषण के नाम पर चल पड़े हैं। जैसा पहले कहा जा चुका है, बावनी का सर्वप्रथम संग्रह करनेवाले प्रकाशक ने बहुत से छंद भाटों से सुनकर उसमें जोड़ दिए हैं। भाटों की माया में कहाँ तक विश्वास किया जाय।

इसके अतिरिक्त छंद ४८, ४६ साहू की प्रशंसा के हैं। जिस किंवदंती के अनुसार बावनी रची गई उसके अनुसार साहू की प्रशस्ति के छंदों का सुनाना संभव ही नहीं है। 'बावनी' यदि साहूजी को सुनाई गई तो उसे 'शिवाबावनी' न होकर 'साहूबावनी' होना चाहिए था। इस प्रकार की आपत्ति पहले उठाई गई थी। किसी का कहना है कि साहूजी और भूषण मिलकर शिवाजी की पद्धति पर राष्ट्र का संघटन करना चाहते थे, इसलिए शिवाजी की प्रशंसा में भूषण ने समस्त रचना की। यहाँ प्रश्न उठता है कि यदि भूषण ने शिवाजी के आदर्श पर राष्ट्र का संघटन करने के लिए शिवाजी पर समस्त कविता की तो उस कविता में प्रत्यक्ष या परोक्ष रूप में उस आदर्श राष्ट्रसंघटन का कहीं किसी छंद, किसी चरण, किसी शब्द में उल्लेख या संकेत तो होना चाहिए। वह संकेत किसी को इस दोहे में मिला है—

नृप-समाज में आपनी होन बड़ाई काज।
साहितनै सिवराज के करत कबित कबिराज ।।

पता नहीं शिवाजी के आदर्श राष्ट्रसंघटन का संकेत इसमें कहाँ है। अपने 'शिवभूषण' की रचना के संबंध में तो 'भूषण' स्वयम् यह कहते हैं—

देसन देसन तें गुनी, आवत जाचन ताहि।
तिनमें आयो एक कबि, भूषन कहियतु जाहि।

× × ×

सिव-चरित्र लखि यों भयो, कबि भूषन के चित्त।
भाँति भाँति भूषननि सों, भूषित करौं कबित्त।

इसका स्पष्ट अर्थ यही है कि शिवाजी से याचना करने के लिए अनेक देशों से जो गुणी आते हैं उन्हीं में से वह कवि (मैं) भी है जिसे 'भूषण' कहते हैं। शिवाजी के स्थान पर पहुँचकर और शिवाजी के चरित्रों को देखकर भूषण कवि के (मेरे) हृदय में यह बात आई कि वर्तमान समय में प्रचलित अलंकारग्रंथ-रचना की पद्धति का अवलंबन करके मैं भी अनेक प्रकार के अलंकारों से (उस चरित्र को निबद्ध करके) अपनी कविता को भूषित करूँ।

यदि भूषण अपने को साहूजी के दरबार में होते हुए भी शिवाजी के दरबार में होनेवाला कवि नहीं सिद्ध करना चाहते थे तो उन्हें यहाँ पर साहूजी का उल्लेख करने में कोई आपत्ति न होनी चाहिए थी। यदि राष्ट्रसंघटन कोई बहुत गुप्त रहस्य नहीं था तो इस पुस्तक में, इस प्रस्तावना में ही उसका उल्लेख अवश्य किया जाना चाहिए था। दूसरे दोहे में 'लखि' शब्द आया है। यदि साहूजी के समय में भूषण गए थे तो उन्हें यहाँ पर 'सुनि' लिखना चाहिए था।

यदि 'भूषण' साहू के दरबार में गए और शिवाजी की प्रशंसा में राष्ट्र के पुनःसंघटन के विचार से शिवाबावनी तथा अन्य ग्रंथों की रचना की तो 'बावनी' में सुलंकियों की प्रशस्ति के निम्नलिखित प्रतीकवाले छंद क्यों रखे गए हैं—

'बाजि बंब चढ़ो साजि जब कलाँ भूप' तथा
'जा दिन चढ़त दल साजि अवधूतसिंह'

सुलंकियों की प्रशंसा यदि शिवाबावनी में स्वयम् भूषण ने जोड़ी थी तो छत्रसाल की प्रशंसा के छंद भी उसमें रहने चाहिए, कुमाऊँनरेश की प्रशंसा के भी छंद उसमें आने चाहिए।

अनेक तर्कों से इस प्रकार अशुद्ध और अप्रामाणिक बात और पुस्तक को शुद्ध और प्रामाणिक सिद्ध करने की चेष्टा करके सरस्वती-मंदिर में अशांति उत्पन्न करने की अपेक्षा कहीं अच्छा है कि सत्य बात स्वीकार कर ली जाय। 'शिवाबावनी' को व्यर्थ ही प्राचीन काल से प्रचलित सिद्ध करने के लिए

बहुत से तर्क उपस्थित करने होंगे। उसकी अपेक्षा केवल एक ही और सत्य बात स्वीकार कर लेने से सब बातें हल हो जाती हैं। वह एक बात यही है कि सन् १८६० में जो शिवाबावनी सबसे पहले प्रकाशित की गई उसके अनभिज्ञ प्रकाशक की गलती से ये सब अशुद्धियाँ हुई हैं। यदि इधर के संपादकों ने उस अज्ञता का परिष्कार करके अपनी शिवाबावनियाँ छापीं तो उन्होंने प्रशंसा का ही काम किया। इस गाथा से स्पष्ट है कि शिवाबावनी १८६० ई० के पूर्व अस्तित्व में नहीं थीं।

'शिवाबावनी' और 'छत्रसालदशक' का संग्रह सबसे पहले सन् १८६० में भाटिया बुकसेलर्स गोबर्धनदास-लक्ष्मीदास (बंबई) ने ही किया।

छत्रसालदशक का अस्तित्व

'शिवाबावनी' और 'छत्रसालदशक' दोनों ही उनके यहाँ से सन् १८६० में सबसे पहले प्रकाशित हुए हैं, और इन दोनो संग्रहों के लिए उत्तरदायी उक्त प्रकाशक ही हैं। 'शिवाबावनी' का संग्रह तो कुछ भाटों से सुनी-सुनाई कविता और कुछ प्राचीन संग्रहों में मिलनेवाली 'भूषण' की कविता का संकलन करके किया गया है। 'बावनी' नाम रखने के लिए तो उन्होंने 'भूषण' और शिवाजी के संबंध में प्रचलित किंवदंती को आधार बनाया है। पर 'छत्रसाल दशक' के लिए उनके पास कोई आधार ही न था। उन्हें दो संग्रहों में कुछ छंद छत्रसाल की प्रशंसा के मिले, जिन्हें उन्होंने 'भूषण' की रचना समझकर 'दशक' नाम रखकर प्रकाशित कर दिया। इनमें से कुछ छंद 'भूषण' के अवश्य हैं, पर सभी उनके नहीं। यही नहीं, कुछ छंद बूँदी के 'छत्रसाल' की प्रशंसा के भी इस संग्रह में संगृहीत हैं। उक्त प्रकाशकों को इतिहास की बातें ज्ञात न थीं, अतः उन्होंने भूल से ऐसा किया। हिंदी-संसार ने इसकी कोई छान-बीन नहीं की और वह संग्रह ज्यों-का-त्यों बहुत दिनों तक चलता रहा। अब लोगों ने उसमें परिवर्तन करना आरंभ किया है, पर 'छत्रसालदशक' नाम अब तक नहीं हटाया गया। 'बावनी' और 'दशक' का प्राचीन काल में कोई अस्तित्व न था, इसका एक पक्का प्रमाण यह भी है कि इन दोनों पुस्तकों की न तो कोई हस्तलिखित प्रति आज तक मिली और न सन् १८६० के पूर्व इनका किसी पुस्तक में नामोल्लेख ही हुआ।

जब दक्षिण में शिवाजी-संबंधी अन्वेषण पर ऐतिहासिकों का विशेष ध्यान गया तब उन्होंने शिवाजी के दरबारी कवि 'भूषण' की कविता की खोज भी आरंभ की। प्रकाशकों ने 'भूषण' की रचना की माँग देखकर चटपट उक्त संग्रह प्रकाशित कर दिया। 'छत्रसालदशक' के छंद दो पुस्तकों से लिए गए—'शृंगारसंग्रह' और 'शिवसिंहसरोज' से। काशी के प्रसिद्ध कवि और टीकाकार सरदार कवि ने सं० १६०५ में 'शृंगारसंग्रह' समाप्त किया। वह

नवलकिशोर प्रेस से प्रकाशित हो चुका है। यद्यपि इसका नाम 'शृंगारसंग्रह' है और इसमें नायिकाभेद की कविता संगृहीत है तथापि अंत में थोड़ी सी कविता 'मानवी कबित्त' शीर्षक के अंतर्गत वीररस की भी दी गई है। इसमें विभिन्न कवियों द्वारा विभिन्न राजाओं की प्रशस्ति के छंद रखे गए हैं। 'भूषण' की भी पर्याप्त रचना इसमें दी गई है। छत्रसाल की प्रशंसा के कुछ छंद ऐसे भी हैं जिनमें कवि का नाम नहीं है। प्रकाशकों ने इस संग्रह से उन सब छंदों को चुन लिया, जिनमें 'भूषण' का नाम आया है और छत्रसाल की कीर्ति वर्णित है तथा जिनमें किसी कवि का नाम तो नहीं आया पर छत्रसाल की प्रशंसा की गई है और उनका नाम भी आ गया है। इन दूसरे प्रकार के छंदों का संग्रह करने में उन्होंने महेबा और बूँदीवाले छत्रसालों का भेद न जानने के कारण कोई विचार नहीं रखा। परिणाम यह हुआ कि 'छत्रसाल-दशक' में केवल दूसरे कवियों के छंद हीं 'भूषण' के नाम पर नहीं रख दिए गए, बल्कि दूसरे छत्रसाल की प्रशस्ति के छंद भी उन्हीं के नाम पर दे दिए गए। शृंगारसंग्रह में ऐसे केवल सात ही छंद हैं। शेष तीन छंद (कबित्त) 'शिवसिंहसरोज' में 'भूषण' की रचना में दिए हुए रखे गए हैं। इस प्रकार कुल दस ही कबित्त प्रकाशकों को मिले, जिन्हें उन्होंने 'भूषण' का समझा। स्वर्गीय गोविंद गिल्लाभाई के पूछने पर उक्त प्रकाशकों ने बतलाया था कि छत्रसालदशक' का संग्रह हमने इन्हीं दोनो पुस्तकों 'शृंगारसंग्रह' और शिवसिंहसरोज' से किया है। इस बात का उल्लेख भाईजी ने अपने गुजराती शिवराजशतक' की भूमिका में किया है। 'शिवसिंहसरोज' में 'भूषण' कृत छत्रसाल की प्रशंसा के कबित्तों के अतिरिक्त दो दोहे भी थे, उन्हें भी 'छत्र-सालदशक' के आरंभ में रख दिया गया है। इस प्रकार उक्त 'दशक' में दो दोहे और दस कबित्त हैं। कुल बारह छंदों के अनुसार 'छत्रसालद्वादशी' या 'छत्रसालबारही' नाम न रखकर उन्होंने कबित्तों को प्रमुख मानकर 'छत्रसाल-दशक' नाम ही रखा है। इसी 'छत्रसालदशक' को लोग भूषण-कृत संग्रह माने बैठे हैं।

'छत्रसालदशक' के आरंभ में जो दोहे रखे गए हैं वे ये हैं—

इक हाड़ा बूँदी-धनी, मरद गहे करवाल।
सालत औरँगजेब के वे दोनो छतसाल।
ये देखो छत्तापता, वे देखो छतसाल।
ये दिल्ली की ढाल, ये दिल्ली ढाहनवाल।

(शिवसिंहसरोज)

'मरद गहे करवाल' के स्थान पर 'मरद महेबावाल' पाठ भी मिलता है, जो कहीं उत्तम है।

'छत्रसालदशक' का पहला छंद 'शृंगारसंग्रह' के पृष्ठ २६२ पर इस प्रकार दिया हुआ है—

चले चंदबान, धनबान औ कुहूकबान, चलत कमान धूम आसमान छ्वै रहो।
चलीं जमजाढ़ैं बाढ़वारैं तरबारैं जहाँ लोह आँच जेठ को तरनि भान(?)ह्वै रहो।
ऐसे समै फौजैं बिचलाई छत्रसालसिंह अरि से चलाए पाय बीररस च्वै रहो।
हय चले हाथी चले संग छाँडि साथी चले, ऐसी चलाचली में अचल हाड़ा ह्वै रहो।

इस छंद में बूँदी के हाड़ा छत्रसाल की युद्धवीरता का वर्णन है। इसमें किसी कवि का नाम नहीं। प्रकाशकों ने भ्रम से इसे 'भूषण' का और महेबावाले छत्रसाल की प्रशंसा का समझकर संगृहीत कर दिया। यदि प्रकाशकों ने ध्यान से 'शिवसिंहसरोज' की छान-बीन की होती तो उन्हें यही छंद 'सरोज' में दूसरे कवि के नाम पर मिल गया होता। 'सरोज' के पृ० २४७ पर यही छंद 'मुकुंदसिंह' कवि के नाम पर इस प्रकार दिया हुआ है—

छूटे चंद्रबान भले बान औ कुहुकबान छूटत कमान जिमि आसमान छ्वै रह्यो।
छूटैं ऊँटनालैं जमनालैं हाथनालैं छूटै, तेगन को तेज सो तरनि जिमि ह्वै रह्यो।
ऐसे हाथ हाथन चलाइ कै 'मुकुंदसिंह' अरि के चलाइ पाइ बीररस च्वै रह्यो।
हय चले,हाथी चले,संग छोड़ि साथी चले,ऐसी चलाचल में अचल हाड़ा ह्वै रह्यो।

'मुकुंदसिंह' का परिचय 'सरोज' में इस प्रकार दिया गया है—

'मुकुंदसिंह हाड़ा, महाराजा कोटा, सं० १६३५ में उ०। ये महाराज शाहजहाँ बादशाह के बड़े सहायक और कविता में महानिपुण व कवि-कोविदों के चाहक थे।'

'दशक' का दूसरा छंद लीजिए। यह 'शृंगारसंग्रह' के पृष्ठ २६५ पर इस प्रकार मिलता है—

दारा साहि औरँग जुरे हैं दोउ दिल्लीदल एकै गए भाजि एकै गए रुँधि चाल में।
बाजी कर कोऊ दगाबाजी करि राखी जिहि, कैसहूँ प्रकार प्रान बचत न काल में।
हाथी तें उतरि हाड़ा जूझो लोह-लंगर दै एती लाज कामें जेती लाज छत्रसाल में।
तन तरवारिन में मन परमेस्वर में प्रन स्वामिकारज में माथो हरमाल में।

तीसरे चरण का उत्तरार्ध यों भी मिलता है—'एती लाज कामें जेती 'लाल' छत्रसाल में'।

'शृंगारसंग्रह' के ऊपर उद्धृत छंद में किसी कवि का नाम नहीं है, पर छत्रसाल नाम है। प्रकाशकों ने इसे भी 'भूषण' का मान लिया है। पर यही छंद 'सरोज' के पृष्ठ ३०२ पर 'लाल' कवि के नाम पर इस प्रकार दिया हुआ है—

दारा और औरँग लरे हैं दोऊ दिल्ली बीच एकै भाजि गए एकै मारे गए चाल में।
बाजी दगाबाजी करि जीवन न राखत हैं जीवन बचाए ऐसे महाप्रलै-काल में।

हाथी तें उतरि हाड़ा लरचो हथियार लैकै, कहै 'लाल' बीरता बिराजे छत्रसाल में।
तन तरवारिन में मन परमेस्वर में पन स्वामिकारज में माथो हरमाल में।

इन 'लाल' कवि का परिचय 'सरोज' में इस प्रकार दिया गया है—'यह कवि राजा छत्रसाल हाड़ा कोटा-बूँदीवाले के यहाँ थे। जिस समय दाराशिकोह और औरँगजेब फतूहा में लड़े हैं और छत्रसाल मारे गए, उस समय यह कवि उस युद्ध में मौजूद थे। इनका बनाया हुआ 'विष्णुविलास' नामक ग्रंथ नायिकाभेद का अति विचित्र है।' (पृष्ठ ४८६)

इस प्रकार प्रमाणित हो जाता है कि उक्त छंद भूषण का नहीं, 'लाल' कवि का है।

'दशक' का तीसरा छंद 'शृंगारसंग्रह' के पृ० २६६ पर इस प्रकार मिलता है—

निकसत म्यान तें मयूखैं प्रलैभानु की सी फारैं तमतोम से गयंदन के जाल को।
लाल औनिपाल छत्रसाल रनरंगी बीर कहाँ लौं बखान करौं तेरी करवाल को।
प्रतिभट कटक कटीले केते काटि काटि, कालिका सी किलकि कलेवा देति काल को
लागति लपकि कंठ बैरिन के बाड़व सी रुद्र को रिझावै दै-दै मुंडन की माल को।

यद्यपि इस छंद में कवि का नाम 'लाल' पड़ा हुआ है तथापि प्रकाशकों ने उसे नहीं समझा और भूषण का छंद मानकर इसे 'दशक' में रख दिया। मिश्रबंधुओं ने भी 'लाल' पर यह टिप्पणी दी है—'छंद नंबर ३ में उन्होंने 'छत्रसाल' को 'लाल छितिपाल' क्या ही ठीक कहा है! क्योंकि उन महाराज की अवस्था उस समय २४-२५ साल की थी।'

ये 'लाल कवि' बूँदीवाले लाल कवि से भिन्न थे। इन्होंने महेबावाले छत्रसाल का जीवनवृत्त अपने 'छत्रप्रकाश' नामक ग्रंथ में विस्तार से दिया है।

'दशक' का चौथा छंद 'भुज भुजगेस की वै संगिनी' 'शिवसिंहसरोज' में भूषण के नाम पर दिया गया है। भूषण के नाम पर जितने छंद मिलते हैं उनमें महेबावाले छत्रसाल का कुछ-न-कुछ अभिज्ञान स्पष्ट मिलता है। कहीं 'चंपति के', कहीं 'महेवा-महिपाल', कहीं 'बुंदेला' कहकर उन्होंने उन्हें व्यक्त किया है।

'दशक' का पाँचवाँ कबित्त 'रैयाराव चंपति को चढ़ो छत्रसालसिंह' शृंगारसंग्रह के पृष्ठ २६८ पर मिलता है। संयोग से 'छत्रसाल' की प्रशंसा का भूषण-कृत जो छंद 'शृंगारसंग्रह' में है वह 'सरोज' में भूषण के प्रकरण में नहीं है और जो 'सरोज' में है वह 'संग्रह' में नहीं।

छठा कबित्त 'अत्र गहि छत्रसाल खिजो खेत बेतवै के' 'शृंगारसंग्रह' के पुष्ठ २६१ पर दिया गया है। यह छंद केवल 'शृंगारसंग्रह' में है, 'सरोज' में नहीं। सातवाँ छंद 'हैबर हरट्ट साजि गैबर गरट्ट सम' 'शृंगारसंग्रह' के पृष्ठ

२६२ पर दिया गया है। यह कबित्त भी केवल 'संग्रह' में है, 'सरोज' में नहीं।

आठवाँ छंद 'चाकचक चमू के अचाकचक चहूँ ओर' 'शिवसिंहसरोज' के पृष्ठ २४० पर दिया गया है। यह कबित्त 'संग्रह' में नहीं है।

'दशक' का नवाँ कबित्त 'शृंगारसंग्रह' के पृष्ठ २७२ पर इस प्रकार मिलता है—

कीबे के समान प्रभु ढूँढ़ देख्यो आन पै निदान दान-युद्ध में न कोऊ ठहरात हैं।
पंचम प्रचंड भुजदंड को बखान सुनि भाजिबे को पक्षी लौं पठान थहरात हैं।
संका मानि सूखत अमीर दिल्लीवारे जब चंपति के नंद के नगारे घहरात हैं।
चहूँ ओर चकित चकत्ता के दलन पर छत्ता के प्रताप के पताके फहरात हैं।

इस कबित्त में 'भूषण' का नाम नहीं आया है। यह उन्हीं छत्रसाल की प्रशस्ति में है जिनकी कई छंदों में प्रशंसा 'भूषण' ने की है। पर यही छंद 'शिवसिंहसरोज' के पृष्ठ १९० पर 'पंचम कवि प्राचीन' के नाम पर इस प्रकार मिलता है—

कीबे को समान ढूँढ़ि देखे प्रभु आन ये निदान दान-जूझ में न कोऊ ठहरात हैं।
'पंचम' प्रचंड भुजदंड के बखान सुनि भागिबे को पच्छी लौं पठान थहरात हैं।
संका मानि काँपत अमीर दिल्लीवाले जब चंपति के नंद के नगारें घहरात हैं।
चहूँ ओर कत्ता के चकत्ता दल ऊपर सु, छत्ता के प्रताप के पताके फहरात हैं।

'पंचम' कवि का परिचय 'सरोज' मे यों दिया गया है—'पंचम कवि प्राचीन (१) बंदीजन बुँदेलखंडी, सं० १७३५ में उ०। महाराज छत्रसाल बुँदेला के यहाँ थे।'

इस छंद में भूषण का नाम नहीं है फिर भी यह भूषण का माना गया है और 'पंचम" शब्द की विधि यों मिलाई गई है—'पंचमसिंह बुँदेलों के पूर्व पुरुषा थे। महाराज बुँदेल (जो बुँदेलों के पुरुषा थे) इनके पुत्र थे। पंचमसिंह बड़े प्रतापी और देवी के भक्त थे।'—मिश्रबंधु।

'छत्रसालदशक' का दसवाँ कबित्त साहूजी और छत्रसाल दोनो की प्रशंसा करता है और भूषण का ही बनाया हुआ है। 'छत्रसालदशक' में उचित यह होता कि केवल छत्रसाल की ही स्वतंत्र प्रशंसा के छंद रखे जाते, पर प्रकाशकों ने इसका विचार न करके 'दशक' की पूर्ति करने के लिए उसे भी रख दिया। यह कबित्त 'शिवसिंहसरोज' में इस प्रकार मिलता है—

राजत अखंड तेज छाजत सुजस बड़ो गाजत गयंद दिग्गजन हिए साल को।
जाके परताप सों मलिन आफताब होत, ताप तजि दुज्जन करत बहु ख्याल को।
साजि-साजि गज तुरी कोतल कतारि दीन्हें, भूषन भनत ऐसो दीन-प्रतिपाल को।
और राव-राजा एक मन में न लाऊँ अब साहू को सराहौं की सराहौं छत्रसाल को।

इस प्रकार दशक में आए केवल छह कबित्त भूषण के हैं, जिनमें से एक कबित्त छत्रसाल की स्वतंत्र प्रशंसा करनेवाला नहीं है। शेष चार कबित्त अन्य कवियों के हैं। उनमें भूषण का नाम कहीं नहीं, पर जो कबित्त भूषण के हैं उनमें उनका नाम आया है। जिनमें उनका नाम नहीं वे दूसरे कवियों के नाम पर मिलते हैं। आरंभ के दोहे भी संदिग्ध हैं। इस प्रकार की अप्रामाणिक पुस्तक हिंदी-संसार में भूषण के नाम पर चलती रहे यह कितने दुःख की बात है। असल में भूषण के नाम पर किया हुआ यह वैसा ही संग्रह है जैसे संग्रह तुलसी, सूर आदि के नाम पर आज दिन निकल रहे हैं। तुलसी, सूर आदि के संग्रह तो कुछ ठिकाने के हैं पर भूषण का यह संग्रह भ्रांतियों से भरा है। हिंदी से अनभिज्ञ प्रकाशक जो भ्रांति कर बैठे उसे हिंदी-संसार धोखे में पड़कर बहुत दिनों तक ढोता चले यह अच्छा नहीं। अतः अब भूषण-ग्रंथावलियों और 'साहित्य के इतिहासों' से 'छत्रसालदशक' का नाम हटना चाहिए, क्योंकि सन् १८६० के पूर्व इसका कोई अस्तित्व नहीं था।

जीवनवृत्त

'शिवसिंहसरोज' में भूषण का यह वृत्त दिया गया है—'भूषण त्रिपाठी टिकमापुर जिले कानपुर सं० १७३८ में उ०। रौद्र, बीर, भयानक ये तीनो रस जैसे इनकी काव्य में हैं ऐसे और कवि लोगों की कविता में नहीं पाए जाते ये महाराज प्रथम राजा छत्रसाल परना नरेश के इहाँ छह महीने तक रहे तेहि पीछे महाराज शिवराज सुलंकी सितारागढ़वाले के यहाँ जाय बड़ा मान पाया औ जब यह कबित्त भूषणजी ने पढ़ा (इंद्र जिमि जंभ पर) तब शिवराज ने पाँच हाथी और २५ हजार रुपया इनाम दिया इसी प्रकार से भूषण ने बहुत बार बहुत बहुत रुपया हाथी घोड़ा पालकी इत्यादि दान में पाए ऐसे ऐसे शिवराज के कबित्त बनाए हैं जिनकी बराबर किसी कवि ने वीरयश नहीं बनाय पाया निदान जब भूषण अपने घर क चले तो परना होकर राजा छत्रशाल से मिले छत्रशाल ने बिचारा अब त शिवराज ने इनको ऐसा कुछ धनधान्य दिया है कि हम उसका दशवाँ हिस्सा भी नहीं दे सक्ते ऐसा शोच विचार कर चलते समय भूषण की पालकी का बाँस अपने कंधे पर धर लिया ब्राह्मण कोमल हृदय तो होते ही हैं भूषणजी ने बहुत प्रसन्न ह्वै यह कबित्त पढ़ा ॥ साहू को सराहौं की सराहौं छत्रसाल को ॥ औ दूसरा यह कबित्त बनाया ॥ तेरी बरछी ने बर छीने हैं खलन के ॥ औ दो दोहा बनाय छत्रसाल को दे आप घर में आए ॥ दोहा ॥ यक हाड़ा··· ढाहनवाल २॥ भूषनजी थोड़े दिन घर में रह बहुत देशांतरों में घूमि घूमि रजवारों में शिवराज का यश प्रगट करते रहे जब कुमाऊँ में जाय राजा कुमाऊँ के यश में यह कबित्त पढ़ा ॥ उलदत मद अनुमद ज्यों जलधि जल ॥

तब राजा ने सोचा कि ये कुछ दान लेने आए हैं औ हमने जो सुना था कि शिवराज ने लाखों रुपया इनको दिया सो सब झूँठ है ऐसा बिचारि हाथी घोड़े मुद्रा बहुत कुछ भूषण के आगे किया भूषणजी बोले इसकी अब भूख नहीं हम इसलिए इहाँ आए थे कि देखैं शिवराज का यश इहाँ तक फैला है या नहीं।……॥'

चिंतामणि के संबंध में लिखते हुए उन्होंने इनके वृत्त से संबद्ध बातें भी कही हैं अतः उनका भी पूरा वृत्त नीचे उद्धृत है—'चिंतामणि त्रिपाठी टिकमापुर जिले कानपुरवाले सं० १७२९ में उ० ये महाराज भाषासाहित्य के आचार्यों में गिने जाते हैं अंतरवेदि में विदित है कि इनके पिता दुर्गापाठ करने नित्य देवीजी के अस्थान में जाते थे वै देवीजी बन की भुइआँ कहाती हैं टिकमापुर से एक मैल के अंतर पर हैं एक दिन महाराज राजेश्वरी भगवती प्रसन्न ह्वै चारि मुंड दिखाय बोली यही चारों तेरे पुत्र होंगे निदान ऐसा ही हुवा कि चिंतामणि १ भूषण २ मतिराम ३ जटाशंकर या नीलकंठ चारि पुत्र उत्पन्न हुए इनमें केवल नीलकंठ महाराज तो एक सिद्ध के आशीर्वाद से कवि हुए शेष तीनों भाई संस्कृत काव्य को पढ़ि ऐसे पंडित हुए कि उनका नाम प्रलय तक बाकी रहैगा इन्हीं के वंश में शीतल औ बिहारीलाल कवि जिनका लाल भोग है संवत् १९०१ तक विद्यमान थे निदान चिंतामणि महाराज बहुत दिन तक नागपुर में सूर्यवंशी भोसला मकरंदशाह के इहाँ रहे औ उन्हीं के नाम छंदविचार नाम पिंगल १ बहुत भारी ग्रंथ बनाया औ काव्यविवेक २ कबिकुलकल्पतरु ३ काव्यप्रकाश ४ रामायण ५ ये पाँच ग्रंथ इनके बनाए हुए हमारे पुस्तकालय में मौजूद हैं इनकी बनाई रामायण कबित्त औ नाना अन्य छंदों में बहुत अपूर्व है बाबू रुद्रसाहि सुलंकी और साहजहाँ बादशाह और जैनदी अहमद ने इनको बहुत दान दिए हैं इन्होंने अपने ग्रंथों में कहीं कहीं अपना नाम मणिलाल करिके कहा है॥'

अन्य दोनों भाइयों के वृत्त भी जो वहीं दिए हैं ज्यों के त्यों उदधृत किए जाते हैं—

'नीलकंठ त्रिपाठी टिकमापूरवाले मतिराम के भाई सं० १७३० में उ०। इनका कोई ग्रंथ हमने नहीं देखा॥'

'मतिराम त्रिपाठी टिकमापुर जिले कानपुर के सं० १७३८ में उ०। ये महाराज भाषाकाव्य के आचार्यों में गिने जाते हैं हिंदुस्तान में बहुधा बड़े राजों महाराजों के इहाँ थोरे थोरे दिन रहे औ राजा उदोतचंद कुमाऊँ नरेश औ भाऊसिंह हाड़ा छत्रसाल राजा कोटा बूंदी औ शंभुनाथ सुलंकी इत्यादि के इहाँ बहुत दिनों तक रहे ललितललाम अलंकारग्रंथ राव भाऊसिंह कोटा

वाले के नाम से बनाया औ छंदसारपिंगल फतेसाहि बुंदेला श्रीनगर के नाम से रचा और रसराज ग्रंथ नायकाभेद का बहुत सुंदर बनाया है ।।'

ऊपर के उद्धरण इस उद्देश्य से भी दिए गए हैं कि शिवसिंहसरोज में अटकल-पच्चू बहुत सी बातें लिखी हैं—'शिवराज' का 'सुलंकी' कहना आदि।

अब स्वयम् भूषण के शिवभूषण में जो वृत्त दिया है उसका विचार करना चाहिए। उन्होंने लिखा है—

द्विज कनोज कुल कस्यपी रतनाकरसुत धीर।
बसत त्रिबिक्रमपुर सदा तरनितनूजातीर ।।—(काशिराज)

ये कान्यकुब्ज ब्राह्मण थे, कश्यप गोत्र के थे और 'रत्नाकर' के पुत्र थे तथा यमुना के किनारे त्रिविक्रमपुर (तिकवाँपुर) में रहते थे। किंतु इसी दोहे का सं० १८१८ वाली प्रति में दूसरा ही पाठ है—

द्विज कनोज कुल कस्यपी रतिनाथ को कुमार।
बसत त्रिबिक्रमपुर सदा जमुनाकंठ सुठार।

इस दोहे के अनुसार इनके पिता का नाम रतिनाथ था। मतिराम के पिता का नाम भी रतिनाथ था, ऐसा मतिराम के वंशजों के परिचय से पता चलता है।

सं० १८६६ में मतिरामजी के वंशज शिवसहाय तिवारी आदि मथुरा की तीर्थयात्रा करने गए थे। प्रचलित प्रथानुसार उन्होंने चौवों की बही (कन्हैयालाल छगनलाल, मानिक चौक, मथुरा—भूषण और मतिराम कनौजियों के मुट्ठे) में अपना वंशपरिचय भी अपने का बंधुत्व ही हाथों से लिखा है। इस परिचय की प्रतिलिपि पं० जवाहरलालजी चतुर्वेदी ने कृपापूर्वक बहुत दिन हुए मेरे पास भेजा थी। उसे मैं यहाँ उद्धृत करता हूँ—

'शिवसहाय, श्रीभाई बिहारीलाल तथा शिवगुलाम तथा रामदीन। बैजनाथ के बेटा दुइ, शिवसहाय व रामदीन, सीतलजू के बेटा दुइ, बिहारीलाल व शिवगुलाम। जगन्नाथ के नाती, मतिराम कवि के पंती, रतिनाथ के परपंती। शिवसहाय के बेटा गयादत्त, रामदीन के बेटा दुइ प्रागदत्त व नंदकिसोर, बिहारीलाल के बेटा काशीदत्त, शिवगुलाम के बेटा शिवराखन। तिवारी गूदरपुर के, सुखवास तिकवाँपुर परः बीरबलक अकबरपुर, म० गूदरपुर पट्टी सुराजपुर। सं० १८६६ भादों सु० ८।'

इससे यदि वंशवृक्ष बनाएँ तो यों होगा—

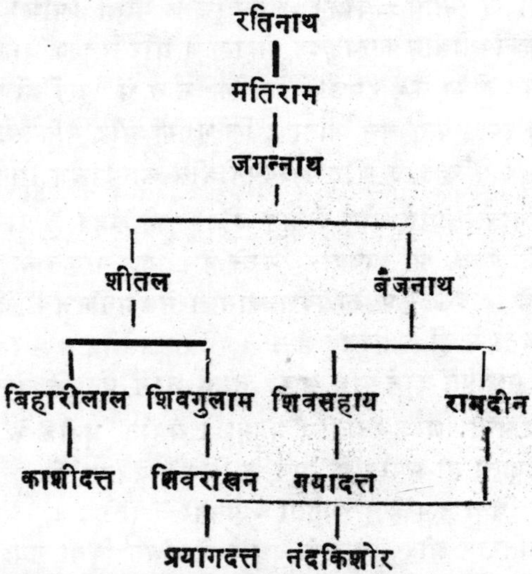

इस वंश-परिचय से पता चलता है कि मतिराम रतिनाथ के पुत्र थे और उनके पु॰ जगन्नाथ, जगन्नाथ के पुत्र शीतल और शीतल के पुत्र बिहारीलाल थे। ये लोग गूदरपुर के तिवारी (कान्यकुब्ज) थे। तिकवाँपुर (त्रिविक्रमपुर) में सुखवास करते थे। इसी वंश में श्रीबिहारीलाल बड़े अच्छे काव्यमर्मज्ञ हुए हैं। उन्होंने प्रसिद्ध विक्रमसतसई पर टीका लिखी है। उस टीका में उन्होंने जो अपना परिचय दिया है वह इस वंशवृक्ष से बिलकुल मिल जाता है। देखिए—

बसत त्रिविक्रमपुर नगर. कालिंदी के तीर।
बिरच्यो भूप हमीर जनु, मध्यदेस को हीर॥
भूषन चिंतामनि तहाँ, कबि भूषन मतिराम।
नृप हमीर सनमान तें, कीन्हें निज निज धाम॥
है पंती मतिराम के, सुकबि बिहारीलाल।
जगन्नाथ नाती विदित, सीतल-सुत सुभ चाल॥
कस्यप बंस कनौजिया, बिदित त्रिपाठी गोत।
कबिराजन क वृंद में, कोबिद सुमति उदोत॥

—रसचंद्रिका टीका

इस टीका का निर्माण-काल भी इस प्रकार दिया गया है—

२ ७ ८ १

दृग मुनि बसु ससि बर्ष में, सिद्धि सोम मधु मास।

ऊपर के उदाहरण से सिद्ध है कि बिहारीलाल त्रिविक्रमपुर (तिकवाँपुर) में यमुना के किनारे रहते थे। इस नगर में भूषण, चिंतामणि और मतिराम ने

किसी हमीरनरेश की कृपा से अपने अपने घर बनवाए थे। बिहारीलालजी मतिराम के पंती (पनाती = पौत्र), जगन्नाथ के नाती (पौत्र) और शीतल के पुत्र थे। वे कश्यपगोत्रीय कान्यकुब्ज ब्राह्मण थे और उनका आस्पद 'त्रिपाठी' था। उन्होंने यह टीका सं० १८७२ के चैत्र मास में पूर्ण की थी। सबका मिलान करने से स्पष्ट पता चल जाता है कि भूषण और मतिराम रतिनाथ के पुत्र थे, तिकवाँपुर में रहते थे और काश्यपगोत्रीय कान्यकुब्ज त्रिपाठी थे।

पछाँह में 'नाती' पौत्र और दौहित्र दोनों को कहते हैं और 'पोता' के स्थान पर 'नाती' शब्द का व्यवहार करते हैं। यह संस्कृत के 'नप्ता' शब्द का विकृत रूप है। इसका प्रयोग केशवदासजी ने अपने ग्रंथों में किया है। सरस्वती की वंदना में ही वे लिखते हैं—

पति बरनै चार मुख पूत बरनै पाँच मुख, नाती बरनै षटमुख तदपि नई नई।

ठीक इसी प्रकार पंती शब्द पनाती (प्रनप्ता) अर्थात् प्रपौत्र के लिए चलता है। परपंती छनाती या प्रपौत्र के पुत्र के लिए व्यवहृत होता है। 'पंती' 'पनाती' का ही घिसा रूप है (पनाती = पनती = पंती)।

फिर भी मतिराम और भूषण के बंधुत्व में संशय किया गया है और हेतु दिया गया है कि मतिराम 'वृत्तकौमुदी' के कर्ता हैं और उसमें रचयिता ने अपना परिचय इस प्रकार दिया है—

तिरपाठी बनपुर बसैं, बत्सगोत्र सुठि गेह।
बिबुध चक्रमनि पुत्र तहँ, गिरिधर गिरिबर देह॥
भूमिदेव बलभद्र हुअ, तिनहिं तनुज मुनि-गान।
मंडित पंडित-मंडली, मंडन मही महान॥
तिनके तनय उदारमति, बिस्वनाथ हुव नाम।
दुतिधर श्रुतिधर को अनुज, सकल गुननि को धाम॥
तासु पुत्र मतिराम कबि, निज मति के अनुसार।
सिंह स्वरूप सुजान को, बरन्यो सुजस अपार॥

इसके अनुसार 'वृत्तकौमुदी' वाले मतिराम का वंशवृक्ष यों होगा—

चक्रमणि
|
गिरिधर
|
बलभद्र
|
द्युतिधर — श्रुतिधर — विश्वनाथ
विश्वनाथ
|
मतिराम

इस कथन के अनुसार 'वृत्तकौमुदी' के रचयिता त्रिपाठी थे, वनपुर में बसते थे। उनका गोत्र वत्स था। उन्होंने स्वरूपसिंह के यश का वर्णन किया है। अब आश्रयदाताओं के सन्-संवतों की कहीं शिखा और कहीं पाद पकड़ कर पूर्ववर्ती मतिराम को (जो वस्तुतः भूषण के भाई थे) भूषण का समसामयिक होने से पृथक् कर दिया गया। फिर 'वृत्तकौमुदी' का उद्धरण देकर यह दिखलाया गया कि भूषण के समसामयिक होने की संभावना जिन मतिराम के संबंध में की जा सकती है वे तो भाई हो ही नहीं सकते, क्योंकि भूषण कश्यपगोत्रीय थे और ये मतिराम वत्सगोत्रीय। ये तिकवाँपुर में रहते थे और वे वनपुर में। वे रत्नाकर (रतिनाथ) के पुत्र थे और ये विश्वनाथ के।

मतिराम के वर्तमान वंशजों को 'वृत्तकौमुदी' वाले मतिराम का वंशज सिद्ध करने का प्रयास किया गया। मतिराम के वर्तमान वंशज 'तिकमापुर के समीप संजेती और बाँद नामक गाँवों (जिला कानपुर) में रहते हैं। वे सब अपने को कश्यपगोत्रीय बछई के तिवारी कहते हैं। उनके यहाँ से जो कान्यकुब्ज वंशावली प्राप्त हुई है उसमें भी बछई के तिवारी कश्यप गोत्र के अंतर्गत हैं। इससे स्पष्ट है कि मतिराम और उनके वंशज वास्तव में कश्यपगोत्रीय हैं।'

यहाँ तक तो ठीक है। पर इसके आगे—'इस दशा में फिर यह प्रश्न होता है कि मतिराम ने कश्यपगोत्री होते हुए भी अपने को वत्सगोत्री क्यों लिखा ? इसका कारण यही प्रतीत होता है कि बछई 'वत्स' का अपभ्रंश रूप है, अतः उन्होंने 'बछई' को 'वत्स' रूप देकर अपने को शुद्ध और परिष्कृत रूप में लाने का प्रयत्न किया है। कान्यकुब्जों में आज भी निम्नकोटि के कनौजिया उच्च वंश में होने के लिए आस्पद और गोत्र बदलते हैं। मतिराम में भी संभवतः यही भावना काम करती हुई प्रतीत होती है।' पर कान्यकुब्ज-वंशावलियाँ बतलाती हैं कि कश्यप गोत्रवाले ऊँचे होते हैं और वत्स गोत्र वाले नीचे। प्रमाण लीजिए। कान्यकुब्जों में १६ गोत्र होते हैं जिनमें ६ गोत्र वाले उत्तम और षट्कुलवाले कहलाते हैं तथा १० गोत्र वाले निकृष्ट या धाकर कहलाते हैं—

'अथ गोत्राणि वक्ष्यामि कान्यकुब्जद्विजन्मनाम्' इत्यादि—कान्यकुब्ज वंशावली खेमराज।

इसके अनुसार कान्यकुब्जों के १६ गोत्र ये हुए—कश्यप, भरद्वाज, शांडिल्य, सांकृत, कात्यायन, उपमन्यु, काश्यप, धनंजय, कविस्त, गौतम, गर्ग, भारद्वाज, कौशिक, वसिष्ठ, वत्स, पाराशर। इनमें से आदि के ६ अर्थात् कश्यप, भरद्वाज, शांडिल्य, सांकृत, कात्यायन और उपमन्यु गोत्र वाले उत्तम कान्यकुब्ज या षट्कुलवाले कहलाते हैं और अंत के दश गोत्रवाले (काश्यप से पाराशर तक) धाकर या निकृष्ट। अब अल्पातिअल्प बुद्धि रखनेवाला भी

समझ सकता है कि कश्यप गोत्र वाले उत्तम कुल के मतिराम को अपनी उच्चता के लिए वत्सगोत्रीय बनने की कोई आवश्यकता न थी।

ऊपर शिवसहाय तिवारी का जो वंशवृक्ष दिया गया है उसमें उन्होंने अपने को गूदरपुर का तिवारी लिखा है और मतिराम के वर्तमान वंशज अपने को बछई का तिवारी कहते हैं। ये दोनो भी एक ही हैं। कान्यकुब्जों में गोत्र के अनुसार प्रसिद्धि नहीं होती, स्थान और पुरुषों के नाम से अपना परिचय दिया जाता है। 'गूदरपुर' पुरुषों का मूल निवासस्थान है और 'बछई' पुरुषा का नाम है। प्रमाण लीजिए। कश्यप वंश (गोत्र) का वर्णन वंशावली में यों मिलता है—

'ब्रह्मा के पुत्र मारीच, मारीच के पुत्र कश्यप, कश्यप के पुत्र देवल, देवल के आशादत्त। आशादत्त से १०॥ साढ़े दश घर भए। तिनकी व्याख्या काश्मीरवासी आशादत्तजी प्रथम भदावर में आए। भदौरिया राजा ने उक्त पंडितजी का बड़ा आदर किया फिर वहाँ से शिवराजपुर में आए और शिवराजपुर के पुरोहित भए। आशादत्त के दश पुत्र बड़े प्रतापी हुए, उन्होंने अपने अपने नाम के ग्राम बसाए यथा—शिवबली, शिवराज, मनु, गुरुदयाल, वरुण, हरिवंश, प्रचारक, निमिस, सखरेज।'

× × ×

'आशादत्त के दश पुत्र हुए। तिन्हीं पुत्रों ने अपने अपने नाम से दश ग्राम बसाए—जैसे गुरुदत्त (गुरुदयाल) जी ने गूदरपुर, मनु ने मनोह, सखरेज ने सखरेज, वरुण ने वरुआ, हरिवंश ने हरिवंशपुर, शिवबली ने शिवली, आदि आदि।'

—कान्यकुब्जवंशावली (लीथो, कान्यकुब्ज यंत्रालय)।

इससे सिद्ध है कि गुरुदयाल या गुरुदत्तजी ने जो ग्राम बसाया वह गुरुदयालपुर या गुरुदत्तपुर कहलाया जिसका अपभ्रष्ट रूप गूदरपुर है। इन्हीं गूदरपुर के तिवारियों का व्यौरा वंशावलियों में इस प्रकार है—

१—'गूदरपुर में चंदन त्रिपाठी के पुत्र ३—कंधई १, बछई २, भवदास ३।'

—वंशावली (लीथो, काशीप्रकाश यंत्रालय)।

२—'अथ गुरुदत्त के स्थान गूदरपुर का व्यौरा। गुरुदत्त के चंदन त्रिपाठी। तिनके तीनि पुत्र—कन्हई १, वक्षस्थराज २, भवशर्मा ३।'

—कान्यकुब्ज-वंशावली (लीथो, कान्यकुब्ज यंत्रालय)

इससे पता चला कि गूदरपुर के तिवारियों के तीन पुरुषा हैं—कन्हई, बछई और भवदास या भवशर्मा। इन तीनो के नाम पर उनके वंशज कन्हई के तिवारी, बछई के तिवारी और भवदास के तिवारी भी कहलाते हैं। अतः यदि मतिराम के वंशज अपने को 'बछई के तिवारी' कहते हैं तो वे अपने

'पुरखा' के नाम पर अपने को ऐसा बतलाते हैं। वे गूदरपुर के तिवारी हैं और बछई के वंश में हैं। इसका ठीक तात्पर्य यही है।

'बछई' शब्द इस प्रकार 'वत्स' (गोत्र) का अपभ्रंश न होकर 'वक्ष-स्थराज' का अपभ्रंश है। अतः सिद्ध हुआ कि तिकवाँपुरवाले मतिराम वत्स-गोत्रीय न होकर कश्यपगोत्रीय ही थे और गूदरपुर के तिवारी थे तथा बछई के वंश में थे। उन्होंने अपने को उच्च कुल का सिद्ध करने के लिए कभी उलटी गंगा नहीं बहाई। उन्होंने अपने वंश या आस्पद का परिष्कार या संस्कार कभी नहीं किया।

'भूषण' कवि का उपनाम है। इसका संकेत 'शिवभूषण' के इस दोहे से मिलता है—

कुल सुलंक चितकूटपति, साहस - सील - समुद्र।
कवि भूषन पदवी दई, हृदयराम सुतरुद्र।

इसमें कहा गया है कि हृदयराम ने 'कवि भूषण' की उपाधि दी। यदि 'भूषण' कवि का नाम ही माना जाय तो यह अर्थ करना होगा कि हृदय-राम ने कहा कि 'आप भूषण हैं, कवियों में भूषण हैं'। ऐसा अर्थ लग सकता है, पर उसमें इस प्रकार के उल्लेख के योग्य चमत्कार कम ही मानना पड़ेगा। इसी से भूषण के असल नाम की खोज होने लगी। सबसे पहले यह घोषणा की गई कि इनका नाम 'पतिराम' था (विशाल भारत, श्रावण, १९८७ वि०)। यह नाम उनके भाई 'मतिराम' के वजन पर था। पर भाट को धोखा 'मतिराम' के 'म' को 'प' पढ़ने-समझने से हुआ। फिर दूसरे महाशय ने खोज की कि 'पतिराम' नहीं 'मनिराम' नाम था। यहाँ भी 'मतिराम' के 'त' ने 'न' बनकर या लक्षित होकर भ्रम में डाला। ये महाशय लिखते हैं कि 'कुमाऊँ के इतिहास (पृष्ठ ३०३) में लिखा है—'सितारागढ़ नरेश साहू महाराज के राजकवि 'मनिराम' राजा के पास अलमोड़ा आए थे।' इसके अनंतर यह कबित्त उद्धृत है—

भूषण का नाम

पुराण पुरुष के परम दृग दोउ अहैं, .. कहत बेद बानी यों पढ़ गई।
ये दिवसपति वे निसाप्रति जोतकर हैं, काहू की बढ़ाई बढ़ाए ते न बढ़ गई।
सूरज के घर में करन महादानी भयो, यहै सोच समुझि चितै चिता मढ़ि गई।
अब तोहि राज बैठत उदोतचंद चंद के करों की किरक करेजे सों कढ़ि गई।

उक्त कबित्त की पहली पंक्ति के उत्तरार्द्ध के आदि में तीन अक्षर कम पड़ते हैं। उन महाशय का कहना है कि यहाँ भूषण नाम था जो छूट गया है। किंतु वे यदि 'शिवसिंहसरोज' में मतिराम के नाम पर उद्धृत कविता का अवलोकन कर लेते तो यही कबित्त उन्हें वहाँ इस रूप में मिल जाता—

पूरन पुरुष के परम दग दोउ जानि, कहत पुरान बेद बानि जोरि रढ़ि गई।
कवि मतिराम दिनपति जो निशापति जो दुहुनकी कीरति दिसन माँझि मढ़ि गई।
रवि के करुण भए एक महादानि यह जानि जिय आनि चिंता चित्तमाझ चढ़ि दई।
तोहि राज बैठत कुमाऊँ श्रीउदोतचंद, चंद्रमा की करक करेजहू तें कढ़ि गई।

इतिहासकार को धोखा हो गया, भूषण की कथा 'मतिराम' के साथ जोड़ दी और 'मतिराम' के स्थान पर 'मनिराम' हो गया।

मेरा अनुमान है कि 'भूषण' का असल नाम 'घनश्याम' था। महाराज शिवाजी के पिता शाहजी के दरबारी कवि श्रीजयराम पिंड्ये ने उनके नाम पर 'राधामाधवविलास चंपू' अथवा 'शहाजी महाराज चरित्र' नामक ग्रंथ लिखा है। इन्होंने शाहजी के दरबार में आनेवाले, कविता सुनानेवाले, समस्यापूर्ति करनेवाले संस्कृत, हिंदी, गुजराती आदि भाषाओं के विविध कवियों तथा पंडितों का उल्लेख किया है, जिनकी संख्या ७० है। वे उक्त ग्रंथ में लिखते हैं—

(कुंडलियाँ)

गायो उत्तर देस को है गुनि अति अभिराम।
नाम एक को लालमनि दूसरो है घनश्याम।
बात अचंभो एक यह जंत्र सजे को ठाट।
चित्र चना के दारि मह चित्र चना के दारि मह।
चित्र चना के दारि वारन साट लिखि ल्यायो।
जंत्र सज्यो जह ठाठ राग मारुत वुरि गायो।

(झूलन राग)

घंघग्रिदि घनशाम बंबग्रिदि बात कही छंछग्रिदि छंद पुनि एक गायो।
मंमग्रिदि मत्तगज हंहग्रिदि हेमहय तंतग्रिदि ताहि धरि दान पायो।
जंजग्रिदि जंत्र अरु चिंचिग्रिदि चित्र पुनि नंनग्रिदि नृप साहे करि सिखायो।
कंकग्रिदि कवि माहे जंजग्रिदि जयराम यंयग्रिदि यह भात पठि दिखायो।१३२।

(पृष्ठ २७५–७६)

हिंदी में चिंतामणि त्रिपाठी दो नामों (भणिता, छाप) से रचना करते थे—मनिलाल और लालमनि से। इसलिए 'लालमनि' तो अत्यंत परिचित नाम है, 'शहाजी महाराज चरित्र' के मराठे संपादक महोदय के लिए वह अपरिचित हो यह दूसरी बात है। इनके साथ जानेवाले, रहनेवाले ये उत्तर देश के गुणी 'घनश्याम' कौन हैं ? 'घनश्याम' का स्मरण जयराम ने 'घंघ-ग्रिदि घनशाम' में पुनः किया है। उनके एक छंद गाने-पढ़ने का भी उल्लेख है। यही नहीं आगे तुरंत ही अमृतध्वनि छंद में जयराम की वैसी ही रचना भी मिलती है जैसी भूषण ने शिवभूषण में अनुप्रास के उदाहरण में रखी है। वे कहते ही हैं—

द्वै वह बात पर अरु अमृतध्वनि यक छंद।
मन मों कवि जयराम के पठन होत आनंद।
जंत्र सज्यो नृप साहे जग कल्यानहि के ठाट।

कुंडलिया के विस्तृत अर्थ के चक्कर में पड़ने की आवश्यकता नहीं। संक्षेप में 'चित्र चना के दारि मह' को समझिए कि 'चना के दारि मह चित्र' (चने की दाल में चित्र) है। चित्र क्या है, किसका है. तो 'वारन' (हाथी) का। 'जंत्र सज्यो' का अर्थ इतना ही कि 'वुरि' (वुहि = उहि, उसने अथवा उरि=उड़ि = प्रविष्ट होकर) मारुत (वायु के संचार से) राग भी गाया। आगे कहा है—

अद्ध चना पर कोटि गज लिखते कोन बिशेख।
दस बीसक गज साहजी दये तिलक पर देख।

'तिलक' शब्द श्लिष्ट है यह कहने की आवश्यकता नहीं। अस्तु। 'द्वै वह बात' की संगति यों लगी, और फिर, 'अमृतध्वनि यक छंद' किसने सुनाया। घनश्याम ने। उसे सुनकर जयराम के मन में भी वैसा ही छंद (पठन = बनाने) का आनंद होने लगा। द्वादश भाषाओं का पंडित जयराम भला क्यों न जोड़तोड़ में 'अमृतध्वनि' पढने को उत्साहित होता। उसने सुनाया ही—

नृपबल निकरन हय गज पतितर सैन सजे चतुरंग।
नृपवर तरकस बाँधि के करि तहाँ करकस जंग।
जंजंजंगं करन तुरंग चढ़ि रनरंगं लहि अरिभंगं।
कियरत बंबं विलपि कलिंगं दवरत तिलंगं।
भज्जि जियगंग जलनि मतंगं प्रविस तरंगं।
तट पर लंघे निकरत।

मिलाइए—'भंगग्गरब तिलंगग्गयउ कलिंगग्गलि अति' (—भूषण) आदि से। अतः जान पड़ता है कि ये 'घनश्याम' 'कवि भूषण' की पदवी पानेवाले सज्जन होंगे। यदि ये 'घनश्याम' नहीं हैं तो क्या कोई विरहिणी गोपिका ही 'घनश्याम' को यों कोस रही है—

देखत ही जीवन बिडारौ तौ तिहार जान्यो जीवन-द नाम कहिबे ही को कहानी मैं।
कैधों घनस्याम जो कहावैं सो सतावैं मोहि निहचै कै आजु यह बात उर आनी मैं।
भूषन सुकबि कीजं कौनपर रोसु निज भागु ही को दोषु आगि उठति ज्यों पानी मैं।
रावरेहू आए हाय हाय मेघराय सब धरती जुड़ानी पै न बरती जुड़ानी मैं।

'मेघराय' के आने से क्या, 'घनश्याम' आएँ तब न मनस्ताप दूर हो।

इस प्रकार 'भूषण' का असल नाम 'घनश्याम' होने की पूरी संभावना है। जान पड़ता है कि इनके परिवार में नाम और उपनाम सभी के थे, या हो गए थे। इनके पिता के ('शिवभूषण' की विभिन्न शाखा के हस्तलेखों के अनुसार) दो नाम ठहरते हैं—रतिनाथ और रत्नाकर। हस्तलेखों में पाठ ही

भिन्न-भिन्न है और यह भी संभावना नहीं है कि 'रतिनाथ' का स्थानापन्न 'रत्नाकर' पद हो सके या इसका विपर्यास। अतः दोनो के संबंध में यह कल्पना की जा सकती है कि एक नाम है और दूसरा उपनाम। 'रतिनाथ' नाम पंडों की बही में है इससे यही उनका असल नाम है और रत्नाकर उपनाम। 'रत्नाकर' पुकार का नाम भी हो सकता है और काव्य में छाप देने के लिए भी। यदि दूसरी स्थिति हो तो हिंदी के मध्यकाल में भी एक 'रत्नाकर' के होने की संभावना है। चिंतामणि के दो उपनाम ऊपर कहे ही गए हैं। प्राचीन संग्रहों में उनके संग्राहकों ने इन नामों का उल्लेख कवियों के दो-दो उपनामों की लंबी सूची में किया है। जटाशंकर का भी उपनाम नीलकंठ था इसे शिवसिंह सेंगर तक जानते थे। केवल 'मतिराम' के ही नामोपनाम भिन्न-भिन्न नहीं हैं। हो सकता है कि 'मतिराम' कवि का उपनाम ही हो और नाम कुछ दूसरा ही रहा हो।

इस संधान-अनुसंधान के अनुसार भूषण (घनश्याम) का संक्षिप्त जीवन-वृत्त यह हुआ कि ये कान्यकुब्ज ब्राह्मण थे, इनका गोत्र कश्यप था, आस्पद त्रिपाठी। इनके पिता का नाम रतिनाथ (उपनाम रत्नाकर) था। ये त्रिविक्रमपुर (तिकवाँपुर) में यमुना के किनारे रहते थे, जहाँ वीरबल के ऐसे वीर राजा उत्पन्न हुए थे और जहाँ विश्वेश्वर के समान देवविहारीश्वर महादेव हैं। तिकवाँपुर कानपुर जिले की घाटमपुर तहसील में यमुना के बाएँ किनारे पर है। इसके पास 'अकबरपुर वीरबल' नाम का छोटा-सा गाँव है, जहाँ वीरबल के उत्पन्न होने की जनश्रुति है। गाँव से कुछ दूर सड़क के किनारे 'देव विहारीश्वर' का मंदिर भी है। रतिनाथ (रत्नाकर) देवी के बड़े भक्त थे। गाँव से थोड़ी दूर पर 'रन बन की भुइयाँ' नाम की देवियों का एक स्थल था, वहीं वे चंडीपाठ किया करते थे। चंडी के प्रसाद से इनके चार पुत्र हुए—चिंतामणि, भूषण, मतिराम और नीलकंठ (उपनाम जटाशंकर)। चिंतामणि और भूषण के भाई भाई होने की बात कई स्थलों पर आई है। 'चिटणीस बखर' में भी भूषण के भाई चिंतामणि का नाम लिया गया है। मीर गुलाम-अली ने अपने 'तजकिरए सर्व आजाद' में चिंतामणि के दो भाइयों भूषण और मतिराम का नाम लिया है। यह ग्रंथ सं० १८०८ का बना है।

ये चारो भाई कवि थे। चिंतामणि मुगल-दरबार में रहते थे और मतिराम बूंदी में। भूषण और नीलकंठ घर पर ही रहा करते थे। नीलकंठ साधु-सेवा में अधिक रहते थे। भूषण घर से निकलकर शिवाजी के दरबार में कैसे पहुँचे इस संबंध में कई किंवदंतियाँ प्रचलित हैं। एक किंवदंती का आशय यह है कि एक बार दाल में नमक कम था। इन्होंने अपनी भाभी से नमक माँगा। उसने कह दिया कि क्या नमक कमा कर लाए हो जो दूँ। इसी पर भूषण भोजन छोड़कर उठ गए और यह कहकर घर से बाहर निकले कि जब नमक

लाएँगे तभी भोजन करेंगे। दूसरी किवदंती यह है कि भूषण की स्त्री गणेश-चतुर्थी के दिन गणेशजी की पूजा में घाट पर नहीं गई। इस पर उसकी जेठानी ने ताना मारा कि अपने पति से कहो दरवाजे पर जीवित गणेश (हाथी) लाकर बाँध दें। यहीं पूजा किया करो। फलतः भूषण हाथी प्राप्त करने के लिए घर से बाहर निकल पड़े। पहली किंवदंती में कहा जाता है कि भूषण ने एक लाख का नमक भेजा था। दूसरी के अनुसार कई हाथी भेजे थे।

घर से बाहर निकलने पर भूषण किस प्रकार शिवाजी के दरबार में पहुँचे इस संबंध में भी दंतकथाएँ प्रचलित हैं। कहा जाता है कि भूषण पहले औरंगजेब के दरबार में गए और वहाँ इन्होंने वीररस की कविता सुनाई। इन्होंने कविता सुनाने के पहले बादशाह से कहा कि आपका हाथ शृंगाररस की कविता सुनने से कुठौर में लगा होगा, हमारी वीररस की कविता सुनकर वह मूछों पर जायगा, इसलिए उसे धो डालिए। बादशाह ने यह कहकर हाथ धो लिया कि यदि मूछों पर हाथ न गया तो तुम्हारा सिर उतरवा लिया जायगा। भूषण ने कविता सुनाई। बादशाह का हाथ मूछों पर चला गया। वह बहुत प्रसन्न हुआ। अब भूषण का दरबार में मान होने लगा। एक दिन औरंगजेब ने कवियों से कहा कि आप लोग हमारी प्रशंसा ही करते हैं, क्या हममें कोई दोष ही नहीं है। और कवि तो चापलूसी करते रह गए पर भूषण ने बादशाह से कहा कि यदि आप मुझे कविता सुनने के बाद माफ कर देने का वचन दें तो मैं कुछ कहूँ। बादशाह ने बात स्वीकार की और भूषण ने 'किबले के ठौर बाप बादशाह शाहजहाँ०' पढ़ सुनाया। औरंगजेब बहुत क्रुद्ध हुआ और उसने भूषण को मार डालने का हुक्म दिया। लोगों ने उसे उसके वचन की याद दिलाई। इससे भूषण बच गए। औरंगजेब ने कहा कि तू मेरी आँखों के सामने से हट जा। भूषण डेरे पर आए और अपनी 'कबूतरी घोड़ी' पर चढ़कर वहाँ से चल पड़े।

जिस समय भूषण घोड़ी पर चढ़े जा रहे थे उसी समय बादशाह नमाज पढ़ने के लिए हाथी पर निकला। बादशाह ने इन्हें देख लिया और पुछवाया कि कहाँ जा रहे हो। भूषण ने कह दिया कि महाराज शिवाजी के यहाँ। औरंगजेब ने यह बात सुनकर कई सवार भूषण को पकड़ लाने के लिए भेजे, पर उनकी 'कबूतरी घोड़ी' को कोई न पा सका।

भूषण ने इन बातों का उल्लेख अपनी रचना में कहीं नहीं किया है, पर माना जाता है कि 'हाथ तसबीह लिए प्रात उठै बंदगी को०' आदि छंद इन्होंने औरंगजेब को उस समय सुनाए थे जब उसने प्रशंसा छोड़कर सत्य कथन करने को कहा था। इन्होंने एक दोहे में सुलंकियों के यहाँ अपने जाने की बात अवश्य कही है। वहीं ये 'घनश्याम' से 'कवि भूषण' हुए।

कुछ लोग कहते हैं कि भूषण पहले महाराज छत्रसाल के दरबारी कवि

थे। फिर उनके यहाँ से ये शिवाजी के यहाँ गए। चिटणीस बखर में भूषण का पहले कमाऊँ जाना लिखा है, उसके बाद शिवाजी के दरबार में। शिवाजी की उदात्त वृत्तियों और लोकरक्षक चरित्र से आकृष्ट होकर उन पर इन्होंने काव्य लिखा—

सिव-चरित्र लखि यों भयो, कबि भूषन के चित्त।
भाँति-भाँति भूषननि सों, भूषित करौं कबित्त॥

भूषण से शिवाजी की भेंट कैसे हुई इस संबंध की भी कथा है। ये जब रायगढ़ पहुँचे तो किसी देवमंदिर में ठहरे। वहाँ भेष बदले हुए शिवाजी यह पता लगाने आए कि यह यात्री किस अभिप्राय से यहाँ आया है। इन्होंने बतलाया कि मैं शिवाजी को अपनी कविता सुनाना चाहता हूँ। उन्होंने कहा कि कुछ मुझे भी सुनाइए। इसपर इन्होंने उनका परिचय पूछा। उन्होंने अपने को शिवाजी का सिपाही कहा। तब इन्होंने उन्हें शिवाजी का निकटस्थ समझकर कविता सुनानी प्रारंभ की। इन्होंने 'इंद्र जिमि जंभ पर०' ५२ बार पढ़ा। कुछ लोगों का कहना है कि भूषण ने केवल १८ बार ही यह कबित्त पढ़ा। दूसरे लोग कहते हैं कि भूषण ने ५२ बार में कबित्त छंद पढ़े थे।

जब भूषण ने आगे पढ़ने से इनकार कर दिया तो उक्त सिपाही उनसे यह कहकर चला गया कि कल शिवाजी के दरबार में आइएगा, वहीं भेंट होगी। ये जब दरबार में पहुँचे तो उसी व्यक्ति को सिंहासन पर विराजमान पाया। इन्हें उसे देखकर बड़ा आश्चर्य हुआ। इन्होंने तब समझा कि वस्तुतः कल शिवाजी से ही भेंट हुई थी। महाराज ने इनका बड़ा सत्कार किया और इन्हें ५२ लाख रुपये, ५२ हाथी और ५२ गाँव पुरस्कार में दिए। भूषण को शिवाजी से बावन हाथी मिले यह बात बहुत पहले लोकप्रसिद्ध हो चुकी थी। क्योंकि 'लोकनाथ' कवि ने सं० १७८० के आसपास ही यह घोषणा कर दी थी—'भूषन निवाज्यो जैसे सिवा महाराजजू ने बारन द बावन धरा पै जस छाय है।'

उन्होंने बतलाया कि कल मैंने प्रतिज्ञा की थी कि आप जितनी बार या जितने कबित्त सुनाएँगे उतने लाख रुपये, उतने ही हाथी और उतने ही गाँव आपको पुरस्कार में दूँगा। इन्हीं रुपयों से इन्होंने भाभी के पास हाथियों पर लदवाकर नमक भिजवाया।

कहा जाता है कि शिवाजी के यहाँ कुछ दिनों तक रहकर ये अपने घर को लौटे। लौटते समय ये महाराज छत्रसाल के दरबार में गए। इन्हें शिवाजी का राजकवि समझकर महाराज छत्रसाल ने इनका बड़ा आदर किया और इनका यथोचित संमान करने के लिए बिदा करते समय नकी पालकी का डंडा अपने कंधे पर रख लिया। 'भूषण' यह देखकर पालकी से कूद पड़े

और उनकी प्रशंसा में 'सिवा को सराहौं कै सराहौं छत्रसाल को०' अंत्य-प्रतीक वाला कबित्त पढ़ा।

कहते हैं कि घर पर कुछ दिनों आराम करने के बाद ये कमाऊँनरेश के यहाँ गए। जब ये वहाँ से चलने लगे तो राजा इन्हें बिदाई में एक लाख रुपये देने लगा। भूषण ने यह कहकर रुपये नहीं लिए—'शिवाजी ने मुझे इतने रुपये दे दिए हैं कि मुझे अधिक की चाह नहीं रही। मैं तो यह देखने आया था कि यहाँ तक छत्रपति शिवाजी का यश फैल गया है या नहीं।' 'चिटणीस बखर' में इनके वहाँ से चले आने के संबंध में यह बात लिखी है—एक दिन राजा ने पूछा कि क्या मेरे ऐसा भी कोई दानी इस पृथ्वी पर कहीं होगा। भूषण ने कहा 'बहुत से हैं'। जब राजा इन्हें एक लाख रुपये देने लगा तो इन्होंने यह कहकर रुपया लेना अस्वीकार कर दिया कि अभिमान से दिया हुआ रुपया मैं नहीं लूंगा। यह कहकर ये वहाँ से दक्षिण चले गए।

लोगों का कहना है कि घर आने के बाद ये पुनः एक बार दक्षिण गए। इन्होंने अपने 'शिवभूषण' में इसीलिए शिवाजी के राज्याभिषेक का वर्णन नहीं किया अथवा उसमें उत्सव की कविता नहीं मिलती क्योंकि ये उस समय घर पर थे। दूसरी बार दक्षिण जाने पर ये महाराज शिवाजी के स्वर्गवासी होने पर घर लौटे। कहा जाता है कि साहू के गद्दी पर बैठने पर ये एक बार और दक्षिण गए और वहाँ से दो-एक वर्ष बाद चले आए।

आश्रयदाता

भूषण ने जिन-जिन राव-राजाओं की प्रशस्ति में काव्य लिखा है उन सबको उनका आश्रयदाता कहना ठीक नहीं। अनेक राजा-महाराजाओं से अवसर विशेष पर भेंट होने पर उनकी प्रशस्ति में कुछ कह देना सामान्य शिष्टाचारवश भी हो सकता है। फिर भी जिनकी प्रशस्ति में इन्होंने एक छंद भी लिखा है उन्हें यहाँ आश्रयदाता ही कहा जा रहा है। अतः वैसे सभी राव-राजाओं का उल्लेख यहाँ किया जाता है। छत्रपति शिवाजी और महाराज छत्रसाल के अतिरिक्त इन्होंने जिनकी प्रशस्ति में कविता लिखी वे ये हैं—

साहूजी—'वलख बुखारे मुलतान लौं हहर पारै' प्रतीक के कबित्त में 'खग खादर लौं झारै ऐसी साहू की बहार है' के 'साहू' के स्थान पर 'सिवा' पाठ भी मिलता है। अन्यत्र भी प्रायः 'साहू' के बदले 'सिवा' पाठ मिल जाता है। वे शिवाजी के पौत्र और संभाजी के पुत्र थे। इनकी प्रथम प्रशस्ति में जिन-जिन स्थलों के नाम आए हैं वे काव्यरूढ़ि के कारण ही जान पड़ते हैं।

बाजीराव—'साजि दल सहज सितारा-महाराज चले' प्रतीक का कबित्त

बाजीराव पेशवा की प्रशस्ति में बताया जाता है। दूसरे छंद में बाजीराव नाम भी आया है। पर दोनो छंदों में 'भूषण' 'भणिता' नहीं है इसलिए इसका भूषण-कृत होना निश्चित नहीं।

चिंतामणि—'सक्र जिमि सैल पर' प्रतीक के छंद में 'म्लेच्छ चतुरंग पर चिंतामनि देखिये' पाठ भी मिलता है। 'चिंतामणि' के ही लिए यह छद कहा गया हो तो ये चिंतामणि कौन हैं। शिवाजी के प्रधान सेनापति एक चिमणाजी बापूजी थे और बड़े शूरवीर थे। जिस समय शिवाजी ने शाइस्ताखाँ पर आक्रमण किया था ये भी उनके साथ थे। दूसरे चिंतामणि 'चिमणाजी आपा' थे जो बाजीराव के भाई थे।

अवधूतसिंह—'जा दिन चढ़त दल साजि अवधूतसिंह' प्रतीक के कबित्त में रीवाँ के महाराज अवधूतसिंह के रणप्रस्थान का कविप्रौढ़ोक्तिसिद्ध वर्णन है। रीवाँराज्य-दर्पण के अनुसार ये ६ मास की वय में ही सिंहासनारूढ़ हुए थे।

हृदयराम सुलंकी—'शिवभूषण' के आरंभ में ही भूषण ने लिखा है—

कुल सुलंक चितकूटपति साहस-सील-समुद्र।
कबि भूषन पदवी दई हृदयराम सुत रुद्र॥

ये 'हृदयराम' कौन थे इसका कुछ संकेत भूषण ने ही दे दिया है। ये 'रुद्र के सुत' थे, 'सुलंक कुल' के थे और 'चितकूटपति' थे। रीवाँराज्य-दर्पण में 'समय-समय सेवा देनेवाले छोटे-छोटे राजाओं और जमींदारों को दिए अथवा अमले ग्रामों का लेखा' शीर्षक के अंतर्गत 'पवैया का नाम' खाने में 'परगना गहोरा (बाँदा) के अधिकारी सुरकी राजा हृदयराम' दिया हुआ है। परगना गहोरा के अंतर्गत १०४३॥ ग्राम थे। गहोरा स्वयम् १० परगनों का था। गहोरा खास के ही अंतर्गत ४०४ गाँव थे। इसी गहोरा में चित्रकूट भी रहा होगा। गहोरा पहले रीवाँ राज्य में ही था, आगे चलकर वह अँगरेज राज्य में मिला लिया गया। इन्हीं हृदयराम सुरकी (सोलंकी) की प्रशस्ति उक्त दोहों में है। ये रुद्रशाह के पुत्र थे। ये अवधूतसिंह बाँधव-नरेश के समसामयिक थे। श्रीअवधूतसिंह के समय का एक जमाबंदी का कागज रीवाँ में मौजूद है जिसमें हृदयराम को रीवाँ का करद (पवैया) बतलाया गया है। कुछ लोग पटेहरा के सुरकियों के वंश में हृदयराम को रखना चाहते हैं। यह भ्रांति है। वसंतराय सुरकी वंश के अवश्य हैं पर पटेहरा के सुरकियों में नहीं। हृदयराम के पिता रुद्रशाह (या रुद्रराव) से सुरकियों की दो शाखाएँ हो गईं—टोडरमलदेव के अनंतर रैयारायदेव (रुद्रशाह), फिर सागरराय, संतराय, पहारसिंह, रामसिंह। रामसिंह से सं० १८२० में राज्य छूट गया। नके अनंतर फतेबहादुरसिंह पटेहरा चले आए। हृदयराम उक्त सागरराय भाई थे। अतः पटेहरावालों की शाखा भिन्न है। एक कबित्त में भूषण ने

'सुलंकी' के रणप्रस्थान का भी प्रौढ़ोक्तिसिद्ध वर्णन किया है। वह हृदयराम की ही प्रशस्ति में लिखा गया जान पड़ता है।

जयसिंह—'भले भाय भासमान भासमान भानु जाको' प्रतीक के कबित्त में जयसिंह के भाग्य-ऐश्वर्य की प्रशस्ति की गई है। ये जयसिंह जयपुर के इतिहासप्रसिद्ध नरेश हैं। ये औरंगजेब के सेनापति थे। इन्हें उसने शिवाजी का दमन करने के लिए दक्षिण भेजा था।

रामसिंह—'अकबर पायो भगवंत के तनै सों मान' प्रतीक के कबित्त में रामसिंह की प्रशंसा है, मान के घराने भर की प्रशस्ति उन्हीं के व्याज से की गई है। ये राजा जयसिंह के पुत्र थे। जब शिवाजी आगरे में कैद थे तब न्होंने शिवाजी की सहायता की थी जो इतिहासप्रसिद्ध है।

अनिरुद्धसिंह—'पौरचनरेश अमरेसजू के अनिरुद्ध' प्रतीक के कवित्त में अलीगढ़ के पौरच उपाधिधारी नरेश अनिरुद्धसिंह के यश का प्रौढ़ोक्तिसिद्ध वर्णन है। इनकी राजधानी मेंडू थी।

बुद्धराव—'जुद्ध को चढ़त दल बुद्ध को सजत तब' प्रतीक के कबित्त में बूंदी के राव बुद्ध के सैन्य-प्रयाण का कविप्रौढ़ोक्तिसिद्ध वर्णन है और 'रहत अछक पै मिटै न धक पीवन की' प्रतीक के कबित्त में इनकी तलवार की प्रशंसा है। ये बूंदीनरेश छत्रसाल हाड़ा के भाई भीमसिंह के प्रपौत्र थे। औरंगजेब के देहावसान पर उसके पुत्रों में साम्राज्य के लिए जो युद्ध हुआ उसमें ये मुअज्जम की ओर से लड़े थे।

कुमाऊँ नरनाह—'उलदत मद उनमद ज्यों जलधि-जल' प्रतीक के कबित्त में कुमाऊँ-नरनाह के हाथियों का वर्णन है। ये कुमाऊँ-नरनाह कौन थे? भूषण के काव्य-काल की सीमा में कुमाऊँ की गद्दी पर कई नरनाह आरूढ़ हुए हैं।

महाराजा छत्रसाल—भूषण ने कई छंदों में छत्रसाल की विरुदावली गाई है। कुछ छंद ऐसे भी हैं जिनमें कई ऐतिहासिक घटनाओं का उल्लेख है। कई ऐसे व्यक्तियों की चर्चा है जिनमें छत्रसाल के युद्ध हो चुके हैं। इसलिए महाराज छत्रसाल का कुछ विस्तृत वृत्त अपेक्षित है और उनसे संबद्ध ऐतिहासिक व्यक्तियों का सामान्य परिचय आवश्यक है, जो नीचे दिया जाता है—

मध्यभारत के पूर्व की ओर यमुना, विंध्याचल तथा मालवा से घिरा हुआ बुँदेलखंड प्रांत है। यहाँ अधिकतर बुँदेले क्षत्रिय रहते हैं। प्राचीन काल में गहिरवारवंशीय राजा वीरभद्र के पुत्र हेमकर्ण काशी से बहिष्कृत हो यहां आ विंध्यवासिनी देवी की उपासना करने लगे। कहा जाता है कि एक दिन उन्होंने अपना सिर काटकर देवी को अर्पित करना चाहा। देवी ने प्रसन्न होकर हाथ पकड़ लिया, किंतु रक्त की कुछ बूंदें गिर ही पड़ीं। इन्हीं बूंदों के

गिरने से उनके वंशज बुँदेला नाम से प्रसिद्ध हुए और उक्त प्रदेश का नाम भी बुंदेलखंड पड़ा। इसी बुंदेला-वंश में आगे चलकर चंपतराय जन्मे। वे ही महाराज छत्रसाल के पिता थे। चंपतरायजी साधारण जागीरदार थे। उनकी जागीर की वार्षिक आय ३५०) के लगभग थी। चंपतराय बड़े पराक्रमी तथा उत्साही वीर थे। शाहजहाँ के शासनकाल में जब मुगलों ने बुँदेलखंड पर आक्रमण किया तो उनसे जाति एवम् स्वधर्म की दुरवस्था देखी न गई। बुँदेलखंड के सभी अत्याचारपीड़ित स्वधर्म तथा स्वजाति के प्रेमी वीर चंपतराय के संग हो गए। इस छोटी-सी चमू को लेकर चंपतराय चुप बैठनेवाले न थे। उन्होंने मुगल-शासित प्रांतों पर आक्रमण करना प्रारंभ कर दिया।

यद्यपि उन्होंने अपना कार्य आरंभ कर दिया किंतु शाहजहाँ के ऐसा बादशाह साधारण जागीरदार का सहसा सिर उठाना कब सहन कर सकता था। वह बिगड़ उठा। मुगलों के कृपापात्र बुँदेलवंशीय अन्यान्य राजा भी चंपतराय के पीछे पड़ गए। इसलिए एक साथ दो-दो प्रबल शत्रुओं का सामाना करना पड़ा। इसी संकट के समय मोर पहाड़ी के जंगल में ज्येष्ठ शुक्ला तृतीया सोमवार (संवत् १७०६ वि०) में छत्रसाल का जन्म हुआ। जब छत्रसाल ६ मास के हुए तभी पिता ने इन्हें ननिहाल भेज दिया। वहाँ ये अपनी माता के साथ ४ वर्ष तक रहकर फिर पिता के पास चले आए और ७ वर्ष की अवस्था तक पिता के साथ ही रहे। जब पिता ने देखा कि सात साल के बालक की समुचित शिक्षा का प्रबंध जंगल में नहीं हो सकता तो उन्होंने इन्हें पुनः ननिहाल भेज दिया। इसके दो ही मास बाद चंपतरायजी का शरीरांत हो गया। मामा के यहाँ रहकर इन्होंने भाषा और गणित का साधारण ज्ञान प्राप्त किया।

१३ वर्ष की वय तक मामा के यहाँ रहने के बाद इन्होंने अपने घर जाने का निश्चय किया। एक दिन ये अकेले ही चल पड़े। मार्ग में क्षुधा से व्याकुल हो उठे। अचानक इनके पिता का एक पुराना सेवक मिल गया। उसने इनकी बहुत सहायता की और साथ-साथ जाकर वह महेवा तक पहुँचा आया। वहाँ इनके चाचा सुजानराय रहते थे। सुजानराय ने कभी पहले छत्रसाल को नहीं देखा था किंतु परिचय पाते ही उन्होंने अति स्नेह से इनका सत्कार किया और इनकी समयोचित शिक्षा का प्रबंध भी कर दिया। वहाँ रहकर छत्रसाल ने शास्त्र के साथ ही साथ शस्त्र-विद्या का भी अच्छा अभ्यास कर लिया।

जब छत्रसाल युवक हुए तो अपने पिता के शत्रुओं की श्रीवृद्धि देख इनका हृदय संतप्त होने लगा। यद्यपि शत्रु प्रबल था, उसका साथ देनेवाले अनेक थे तथापि छत्रसाल हताश न हुए। एक दिन अवसर पाकर इन्होंने अपने चाचा से पूज्य पिता की मृत्यु का बदला लेने, देश एवम् जाति की

गिरी हुई अवस्था को सुधारने और उसे पूर्व-स्वतन्त्रता की सुध दिलाने के हेतु मुगलों से मुठभेड़ करने की चर्चा की। सुजानराय बात सुनकर घबरा उठे। उन्होंने छत्रसाल को बहुत समझाया और मुगलों से लड़ाई ठानना अनुचित बताया। परंतु सज्जन सुजानराय के स्नेहभरे वचनों का प्रभाव इनके हृदय पर तनिक भी न पड़ा।

एक दिन छत्रसाल चाचा का घर छोड़ चुपचाप निकल पड़े। अभी तक इन्होंने यह निश्चय नहीं किया था कि कहाँ जायँ और क्या करें। इसी बीच सुनने में आया कि आमेराधिपति महाराज जयसिंह देवगढ़ पर चढ़ाई करने जा रहे हैं। छत्रसाल उनसे जा मिले। अपने भाई अंगदराय के साथ मुगल-सेना में संमिलित हो देवगढ़वालों को युद्ध में परास्त किया। इस अवसर पर जयसिंह दिल्ली चले गए थे और उनके स्थान पर नवाब बहादुर खाँ सेनापति था। देवगढ़-विजय कर बहादुर खाँ के साथ ही साथ छत्रसाल भी दिल्ली गए, किंतु जो आशा लेकर ये दिल्ली गए वह पूरी न हुई। यह देख इनका चित्त बहुत दुखी हुआ, पर आशा ने फिर भी पिंड न छोड़ा। नवाब बहादुर खाँ दक्षिण-विजय करने जा रहा था। छत्रसाल भी अपनी भाग्य-परीक्षा करने उसके साथ गए। युद्ध में दोनो भाइयों ने परम वीरता दिखलाई। विजय के पश्चात् बहादुर खाँ और उसके साथियों की पूर्ण प्रतिष्ठा हुई, पुरस्कार भी मिला, किंतु छत्रसाल के हाथ कुछ न आया। तब दोनो भाइयों का माथा ठनका।

निदान दोनो भाइयों ने मुगल-दरबार से चलने और मुगलों से लड़ने का निश्चय किया। किंतु औरंगजेब से लोहा लेने के पूर्व किसी अनुभवी पुरुष से परामर्श ले लेना आवश्यक था। यही सोचकर सं० १७२८ वि० में ये शिवाजी के पास पहुँचे। शिवाजी ने इनका बड़ा संमान किया और यथेष्ट सहायता भी की। शिवाजी से बिदा होने के पूर्व इन्होंने उनके यहाँ कुछ दिनों तक रहकर सेना एवम् शासन का प्रबंध, प्रजापालन, विजित राज्यों से कर उगाहना और मुगलों से युद्ध करने की रीति इत्यादि बहुत सी बातें सीख लीं। धन से तो शिवाजी ने इनकी सहायता की, पर सेना के बिना युद्ध आरंभ नहीं हो सकता था। मार्ग में ये शुभकर्ण नामक बुँदेले सरदार से मिले। किंतु शुभकर्ण ने कोरा जवाब दिया। फिर औरंगाबाद में ये चचेरे भाई बलिदिवान से मिले। बहुत कुछ वादविवाद के पश्चात् बलिदिवान ने इनका साथ देना स्वीकार किया और अंत तक वे इनके अनुयायी बने रहे। धीरे-धीरे बहुत से बुँदेले सरदार इनकी सेना में आकर संमिलित हो गए, यहाँ तक कि स्वयम् ओरछा-नरेश जो इनके प्रबल शत्रुओं में से थे इनकी सहायता करने के लिए उद्यत हो गए।

इस प्रकार भावी युद्ध के लिए सुसज्जित होकर छत्रसाल ने मुगल-संरक्षित धंधेरा सरदार कुँअरसेन पर सं० १७२८ वि० में आक्रमण किया। कुँअरसेन ने हारकर इन्हें भतीजी ब्याह दी और एक सरदार को इनकी सेना में संमिलित कर दिया। यह समाचार पाकर पास के सिरौज थाने के थानेदार मुहम्मद हाशिम खाँ ने छोटी-सी सेना लेकर इन्हें रोकना चाहा। परंतु सफल न हुआ। इसके बाद इन्होंने धामुनी पर चढ़ाई की। वहाँ के सरदारों ने इनके पिता चंपतराय को धोखा देकर मुगल-सेना से घिरवा दिया। घोर युद्ध के पश्चात् पराजित होकर धामुनीवालों को भी इनकी शरण में आना पड़ा। फिर गैहर से २०००) वार्षिक कर की प्रतिज्ञा कराकर बाँसी के केशवराय पर आक्रमण किया। केशवराय युद्ध में मारे गए और उनके पुत्र विक्रमसिंह गद्दी पाकर इनके सच्चे हितैषी एवम् अनुगामी हो गए। एक दिन ये जंगल में शिकार खेलने गए। ग्वालियर के सूबेदार के सेनापति सैयद बहादुर खाँ ने इन्हें पकड़ना चाहा, पर उसे लज्जित होकर लौटना पड़ा। फिर इन्होंने ग्वालियर इलाके के पवायँ स्थान पर धावा किया और उसे लूट लिया। समाचार पाते ही सूबेदार आगबबूला हो गया। विशाल सेना लेकर इनसे लड़ने के लिए बढ़ा। इन्होंने ग्वालियर गढ़ तक उसका पीछा किया और नगर लूट लिया। सं० १७३५ वि० में छत्रसाल ने पन्ना नगर बसाया। इनका परिवार अधिकतर पन्ना में ही रहता था, पर ये सेना लेकर मऊ छावनी में रहते थे। अब इनकी धाक जम गई थी। अभी तक जो लोग खुले मैदान इनका साथ नहीं दे सकते थे निडर होकर इनसे मिलने लगे। कुछ बुंदेले ऐसे भी थे जो इनके अभ्युदय को सहन न कर सके। उन लोगों ने इनका विरोध करना आरंभ किया और औरंगजेब से मिल गए।

अब औरंगजेब की आँखें खुलीं। यह देख वह काँप उठा। उसने सेना के प्रधान सेनापति रनदूला खाँ को तीस सहस्र सैनिक देकर इनका दमन करने को भेजा। तोपखाने के अभाव में ये खुले मैदान शाही सेना का सामना करने में असमर्थ थे। थोड़ा ही दूर पर गढ़ा नामक मुगलों के किले पर बलिदिवान ने आक्रमण किया और उसे अपने अधीन कर लिया। छत्रसाल शाहगढ़ की नदी के पास छिपे हुए थे। किले के चले जाने से रनदूला के दिमाग का पारा और भी ऊँचे चढ़ गया। वह सीधे किले पर ही जा पहुँचा और उसे घेर लिया। किला घिरने पर भीतर से तो बलिदिवान ने गोला बरसाना आरंभ किया और बाहर से इन्होंने छापा मारा। रनदूला की सेना इस अचानक आक्रमण से भयभीत हो गई। उसे प्राण लेकर भागना पड़ा। समाचार पाकर सम्राट् ने बका खाँ को रूमियों की सेना देकर भेजा। पहले तो बुंदेलों को पीछे हटना पड़ा पर रात को सेना में गोला बारूद बँटते समय बलिदिवान और ये मुसलमानी वेश में वहाँ पहुँच गए। मशालची को धक्का

देकर मेगजीन में आग लगा दी। सैकड़ों सैनिकों के प्राण-पखेरू उड़ गए, बचे बचाए भाग खड़े हुए।

औरंगजेब ने तहव्वर खाँ के सेनापतित्व में दूसरी सेना भेजी। इधर सेंड़वां में भावरें पड़ रही थीं उधर तहव्वर खाँ ने घर घेर लिया। ये किसी प्रकार वहाँ से निकल गए। तहव्वर खाँ हताश होकर चला गया। कुछ दिनों बाद फिर सेना एकत्र कर राजगढ़ के पास इन पर चढ़ाई की। पर यहाँ भी तहव्वर खाँ को युद्धस्थल छोड़कर भागना पड़ा। इस बीच इन्होंने कालिंजर का किला भी सर कर लिया था। ये वहाँ से दक्षिण की ओर बढ़े। जब बेतवा नदी पार कर रहे थे तो सैयद लतीफ ने इनको रोकना चाहा, किंतु वह हार गया।

दक्षिण से लौटकर छत्रसाल ने ग्वालियर पर चढ़ाई की। यहाँ के सूबेदार तहव्वर खाँ ने २००००) नगद दिया और चौथ देना स्वीकार कर अपना पीछा छुड़ाया। समाचार पाते ही औरंगजेब ने उसे राजसेवा से निकाल दिया और शेख अनवर खाँ को विशाल सेना देकर इन्हें पकड़ने को भेजा। वह मऊ का मार्ग रोककर पड़ाव डाले पड़ा था। इन्होंने पड़ाव पर छापा मारा। अंत में वह पकड़ा गया और सवा लाख रुपये तथा चौथ के वचन पर छूटा। औरंगजेब ने अनवर खाँ को तो पदच्युत कर दिया और धमौनी के सूबेदार मिर्जा सदरुद्दीन को तीस सहस्र सेना देकर छत्रसाल पर धावा करने को भेजा। इस बार कुछ देर को बुंदेलों के पाँव उखड़ गए। पर दूसरे ही दिन दोनो ओर से बुंदेलों ने मुगल-सेना को घेर लिया। अंत में मिर्जा साहब पकड़े गए और सवा लाख भेंट तथा चौथ के वचन पर छूटे।

छत्रसाल ने अभी तक राजा की उपाधि नहीं धारण की थी। सं० १७४४ में योगिराज प्राणनाथ के आदेशानुसार वेदविधि से राज्याभिषेक कराया। औरंगजेब अब और भी जलने लगा। उसने सं० १७४७ वि० में अमीर अबदुस्समद को बुंदेलखंड पर चढ़ाई करने के लिए भेजा। मौधा के समीप दोनो ओर की सेनाओं का सामना हुआ। अब तक जितनी लड़ाइयाँ महाराज छत्रसाल और मुगलों में हुई थीं उनमें यह सबसे भीषण थी। कई बार स्वयं महाराज घोर संकट में पड़ गए। पर अंत में ये ही विजयी हुए, अबदुस्समद को पीछे हटना पड़ा। रात्रि के समय फिर बुंदेलों ने उसकी सेना पर छापा मारा। थोड़ी देर में मुगल सेना भाग खड़ी हुई। अमीर साहब ने भी चौथ देकर अपनी रक्षा की और सेना ले यमुना की ओर चले गए।

इसके बाद महाराज छत्रसाल भेलसा लेने के लिए चले जो मुगलों के हाथ में चला गया था। बीच में सूबेदार बहलोल खाँ ने जगतसिंह बुंदेले को लेकर इनकी सेना पर छापा मारा। जगतसिंह मारा गया और सेना पीछे हट गई। जब इन्होंने शाहगढ़ को घेरा तो बहलोल खाँ दुबारा सेना लेकर वहाँ पहुँचा। वहाँ भी हार खाकर धमौनी में तीसरी बार बुंदेलों से

आ भिड़ा, पर यहाँ उसके प्राण-पखेरू उड़ गए। सं० १७५० वि० में बीजापुर के एक पठान ने पन्ना पर आक्रमण किया। परंतु पन्ना के पास पहुँचते ही उसे इस असार संसार से सदा के लिए छुट्टी ले लेनी पड़ी और उसके बचे बचाए साथी दक्षिण लौट गए। सं० १७५७ में इन्हें सैयद अफगन से भिड़ना पड़ा। पहले तो बुँदेले विचलित हो गए पर पीछे घोर युद्धकरके उसे पराजित कर दिया। इधर औरंगजेब ने शाह कुली को भेजा। पहले तो शाह कुली की जीत देखकर बुंदेले वीर निराश हो गए किंतु छत्रसाल के बहुत समझाने-बुझाने पर फिर से लड़ने को उद्यत हुए। अंत में बुँदेलों की विजय-वैजयंती फिर फहराने लगी। इनका मुगलों के साथ यह अंतिम युद्ध था।

अब तक महाराज छत्रसाल को औरंगजेब का डर था। किंतु सं० १७६४ वि० में सम्राट् की मृत्यु के पश्चात् ये निडर हो गए। राजपूतों ने भी साम्राज्य की सहायता से हाथ खींच लिया। भारत के पश्चिमोत्तर में सिक्खों ने, दक्षिण-पश्चिम में मरहठों ने और बुंदेलखंड तथा उसके आसपास बुँदेलों ने मुगल-साम्राज्य को औरंगजेब के जीते ही जी खोखला कर दिया था। सम्राट् के मरते ही मुगल-साम्राज्य का दुर्ग धराशायी हो गया। लड़ाई-झगड़े से इन्हें छुट्टी मिली। अब ये शासन-प्रबंध में लगे। महाराज की शासन-पद्धति छत्रपति शिवाजी की शासन-पद्धति से बहुत कुछ मिलती-जुलती थी। अपने जीते जी इन्होंने अपने पुत्रों को राज्य के भिन्न-भिन्न विभागों का शासक नियत कर दिया था।

सं० १७८३ में इनके पुत्र जगतराय के इलाके जैतपुर पर फरूखाबाद के नवाब मुहम्मद खाँ बंगश ने आक्रमण किया, जगतराय हार गए। इनकी वय उस समय ८७ वर्ष की थी। स्वयम् लड़ने में असमर्थ थे और बुँदेलों में कोई ऐसा वीर न दिखता था जो प्रबल शत्रु से लोहा लेता। अतः इन्होंने बाजीराव पेशवा को दूत द्वारा पत्र भेजा—

जो गति ग्राह-गजेंद्र की, सो गति पहुँची आय।
बाजी जात बुंदेल की राखो बाजीराय॥

महाराज का यह पत्र पाते ही पेशवा ने पन्ना-नरेश के सहायतार्थ दलबल-सहित प्रस्थान कर दिया। मरहठों और बुंदेलों की संयुक्त सेना से बंगश ने बुरी हार खाई। उसने जैतपुर का जीता हुआ इलाका लौटा दिया और क्षति-पूर्ति के निमित्त धन दिया, साथ ही शपथ खाई कि फिर कभी बुँदेलखंड की ओर पैर न रखूँगा। फिर पेशवा ने महाराज से भेंट की। महाराज ने पेशवा का साधुवाद किया और अपने राज्य का अंश देकर अपनी कृतज्ञता प्रकट की।

इस प्रकार बुँदेलखंड ही नहीं अपितु सारे भारत का मुख उज्ज्वल करने

वाले दिल्लीश्वर के छत्र के 'छतसाल' महाराज छत्रसाल ने ८५ वर्ष की वय में सं० १७९१ वि० में स्वर्गारोहण किया।

प्रातःस्मरणीय महाराज छत्रसाल बड़े ही वीर, कुशल शासक और धर्मात्मा पुरुष थे। गुण-ग्राहकता तो इनमें कूट-कूटकर भरी थी। कोई भी गुणी इनके यहाँ से विमुख नहीं जाता था। कवियों का इनके यहाँ विशेष आदर होता था। कहते हैं कि भूषण का संमान करने के लिए पालकी का डंडा ही अपने कंधे लगाया था। जिसके फलस्वरूप उन्होंने कई छंदों और कवित्तों में महाराज की विरुदावली गाई। इनके दरबार में कितने ही कवि थे। उनमें 'लाल' कवि बहुत प्रसिद्ध हैं। लाल ने 'छत्रप्रकाश' नामक ग्रंथ में महाराज के यश और युद्धों का विस्तृत वर्णन किया है। महाराज स्वयम् भी अच्छे कवि थे। इनकी रचना सरस और प्रौढ़ है।

महाराज छत्रसाल के अनेक आनबान के कार्य थे। पर उनका एक कार्य विचित्र आनबान का था जिसका उल्लेख किसी जीवनवृत्त में नहीं मिलता। महाराज छत्रसाल के हस्ताक्षर विलक्षण हुआ करते थे। वे हस्ताक्षर करने में एक सूक्ति लिख दिया करते थे। बिजावार के राजा लक्ष्मणसिंह ने अपने 'नृपनीतिशतक' में लिखा है—

जो चलिहै इहि नीति-मग ताहि न अरि-भव-ताप।
यापै लिखी प्रमान करि छत्रसाल-नृप छाप॥

धर्मलीक बेद, बेदलीक पै रमेस रहैं, लच्छन रमेस-लीक लागो मघवान है।
लीक मघवान की गहेई लोकपाल चलें, लोकपाल-लीक सदा गावत पुरान है।
लीक पै पुरान की अनेक भूमिपाल रहैं, भूप,लीक त्याग तें गुरंडन की हान है।
याही तें महीप छत्रसाल छाप मांझ लिखी 'जान है सो मानहै न मानहै सो जान है'।

छत्रपति शिवाजी—भूषण के सर्वप्रधान आश्रयदाता छत्रपति शिवाजी थे। इन्हीं की विरुदावली में 'शिवभूषण' रचा गया। बहुत-सी फुटकल रचना भी इन पर है। इनके चरित की अनेक घटनाएँ इसमें उल्लिखित हैं। अतः संक्षिप्त वृत्त अपेक्षित है जो नीचे दिया जाता है—सिसोदिया कुल-कमल दिवाकर महाराणा प्रताप के विमल वंश में आगे चलकर भोंसाजी और देवराजजी हुए। जिस राजपूताने की रेत पर महाराणा उदयसिंह के 'प्रताप' ने उदित होकर शताब्दियों की कलंक-कालिमा धोते हुए एक बार पुनः सारे भारतवर्ष का मुख उज्ज्वल कर दिया था वहीं उसे अस्त होते देख देवराजजी को दक्षिणापथ की ओर प्रयाण करना पड़ा। देवराजजी दक्षिण महाराष्ट्र देश में जा बसे। भोंसाजी के पुत्र होने के कारण इनका वंश 'भोंसले' नाम से विख्यात हुआ। इसी भोंसले वंश में आगे चलकर क्रमशः संभाजी, बावजी तथा शाहजी हुए। शाहजी का विवाह देवगिरि के यादव-वंश के जागीरदार

लखूजी यादव की कन्या जीजीबाई के साथ हुआ। इन्हीं जीजीबाई की कोख से शिवाजी का जन्म हुआ था।

जिस समय शाहजी अपने प्राणों की रक्षा के लिए घर-बार छोड़कर दर-दर मारे-मारे फिरते थे उसी समय पूना से १२-१३ कोस के अंतर पर शिवनेरी गढ़ में फाल्गुन शुक्ल ३ संवत् १६८५ वि० शुक्रवार को सायंकाल शिवाजी का जन्म हुआ। शिवाजी के पूर्वज शिव तथा देवी के उपासक थे। इनकी माता यद्यपि कुछ पढ़ी-लिखी नहीं थीं तथापि अन्य भारतीय स्त्रियों की भाँति धर्म पर उनकी अटल श्रद्धा थी। उन्होंने नवजात शिशु का नाम शिवनेरी किले की अधिष्ठात्री देवी 'शिवाई' के नाम पर शिवाजी रखा। शिवाजी के जन्म के समय महाराष्ट्र प्रदेश में युद्ध की धूम मची हुई थी। स्वयम् इनके पिता शाहजी भी युद्ध में व्यस्त थे। जन्म से लेकर तीन वर्ष तक शिवाजी अपनी माता के साथ उक्त दुर्ग में ही रहे। तदनंतर शाहजी ने इन्हें बँगलौर बुला भेजा और वहाँ से कुछ दिनों पश्चात् अपने प्रबंधकर्ता दादाजी कोणदेव की देखरेख में शिवाजी और इनकी माता को अपनी जागीर पर पूना भेज दिया। दादाजी कोणदेव के ही निरीक्षण में शिवाजी की शिक्षा का प्रबंध किया गया। अन्य भारत-संतानों की भाँति महाराष्ट्र लोग भी—विशेषतः क्षत्रियवंशवाले—पढ़ने-लिखने ही में सारी विद्याओं की इतिश्री नहीं समझ बैठते थे। पढ़ना-लिखना सीखने की अपेक्षा वीरपुरुषों के योग्य गुण सीखने में उनका उत्साह कहीं अधिक था। अतएव शिवाजी ने दादाजी के अधीन रहकर घुड़सवारी, तीर, बर्छा तथा तलवार इत्यादि चलाना थोड़े ही दिनों में भली भाँति सीख लिया। इनके अभिभावक दादाजी ने युद्धकला तथा राजकीय शिक्षा देने में कोई बात उठा न रखी। बस, थोड़े ही दिनों में शिवाजी के हृदय पर स्वजाति-सेवा, स्वधर्म-श्रद्धा तथा स्वदेश-प्रेम की छाप पड़ गई। इतना ही नहीं, दादाजी की कृपा से छोटी ही अवस्था में इन्होंने सेना रखकर जागीर की रक्षा करने, उसकी मालगुजारी का हिसाब-किताब रखने तथा भली भाँति उसके प्रबंध-संचालन की कुशलता भी प्राप्त कर ली। इसी शिक्षा से प्रभावित हो वीरकेसरी शिवाजी महाराष्ट्र के क्षेत्र में उतरे।

मावली जाति पर शिवाजी का बड़ा विश्वास और स्नेह था, क्योंकि वे बड़े ही लड़ाकू, साहसी तथा परिश्रमी होते थे। उन्हीं के लड़कों को साथ ले शिवाजी जंगलों एवम् पहाड़ों में घूमते और शिकार खेलते थे। यों ही घूमते-घूमते ये थोड़े ही दिनों में पहाड़ी मार्गों से पूर्ण परिचित हो गए। धीरे-धीरे इनके साथियों की संख्या बढ़ती गई और कुछ ही दिनों में इन्होंने छोटी-सी पलटन बनाकर १९ वर्ष की वय में तोरन का विकट पहाड़ी दुर्ग ले लिया। फिर क्या था, एक के पश्चात् दूसरे दुर्ग सर होने लगे। यहाँ तक कि बीजापुर राज्य की अनेक गढ़ियों पर भी इन्होंने अपना झंडा गाड़ ही दिया।

शिवाजी की शक्ति का बढ़ना बीजापुर की सरकार सह न सकी। उसने इनके पिता शाहजी को बीजापुर में कैद कर लिया और कहला भेजा कि जब तक शिवाजी अपनी यह करतूत न त्यागेगा शाहजी कैद रहेंगे। इसपर शिवाजी ने पिता के कारागार से मुक्त होने तक बीजापुर के इलाकों पर धावा करना स्थगित कर दिया। शाहजी मुक्त हो गए। उनके मुक्त होते ही शिवाजी ने पूर्ववत् कार्य आरंभ कर दिया। इधर अपने राज्य पर दिनोंदिन शिवाजी का अधिकार बढ़ते देख बीजापुर-नरेश ने अपने प्रधान सेनापति अफजल खाँ को इनका दमन करने को भेजा। उस समय शिवाजी प्रतापगढ़ में थे। इन्होंने इस अवसर पर उसकी बड़ी सेना से युद्ध ठानना ठीक नहीं समझा। अतएव अफजल खाँ को कहलाया कि मैं तो बीजापुर राज्य का साधारण सेवक हूँ, मुझमें आपसे युद्ध करने का साहस नहीं। हाँ, आज तक मैंने जो कुछ किया है उसे आप भूल जायँ, तो मैंने जितने किले लिए हैं सब छोड़ दूँ। अफजल खाँ ने समझा, शिवाजी सचमुच क्षमा माँग रहे हैं। अस्तु, गोपीनाथ पंत के द्वारा शिवाजी और अफजल खाँ में परस्पर कुछ परामर्श करने के लिए भेंट की बात ठहरी। भेंट करने की शर्त यह थी कि दोनो व्यक्ति केवल एक-एक अर्दली लेकर किले के नीचे किसी डेरे में मिलें। ऐसा ही हुआ। शिवाजी ने आकर बड़ी नम्रता और शिष्टाचार के साथ उठकर अफजल खाँ का स्वागत किया। पर ज्यों ही गले मिलने लगे त्यों ही अफजल खाँ ने इन पर आघात करने के लिए अपनी तलवार खींच ली। यह देखकर शिवाजी ने अपना बघनखा निकालकर अफजल के कलेजे में भोंक दिया। वहीं उसका काम तमाम हो गया। थोड़ी ही देर में शिवाजी की सेना ने बीजापुर की सेना को भी वहाँ से मार भगाया। इसके पश्चात् बीजापुर की सरकार ने दो बार फिर शिवाजी को दबाने की चेष्टा की, किंतु व्यर्थ।

बीजापुर की ओर से निश्चित हो शिवाजी ने मुगलों से लड़ाई ठानी और उनके किलों पर अधिकार करना प्रारंभ किया। औरंगजेब ने दक्षिण के सूबेदार शाहस्ता खाँ को शिवाजी से लड़ने को भेजा। शिवाजी ने इतने प्रबल शत्रु से इस प्रकार लड़ना ठीक न समझा। ये रायगढ़ छोड़ सिंहगढ़ में चले गए। इधर शाइस्ता खाँ को अच्छा मौका मिला। उसने महाराष्ट्र का उत्तरी भाग अपने अधीन कर पूना पर अधिकार कर लिया और उसी महल में रहने लगा जिसको दादाजी कोणदेव ने शिवाजी तथा इनकी माता के रहने के लिए बनवाया था। एक दिन अच्छा अवसर देख शिवाजी रात्रि के समय केवल २५ सिपाहियों को लेकर किसी बरात के साथ पूना में घुस गए और सीधे महल में जा धमके। शिवाजी ने जाते ही उसे ललकारा। शाहस्ता खाँ इस अकस्मात् आक्रमण से घबरा उठा। उससे कुछ करते-धरते न बना। वह उठकर खिड़की के रास्ते कूदकर भागा। कूदते समय किसी मरहठे की तल-

वार से बेचारे की अँगुली उड़ गई। शाहस्ता खाँ पूना से दुम दबाकर भाग गया। शिवाजी आनंद-ध्वनि करते हुए सिंहगढ़ लौटे। प्रातःकाल होते ही मुगल सवारों ने शिवाजी को सिंहगढ़ में घेर लिया। शिवाजी ने उन्हें किले के पास तक बेखटके आने दिया। पर ज्यों ही वे किले के पास पहुँचे उन पर गोलाबारी करनी आरंभ की। बहुत-से मुगल सैनिक धराशायी हो गए। कुछ बचे-बचाए वहाँ से भाग खड़े हुए। इस विजय से शिवाजी की ख्याति और भी बढ़ गई। अब ये औरंगजेब की आँखों में करकने लगे।

इस विजय के बाद शिवाजी दूर-दूर तक धावा मारने लगे। सं० १७२१ वि० में इन्होंने सूरत के समृद्धिशाली नगर को लूटा। सूरत-विजय के बाद ये रायगढ़ के किले में चले आए। यहाँ आते ही इन्हें समाचार मिला कि इनके पूज्य पिता शाहजी का शरीरांत हो गया। शिवाजी ने सिंहगढ़ में आकर विधिपूर्वक पिता का श्राद्ध किया और ये पुनः रायगढ़ में लौट आए। इनकी ख्याति प्रतिदिन बढ़ती जाती थी और ये नित्य नए-नए देश अपने राज्य में मिलाते जाते थे।

उधर औरंगजेब ने अंबराधिपति महाराजा जयसिंह और दिलेर खाँ को शिवाजी पर चढ़ाई करने के लिए भेजा। शिवाजी ने उनकी बड़ी सेना से युद्ध करना उचित नहीं समझा। इन्होंने संधि की बातचीत आरंभ कर दी। संधि हो गई। शिवाजी ने संधि की सारी शर्तें स्वीकार कर लीं। इस प्रकार आई हुई बला टल गई। पर औरंगजेब कब माननेवाला था। उसने सं० १७२३ वि० में शिवाजी को अपने दरबार में बुलाने के लिए निमंत्रण-पत्र भेजा। शिवाजी अपने पुत्र संभाजी, पाँच सौ सवार तथा एक सहस्र मावली सेना साथ ले मुगल-दरबार में पहुँचे। किंतु दरबार में पहुँचते ही औरंगजेब का असली रूप प्रकट हो गया। उसने शिवाजी को साधारण सरदारों में बैठाना चाहा। स्वाभिमानी शिवाजी ने इसे स्वीकार नहीं किया। क्रोध से आँखें लाल हो गईं। ये तुरंत उसे बिना सलाम किए ही अपने डेरे को लौट आए।

हाथ में आए हुए इतने बड़े शत्रु को औरंगजेब कब छोड़ सकता था। उसने शिवाजी को पुत्रसहित नजरबंद कर लिया। शिवाजी ने जब छुटकारे की कोई सूरत नहीं देखी तो बीमारी का बहाना किया। प्रतिदिन बड़े-बड़े टोकरों में मिठाई भर-भरकर इनके डेरों से आती और भिक्षुकों को बाँट दी जाती। एक दिन मिठाई के इन्हीं टोकरों में बैठकर पिता-पुत्र दोनो बेधड़क नगर के बाहर निकल आए। वहाँ दो घोड़े तैयार थे। झट उनपर सवार हो मथुरा चले गए। फिर वहाँ से साधु का वेश धारण कर स्वयम् तो दक्षिण चले गए और संभाजी को वहीं अपने एक मित्र के यहाँ छोड़ दिया। दिल्ली की दीवारों से बाहर होने के बाद फिर शिवाजी ने जीते जी कभी औरंगजेब का विश्वास नहीं किया।

दिल्ली से लौटकर शिवाजी ने अपने सब किले ले लिए और फिर से अपना राज्य-विस्तार आरंभ कर दिया। अब इनके लिए मैदान साफ था। शीघ्र ही इन्होंने अपना राज्य-विस्तार पहले से कहीं अधिक कर लिया और कई मुसलमानी रियासतों से ये चौथ भी वसूल करने लग गए। जब राज्य का विस्तार अधिक हो गया तो इन्होंने उसके प्रबंध पर ध्यान देना आरंभ किया। राजा की उपाधि तो शिवाजी ने पहले ही ग्रहण कर ली थी और अपने नाम का सिक्का भी प्रचलित कर दिया था, किंतु अब इन्होंने शास्त्रानुसार अपना अभिषेक कराने का विचार किया। एतदर्थ काशी से वैदिक पंडित गोगा भट्ट को बुलवा भेजा। इस प्रकार सं० १७३१ वि० में शिवाजी का राज्याभिषेक रायगढ़ में बड़े समारोह के साथ संपन्न हुआ। इन्होंने अपनी उपाधि 'छत्रपति महाराज शिवाजी भोंसले' रखी।

शिवाजी केवल रणकुशल वीर ही नहीं थे, अपितु शासन-प्रबंध में भी प्रगाढ़ पांडित्य प्राप्त कर चुके थे। इनके यहाँ 'अष्टप्रधान' नाम की सभा थी, जिसमें ८ सदस्य पेशवा, पंत, अमात्य, पंत-सचिव, मंत्री, सेनापति, सुमंत, न्यायाधीश और पंडितराव थे। प्रत्येक सदस्य के अधीन एक एक विभाग था। शासन-प्रबंध के अतिरिक्त शिवाजी का सैनिक-प्रबंध भी प्रशंसनीय था। युद्ध के लिए इनके पास जल तथा स्थल दोनो प्रकार की सेनाएँ थीं। सरकारी कर्मचारियों को वेतन राज्य के कोष से मिलता था।

शिवाजी तेजस्वी योद्धा तथा प्रतिभाशाली शासक थे। हिंदू-धर्म पर असीम श्रद्धा थी। गो-ब्राह्मणों की रक्षा, साधु-संतों की सेवा तथा धार्मिक संस्थाओं का पुनरुद्धार ही इनके जीवन का एकमात्र लक्ष्य था। जहाँ शिवाजी की हिंदू धर्म पर श्रद्धा थी वहाँ मुसलमान-धर्म से इन्हें द्वेष नहीं था, अपितु कुरान और मसजिदों को ये आदर की दृष्टि से देखते थे। इस प्रकार स्वधर्म और स्वजाति-सेवा तथा दीन-दुखियों की रक्षा करते हुए लोगों के हृदय में जगमगाती हुई नवीन जीवनज्योति को मलिन कर सं० १७३८ वि० में शिवाजी ने शरीर त्याग दिया।

इतिहास से समन्वय

यद्यपि भूषण ने शिवाजी का चरित्र यथाक्रम नहीं लिखा तथापि उनकी प्रकीर्ण रचना में ऐसे सूक्ष्म संकेत हैं जिनका इतिहास से पूरा समन्वय है। संपूर्ण ऐतिहासिक सामग्री का आलोड़न किए बिना हिंदी में कुछ महाशयों द्वारा ऐतिहासिक दृष्टि से अपने नूतन पक्ष की स्थापना करने का फल यह हुआ कि श्रीयदुनाथ सरकार ने अपने 'शिवाजी' नामक ग्रंथ में इधर भूषण की रचना में कथित इतिहास-संबंधी उक्तियों की प्रामाणिकता पर संदेह करते हुए लिख दिया कि कुछ लोग इसको इतिहास के लिए अप्रामाणिक मानते हैं।

काव्य न इतिहास होता है न होना ही चाहिए। दोनो में पार्थक्य ही क्या रहेगा। काव्य में जो तथ्य व्यंजना से द्योतित होता है इतिहास में वह स्पष्ट कथित रहता है। पर काव्य में अलंकार अव्यंग्य अर्थात् अल्पव्यंग्य होते हैं। अतः भूषण की कृति में आलंकारिक सजावट के भीतर इतिहास के तथ्य ज्यों के त्यों रखे हैं। कुछ उदाहरण दिए जाते हैं—

(१) सूरत को मारि बदसूरत सिवा करी—एवरी थिंग एक्जिस्टिंग इन सूरत वाज दैट डे रिड्यूस्ड टु ऐशेज एंड मेनी कंसीडरेबुल मरचेंट्स लॉस्ट आल् दैट दि एनिमी हैड नाट प्लंडर्ड थ्रू दिस टेरिबुल फायर, नैरोली इस्केपिंग विद देयर लाइव्ज—(फारेन बायग्राफीज आव् शिवाजी, पृष्ठ ३६१)।

(२) होरी सी जराय सिवा सूरत फनाँ करी—मीन ह्वाइल दि बर्निंग एंड ब्लेजिंग, दि वीपिंग, वेलिंग एंड लैमेंटिंग आव् दि अनहैपी पीपुल ऐबेंडंड इन दि टाउन वेयर टेरिबुल टु सी एंड हियर, आल्सो, इन स्पाइट आव् दि आलरेडी ग्रेट डेंजर काज्ड बाइ कनफ्लेग्रेशन, शिवाजीज पीपुल कंटीन्यूड टु आग्मेंट विथ फ्रेश फुएल (वही, पृष्ठ ३६१)।

(३) सोचच्चकित भरोचच्चलिय विमोचच्चखजल—वन मे इंडीड वंडर दैट सो पापुलस ए टाउन शुड सो पेशेंटली सफर इटसेल्फ टु बी प्लंडर्ड बाई ए हैंडफुल आव् मेन नो सूनर शिवाजी ऐपियर विद हिज स्माल बाडी आव् मेन; बट आल फ्लेड सम टु दि कंट्री टु सेव देमसेल्वज ऐट बरोच, एंड अदर्स टु दि कैसिल, ह्विदर दि गवर्नर रिट्रीटेड विद दि फर्स्ट (वही, पृष्ठ १७९)।

(४) ऐसो ऊँचो दुरग महाबली को जामें नखतावली सों बहस दीपावली करति है—इट वाज सो हाई ऐंड लाफ्टी दैट इट कुड बी सीन फ्राम दि ऐडजेसेंट कंट्री टु दि डिस्टेंस आव् मेनी लीग्ज, इट वाज सिचुएटेड थर्टीन लीग्ज फ्राम दि सी × × × इट वाज सो शेप्ड दैट फ्राम दि हाइएस्ट टाप आव् दि स्टीप हिल कुड बी सीन एवरी प्लेस राउंड इट्स बेस. (वही, पृष्ठ २०)।

वी रिसीव्ड आर्डर टु ऐस्सेंड अप दि हिल इन टु दि कैसिल, दि राजा हैविंग एनार्डर्ड अस ए हाउस देयर, ह्विच वी डिड, लीविंग पंचरा अबाउट थ्री आव् दि क्लाक इन दि आफ्टरनून, वी अराइव्ड ऐट दि टाप आव् दैट स्ट्रांग माउंटेन अबाउट सनसेट (वही, पृष्ठ ४६१)

(५) जहाँ पातसाही तहाँ दावा सिवराज को—ही हैज वाउड टु हिज पगोद नेवर टु शीद हिज शोर्ड टिल ही हैज रीच्ड डिल्ली एंड शटअप औरंगशा इन इट. मोरापंत, वन आव् हिज जेनरल्स हैथ आल्सो आव् लेट प्लंडर्ड त्र्यंबक नस्सेर एंड अदर कंसीडरेबुल प्लेसेज विदिन दि मुगल्स टेरिटरीज ह्विच हैथ ऐडेड मच टु हिज ट्रेजर. (वही पृष्ठ ४७५-७६)।

(६) भौंसिला भुवाल साहितनैगढ़पाल दिन द्वैहू ना लगाए गढ़ लेत पंचतीस को। सरजा सिवाजी जयसाह मिरजा को लीबे सौगुनी बड़ाई गढ़ दीन्हे हैं दिलीस को।

ए डिस्कशन अरोज अबाउट दि फोर्ट्'स, एंड इट वाज फाइनली सेटेल्ड दैट आउट आव् दि थर्टी फाइव फोर्टस्, दैट ही पजेस्ड, दि कीज़ आव् ट्वेंटी थ्री शुड बी गिवेन अप, विद देयर रेवन्यूज़, अमाउंटिंग टु टेन लैक्स आव् हुन्स ऑर फोर्टी लैक्स आव् रूपीज़. (सोर्सबुक आव् मराठा हिस्ट्री—खफी खाँ, पृष्ठ १४७)।

(७) दंत तोरि तखत तरे तें आयो सरजा।

तत्सर्वं स्वामिभिस्तावन्न श्रुतं वा न वीक्षितम्।
भवतामग्रतोत्युग्रै। सभार्यां तैर्महत्तरैः॥
यशद्दादशसाहस्रैरश्ववाराधिपैः स्थितम्।
तत्राप्यशस्त्रककरः क्रूरत्वं न विमुक्तवान्॥

—पर्णालपर्वतग्रहणाख्यान, अध्याय २, श्लोक ३६–३७।

(८) पर्‍यो रह्यो पलँग परेवा सेवा ह्वै गयौ।

द्रष्टव्यं स्वामिभिस्तत्र यद्यत्येन रक्षितः।
तथापि पक्षिवत्तूर्णं पुत्रेण सह निर्गतः॥

—पर्णालपर्वतग्रहणाख्यान, अ० २, श्लो० ३८।

(९) साहि निजाम सखा भयो, दुग्ग देवगिरि खंभु।

एतस्मिन्नेव समये दुर्गं देवगिरिं श्रयन्।
निजामशाहो धर्मात्मा पालयामास मेदिनीम्॥

—शिवभारत, अध्याय १, श्लोक ५९।

(१०) दानव आयो दगा करि जावली दीह भयारो महामद मार्‍यो।

इत्थ चेतसि चिन्तितं बत निजे म्लेच्छेन तेनच्छलम्।
तद्विज्ञाय शिवः स एष सकलं सद्यस्तदीयं फलम्॥
सरभं दासुमथोद्यतो युधि यथा वक्ष्यामि सर्वं तथा।
मन्ये तद्यशसा सुधामधुकथा पीयूषवार्ता वृथा॥

—शिवभारत, अध्याय २०, श्लोक ६५।

बलादफजलं नाम दनुजं हन्तुमुद्यतः।
प्रस्थितोऽमित्रविजयी जयवल्लीं यदा शिवः॥

—शिवभारत, अध्याय २३, श्लोक ७।

(११) सिंह थरि जाने बिन जावली जँगल भठी, हठी गज एदिल पठाय करि भटक्यौ।

जयवल्लीवनं घोरं गृहं कण्ठीरवस्य मे।
विशन्निधनमागन्ता द्विषन्नफजलो गजः॥
—शिवभारत, अ० १८, श्लो० ३६।

आलंकारिक प्रयोगों की लपेट में पड़े हुए कुछ ऐतिहासिक तथ्यों की भी बानगी लीजिए—

(१) ऊँचे सुछज्ज छटा उचटी प्रगटी परभा परभात की मानौ।

पंक्ति 'सिंहगढ़' के प्रसंग की है। ऐतिहासिक तथ्य के बिना जाने 'ऊँचे सुछज्ज छटा उचटी' का अर्थ नहीं लग सकता। तानाजी मालसरे ने अँधेरी रात में सिंहगढ़ पर आक्रमण किया था। जब मरहठों ने किले पर आधिपत्य स्थापित कर लिया तो घुड़सवारों की झोपड़ियाँ जलाकर उसके प्रकाश द्वारा शिवाजी को विजय की सूचना दी थी। शिवाजी उस समय सिंहगढ़ से साढ़े चार कोस की दूरी पर राजगढ़ में थे। इसी प्रकाश को उक्त पंक्ति में लक्ष्य किया गया है।

(२) आकुत महाउत सु अंकुस लै सटक्यौ।

'अंकुश' शब्द का प्रयोग श्लिष्ट है। याकूत खाँ, अंकुश खाँ आदि बीजापुरी योद्धा थे जो अफजल खाँ की सहायता कर रहे थे। जब अफजल खाँ मारा गया तो ये सब भाग गए। अपने अपमान का बदला लेने के लिए इन सबने शिवाजी से युद्ध करने की नई योजना बनाई, पर ये उसमें भी असफल रहे।

(३) ये अब सूबहु आवैं सिवा पर कालिह के जोगी कलींदे को खप्पर।

उक्ति बहादुर खाँ से संबद्ध है। उदाहरण छेकोक्ति का है, जहाँ अर्थांतर-गर्भ लोकोक्ति रखी जाती है। ऐतिहासिक तथ्य जाने बिना अभिप्रायांतर स्पष्ट नहीं हो सकता। इसी से कुछ लोगों ने इसे लोकोक्ति का उपयुक्त उदाहरण नहीं माना। बहादुर खाँ गुजरात का सूबेदार था। महावत खाँ के धीमे काम से असंतुष्ट होकर औरंगजेब ने इसे दिलेर खाँ के साथ शिवाजी को दबाने के लिए भेजा था। जब महावत खाँ और शाहजादा मुअज्जम दक्षिण से लौट आए तो यह ईसाई संवत् १६७२ में वहाँ का सूबेदार नियत किया गया। इसके कार्य से प्रसन्न होकर औरंगजेब ने जनवरी-फरवरी १६७३ ई० में इसे 'खाँ जहाँबहादुर' की उपाधि से विभूषित किया था। 'भूषण' का 'शिव भूषण' मई १६७३ ई० में समाप्त होता है। बहादुर खाँ की चढ़ाई को लक्ष्य करके इसी से उसे 'कालिह के जोगी' कहा गया है। जिन शिवाजी से शाइस्ता खाँ ऐसे पुराने और राजकाज में मँजे व्यक्ति भी हारकर भाग गए उन पर भला वह चढ़ाई करे और जीत जाय!

(४) 'भूषण' का एक छप्पय है—

बिज्जपूर-बिदनूर-सूर, सर-धनुष न संधहिं।
मंगल बिनु मल्लारि-नारि, धम्मिल नहिं बंधहिं॥
गिरत गब्भ कोटै गरब्भ, चिंजी चिंजाउर।
चालकुंड, दलकुंड, गोलकुंडा संका उर॥
'भूषन' प्रताप सिवराज तव, इमि दच्छिन दिसि संचरै।
मथुरा-धरेस धकधकत सो, द्रविड़ निबिड़ उर दबि डरै॥

नीचे की चार पंक्तियों का पाठ 'बंगवासी' प्रेस की प्रति में इस प्रकार है—

गरत गब्भ कोटै गरब्भ, चिंजी चिंजा डर।
चालकुंड, दलकुंड गोलकुंडा संका उर॥
'भूषन' प्रताप सिवराज तुव, इमि दच्छिन दिसि संचरहि।
मथुरा-धरेस धकधकत सो, द्रबिड़ निबिड़ डर दबि डरहि॥

स्वर्गीय गोविंद गिल्लाभाईजी ने गुजराती में 'शिवराजशतक' के नाम से 'भूषण' की १०० सुंदर कविताओं का संग्रह बहुत पहले निकाला था। भाईजी के पास शिवभूषण' की हस्तलिखित प्रति भी थी। उक्त 'शिवराज-शतक' में पूर्वोक्त चार पंक्तियों का पाठ यों है—

गिरत गर्भ कोटीन, गहत चिंजी चिंता उर।
चालकुंड, दलकुंड, गोलाकुंडा शंका उर॥
'भूषन' प्रताप शिवराज तुव, इमि दक्षिन दिसि संचरहि।
मथुरा-धरेस धकधक धकत, द्रविड़ निबिड़ अविरल डरहि॥

भाईजी ने गुजराती में प्रत्येक पद्य की टीका भी की है। उन्होंने 'गहत चिंजी चिंता उर' का अर्थ यों लिखा है—'चिंजी गामना लोको मन मा चिंता ग्रहण करे छे' (चिंजी ग्राम के लोग मन में चिंता करते हैं)। मिश्रबंधुओं की संपादित प्रति में सबसे पहला पाठ है और 'चिंजी चिंजा' का अर्थ 'लड़की लड़का' किया गया है।

'भूषण-ग्रंथावली' के अब तक कई संस्करण निकल चुके हैं। सबमें 'चिंजी चिंजा' का अर्थ लड़की लड़का' ही किया गया है। 'हिंदी-शब्दसागर' में भी यही अर्थ दिया गया है और 'भूषण' की उक्त पंक्ति उद्धृत कर दी गई है। 'शब्दसागर' में इसका मूल रूप संस्कृत का 'चिरंजीविन्' माना गया है। श्रीरामचंद्र गोविंद काटे महाशय ने अपने 'संपूर्ण भूषण' नामक मराठी संस्करण में मिश्रबंधुओं के अनुकरण पर वही पुराना अर्थ किया है। काटे महाशय ने अर्थ तो 'लड़की-लड़का' ही किया है, पर स्थल-सूची में 'चिंजाउर और चिंजी' देकर उक्त छंद की संख्या दी है। संभवतः उन्हें इनके स्थल होने का ज्ञान बाद में हुआ। कुछ लोग कहते हैं कि 'लड़की-लड़के' के लिए उक्त शब्दों का प्रयोग दक्षिण में होता है पर कोशों में यह अर्थ नहीं मिलता।

'शिवकालीन पत्रसार-संग्रह' में छत्रपति शिवाजी के समय के पत्रों का सारांश दिया हुआ है। इस पुस्तक के द्वितीय खंड के ७१५ पृष्ठ में एक पत्र दिया हुआ है जो इस प्रकार है—

"शिवाजी ने 'चेंजी, चेंजावर, पिलमदल आणि इतर कित्येक किल्ले घेतले' (शिवाजी ने 'चेंजी चेंजावर, पिलमदल और कितने ही अन्य किले ले लिए)।"

इस 'चेंजी, चेंजावर' से उक्त छंद की तीसरी पंक्ति का बहुत अधिक मेल है। वस्तुत: 'चेंजी चेंजावर' के दुर्ग ले लेने के कारण 'भूषण' का यह कहना कितना सटीक है—'गिरत गब्भ कोटै गरब्भ' (कोट के भीतर-गर्भ गिर जाते हैं)। 'भूषण' की उक्त पंक्ति का पाठ 'चिंजी चिंजा डर' अथवा 'चिंजी चिंता उर' न होकर 'चिंजी चिंजाउर' (चेंजी चेंजावर) ही रहा होगा, जो अर्थ न समझ सकने के कारण बदल गया। 'बंगवासी' प्रेस और 'वेंकटेश्वर प्रेस' की प्रति में ठीक पाठ है।

मिश्रबंधु महोदयों ने 'चिंजी' के स्थान-विशेष होने का विरोध किया है। वे 'चिंजी चिंता' की पाद-टिप्पनी में लिखते हैं—"लड़का-लड़की। इसका प्रयोजन जिंजी से नहीं है, क्योंकि जिंजी का वास्तविक नाम 'चंडी' था जो शब्द 'चिंजी चिंजा' से असंगद्ध है।" (—भूषण ग्रंथावली मूल, पृष्ठ १४६)।

किंतु 'जिंजी' का ही नाम 'चंडी, चिंजी और चेंजी' था। चिंजाउर या चेंजावर आधुनिक 'तंजौर' है। बा० सुरेंद्रनाथ सेन महोदय ने अँगरेजी में एक पुस्तक लिखी है जिसका नाम है 'फारेन बायग्राफीज आव् शिवाजी' (विदेशियों द्वारा लिखित शिव-चरित्र)। पुस्तक में ऐसे ऐसे लेखों और पत्रों का संग्रह है जो शिवाजी के संबंध में तत्कालीन विदेशियों के लिखे हैं। पुस्तक अत्यधिक प्रामाणिक मानी जाती है। स्वदेशी ऐतिहासिक वाङ्मय में प्रक्षिप्तांश के जोड़ देने की बहुत संभावना है, पर विदेशियों के लेखों में ऐसी घपलेबाजी नहीं हो सकती। उक्त पुस्तक में सेन महोदय ने स्पष्ट लिखा है कि 'चिंजी अथवा चिंडी, चंडी आधुनिक जिंजी है और चिंजाउर, चेंजावर, चिंडीवर अथवा चंडावर आधुनिक 'तंजौर'। वे पृष्ठ ४७५ में चिंडी (या चंडी) और चिंडावर (या चंडावर) की पाद-टिप्पनी में लिखते हैं—'जिंजी एंड तंजौर आर काल्ड चंडी एंड चंडावर इन मराठी' (जिंजी और तंजौर मराठी में चंडी और चंडावर कहे जाते हैं)। 'चंडी' और 'चंडावर' ही विकृत होकर जिंजी और तंजौर हो गए हैं। चंडी से चंजी हुआ, जैसे 'चंजी घेतली' (शिवकालीन पत्रसार-संग्रह, खंड २, पृष्ठ ७१४) और चंडावर से चंजावर जैसे—या निमित्य तुम्हाला चंचाउरास जावयाचा निरोप दिधला (शिवकालीन पत्रसार-संग्रह, खंड २, पृष्ठ ७१४)। चंजी से चेंजी या चिंजी और चंजाउर से चेंजावर या चिंजाउर हो गया। (चेंजी के लिए देखिए 'फारेन बायग्राफी आव् शिवाजी पृष्ठ ४७३)। चिंजी से जिंजी

शब्द बना है, चंजावर से तंजावर ('तंजावर च्या' शिवकालीन पत्रसार-संग्रह; पृष्ठ २२५) और अब तंजौर। शिवाजी ने जिंजी और तंजौर के किलों पर चढ़ाई की थी और उन्हें जीता था। इसका वर्णन ऐतिहासिक ग्रंथों से स्पष्ट ही है। अतः उक्त पद्य की तीसरी पंक्ति का पाठ 'चिंजी चिंजाउर' ही है। इतिहास की दृष्टि से अर्थ 'जिंजी' और 'तंजौर' ही है।

विस्तार से विवेचन न कर नीचे ऐतिहासिक महत्त्व के भूषण-वर्णित या कथित प्रमुख व्यक्तियों, स्थलों और घटनाओं का इतिहास से समन्वय संक्षेप में दिखाया जाता है, अधिकतर शिवभूषण में आए व्यक्तियों-स्थलों का। नीचे अकारादि क्रम से उल्लेख किया जाता है। सन्-संवत् का निर्देश भी यथावश्यक किया गया है। शिवभूषण में कथित सारी घटनाएँ उसके निर्माण-संवत् १७३० के पूर्व की हैं। अँगरेजी इतिहासों से सारी सामग्री एकत्र करनी पड़ी है। अतः ईसाई संवत् का ही व्यवहार करना यहाँ सुविधाजनक दिखाई पड़ा। जिनके संबंध में समय का विवाद उठाया गया है उनका विवरण कुछ विस्तार से दिया जाता है—

अफजल खाँ—१६५७ ई० में जब औरंगजेब उत्तर भारत लौट गया तो बीजापुर की सरकार को शिवाजी की बढ़ती शक्ति का दमन करने की सूझी। यह कार्यभार अफजल खाँ को सौंपा गया, जो तुरंत ही मुगलों से बड़ी बहादुरी से लड़ चुका था। यह बीजापुर राज्य के मुख्य सरदारों तथा सेनापतियों में से था। यह १०००० सेना लेकर शिवाजी को परास्त करने चला। मार्ग में कई किले लेता हुआ तथा तुलजापुर की देवी का मंदिर भ्रष्ट करता हुआ यह प्रतापगढ़ के पास पहुँचा। शिवाजी ने इससे खुले मैदान में लड़ना उचित नहीं समझा। अंत में संधि की ठहरी। यह अपने पड़ाव 'पार' ग्राम से प्रतापगढ़ की ओर शिवाजी से एकांत में मिलने के लिए आया। यह बड़े ऊँचे डील-डौल का था और शिवाजी नाटे थे। इसने शिवाजी को छाती से लगाते समय तलवार से मार डालना चाहा। शिवाजी ने अपना बघनखा निकालकर इसके कलेजे में भोंक दिया। वहीं यह समाप्त हो गया। इसके अनंतर शिवाजी की सेना जंगल से निकलकर बीजापुरी सेना पर टूट पड़ी और उसे मार भगाया। इस घटना से शिवाजी की धाक जम गई। अब सभी उनसे थरथर काँपने लगे। यह घटना सितंबर १६६५ ई० में हुई थी।

अब्बास शाह—शाह अब्बास द्वितीय फारस का बादशाह था। जब दिल्ली का सिंहासन प्राप्त करने के लिए दारा, औरंगजेब आदि में युद्ध चल रहा था तब इसने दक्षिण की दो शीया रियासतों को जोड़ देने का परामर्श दिया था। औरंगजेब के सिंहासनारूढ़ होने पर इसने बुदक बेग (फौजी कप्तान) को दूत बनाकर भेजा और औरंगजेब को बधाई दी। राजदूत २२ मई १६६१ ई० को प्रथम बार दरबार में दाखिल हुआ। बधाई के पत्र में

यह भी इच्छा प्रकट की गई थी कि शाह औरंगजेब को हर तरह से सहायता देने को तैयार है। औरंगजेब ने उत्तर में लिखा कि ईश्वर के अतिरिक्त और किसी से सहायता की अपेक्षा नहीं। इसपर शाह ने औरंगजेब को बहुत फटकारा और मुगल राजदूत तरबियत खाँ को पत्र देकर भेजा, जिसमें साफ शब्दों में लिखा था कि तुम आलमगीर नाम मात्र के हो। जब शिवाजी जैसे छोटे जमींदार तक को नहीं दबा सकते तो आलमगीर क्यों बनते हो। इस पत्र में हुमायूँ की सहायता की चर्चा भी थी। यह उत्तर सितंबर १६३६ ई० को औरंगजेब के पास आगरे में पहुँचा था।

अमरसिंह—अमरसिंह चंदावत और बहुत से दूसरे राजपूत अफसर राजपूतों की सेना लेकर दक्षिण भेजे गए (१६७१ ई०)। अमरसिंह चंदावत, इखलास खाँ मियाना और दूसरे सरदारों ने सलहेर का दुर्ग घेर लिया। इसी बीच में प्रतापराव, आनंदराव और मोरोपंत पेशवा ने सलहेर पर आक्रमण किया। घमासान युद्ध के पश्चात् इखलास खाँ और मोहकमसिंह (राव अमरसिंह चंदावत के पुत्र) आहत हुए। राव अमरसिंह स्वयम् सुरधाम सिधारे। इसके अतिरिक्त लगभग ३० प्रधान सेनापति तथा कई सहस्र साधारण सैनिक स्वाहा हो गए। यह घटना जनवरी-फरवरी १६७२ ई० में की है।

अल्लिफते—यह 'अबुल फतह' (अब्लफते) जान पड़ता है। यह शाइस्ता खाँ का लड़का था। जिस समय शिवाजी ने रात के समय पूना में शाइस्ता खाँ पर आक्रमण किया था उस समय यह सबसे पहले अपने पिता की सहायता करने को दौड़ा। दो-तीन मरहठों को मारने के पश्चात् स्वयम् मारा गया। घटना ५ अप्रैल १६६३ ई० की है।

इखलास खाँ—दिलेर खाँ को ताप्ती नदी के किनारे तक खदेड़कर औरंगाबाद लौटने पर शाहजादा मुअज्जम को 'सूरत की दूसरी लूट' (१६७० ई०) का पता लगा। उसने तुरंत बुरहानपुर से दाऊद खाँ को बुलाकर शिवाजी को परास्त करने के लिए सूरत की ओर भेजा। दाऊद खाँ के साथ इखलास खाँ मियाना (बीजापुरी पठान सरदार का लड़का) भी था। चंडोरा के पास प्रातःकाल पहाड़ी पर चढ़कर उसने देखा तो मैदान में मरहठे लड़ने को तैयार खड़े थे। जब तक इसके सिपाही हथियार बाँधें इसने कुछ चुने हुए सिपाहियों को लेकर मरहठों पर आक्रमण कर दिया। प्रतापराव गूजर ने इसे आहत करके घोड़े से गिरा दिया। बहादुर खाँ ने स्वयम् वहीं आहत खाँ साहब की रक्षा की। इसके बाद दाऊद खाँ का एक और सेनापति मीर अब्दुल मऊद मरहठों के हाथों घायल हुआ और उसका एक लड़का भी मारा गया। मरहठों ने उसका झंडा और घोड़ा छीन लिया। दाऊद खाँ लौट गया। यह डिंडोरी के युद्ध के नाम से प्रसिद्ध है (१६७० ई०)।

उदैभान राठौर—यह राजपूत सेनापति सिंहगढ़ (कोंडाना) का किलेदार और बड़ा ही साहसी तथा पराक्रमी वीर था। ४ फरवरी १६७० ई० को तानाजी मालसरे ने ३०० मावली सेना लेकर अँधेरी रात में, कुछ कोली पथ-प्रदर्शकों द्वारा, जो भली भाँति सब स्थानों को जानते थे, सिंहगढ़ पर आक्रमण किया। द्वार-रक्षकों को मारकर कमंद के सहारे मरहठी सेना किले पर चढ़ गई। मावली सेना की 'हर-हर महादेव' ध्वनि से किले की सारी सेना में आतंक छा गया। तानाजी तथा उदैभान राठौर ने एक दूसरे को युद्ध के लिए आहूत किया। दोनों वीर लड़ते-लड़ते मारे गए। तानाजी की मृत्यु से मरहठी सेना आतंकित हो गई। किंतु तानाजी के भाई सूर्यजी मालसरे ने उसको उत्साह दिया। सेना फिर लड़ने लगी और थोड़ी ही देर में संपूर्ण किले को अपने कब्जे में कर लिया। १२०० राजपूत मारे गए और बहुत से उस पहाड़ी किले पर से भागने में नष्ट हो गए। इसके पश्चात् मरहठी सेना ने घुड़सवारों की झोपड़ियों में आग लगा दी। उसके उजाले से शिवाजी को किले पर विजय प्राप्त हो जाने की सूचना मिल गई।

करन या कर्णसिंह (राव)—बीकानेर के महाराजा रायसिंह के पुत्र महाराजा करनसिंह जो १६३२ ई० में गद्दी पर बैठे थे और लगभग १६७४ ई० तक राज्य करते रहे। शाहजहाँ के राज्यकाल के अंतिम वर्षों में ये शाहजहाँ के साथ दक्षिण-विजय करने गए थे। लेकिन उसके कैद हो जाने पर ये दारा के पक्ष में हो गए। बादशाही कर देना तथा बादशाह के यहाँ जाना भी बंद कर दिया। अगस्त १६६० ई० में ६००० सेना लेकर अमीर खाँ इनको परास्त करने को भेजा गया। राजा की हार हुई। इन्हें बादशाह के यहाँ आकर क्षमा माँगनी पड़ी। फिर ये दूसरे वर्ष जनवरी में तीनहजारी बनाकर २००० फौज देकर दक्षिण भेज दिए गए।

कर्नाटक—'शिवभूषण' के तीन छंदों में 'कर्नाटक' का नाम आया है।

१—करनाट हबस फिरंगहू बिलायत बलख रूम अरि-तिय छतियाँ दलति हैं।

२—ले परनालो सिवा सरजा करनाटक लौं सब देस बिगूँचे।

३—पेसकसैं भेजत बिलायत पुरुतगाल, सुनिकै सहमि जात करनाट-थली है।

इन तीनों में 'कर्नाटक' तक शिवाजी की धाक फैलने का उल्लेख है। केवल दूसरे में परनाले से कर्नाटक तक के देशों को रौंद डालना कथित है। वर्णन से कहीं भी कर्नाटक-विजय अथवा कर्नाटक की चढ़ाई का संकेत तक नहीं मिलता। पहले और तीसरे उद्धरणों में तो धाक से डरना मात्र है। दूसरे में 'कर्नाटक लौं सब देस बिगूँचे' का यह अर्थ कदापि नहीं हो सकता कि 'कर्नाटक' पर चढ़ाई कर दी गई और उस पर विजय हो गई। इसका तात्पर्य 'कर्नाटक' की सीमा तक पहुँचने का ही जान पड़ता है। इस पर यह जिज्ञासा

इतिहास की अनभिज्ञता है कि 'वह सन् १६७७ (सं० १७३४ वैक्रम) से पूर्व कभी कर्नाटक की पश्चिमी बाहरी सीमा पर भी पहुँचे थे ? सीमा को भी छोड़ दीजिए; वहाँ से सैकड़ों मील के अंतर पर कृष्ण नदी के किनारे पर भी कभी नहीं पहुँचे।' इस अनभिज्ञता का कारण स्पष्ट है। पूर्वी और पश्चिमी कर्नाटक को पृथक् नहीं माना गया। पश्चिमी कर्नाटक पर 'शिवभूषण' के निर्माणकाल सं० १७३० (१६७३ ई०) के पूर्व कई बार आक्रमण हो चुका था। श्री यदुनाथ सरकार दोनो कर्नाटकों का पार्थक्य करके इतिहास की चर्चा बहुत पहले ही कर चुके हैं। 'औरंगजेब के पाँचवें खंड में वे कहते हैं—'दि ईस्टर्न कर्नाटक एंड इट्स डिविजन्स—दि ईस्टर्न ऑर मद्रास कर्नाटक, ह्विच वी मस्ट डिस्टिंग्वश फ्राम दि वेस्टर्न कर्नाटक ऑर दि कनारीस्पीकिंग डिविजन ऑव् दि बांबे प्रेसीडेंसी एक्सटेंड्स फ्राम नियर दि फिफ्टीथ डिग्री ऑव् नार्थ लैटीट्यूड टु दि कावेरी रीवर इन दि साउथ'।

उन्होंने 'औरंगजेब' के पाँचवें भाग के पृष्ठ ४२ पर स्पष्ट शब्दों में लिखा है कि 'ऐट दि सेम टाइम दि मराठाज वेयर डिसटबिंग दि बेलगाँव एंड धारवार डिस्ट्रिक्टस् ऑव् दि वेस्टर्न कर्नाटक।' और 'दि एंपरर स्टिफेंड दि डिफेंस ऑव् कनारा, बाइ सेंडिंग हमीदुद्दीन खाँ टु बेलगाँव एंड मतलब खाँ टु धारवार ह्वाइल कासिम खाँ, दि फौजदार ऑव् बीजापुरी कर्नाटक ऑर नार्थ वेस्ट मैसूर, वाज रीइनफोर्संड एंड आर्डर्ड टु गार्ड बंकपुर एंड अदर प्लेसेज नियर इट इन ऐडीशन'।

इसलिए 'लौं' का चाहे 'मर्यादा' में अर्थ किया जाय चाहे 'अभिविधि' में ही, कोई अंतर नहीं पड़ता। यहाँ 'लौं' का मर्यादा में ही अर्थ ठीक पड़ता है। 'मर्यादा' और 'अभिविधि' क्या है और मर्यादा में ही क्यों अर्थ लिया जाय इसका विचार कुछ विस्तार चाहता है। व्रजभाषा में 'लौं और खड़ी बोली में 'तक' जिस अर्थ में कभी कभी प्रयुक्त होते हैं उसी अर्थ में संस्कृत का 'आ' प्रयुक्त होता है जिसके लिए पाणिनि का सूत्र है—'आङ् मर्यादाभिविध्योः' (२।१।१३)। इसका अर्थ है कि 'आ' (आङ्) का प्रयोग 'मर्यादा' और 'अभिविधि' दोनों में होता है। 'मर्यादा' का अर्थ है कि जिसके साथ 'आ' उपसर्ग का व्यवहार हो उस पदार्थ को छोड़कर अर्थ लिया जाय (तेन विना मर्यादा)। यदि उस पदार्थ का भी ग्रहण हो तो उसे 'अभिविधि' (तत्सहितोऽभिविधिः) कहते हैं। इसके क्रमशः उदाहरण हैं—आमरण और आबालवृद्ध। व्रजभाषा में 'लौं' का प्रयोग अधिकतर विस्तार का अर्थ द्योतन करने के लिए मर्यादा में ही होता है—

१—कमल कुलीनन के मुकुली करनहार, कानन की कोरन लौं कोरन रँगीन के।

—कवींद्र।

२—सावन में आवन सुनो है घनस्यामजू को, आगन लौं आय पायँ पटकि पटकि जात।

—घनस्याम।

३–है सखि संग मनोभव सो भट कान लौं बान सरासन ताने।

—पद्माकर।

प्रस्तुत प्रसंग में मर्यादा के बदले 'अभिविधि' अर्थ करने में बाधा होती है 'सब देस' से। यदि 'कर्नाटक लौं' के बाद 'सब देस' कर्म के रूप में व्यक्त न होता तो 'लौं' का प्रयोग मर्यादा और अभिविधि दोनो में माना जा सकता था। 'करनाटक लौ' के बदले 'करनाटक लै' होता तो स्पष्ट करनाटक भी बिगूँचे जानेवाले देशों में गिना जाता।

यह तो हुई 'कर्नाटक' की कथा, अब कृष्णा नदी के संबंध में विचार कीजिए। ग्रैंड डफ की पुरानी पुस्तक 'हिस्ट्री आव् दि महरट्टाज' के प्रथम खंड का पृष्ठ १४१ देखिए—'रुस्तमजमा हैड ओनली ३००० हार्सेज विद ए स्माल बाडी आव इन्फैंट्री, विद ह्विच ही वाज परमिटेड टु एडवांस टु दि नेबरहुड टु पनल्ला, ह्वेन शिवाजी इन परसन अटैक्ड हिम विद ग्रेट स्लाटर एंड परसूड हिम एक्रास दि कृष्णा (दिसंबर, १६५९)'।

ग्रैंड डफ की पुस्तक के अनंतर मरहठों के इतिहास की बहुत सामग्री मिल गई है। शिवाजी के आक्रमण कर्नाटक पर सं० १६७३ के पहले से ही होते रहे हैं और उनकी धाक से तभी से 'कर्नाटक-थली' आतंकित रहा करती थी। इसके प्रमाण विविध ग्रंथों से एकत्र किए जायँ तो वही भारी पोथा हो जाय। किंतु इस भ्रांति के निवारणार्थ निम्नलिखित कुछ प्रमुख मरहठों के इतिहास-संबंधी ग्रंथों के निर्दिष्ट पृष्ठों का अवलोकन किया जा सकता है—(१) सोर्स-बुक आव् मराठा हिस्ट्री, प्रथम खंड, पृष्ठ ५९–६१, (२) मुगल रूल इन इंडिया, पृष्ठ १३३–१३४, (३) दि लाइफ आव् शिवाजी महाराज, पृष्ठ १८०, २४४, ३३०, (४) औरंगजेब, चौथा खंड, पृष्ठ ४२, (५) इंगलिश रेकर्ड्स ऑन शिवाजी, प्रथम खंड, ४१४ वाँ पत्र, पृष्ठ ३०५।

इस भ्रांति का कारण यह भी है कि कर्नाटक का मानचित्र जो आज है वह पहले नहीं था। जो लोग कर्नाटक के अंतर्गत 'बिदनूर' को नहीं मानते उन्हें यह भ्रम होना ही चाहिए। बिदनूर भी कर्नाटक में ही था (इसके लिए देखिए, शिवभारत में कर्नाटक का चित्र, पृष्ठ ८०)। सवैये में 'परनालो लौं' भी ध्यान देने योग्य है। परनाला का किला लेने के बाद कर्नाटक तक के देश बिगूँचे गए हैं। परनाला का किला पहली बार २८ नवबंर, १६५९ को लिया गया और दूसरी बार ६ मार्च १६७३ ई० को। अतः निश्चित है कि भूषण ने कर्नाटक की सीमा तक या उसकी पश्चिमी सीमा तक में घुसकर लूटपाट मचाने का जो उल्लेख किया है वह इसी समय के अनंतर की ओर

इसी सिलसिले की घटना है। 'शिवभूषण' का निर्माण मई १६७३ ई० का है। अतः दूसरी बार परनाला लेकर भी यदि कर्नाटक तक के देश बिगूँचे गए हों तो भी विसंगति नहीं है।

शिवभूषण के उद्धृत छंदों के अतिरिक्त फुटकल रचना में कर्नाटक विजय की चर्चा है और वह १६७७-७८ ई० के बाद की रचना है।

कारतलब खाँ—सन् १६६१ ई० के आरंभ में शाइस्ता खाँ का ध्यान उत्तर कोंकण की ओर गया। यद्यपि इस्माइल नामक मुगल सैनिक ने कुछ स्थानीय मरहठे सरदारों और किलेदारों की सहायता से कोंकण प्रदेश के कुछ थोड़े स्थान को ले लिया था तथापि कल्याण जैसे प्रसिद्ध प्रसिद्ध स्थान ज्यों के त्यों शिवाजी के ही अधीन थे। शाइस्ता खाँ चाहता था कि शिवाजी की शक्ति का अस्तित्व कोंकण से मिटा दूँ। इसलिए उसने कारतलब खाँ उजबक के साथ, जो १६५७ से ही चारहजारी मनसब प्राप्त कर चुका था और हाल ही में परेंदा किले में फौज का कमांडर बनाया गया था, बहुत से अपने अधीनस्थ राजपूत तथा मुसलमान सरदारों को शिवाजी को परास्त करने को भेजा। पूना से चलकर लोहगढ़ होते हुए कारतलब खाँ भोरघाट के कुछ दक्षिण एक दर्रे की राह से कोंकण में उतरा। फौज के साथ तोपखाना तथा बहुत-सा सामान था। बेचारे सिपाही घने जंगल तथा ऊबड़-खाबड़ तंग पहाड़ी रास्ते में थके-मादे परेशान होकर चले जा रहे थे। कुछ तो आगे चले गए थे, कुछ पीछे थे। इसी बीच अचानक शिवाजी ने उनपर आक्रमण कर दिया। कुछ देर तक युद्ध होता रहा। सिपाही प्यास के मारे मर रहे थे। उनसे हिला तक नहीं जाता था। अंत में कारतलब खाँ को बहुत हानि उठाकर पराजय स्वीकार करनी पड़ी। जो कुछ सामान उसके पास था सब शिवाजी को देकर एक बड़ी रकम भी दी। तब कहीं बेचारे का पिंड छूटा। यह घटना ३ फरवरी १६६१ ई० की है।

किशोरसिंह—किशोरसिंह कोटा के राजा माधवसिंह के पुत्र थे। ये दक्षिण में मुगलों की ओर से लड़ने गए थे। १६७१ वाले सलहेर के युद्ध में अमरसिंह के मारे जाने पर मोहकमसिंह (अमरसिंह के लड़के) के साथ ये भी पकड़ लिए गए थे।

कुडाल—सावंतवाड़ी में ६-७ कोस उत्तर बंबई प्रांत में कुडाल नामक स्थान है। जिस समय शिवाजी ने कुडाल पर चढ़ाई की उस समय खवास खाँ काफी बड़ी सेना लेकर शिवाजी को पराजित करने आया। उधर बीजापुर के मुधोल के जागीरदार बाजी घोरपड़े, जिसने सन् १६४८ में जिंजी में शिवाजी के पूज्य पिता शाहजी को कैद किया था, खवास खाँ की सहायता करने को आया। शिवाजी ने इन दोनों में भेंट होने से पहले ही मुधोल पर आक्रमण कर दिया। घोरपड़े लड़ाई में मारा गया। मुधोल और घोरपड़े के १२०० घोड़े

शिवाजी के हाथ लगे। इसके बाद नवंबर १६६४ ई० में शिवाजी ने खवास खाँ को हराकर भगा दिया। इसके बाद बीजापुर के मददगार तथा कुडाल के जागीरदार लक्ष्मण सावंत देसाई से लड़ाई हुई। कुछ दिन लड़ने के पश्चात् लक्ष्मण सावंत जान लेकर जंगल में भाग गया। कुडाल शिवाजी के हाथ आ गया।

खवास खाँ—यह बीजापुर का सेनापति था। जिस समय जयसिंह ने शिवाजी पर चढ़ाई की थी उस समय यह भी मुगलों की मदद करने के लिए बीजापुर से बड़ी सेना लेकर आया था। पुरंदर की संधि हो जाने पर जब जयसिंह ने बीजापुर पर आक्रमण किया तब शिवाजी की फौज भी बीजापुर के आसपास उपद्रव मचाने लगी—'बैर कियो शिवाजी सो खवास खाँ डौंडियै सैन बिजैपुर बाजी।'

खानदौराँ—खानदौराँ उपाधि नौशेरी खाँ की थी। यह १६३४ ई० में दक्षिण का सूबेदार था। इससे सन् १६५७ ई० में अहमदनगर के पास शिवाजी से घोर युद्ध हुआ था। शिवाजी के बहुत से वीर मारे गए और घायल हुए। किंतु मुगल-सेना इतनी थक गई थी कि उसने शिवाजी का पीछा नहीं किया। इसके लिए औरंगजेब ने नौशेरी खाँ तथा दूसरे कर्मचारियों को जो उस समय दक्षिण में थे बहुत डाँट-फटकार बतलाई और लिखा कि जहाँ तक हो सके शिवाजी को तथा उसके देश को चौपट कर दो। किंतु बरसात आरंभ हो जाने से मुगल-सेना उस समय कुछ न कर सकी। इसके बाद खाँ साहब दिल्ली चले गए। फिर भी औरंगजेब को चैन न पड़ा। उसने अपने अफसरों को लिख भेजा कि शिवाजी से बहुत सचेत रहना। कहीं वह फिर न मुगलसीमा पर आक्रमण करे।

जयसिंह—शाइस्ता खाँ के आहत होने और सूरत के लूटे जाने पर औरंगजेब का दिल दहल उठा। उसने अपने सबसे बड़े सेनापति मिर्जा राजा जयसिंह को शिवाजी का दमन करने के लिए दक्षिण भेजा। मिर्जा राजा ९ जनवरी १६६५ ई० को हड़िया के पास नर्मदा नदी के पार पहुँचे। इनकी सहायता के लिए दिलेर खाँ, दाऊद खाँ कुरेशी, राजा रायसिंह सिसोदिया, इहतिशाम खाँ शेखजादा, कुबद खाँ, राजा सुजानसिंह बुंदेला, कीरतसिंह (जयसिंह के पुत्र), मुल्ला यहिया नवैयत (बीजापुर का सरदार जो मुगलों की ओर चला आया था) आदि बड़े-बड़े तथा अन्य बहुत से सेनानायक भेजे गए। जयसिंह ने ३ मार्च को पूना पहुँचकर महाराजा जसवंतसिंह से कार्य-भार ले लिया। ये १६१७ ई० में मुगल-दरबार में दाखिल हुए थे। तब से लेकर साम्राज्य के प्रत्येक प्रांत में जहाँ कहीं कठिन शत्रु का सामना करना होता ये ही भेजे जाते। उस समय मध्य एशिया के बलख से लेकर बीजापुर तक और कंधार से लेकर मुंगेर तक इनकी तूती बोलती थी। जब शिवाजी ने

देखा कि पुरंदर का किला हाथ से जा रहा है तो उन्होंने जयसिंह से मेल कर लिया और उन्हें ३५ किले दे दिए और मुगल-सेना में दाखिल होने को तत्पर बतलाया। भूषण ने लिखा है कि—

भौंसिला भुवाल साहितनै गढ़पाल दिन द्वैहू ना लगाए गढ़ लेत पचतीस को।
सरजा सिवाजी जयसाह मिरजा सों लीबे सौगुनी बढ़ाई गढ़ दीन्हे हैं दिलास को।

इतिहास के अनुसार केवल २३ किले दिए गए थे। बिसंवाद का कारण केवल विचित्र अलंकार है। किले ३५ लिए गए थे पर दिए २३ ही गए। अलंकार के कारण देने की संख्या कम नहीं लिखी गई। रहस्य इतना ही है कि किले ३५ ही दिए गए थे पर २३ किलों की कुंजियाँ ली गईं, शेष की नहीं।

जसवंतसिंह—ये मारवाड़ के राजा थे और कई लड़ाइयों में बड़ी बहादुरी से लड़े थे। ये शाइस्ता खाँ के साथ दक्षिण भेजे गए थे। जिस समय शिवाजी ने पूना में शाइस्ता खाँ पर आक्रमण किया था उस समय ये सिंहगढ़ के पास ही थे। इन्होंने उस समय शिवाजी के विरुद्ध कोई काम नहीं किया। इसी से कहा जाता है कि ये शिवाजी से मिल गए थे। शाइस्ता खाँ के दक्षिण से लौट जाने पर ये पुनः राजकुमार मुअज्जम के साथ दक्षिण गए। शाहजादा ने इन्हें पूना भेज दिया। पूना से चलकर इन्होंने नवंबर १६६३ ई० में सिंहगढ़ घेर लिया। छह महीने तक घेरा डाले पड़े रहे। इस युद्ध में इनके सैकड़ों सिपाही मारे गए परंतु किला हाथ नहीं आया। अंत में इस विफलता के कारण भाऊसिंह हाड़ा से इनकी अनबन हो गई। २८ मई १६६४ ई० में घेरा उठा लिया गया। दोनो राजपूत सरदार औरंगाबाद लौट गए।

दारा—शाहजहाँ का सबसे बड़ा पुत्र तथा औरंगजेब का जेठा भाई था। शाहजहाँ के पश्चात् इसी को दिल्ली का सिंहासन मिलनेवाला था। औरंगजेब ने इससे लड़ाई ठान दी। आगरे के पास सामूगढ़ में सन् १६५८ ई० में घोर युद्ध हुआ। बेचारा दारा बेतरह हारा। अंत में इसे जान लेकर जगह जगह सिंध, मुलतान, गुजरात आदि स्थानों में भागना पड़ा। इसी भागने में यह सिंध के पास पकड़ा गया और दिल्ली लाया गया। वहाँ औरंगजेब ने घोर अपमान के साथ इसका सिर कटवाकर सारे शहर में घुमवाया। भूषण ने इसे 'दाराशाह' भी कहा है। 'जहाँ दाराशाह' का अर्थ 'जहाँदार शाह' करके अपने मतलब की बात निकालनेवाले भ्रम में हैं। जहाँदारशाह औरंगजेब का वंशज था।

नवसेरी खाँ (नौशेरी खाँ)—१६५७ ई० में ही मरहठे सेनानायकों (मीनाजी भोंसले और काशी) ने क्रम से चमरगुंडा और रैसिन के इलाकों में लूट करनी आरंभ कर दी। यहाँ तक कि वे अहमदनगर के पास तक पहुँच गए। अहमदनगर के किलेदार मुल्तफत खाँ ने डरकर आसपास के रहनेवालों की सभी चीजें किले के अंदर रख लीं। इधर तो मीनाजी अहमदनगर के

इलाके में लूट मचा रहे थे उधर शिवाजी ने रात में जुनार शहर में छापा मारकर लाख हूण नगद और २०० घोड़े लूट लिए। इसपर वहाँ राव करन तथा शाइस्ता खाँ भेजे गए। जब लूट बढ़ने लगी तो मई १६५७ में नौशेरी खाँ भी घटनास्थल पर पहुँच गया। शिवाजी से घोर युद्ध हुआ। पर मरहठों के पैर उखड़ गए और वे वहाँ से लूट मार करते हुए निकल गए। नौशेरी खाँ उनका पीछा न कर सका। इसपर औरंगजेब ने नौशेरी खाँ तथा दूसरे सेनापतियों को बहुत डाँटकर लिखा है कि तुम लोग तुरंत शिवाजी को चारों ओर से घेर लो।

परनाला (पन्हाला)—वर्तमान कोल्हापुर से लगभग ११ कोस उत्तर-पश्चिम पन्हाला का किला पड़ता है। अफजल खाँ को मारने के पश्चात् शिवाजी ने पन्हाला ले लिया (२८ नवंबर १६५९)। उसके बाद शिवाजी रत्नगिरि जिले में जाकर वहाँ के सब बंदरगाह तथा किले लेने लगे। इस प्रांत के जितने बीजापुरी किलेदार एवम् जागीरदार थे भागकर राजापुर चले गए। इसके बाद ही शिवाजी ने रुस्तमे जमाँ तथा अफजल खाँ के पुत्र फजल खाँ को कोल्हापुर के पास परास्त किया। आगे चलकर शिवाजी के हाथ से पन्हाला निकल गया। वहीं सिद्दी जौहर ने उन्हें घेर लिया। शिवाजी को वहाँ से भागना पड़ा। २४ नवंबर १६७२ ई० को अली आदिलशाह द्वितीय की मृत्यु हो गई। सिकंदर आदिलशाह गद्दी पर बैठा। खवास खाँ सिकंदर आदिलशाह का वली नियत हुआ और उसने सब अधिकार अपने हाथ में कर लिए। बीजापुर राज्य में चारों ओर गड़बड़ मच गया। शिवाजी के लिए अच्छा मौका मिला। इसी समय शिवाजी से बीजापुर की संधि भी भंग हो गई। इस बीच शिवाजी के सेनापति कान्होजी अँधेरी रात में केवल ६० सिपाहियों के साथ पन्हाला के किले पर चढ़ गए। किलेदार मारा गया और पन्हाला शिवाजी के हाथ में आ गया। यह घटना ६ मार्च १६७३ ई० की है।

परेंदा या परेंडा—शोलापुर से उत्तर-पश्चिम परेंदा नाम का स्थान और किला है। अगस्त १६५७ की संधि के अनुसार बीजापुर राज्य को एक करोड़ तथा परेंदा का किला और उसके आसपास का देश मुगलों को देना था। लेकिन शाहजहाँ की बीमारी के कारण जब औरंगजेब उत्तर चला आया और दिल्ली के सिंहासन के लिए भाइयों से युद्ध करने लगा तो बीजापुर के राजा को मौका मिल गया। उसने संधि की शर्तों के पालन में आनाकानी करनी आरंभ कर दी।

पलाऊँ--बिहार प्रांत की दक्षिणी सीमा पर छोटा नागपुर के निकट पालाभऊ (पलामू) जिला है। यह बहुत ही पहाड़ी और जंगली प्रांत है। यहाँ चेरो राजाओं का राज्य था। १६६० ई० में दाऊद खाँ बिहार सूबे का सूबेदार हुआ। राजा ने बहुत दिनों से कर नहीं दिया था। अतएव दाऊद खाँ ने

दरभंगा के फौजदार मिर्जा खाँ, चैनपुर के जागीरदार तहव्वर खाँ और मुंगेर के राजा बहरोज को लेकर पालामऊ पर आक्रमण किया। राजा को मुसलमान हो जाने को धमकाया गया। अंत में वहाँ के राजा प्रतापराय ने अपने बाल-बच्चों को जंगल में भेजकर लड़ाई ठान दी। पर विजय न होती देख आप भी जंगल में भाग गया। पालाभऊ अन्य जिलों के साथ मुगलराज्य में मिला लिया गया।

फतेह खाँ—शिवाजी ने कोलाबा जिले का पूर्वी भाग जो सिद्दियों (हबशियों) की जागीर से लगा हुआ था पहले ही ले लिया था। अब सिद्दियों के पास डंडाराजपुरी और उसके आसपास की जगह रह गई थी। जब अफजल खाँ शिवाजी पर आक्रमण कर रहा था तब फतेह खाँ सिद्दी अपनी खोई हुई जागीर निकालने में लगा था। किंतु बीजापुरी सेनापति का मारा जाना सुनकर वह मैदान से हट गया। पुनः जब शिवाजी पन्हाला में घिरे हुए थे तो फतेह खाँ ने 'सावंत' के साथ कोंकण पर आक्रमण कर दिया। इसपर शिवाजी ने रघुनाथ बल्लाल कोर्डे को ७००० सेना देकर उससे लड़ने भेजा। रघुनाथ ने हबशियों की फौज को परास्त कर दिया। ताल, घोसाला और दूसरे किले ले लिए। जब सिद्दियों ने देखा कि बीजापुर से मदद की आशा नहीं है तो उन्होंने डंडाराजपुरी देकर शिवाजी से सुलह कर ली (१६५६ ई०)। फिर १६७० ई० में फतेह खाँ शिवाजी की फौज से बारबार टक्कर लेते लेते तंग आ गया। यहाँ तक कि वह जंजीरा देकर शिवाजी का जागीरदार हो जाने पर भी तुल गया था।

बहलोल खाँ—बीजापुर की सेना में आधे से अधिक अफगान थे। उनका सेनानायक अब्दुल करीम बहलोल खाँ द्वितीय था। बाँकपुर तथा मीरज के पास उसकी जागीर थी। जब जयसिंह ने १६६५-६६ ई० में बीजापुर पर आक्रमण किया, बहलोल खाँ बड़ी बहादुरी से लड़ा। १९ नवंबर १६६५ ई० को जयसिंह बीजापुर पर आक्रमण करने के लिए रवाना हो गए। उसके दो दिन बाद इसी बहलोल खाँ का भाई अब्दुल मुहम्मद मियाना, जो बहुत ही वीर तथा प्रभावशाली था, बीजापुर से असंतुष्ट होकर जयसिंह से आ मिला। असंतोष यह था कि वह अफगानों का नेता होना चाहता था पर यह पद उसको न मिलकर बहलोल खाँ को मिला। जब शिवाजी ने पन्हाला ले लिया तो बहलोल खाँ उस किले को लड़कर लौटा लेने को भेजा गया। बीजापुर से १८ कोस पश्चिम उमरानी के पास शिवाजी के दो प्रधान सेनापति प्रतापराव और आनंदराव से उसकी मुठभेड़ हुई। मरहठी सेना ने उसकी सेना को इस प्रकार अचानक चारों ओर से घेर लिया कि बेचारे को पानी तक पीने को न मिल सका। दिन भर युद्ध करने के पश्चात् संध्या को उसने प्रतापराव को कहला भेजा कि मैं आपसे युद्ध करने नहीं आया हूँ, किंतु केवल अपने

मालिक को दिखलाने के लिए लड़ाई का स्वाँग रच रहा हूँ। इसपर प्रतापराव ने उसे छोड़ दिया। यह घटना १५ अप्रैल सन् १६७३ ई० की है। जिदे की डायरी में लिखा है कि बुलाकी (बहलोल खाँ) ने पेन के पास डेइरी किले को घेर लिया था। इसपर कावजी कोघालकर ने उसके ४० सिपाहियों को युद्ध में मार डाला और घेरा उठा दिया (१६६१ ई०)। फिर १६६७ ई० वैशाख के महीने में काकोजी और बहलोल खाँ ने रंगन घेर लिया। इसपर शिवाजी ने जाकर घेरा उठा दिया। १६७१ ई० में फिर आनंदराव और प्रतापराव ने मोहकमसिंह, बहलोल खाँ और दरकोजी भोंसले को कैद कर लिया। इस युद्ध में ११ हाथी १७०० घोड़े भी मरहठों के हाथ लगे। मार्च १६७३ में आनंदराव और प्रतापराव से बहलोल खाँ का युद्ध हुआ और बीजापुर के निकट मरहठों की विजय हुई। इस युद्ध में भी एक हाथी हाथ लगा।

बहादुर खाँ—बहादुर खाँ (खाँ जहाँबहादुर) गुजरात का सूबेदार था। महावत खाँ के धीमे कार्य से असंतुष्ट होकर औरंगजेब ने बहादुर खाँ और दिलेर खाँ को दक्षिण भेजा। बाद को शिवाजी ने बहादुर खाँ और दिलेर खाँ दोनो को मार भगाया (१६७२ ई०) बहादुर हारकर बंगलाना से अहमदनगर लौट गया। जब मई या जून १६७२ ई० में महावत खाँ और शाहजादा मुअज्जम दक्षिण से चले गए तो उनकी जगह बहादुर खाँ दक्षिण का सूबेदार नियत किया गया (जनवरी १६७२)।

बावनी—बावनी नाम के कई स्थान है। एक बावनी-खेरा है जो पंजाब में है। दूसरा हैदराबाद में है। तीसरा मंडला शहर के दक्षिण मध्यप्रदेश में है। चौथा बांधव (रीवाँ) में है। पाँचवाँ मदरास का बावनी-पतन है। यह चौथा अर्थात् बांधव का बावनी स्थान जान पड़ता है; मदरास, हैदराबाद या पंजाब का नहीं।

बिदनूर—शिवप्पा नायक करीब ४० वर्ष (१६१८ से १६६२ ई०) तक बिदनूर पर शासन करता रहा। इस बीच उसने अपना इलाका दक्षिणी कोंकण तथा मैसूर की उत्तरी-पश्चिमी सीमा तक बढ़ा लिया और बीजापुर के सुंडा आदि कुछ दुर्ग भी ले लिए। इससे अली आदिलशाह ने स्वयम् जाकर उसको परास्त किया (१६६३ ई०)। जिस समय अली आदिलशाह शिवप्पा नायक से लड़ रहे थे शिवाजी दक्षिणी कोंकण में लूट-खसोट कर रहे थे। कोल्हापुर और कुडाल होते हुए वे बिंगुरला तक पहुँच गए (मई १६६३ ई०)। इस समय उस प्रांत में शिवाजी का इतना आतंक छा गया था कि रास्ते में जितने मुसलमान जागीरदार-किलेदार थे डर के मारे भाग गए। इसके बाद ही १६६४ में शिवाजी ने बिदनूर पर आक्रमण किया। उसके अनंतर शिवाजी भटकल (भोटकुल) जाना चाहते थे, लेकिन इसी बीच खवास खाँ से मुठभेड़ हो गई।

बीजापुर— यह दक्षिण के आदिलशाही मुसलमानों की राजधानी था। आदिलशाही खानदान का स्थापित करनेवाला यूसुफ आदिल खाँ तुर्क था, जो फारस होता हुआ दक्षिण आया था और बहमनी रियासत में बढ़ते बढ़ते बीजापुर प्रांत का सूबेदार हो गया था। जब बहमनी राज्य नष्ट होने लगा तो वह स्वतंत्र हो गया। यहाँ पर महम्मद आदिलशाह सन् १६५६ तक, अली आदिलशाह १६७३ तक तथा सिकंदर आदिलशाह १६८६ ई० तक राज्य करते रहे।

बेदर—वर्तमान हैदराबाद शहर से ३६ कोस उत्तर पश्चिम बीदर नाम का कसबा है। प्राचीन काल में यह विदर्भनगर के नाम से प्रसिद्ध था और प्रसिद्ध राजा नल के श्वसुर दमयंती के पिता राजा भीम की यहीं पर राजधानी थी। आगे चलकर यह दक्षिण के बहमनी राज्य की भी राजधानी बना। उसके बाद १४९८ ई० से १६०६ तक यहाँ बरीदशाही सुलतानों का राज्य रहा। १६५७ ई० में सम्राट् औरंगजेब ने बीदर का किला ले लिया।

भड़ौच—नर्मदा नदी पर उसके मुहाने से लगभग १५ कोस पूर्व की ओर भड़ौंच बसा हुआ है। १६१६ तथा १६१७ ई० में भड़ोच में अँगरेजों एवम् हालैंडवालों ने कोठियाँ स्थापित कीं। मरहठों ने कई बार इस नगर को लूट लिया था।

भाऊ—भाऊसिंह हाड़ा बूँदी-नरेश छत्रसाल हाड़ा के पुत्र थे। ये शिवाजी से लड़ने के लिए मुगल-सेना के साथ दक्षिण भेजे गए थे। ३० अप्रैल १६६० ई० को शिवपुर से गरारा जानेवाले दर्रे के पास करीब ३००० मरहठी सेना से इनकी मुठभेड़ हुई। किंतु बहुत देर तक युद्ध होने के पश्चात् मरहठी सेना के पैर उखड़ गए। बाद को सिंहगढ़ के प्रसिद्ध घेरे में जब सफलता न हुई तो जसवंतसिंह से इनका झगड़ा हो गया। इसपर वे लोग औरंगाबाद चले गए। शिवाजी के लिए मैदान खाली हो गया।

भागनेर—गोलकुंडा से साढ़े तीन कोस पूर्व सन् १८५९ में महम्मद कुली कुतुबशाह ने मूसी नदी के किनारे एक नगर बसाकर उसे अपनी राजधानी बनाया। आगे चलकर इसी नगर का नाम हैदराबाद हो गया।

भोटकुल—यह भटकुल या भटकल का विकृत रूप जान पड़ता है। इस नाम का एक बंदरगाह उत्तरी कनारा में समुद्र के किनारे पर है। १६६४ ई० में सूरत के अँगरेज व्यापारियों को पता लगा कि शिवाजी बहुत बड़ा जहाजी बेड़ा तैयार करा रहे हैं, जो संभवतः दूसरे जहाजी बेड़ों को लूटेगा या साबरमती होता हुआ अहमदाबाद (सिंध) जायगा। किंतु नवंबर के अंत में वह बेड़ा शिवाजी की सेना की सहायता के लिए भटकल (भोटकुल) भेजा गया जो उस समय कनारा प्रांत पर आक्रमण कर रही थी। इस जहाजी बेड़े से विदेशी

व्यापारियों, किनारे के रहनेवाले अन्य लोगों मुख्यतः हबशियों को बड़ी आशंका उत्पन्न हो गई।

मधुरा—जुलाई १६७७ ई० में शेर खाँ लोदी को जीतने के पश्चात् शिवाजी मदुरा की ओर बढ़े। तब मदुरा के नायक ने डरकर शिवाजी के पास अपना दूत भेजा। शिवाजी ने उससे एक करोड़ रुपया माँगा। पहले तो उसने देने में आनाकानी की, लेकिन इसी बीच महाराष्ट्र से रघुनाथ पंत आ गए और शिवाजी ने यह रकम तय करने का काम उन्हें सौंप दिया। अंत में नायक ने ६ लाख रुपया देने का वादा किया और डेढ़ लाख दे भी दिया। इसके पश्चात् शिवाजी वहाँ से लौट आए।

महावत खाँ—सूरत की दूसरी लूट तथा बंगलाना में मरहठों की लूट-खसोट सुनकर औरंगजेब को दक्षिण के विषय में विशेष और भारी चिंता हुई। इसलिए उसने इस बार महावत खाँ को दक्षिण का सबसे बड़ा हाकिम तथा सेनापति बनाकर शिवाजी का दमन करने भेजा (२८ नवंबर १६७० ई०)। ६ जनवरी १६७१ ई० को बहादुर खाँ को भी हुक्म दिया कि दिलेर खाँ को लेकर गुजरात छोड़कर दक्षिण चले जाओ और महावत खाँ की सहायता करो। अमरसिंह चंदावत तथा बहुत से दूसरे राजपूत सेनापति भी दक्षिण भेजे गए।

मुराद—मुरादबक्स शाहजहाँ का पुत्र, औरंगजेब का भाई तथा गुजरात प्रांत का सूबेदार था। शूजा की भाँति इसने भी अपने को बादशाह घोषित किया था। बाद को औरंगजेब ने इसे बादशाही का लालच देकर अपनी ओर कर लिया, किंतु काम निकल जाने पर एक दिन दावत में कैदकर ग्वालियर के किले में नजरबंद कर दिया। इसके पश्चात् औरंगजेब ने अपना राज्य निष्कंटक करने के लिए उस पर एक व्यक्ति को मार डालने का दोषारोप कराया। इस अपराध में उसे फाँसी दे दी गई (४ दिसंबर सन् १६६१ ई०)।

मोरँग—कूच-बिहार के पश्चिम और पूर्निया जिले के उत्तर का पहाड़ी प्रांत मोरँग कहलाता था। १६६४ में दो फौजें एक गोरखपुर के फौजदार अली वर्दी खाँ और दूसरी दरभंगा के फौजदार के अधीन मोरँग के बागी राजा को परास्त करने के लिए भेजी गईं। २० दिसंबर को अली वर्दी खाँ ने बादशाह को कुछ बहुमूल्य रत्न तथा १४ हाथी राजा की ओर से नजर के तौर पर दिए। इस प्रकार मोरँग का अंत हुआ।

मोहकमसिंह—यह अमरसिंह चंदावत का लड़का था। बंगलाना तालुके के सलहेर दुर्ग में मरहठों ने इसे कैद कर लिया था। पर बाद को छोड़ दिया। इस लड़ाई में करीब-करीब ३० बड़े-बड़े सेनापति तथा बहुत-से साधारण सिपाही काम आए। इखलास खाँ भी इस युद्ध में कैद कर लिया

गया था। यह घटना सन् १६७२ ई० में जनवरी के अंतिम तथा फरवरी के आरंभिक सप्ताह की है।

याक़ूत खाँ—यह बीजापुरी सरदार था। कुछ लोग कहते हैं कि सिद्दियों को 'याक़ूत खाँ' की उपाधि १६७० के बाद मिली थी। इससे 'भूषण' का अफजल के साथ 'याकूत' का वर्णन अनैतिहासिक है। किंतु शिवचरित्र-निबंधावली और शिवाजी-निबंधावली में स्पष्ट इसका वर्णन है। प्रतापगढ़ से फाजल, याकूत, अंकुशखान, हसन, मुसेखान प्रभृति बीजापुरी योधा भागे थे। पर बीजापुर में अपमान होने के कारण इन सबने शिवाजी पर चढ़ाई करने की दूसरी योजना तैयार की और रुस्तमे जमाँ के साथ कोल्हापुर के पास शिवाजी से युद्ध करने गए। पर वे सब परास्त हो गए (२८ दिसंबर १६५९ ई०)।

रामगिरि—पेन गंगा और गादावरा के बीच रामगिरि पर्वत बड़ा उपजाऊ तथा धनी प्रदेश है। १६६५ ई० में जब औरंगजेब ने हैदराबाद लेकर गोलकुंडा घेर लिया तो अब्दुल्ला कुतुबशाह ने औरंगजेब से संधि कर ली। इस संधि के अनुसार अब्दुल्ला कुतुबशाह ने अपनी दूसरी लड़की की शादी औरंगजेब के बड़े लड़के महम्मद मुलतान से कर दी। एक करोड़ रुपया देने का वचन दिया और रामगिरि का धनी प्रदेश मुगलों को दे दिया। इसी घटना का वर्णन 'भूषण' ने किया है।

रामनगर—सलहेर लेने के बाद मोरोपंत ने सूरत से ३० कोस दक्षिण कोली रियासत रामनगर पर आक्रमण किया। यहाँ का राजा सोमशाह परिवार-सहित चिकली (सूरत से १६-१७ कोस दक्षिण) भाग गया (१९ जून १६७२ ई०)। थोड़े दिनों बाद जुलाई १६७२ ई० में मोरोपंत ने १५००० सेना लेकर रामनगर ले लिया। सोमशाह भागकर दमन चला गया।

रायगढ़—जावली के चंद्रराव मोरे को परास्त करके शिवाजी ने बीजापुर के गवर्नर फतेह खाँ के अधीनस्थ अफसरों से रायरी नामक स्थान जीत लिया। पीछे अपने पिता शाहजी के परामर्श से उस स्थान पर एक विशाल गढ़ बनवाया और उसका नाम रायगढ़ (सन् १६५६) रखा। यहीं पर १६७४ ई० में शिवाजी का राज्याभिषेक हुआ और यहीं उनकी राजधानी भी थी।

रुस्तमे जमाँ—इसका वास्तविक नाम 'रनदोला' था, रुस्तमे जमाँ उपाधि थी। यह बीजापुर राज्य के दक्षिणी-पश्चिमी कोने का सूबेदार था। किनारे पर रत्नगिरि से लेकर गोआ (पुर्तगाली भारत), कारवार और मीरज तथा दूसरी ओर रत्नगिरि जिले का दक्षिणी भाग बेलगाँव, कोल्हापुर, धारवार तथा कनारा (उत्तरी भाग) इसके अधीन था। इसकी राजधानी मीरज थी। अफजल खाँ के मारे जाने पर इसने शिवाजी पर चढ़ाई की। पन्हाला

के पास शिवाजी ने रुस्तमे जमाँ तथा फजल खाँ (अफजल खाँ के पुत्र) की महती सेना को हराया (२८ दिसंबर १६५९ ई०) ।

लोहगढ़—मिर्जा राजा जयसिंह के समय में उनकी सेना के राजपूत क्षत्रियों ने सिंहगढ़ तथा लोहगढ़ को बड़े गर्व के साथ दखल कर लिया था। पुरंदर की संधि के बाद ही स्वयम् शिवाजी ने अपने हाथ से किले की कुंजी कीरतसिंह को सौंप दी थी। किंतु आगरे से लौटकर १६७० में ७ फरवरी को सिंहगढ़ तथा १२ मई को लोहगढ़ ले लिया।

शाइस्ता खाँ—जुलाई १६५९ ई० में औरंगजेब का दूसरा अभिषेक हुआ। इसी अवसर पर शाइस्ता खाँ दक्षिण (दक्खन) का सूबेदार बनाकर राजकुमार मुअज्जम के स्थान पर भेजा गया। यह मालवा और दक्षिण का भी सूबेदार रह चुका था और हाल ही में गोलकुंडा पर आक्रमण करने में औरंगजेब के साथ बहुत प्रतिष्ठा भी प्राप्त कर चुका था। चाकन आदि स्थानों को लेता हुआ पूना में जाकर इसने डेरा डाला। ५ अप्रैल १६६३ ई० को शिवाजी २०० योद्धा लेकर भेष बदले हुए इसके डेरे में पहुँचे। संतरी को मारकर उन्होंने महल में प्रवेश किया। शाइस्ता खाँ खिड़की के रास्ते से भागा, पर प्रहार से उसके हाथ की अँगुलियाँ कट गईं। पीछे जो युद्ध हुआ उसमें इसका पुत्र अब्दुल फतेह मारा गया।

शाहशूजा—शाहजादा महम्मदशूजा मुगल-सम्राट् शाहजहाँ का द्वितीय पुत्र, औरंगजेब का भाई तथा बंगाल प्रांत का गवर्नर था। शाहजहाँ की बीमारी सुनकर इसने अपने को बादशाह घोषित कर दिया और बहुत बड़ी सेना लेकर यह दिल्ली की ओर रवाना हुआ। औरंगजेब ने खजुआ में इसका सामना किया। ५ जनवरी सन् १६५९ ई० को औरंगजेब ने शूजा को हराया। इसके बाद शूजा भाग गया और आराकान के पहाड़ी प्रदेश में जा मरा।

शेर खाँ (लोदी)—बीजापुरी कर्नाटक का दक्षिणी आधा भाग शेर खाँ लोदी के अधिकार में था। यह पठान था और पहले बीजापुरी वजीर बहलोल खाँ के अधीन रह चुका था। इसकी राजधानी बालीगंडपुरम् (वर्तमान पांडुचेरी जिले का स्थान) था। ६ हजार सेना लेकर शिवाजी ने तिरुवाड़ी के पास इसपर आक्रमण किया। वहाँ से भाग कर इसने बावनी गिरि के किले में (तिरुवाड़ी से ११ कोस दक्षिण) शरण ली। मरहठी सेना ने इसे घेर लिया। ५ जुलाई १६७२ को इसने विवश होकर शिवाजी से संधि कर ली और २०००० हूण नगद दिए।

सलहेर—जिस समय शिवाजी करिंजा (बरार) लूट रहे थे उस समय मोरोपंत पिंगले पश्चिमी खानदेश और बंगलाना में लूट मचा रहे थे। दोनो सेनाओं ने मिलकर सलहेर दुर्ग को (२०००० के साथ) घेर लिया।

किलेदार फतेह उल्ला खाँ मारा गया। शिवाजी ने किला दखल कर लिया (५ जनवरी १६७१ ई०)। इसके बाद बहादुर खाँ और दिलेर खाँ को महावत खाँ ने शिवाजी को सलहेर में घरने के लिए भेजा। उक्त दोनो खाँ साहबों ने इस घेरे का भार इखलास खाँ मियाना, अमरसिंह चंदावत तथा दूसरे अफसरों को सौंप दिया और आप अहमदनगर चले गए। इसी बीच प्रतापराव, आनंदराव तथा मोरोपंत ने घेरा डालनेवालों को पीछे से आकर घेर लिया। घोर युद्ध होने के बाद इस घेरे में अमरसिंह चंदावत मारा गया। उसका पुत्र मोहकमसिंह तथा इखलास खाँ कैद कर लिए गए, बाद को छोड़ दिए गए। इतिहास में यह घटना 'सलहेर के घेरे' के नाम से प्रसिद्ध है। यह घटना फरवरी १६७२ की है।

सिंगारपुर—जब मरहठों ने फरवरी १६६१ में दभोल का बंदरगाह जीत लिया तो पाल्लीवान के राजा जसवंतराव, जिन्होंने पन्हाला घेरने में सिद्दी जौहर की बड़ी सहायता की थी, प्रभावली के राजा सूर्यराव के यहाँ भाग गए। इस समय प्रभावली राज्य की राजधानी शृंगारपुर थी। इसी बीच आदिलशाह के दबाव में पड़कर सूर्यराव ने संगमेश्वर के पास तानाजी मालसरे पर रात के समय आक्रमण किया, लेकिन बहादुर तानाजी ने उन्हें मार भगाया। जावली जीत लेने के बाद से ही (१६५६ ई०) सूर्यराव सदा शिवाजी के प्रतिकूल कार्य किया करते थे। इसलिए शिवाजी ने शृंगारपुर पर आक्रमण किया और २९ अप्रैल १६६१ ई० को उसे जीत कर त्र्यंबक भास्कर को वहाँ का सूबेदार नियत कर दिया। इस विजय से वहाँ के लोगों में इतना आतंक फैल गया कि सब लोग इधर-उधर भाग गए।

सिंहगढ़—तानाजी मालसरे ने ३०० मावली सेना लेकर अँधेरी रात में सिंहगढ़ पर आक्रमण किया (४ फरवरी १६६० ई०)। मावली-सेना रस्सी के सहारे किले पर चढ़ गई। पहरेदारों को मार डाला। यद्यपि राजपूत-सेना बड़ी बहादुरी से लड़ी तथापि मावली-सेना ने 'हर हर महादेव' की गूंज लगाते हुए राजपूतों के हृदय में आतंक पैदा कर दिया। किले का राजपूत किलेदार उदैभान राठौर और तानाजी द्वंद्व-युद्ध करते-करते धराशायी हो गए। इसके बाद भी युद्ध चलता रहा। १२०० राजपूत इस युद्ध में काम आए। किले पर अपना आधिपत्य स्थापित करके मरहठों ने घुड़सवारों की झोपड़ियाँ जलाकर उसके प्रकाश से शिवाजी को विजय की सूचना दी। शिवाजी उस समय सिंहगढ़ से साढ़े चार कोस की दूरी पर राजगढ़ में थे।

सिरजे खाँ (शरजा खाँ)—यह बीजापुर का बड़ा प्रसिद्ध सरदार था। २४ दिसंबर १६६५ ई० को शिवाजी एवम् दिलेर खाँ के साथ शरजा खाँ तथा खवास खाँ से युद्ध हुआ था।

सुजानसिंह—ये ओड़छा के राजा थे। जयसिंह के साथ ये भी दक्षिण

गए थे। पुरंदर के घेरे में इन्होंने अच्छी वीरता प्रदर्शित की थी। ये दिलेर खाँ के साथ 'चाँदा' भी गए थे।

सूरत—बुधवार ६ जनवरी सन् १६६४ ई० को ११ बजे दिन में शिवाजी प्रथम बार सूरत में पहुँचे। सूरत का किला ताप्ती नदी के दक्षिणी किनारे पर समुद्र से ६ कोस दूर था। उस समय सूरत की गणना भारत के बड़े-बड़े व्यापारी नगरों में थी। यहाँ बड़े-बड़े व्यापारी बसे हुए थे। आबादी २००००० थी। लगभग १२०००००) केवल सरकारी कर मिलता था। शिवाजी ने चार दिन तक इस नगर को लूटा। उसके बाद १० तारीख को वहाँ से रवाना हो गए। १६७० ई० में ३ अक्तूबर से ५ अक्तूबर तक शिवाजी ने दूसरी बार सूरत को लूटा। उस समय यहाँ पर अँगरेज, डच, फ्रेंच तथा आरमेनिया के व्यापारी भी थे। कासगर का निर्वासित बादशाह भी हाल ही में मक्का से लौटकर तातार सराय में टिका हुआ था। मरहठों ने बहुत से स्थानों में आग भी लगा दी (होरी सी जराय सिवा सूरत फनाँ करी)।

हवस और हबसाना—पंद्रहवीं शती में बंबई के आसपास बहुत से हबशी बस गए थे। उनमें से एक को अहमदनगर के सुलतान ने डंडाराजपुरी का सूबेदार बना दिया। किंतु अहमदनगर राज्य के नष्ट हो जाने पर वह उस प्रदेश का स्वतंत्र शासक बन बैठा। १६३६ ई० में बीजापुर के सुलतान ने एक सिद्दी सरदार को वजीर की पदवी देकर नगोथन से बनकोट तक का देश सौंप दिया। साथ ही बीजापुर की तिजारत और मक्का जानेवाले यात्रियों का भार भी उसी को सौंपा। किंतु जब शिवाजी की जलसेना तैयार हो गई और उन्होंने ६० जहाजों का एक बेड़ा तैयार कराया तो हबशियों, अँगरेज व्यापारियों और मुगलों के भय की सीमा न रही।

हाड़ा—बूँदी-नरेश छत्रसाल हाड़ा १६५८ ई० में सामूगढ़ में दारा की ओर से बहुत ही बहादुरी के साथ लड़ते लड़ते मारे गए। लड़ते समय जब इनके हाथी को गोली लगी और वह पीछे की ओर मुड़ा तो ये कहने लगे कि हाथी भले ही पीछे हट जाय मैं पीछे नहीं हट सकता। इसके बाद घोड़े पर चढ़कर ये मुराद की ओर बढ़े और उसको भाला मारना ही चाहते थे कि एक गोली इनके मस्तक में आ लगी। इनके साथ ही इस युद्ध में इनका लड़का भरतसिंह, भाई मोकीमसिंह, तीन भतीजे और कई बड़े बड़े हाड़ा सरदार मारे गए।

शिवभूषण

श्रीः

[घनाक्षरी]

अकथ अपार भवपंथ के बिलोकौ स्रम-हरन, करन बीजना से बरम्हाइयै ;
यह लोक परलोक सफल करन कोकनद से चरन हियें आनिकै जुड़ाइयै।
अलिकुल-कलित कपोल ध्याय ललित अनंदरूप सरित मों **भूषन** अन्हाइयै।
पापतरु-भंजन बिघनगढ-गंजन भगत मन-रंजन द्विरदमुख गाइयै। १।

[छप्पय]

जयति जयति जय आदिसकति जय कालि कपर्दनि।
जय मधु-कैटभ-छलनि देबि जय महिषहि मर्दनि।
जय चमुंड जय चंडि चंडमुंडासुर-खंडनि।
जय सुरक्ति जय रक्तबीज-बिड्डाल-बिहंडनि।
जय जय निसुंभ-सुंभह दलनि भनि **भूषन** जय जय भननि।
सरजा समथ्थ सिवराज कहि देहि बिजय जय जगजननि। २।

पाठांतर—१—अकथ–विकट (मिश्र, गाशि०)। बिलोकौ–चले को (वही); बिलोकि (गोविंद)। बीजना से–बिजै तासों (वही)। बर०–वरदाइये (वही), ब्रह्म ध्याइयै (मिश्र)। यह–यहि (वही); इह (गोविंद)। सफल–सुफल (वही)। ध्याय–ध्यान (मिश्र)। भगत–जगत (वही)। २—जयति०–जै जयंति (मिश्र)। महिष०—महिष विमर्दिनि (वही)। चंडि०–चंड मुंड भंडासुर (वही)। सुरक्ति–सुरक्त। सुंभह०—सुंभदलनि। समथ्थ–समत्थ (वही)।

चूर्णिका—[१] अकथ = (अकथ्य) जो कहा न जा सके। अपार = जिसका पार (अंत) न हो। भवपंथ = संसाररूपी मार्ग। स्रम = श्रम, थकावट। हरन = हरनेवाले। करन० = पंखे के सदृश कान। बरम्हाइयै = प्रणाम करता हूँ। यह लोक = संसार। परलोक = परत्र (स्वर्ग)। सफल करन = सिद्ध करनेवाले। कोकनद० = लाल कमल के समान। हियें० = हृदय में लाकर (ध्यान करके)। जुड़ाइयै = शीतल होऊँ। अलि = भौंरों के झुंड युक्त गंडस्थल (गजमुख होने से कनपटी के पास 'मद' बहता है अतः भौंरे मड़राते हैं)। अनंद० = आनंदरूपी नदी। अन्हाइयै = स्नान करूँ। पाप० = पापरूपी वृक्ष ढहानेवाले (पाप दूर करनेवाले)। बिघन० = विघ्नरूपी किला तोड़नेवाले (विघ्नों का वारण करनेवाले)। भगत० = भक्तों का हृदय प्रसन्न करनेवाले। द्विरद-मुख = हाथी के मुख सदृश मुखवाले। गाइयै = गुण-गान करता हूँ। विशेष—मंगल तीन प्रकार के होते हैं—नमस्कारात्मक, आशीर्वादात्मक और वस्तुनिर्देशात्मक। यह नमस्कारात्मक मंगल है। [२] आदिसकति = आदिशक्ति। कालि = कालिका। कपर्दनि = (कपर्द = शिव की जटा, कपर्दिन् = शिव, कपर्दनी = शिव की पत्नी) भवानी। मधु० = मधुकैटभ को छल से मारनेवाली (मधुकैटभ नामक राक्षसों का संहार तो विष्णु

तरनि तचत जचनिधि तरनि जय जय आनँद-ओक।
कोक-कमलकुल-सोकहर लोक-लोक आलोक। ३।
राजत है दिनराज को बंस अवनि-अवतंस।
जामें पुनि पुवि अवतरे कंसमथन प्रभु-अंस। ४।
महाबीर ता बंस में भयौ एक अवनीस।
लियौ बिरद सीसोदियौ दियौ ईस को सीस। ५।
ता कुल में नृपवृंद सब उपजे बखत-बिलंद।
भूमिपाल तिनमें भयौ बड़ो माल मकरंद। ६।
सदा दान करधान में जाके आनन अंभ।
साहि निजाम सखा भयौ दुग्ग देवगिरि खंभ। ७।
जातें सरजा बिरद भौ सोहत सिंघ-समान।
रन-भ्वै-सिला सु भ्वैसिला आयुषमान खुमान। ८।

३—तचत-जगत (मिश्र)। कमल-कोक। ५—सीसोदियौ-सीसौदिया (वही)। ८—जातें-यातें (काशि०)। भ्वैसिला-भोसिला (मिश्र)।

ने किया था, पर उनकी मति फेरनेवाली योगमाया थीं। इसी से 'छलनि' कहा। महिष०=महिषासुर का नाश करनेवाली (दुर्गा)। चमुंड=(चामुंडा) दुर्गा। चंड-मुंड=दो राक्षस। इन्हें दुर्गा ने मारा था (ये शुंभ-निशुंभ के सेनापति थे। इन्हीं को मारने से देवी का नाम चामुंडा पड़ा)। सुरक्ति=सुंदर हो रक्त जिसका (दुर्गा का वर्ण 'स्वर्ण-गैरिक' है)। रक्तबीज=यह भी शुंभ-निशुंभ का सेनापति था (रक्तबीज नाम इस-लिए पड़ा कि इसके रक्त की जितनी बूँदें युद्धक्षेत्र में गिरती थीं उतने ही राक्षस उत्पन्न हो जाते थे। इसका रक्त पीकर देवी ने इसका संहार किया)। बिड्डाल=बिड़ालाक्ष। इसे भी दुर्गा ने मारा था। बिहंडनि=(बिखंडन) खंड-खंड कर देनेवाली। निसुंभ-सुंभ=दो राक्षस जिन्हें दुर्गा ने मारा था। भननि=वाणी। सरजा=(फा० शरजाह=उच्च पदवाला) यह उपाधि शिवाजी के पुरुषा मालोजी की थी। विशेष—'जय' के व्यवहार से यह आशीर्वादात्मक है। [३] तरनि=तरणि, सूर्य। तचत=तपते हैं। जलनिधि=समुद्र। तरनि=तरणि, नौका। ओक=स्थान, घर। कोक=चकवा-चकई। विशेष—विघ्नवारण के लिए गणेश की, इष्ट देवी होने से दुर्गा की और राजवंश के कुलदेव होने से सूर्य की वंदना की गई। [४] दिनराज=सूर्य। अवतंस=आभू-षण (श्रेष्ठ)। कंस-मथन=कंस को मारनेवाले (श्रीकृष्ण)। प्रभु-अंश=ईश्वरावतार। [५] ता=उस। अवनीस=राजा। विरद=बाना। सीसोदियौ=वस्तुतः 'सिसोद' स्थान में बसने के कारण यह उपाधि थी। ईस=महादेव। दियौ०=महादेव पर सिर चढ़ा दिया। [६] बखत-बिलंद=(बख्त=भाग्य+बलंद=ऊँचा) भाग्यवान्। माल मकरंद=मालोजी। [७] दान=दान देने और तलवार चलाने में। आनन=मुख। अंभ=अंभस्, पानी (कांति)। साहि०=निजामशाह (गोलकुंडा का बादशाह)। दुग्ग=दुर्ग, किला। खंभ=स्तंभ, खंभा। [८] सरजा=सरजाह उपाधि, (अरबी शरज़ः) सिंह। रन०=रणभूमि में पत्थर के समान दृढ़। भ्वैसिला=शिवाजी के वंश की उपाधि। खुमान=आयुष्मान्, दीर्घजीवी, राजा के सम्बोधन पद।

भूषन भनि ताकें भयौ भुअभूषन नृप साहि।
रात्यौं दिन संकित रहैं साहि सबै जग जाहि। ९।

एते हाथी दिये माल मकरंदजू के नंद जेते गिनि सकत बिरंचिहू की न तिया।
भूषन भनत जाकी साहिबी सभा के देखें लागैं सब और छितिपाल छिति में छिया।
साहस अपार हिंदुआन कौ अधार धीर, सकल सिसोदिया सपूत कुल कौ दिया।
जाहिर जिहान भयौ साहिजू खुमान बीर साहनकौं सरन सिपाहनकौं तकिया।१०।

दसरथ राजा राम भौ बसुदेव के गुपाल।
सोई प्रगटचौ साहि के श्रीसिवराज भुआल।११।
उदित होत सिबराज के मुदित भए द्विज देव।
कलिजुग हटचौ मिटचौ सकल म्लेच्छन कौ अहमेव।१२।

जा दिन जनम लीनौ भूपर भ्वैसिला भूप ताहि दिन जीत्यौ अरि-उरके उछाह कौं।
छठ्ठी छत्रपतिन कौ जीत्यौ भाग जीत्यौ नामकरन में करन के जसके उमाहकौं।
भूषन भनत बाललीला गढ़कोट जीते साहिके सिवाजी करि चहूँचक्क चाहकौं।
गोलकुंडा बीजापुर जीत्यौ लरिकाई ही में ज्वानी आएँ जीत्यौ दिल्लीपतिपातस्याह कौं।१३।

दच्छिन के सब दुग्ग जिति दुग्ग-सहाय-बिलास
सिब-सेवक सिव गढ़पती कियौ रायगढ़ बास।१४।

अथ रायगढ़-वर्णनं

[सवैया]

जा पर साहितनै सिवराज सुरेस की ऐसी सभा सुभ साजै।
यौं कबि भूषन जंपत है लखि संपति कौं अलकापति लाजै।

९—रात्यौं–रातौं। जाहि–माहि (वही)। १०—दिये–दीन्हें (मिश्र)। ११—दसरथ०–दसरथजू को। भौ–भे (वही)। १३—भ्वैसिला–भुसिल (मिश्र)। जीत्यौ नाम०–अनायास जीत्यौ नामकरन में करन-प्रवाह को (वही)। आएँ–आई (व्यास)। १४—सहाय–सहार (मिश्र); सँहार (अन्य)।

[९] साहि = शाहजी (शिवाजी के पिता)। रात्यौ० = रातोदिन। साहि = राजा। [१०] एते = इतने। नंद = पुत्र। बिरंचि० = सरस्वती। छितिपाल = राजा। छिया लागैं = मलिन जान पड़ते हैं। हिंदुआन = हिंदू-समाज। दिया = दीपक (श्रेष्ठ)। जाहिर = प्रगट, प्रसिद्ध। जिहान = संसार। तकिया = आश्रय। [११] भौ = हुए, उत्पन्न हुए। गुपाल = श्रीकृष्ण। प्रगट्यौ = उत्पन्न हुए। भुआल (भूपाल) राजा। [१२] द्विज देव = ब्राह्मण और देवता। अहमेव = अहंकार। [१३] भ्वैसिला = भौंसले। उछाह = उत्साह। छठी = जन्म से छठा दिन। छत्रपति = राजा। भाग = भाग्य। नामकरन = नाम रखने का संस्कार। करन = दानी राजा कर्ण। उमाह = उमंग। बाललीला = लड़कपन का खेल। साहि के = शाहजी के पुत्र। चक्क = चक्र, दिशा। चाह = इच्छा। जवानी = युवावस्था। पातस्याह = पादशाह, बादशाह। [१४] दुग्ग = दुर्गों को सहायक बना लेना जिसका विलास (खिलवाड़) है। सिव-सेवक = शिवजी के दास। सिब = शिवाजी।

जा मधि तीनहु लोक की दीपति ऐसौ बड़ौ गढ़ु राय बिराजै।
बारि पताल सी माची मही अमरावति की छबि ऊपर छाजै।१५।

[हरिगीत]

मनिमय महल सिवराज के इमि रायगढ़ में राजहीं।
लखि जच्छ किंनर सुर असुर गंधरब हौंसनि साजहीं।
उत्तंग मरकत-मंदिरन मधि बहु मृदंग यों बाजहीं।
घन-समय मानहु घुमड़ि करि घन घनपटल गलगाजहीं।१६।
मुकुतान की झालरनि मिलि मनिमाल-छज्जा छाजहीं।
संध्या-समय मानहु नखत-गन लाल अंबर राजहीं।
जँहि तँहि जहाँ ऊरध उठे हीरा-किरन-समुदाय हैं।
मानहु गगन तंबू तन्यौ ताके सुफेत तनाय हैं।१७।
भूषन भनत जँहि परसि के मनि पहुपरागन की प्रभा।
प्रभु-पीतपट की प्रगट पावति सेघ मेघन की सभा।
मुख नागरिन के राजहीं कहुँ फटिक-महलनि संग में।
सुभ अमल कोमल कमल मानहु गगन-गंग-तरंग में।१८।
आनंद सों कहुँ सुंदरिन के बदन-इंदु उदोत हैं।
नभसरित के प्रफुलित कुमुद मुकुलित कमल-कुल होत हैं।
कहुँ बावली सर कूप राजत बद्धमनि सोपान हैं।
जँहि हंस सारस चक्रवाक बिहार करत समान हैं।१९।

१५—राय–राज (मिश्र)। १६—यों–जु (वही)। १७—भाल–लाल (बंग)। जहिं०–जहँ तहाँ ऊरध उठे हीरा-किरन घन (वही)। सुफेत-सपेत (वही)। १८—सेघ–सिंधु (मिश्र)। सुभ०–बिकसंत (वही); लखि अमल (बंग)। गगन–अमल (मिश्र)। १९—समान–सनान (मिश्र); गुमान (बंग)

[१५] तनै = (तनय) पुत्र। सुरेस = इंद्र। जंपत है = कहता है। अलकापति = कुबेर। मधि = में। बारि = जल (यहाँ खाईं, जिसमें जल भरा रहता है)। माची = मकान की कुरसी। मही = पृथ्वी। अमरावति—इंद्रपुरी। [१६] इमि = इस प्रकार। जच्छ = यक्ष (कुबेर के सेवक)। किंनर = देवताओं की एक जाति (इनका मुख घोड़े का सा होता है, ये वाद्यविद्या में निपुण होते हैं)। गंधरब = गंधर्व, देवलोक के गवैया। हौंस = हवस, प्रबल इच्छा। उत्तंग = ऊँचे। मरकत = पन्ना। घन-समय = (बादलों का समय) बरसात में। घुमड़ि करि = चारो ओर से एकत्र होकर। घन-पटल = बादलों का परदा (समूह)। गलगाजहीं = जोर से गरजते हैं (गड़गड़ाते हैं)। [१७] मुकुता = मुक्ता, मोती। मनिमाल = मणि का समूह (यहाँ लाल मणि)। नखत = नक्षत्र। अंबर = आकाश। ऊरध = ऊर्ध्व, ऊपर। समुदाय = समूह। तंबू = चँदोवा। सुफेत = सफेद। तनाय = तनाव, रस्सी। [१८] पहुपराग = पुखराज (रंग पीला)। प्रभु० = विष्णु का पीतांबर। सेघ = सिगा, छटा। मेघन० = बादलों का समूह। नागरी = स्त्रियाँ। फटिक = स्फटिक, बिल्लौर। [१९] बदन० = मुखचंद्र। उदोत = प्रकाशित। नभसरित = आकाशगंगा। कुमुद = कोईं। मुकुलित = संकुचित। बावली = बावड़ी। सर = तालाब। बद्धमनि० = मणियों की बनी सीढ़ी।

कितहूँ बिसाल प्रबाल जालनि जटित अंगन-भूमि है।
जहिं ललित बागनि द्रुम लतनि मिलि रहे झलमल झूमि है।
चंपा चँबेली चारु चंदन च्यारिहू दिसि देखियै।
लवली लविंग इलानि के रेला कहाँ लगि लेखियै।२०।
कहुँ केतकी कदली करौंदा कुंद अरु करबीर हैं।
कहुँ दाख दारिम सेब कटहर तूत अरु जंबीर हैं।
कितहूँ कदंब-कदंब कहुँ हिंताल ताल तमाल हैं।
पीयूष तें मीठे फले कितहूँ रसाल रसाल हैं।२१।
पुंनाग कहुँ कहुँ नागकेसर कितहुँ बकुल असोक हैं।
कहुँ ललित अगरु गुलाब पाटल-पटल बेला-थोक हैं।
कितहूँ नेवारी माधवी सिंगारहार कहूँ लसैं।
जहँ भाँति भाँतिनि रंगरंग बिहंग आनँद सौं रसैं।२२।
रसत बिहंगम बहु लवनित बहु भाँति बाग महिं।
कोकिल कीर कपोत केलि कलकल करंत तहिं।
मंजुल महरि मयूर चटुल चातक चकोर गन।
पियत मधुर मकरंद करत झंकार भृंग घन।
भूषन सुबास फल फूल जुत छहु रितु बसत बसंत जहिं।
इमि रायदुग्ग राजत रुचिर सुखदायक सिवराज कहिं।२३।
तहाँ राजधानी करी, जीति सकल तुरकान।
जिव सरजा रचि दान में कीनौ सुजस जहान।२४।

२०—के रेला-केरे लाखहीं (मिश्र)। २३—रसत-लसत (मिश्र)। बहु०-बहुत बहुत (बंग)। सुख०-अति सुखिया (वही)। २४—तहाँ०-तहँ नृप रज० (मिश्र)। रचि-रुचि (वही)।

[२०] प्रबाल = मूँगा। जाल = समूह। जटित = जड़ी हुई। अंगन = आँगन। झलमल = झिलमिलाते हुए। चारु = सुंदर। लवली = हरफारयोरी। इलानि = एला, इलायची। रेला = समूह। लगि = तक। लेखियै = गिने जायँ। [२१] केतकी = केवड़ा। कदली = केला। करवीर = कनैर। दाख = द्राक्षा, अंगूर। दारिम = अनार। तूत = सहतूत। जंबीर = जंबीरी नीबू। कदंब = कदम। कदंब = समूह। हिंताल = खजूर। ताल = ताड़। पीयूष = अमृत। रसाल = आम। रसाल = (रसयुक्त) मीठे। [२२] पुंनाग = मुलतानी चंपा। नागकेसर = एक पुष्प। बकुल = मौलसिरी। असोक = वृक्ष विशेष। अगरु = एक सुगंधित लकड़ी का वृक्ष। पाटल = पाडर (ताम्रपुष्पी)। पटल = समूह। थोक = समूह। नेवारी = पुष्प विशेष। सिंगारहार = हरश्रृंगार, पारिजात। रंगरंग = रंग-बिरंगे। बिहंग = पक्षी। रसै = प्रफुल्ल होते हैं। [२३] बिहंगम = पक्षी। लवनित = सुंदर। कीर = सुग्गा। कपोत = कबूतर। केलि = खेल। कलकल = सुंदर शब्द। मंजुल = सुंदर। महरि = ग्वालिन चिड़िया। चटुल = गोरैया। मकरंद = पुष्प-रस। घन = घना। सुबास = सुगंध। रायदुग्ग = रायगढ़। कहिं = के लिए। [२४] तुरकान = मुसलमानों को। रचि = अनुरक्त होकर। जहान = संसार।

अथ कविबंश-वर्णनं

देसनि देसनि तें गुनी आवत जाचन ताहि।
तिनमें आयौ एक कबि **भूषन** कहियै जाहि।२५।
द्विज कनोज कुल कस्यपी रतिनाथ कौ कुमार।
बसत त्रिबिक्रमपुर सदा जमुना-कंठ सुठार।२६।
बीर बीरबर से जहाँ उपजे कबि अरु भूप।
देव बिहारेस्वर जहाँ बिस्वेस्वर तद्रूप।२७।
कुल सुलंक चितकूटपति साहस-सील-समुद्र।
कबि **भूषन** पदवी दई, हृदैराम सुत-रुद्र।२८।
सुकबिन सौं सुनि सुनि।कछुक समुझि कबिन कौ पंथ।
भूषन भूषनमय करत सिवभूषन सुभ ग्रंथ।२९।
भूषन सब भूषननि में उपमैं उत्तम चाहि।
यातें उपमा आदि दै, बरनत सकल निबाहि।३०।

अथ उपमालंकार-वर्णनं

जाकौ बरनन कीजियै सो उपमेय प्रमान।
जाके सम बरनन करैं ताहि कहत उपमान।३१।
जहाँ दुहुँन की बरनियै सोभा लसत समान।
उपमा भूषन ताहि कौं **भूषन** कहत सुजान।३२।

मलत ही कुरुख चिकत्ता कौं निरखि कीनौ सरजा साहस जो उचित बृजराज कौं।
भूषन कै मिस गैरमिसल खरे किये कौं किये म्लेच्छ मुरछित करिकै गराज कौं।
अरतैं गुसुलखान बीच ऐसें उमराव लै चले मनाय सिवराज महाराज कौं।
लखि दावेदार कौ रिसानौ देखि दुलराय जैसें गड़दार अड़दार गजराज कौं।३३।

२६—रतिनाथ०—रतनाकर-सुत धीर (मिश्र)। मुना०—तरनितनूतजा—तीर (वही)। २७—बिहारेस्वर—बिहारीस्वर (वही)। २९—सौ०—हूँ की कछु कृपा (मिश्र)। सुभ—मय (बंग)। ३१—जाके०—जाकी सरवरि दीजियै (मिश्र)। ३२—बरनियै—देखिय (वही)। लसत—बनत (वही)। ३३—साहस०—सुरेस—ज्यौं दुचित (मिश्र)। कै०—कुमिस। अरतैं—अरे तें गुसुलखाने। लखि०—दाबदार निरखि रिसानो दीह दलराय (मिश्र)।

[२५] जाचन = (याचना) माँगने के लिए। ताहि = उससे। [२६] द्विज = ब्राह्मण। कनोज = कान्यकुब्ज। कस्यपी = कश्यप-गोत्री। रतिनाथ० = रतिनाथ का पुत्र। त्रिबिक्रमपुर = तिकवाँपुर (कानपुर)। कंठ = उपकंठ, निकट। सुठार = सुष्ठु, सुंदर, जहाँ सब सुपास हो। [२७] बीरबर = वीरबल। देव० = विहारेश्वर महादेव। विस्वेसर० = विश्वनाथ के समान। [२८] कुल० = सुलंकी। चितकूट० = चित्रकूट के राजा। हृदैराम० = रुद्रशाह के पुत्र हृदयराम। [३०] चाहि = देखकर। आदि दै = प्रारंभ में रखकर। सकल निबाहि = काव्य के नियमों का पालन करते हुए। [३२] दुहुँन = दोनो (उपमेय और उपमान)। सोभा० = उपमेय और उपमान समान हों। [३३] कुरुख = क्रुद्ध किया। चकित्ता = चगताई खाँ का वंशज (औरंगजेब)।

पुनि

सायस्त खाँ दुरजोधन सौ औ दुसासन सौ जसबंत निहारयौ ।
द्रोन सौ भाऊ करन्न करन्न सौ और सबै दल सौ दल भारयौ ।
ताहि बिगोय सिवा सरजा भनि **भूषन** औलिफतो यौं पछारयौ ।
पारथ कै पुरुषारथ भारथ जैसें जगाय जयद्रथ मारयौ ।३४।

उपमा-बाचक पद धरम उपमेयौ उपमान ।
जामें सो **पूर्नोपमा लुप्त** घटति लौं आन ।३५।

पावक-तूल अमित्रन के भयौ मित्रन के भयौ धाम सुधा के ।
आनँद भौ बहुरौ पहिलैं कुमुदावलि चक्कनि के असु धाके ।
तेगहीं त्याग-बली सिवराज भौ **भूषन** भाषत बंधु सुधा के ।
बंदन तेज औ चंदन कीरति साजे सिंगार बधू बसुधा के ।३६।

अथ प्रतीपालंकार-वर्णनं

जहिं प्रसिद्ध उपमान कौं करि बरनत उपमेय ।
तहिं **प्रतीप** उपमा कहत **भूषन** ग्रंथ प्रमेय ।३७।

३४—सायस्त—साचता (मिश्र); साइस भिस्त सुजोधन (बंग)। औलिफतो—अल्लिफतै (बंग); औनि छता (मिश्र); औलिफता (काशि०); औफिलतो (व्यास)। जगाय—गजाय (व्यास)। ३५—आन—मान (मिश्र)। ३६—तूल—तुल्य। अमित्रन के—अमीतन को। बहुरौ०—गहिरो समुदै। चक्कनि०—तारन को बहुधा को। तेगहीं०—भूतल माहिं। बंधु०—सत्रु सुधा को। औ—त्यों। साजे—सोंधो (वही)। ३७—करि—कवि (बंग)। ग्रंथ०—कबिता-प्रेय (मिश्र); गाय प्रमेय (बंग)।

सरजा = सरजाह शिवाजी। ब्रजराज = श्रीकृष्ण। मिस = बहाना। गैरमिसल = अनुचित स्थिति। गराज = गर्जन। अरतैं = अड़ते ही। गुसुलखान = वह स्थान जहाँ बादशाह का खास दरबार लगता है। उमराव = बड़े सरदार। मनाय = राजी करके। दावेदार = दबंग, प्रचंड। रिसानौ = क्रुद्ध। दुलराय = पुचकारकर। गड़दार = मस्त हाथी के साथ भाला लेकर चलनेवाला। अड़दार = ऐंड़दार (मस्त)। गजराज = बड़ा हाथी। [३४] सायस्त खाँ = शाइस्ता खाँ। दुसासन = दुःशासन (दुर्योधन का भाई)। जसवंत = मारवाड़ के राजा। द्रोन = द्रोणाचार्य। भाऊ = बूँदी के राजा। करन्न = बीकानेर के महाराज जयसिंह के पुत्र। करन्न = दानी कर्ण। दल = सेना। भारयौ = भारी, बड़ा। बिगोय = नष्ट करके। औलिफतो = अबुलफतेह (शायस्ता खाँ का पुत्र)। पछारयौ = पछाड़ दिया (हराया)। पारथ = पार्थ, अर्जुन। कै = करके। पुरुषारथ = पुरुषार्थ। भारथ = महाभारत का युद्ध। जगाय = सावधान करके। जयद्रथ = दुर्योधन का बहनोई और सिंध देश का राजा। [३५] आन = अन्य। [३६] पावक = अग्नि। तूल = तुल्य, समान। अमित्रन = शत्रुओं। धाम० = अमृत का घर, चंद्रमा। भौ = हुआ। बहुरौ = पुनः, फिर। पहिलैं = पहलेपहल। कुमुदावलि = रात को फूलनेवाले कमलों का समूह। चक्कनि = चकवे। असु = प्राण। धाके = आतंकित हुए। तेग = तलवार। बंदन = सिंदूर। बधू = स्त्री। बसुधा = पृथ्वी। पहले चरण में दो लुप्तोपमाएँ हैं। चौथे चरण में तो रूपक हो गया। [३७] प्रमेय = प्रामाणिक।

छाय रही जितही तितही अति ही छबि छीरधि रंग करारी।
भूषन सुद्ध सुधान की सोधनि सोधत सी धरि ओप उज्यारी।
यौं तम-तोमहि चाबिकै चंद चहूँ दिसि चाँदनी चारु पसारी।
ज्यौं अफजल्लहि मारि मही पर कीरति श्रीसिवराज सुधारी।३८।

पुनि

तो सम हो सेस सो तौ बसत पताललोक ऐरावत गज सो तौ इंद्रलोक सुनियै।
दूरि हंस मानसर ताहू तें कैलासधर सुधा सुरघर-सिंधु छोड़ि गयौ दुनियै।
सूर दानी सिरताज महाराज सिवराज रावरे सुजस समकाज काहि गुनियै।
भूषन जहाँलौं गति तहाँ लौं भटकि हार्‌यो लखियैकछू न केती बातैं चित चुनियै।३९।

करत अनादर बर्न्य कौ पाय और उपमेय।
तासौं कहत **प्रतीप** हैं भूषन कबि करि भेय।४०।
सिव प्रताप तो तरनि सम अरि-पानिप-हर मूल।
गरब करत कित बिदित है बड़वानल ता तूल।४१।
गरब करत कित चाँदनी हरि के छीर समान।
फैलाई तो सम जगति कीरति सिवा खुमान।४२।
पाय बर्न्य उपमान कौ जहाँ न आदर और।
ताहू कहत **प्रतीप** हैं भूषन कबि-सिरमौर।४३।
जहिं बरनत उपमेय कौं हीनी करि उपमान।
सोऊ कहत **प्रतीप** है भूषन सुकबि सुजान।४४।

३८—की०-के सौधनि (मिश्र)। सुधारी-बगारी (वही)। ३९—दूरि-दुरे। ताहू०-ताहि में। सुरघर०-सरवर सोऊ (अन्य); सुरवर सोऊ (मिश्र)। समकाज-सम आजु। गति-गनौ (वही)। ४०—तासों-ताहू (मिश्र)। हैं-जे। कवि०-कविता-प्रेय। ४१—कित०-केहि हेत हैं। ता-तो (वही)। ४२—हरि०-हीरक (मिश्र)। समान-सुमान (व्यास)। ४३—ताहू०-कहत चतुर्थ (अन्य)। ४४—जहिं०-हीन होय। हीनी०-नष्ट होत। सोई-पञ्चम। है-तेहि (मिश्र)।

[३८] छीरधि० = क्षीरसागर के रंग की, उज्ज्वल। करारी = चोखी। सुद्ध = स्वच्छ। सुधान० = चूने की सी। सोधनि = सफाई। सोधत = साफ करती है। ओप = चमक। उज्यारी = उज्ज्वलता। तम = अंधकार। तोम = समूह। चाबिकै = दबाकर (दूर करके)। चारु = सुंदर। पसारी = फैलाई। [३९] तो = (तव) तुम्हारा। हो = था। सेस = शेषनाग। ऐरावत = इंद्र का हाथी। मानसर = मानसरोवर। ताहू०-उससे भी दूर। कैलासधर = शिव। सुरघर० = देवनिवास, क्षीरसागर। समकाज = समकार्य, समानकर्मा। गुनियै = समझें। लखियै = देखता हूँ। चुनियै = चुनता हूँ। [४०] बर्न्य = जिसका वर्णन हो (उपमेय)। भेय = भेद, प्रकार। [४१] पानिप = पानी, कांति। मूल = मूल (जड़) से। बड़वानल = समुद्र में रहनेवाली आग। तूल = तुल्य, समान। [४२] कित = क्यों। हरि० = क्षीरसागर के समान। जगति = जगत में। [४३] और = अन्य, उपमान।

यौं सिवराज कौ राज अडोल कियौ सिव जोंब जहा धुम्र धू है।
कामनादानि खुमान लखे न कछू सुरबृच्छ न देवगऊ है।
भूषन भूपन में कुल भूषन भ्वैसिला यौं धरिबे कहिं भू है।
मेरु कहा'रु कहा दिगदंतिन कुंडलि कोल कछू न कछू है।४५।

पुनि

चंदन में नाग मदभरयौ इंद्र-नाग बिषधरयौ सेषनाग कहै उपमा अबस कौ।
चौंर थहरात न कपूर ठहरात मेघ सरद उड़ात बात लागें दिस दस कौ।
संभ्र नीलग्रीव भौंर पुंडरीक ही बसनि सरजा सिवाजी बोल **भूषन** सरस कौ।
छीरधि में पंक कलानिधि में कलंक यातें रूप एक टंक ये लहैं न तेरे जस कौ।४६।

अथ उपमेय उपमालंकार-बर्णनं

जहाँ परस्पर होत हैं उपमेयो उपमान।
भूषन उपमेयोपमा ताहि बखानत जान।४७।

तेरौ तेज सरजा समत्थ दिनकर सौ है दिनकर सोहै तेरे तेज के निकर सौ।
भ्वैसिला भुआल तेरौ जस हिमकर सो है हिमकर सोहै तेरे जस के अकर सौ।
भूषन भनत तेरौ हियौ रतनाकर सौ रतनाकर है तेरे हिय सुखकर सौ।
साहि के सपूत सिव साहि दानी तेरौ कर सुरतरु सौ है सुरतरु तेरे कर सौ।४८।

जहाँ एक उपमेय कौं होत बहुत उपमान।
ताहि कहत **मालोपमा भूषन** सकल सुजान।४९।

४५—सुर०—सुररूख (मिश्र); दिवबृच्छ (बंग)। भूपन०—भूषन मैं (मिश्र)। भ्वैसिला०—भौंसिला भूप धरे सब भू है। मेरु०—मेरु कछू न कछू न कछू (वही)। ४६—बिष०—बिषभरौ (मिश्र)। चौंर—भोर। थहरात—ठहरात। ठहरात—बहरात। बोल—सन। तेरे—तव (वही)। ४८—आकर—अंकर (मिश्र)। ४९—कौ—के। सकल—सुकबि (वही)।

[४५] अडोल=अचल (स्थिर)। सिव=शिव, महादेव। जोंब=जो अब। धुम्र=ध्रुव, स्थिर। धू=ध्रुव, ध्रुव तारा। कामना=अभिलाप। सुर०=कल्पद्रुम। देवगऊ=कामधेनु। भूषन=भूषण कवि। भूपन में=राजाओं में। कुल०=वंश में श्रेष्ठ। धरिबे०=पृथ्वी को धारण करने के लिए। मेरु=सुमेरु पर्वत। दिगदंति=दिग्गज। कुंडलि=(सर्प) शेषनाग। कोल=(शूकर) वाराह। कछू०=कच्छप कुछ नहीं हैं। [४६] नाग=सर्प। मद=गजमद। इंद्रनाग=इंद्र का हाथी (ऐरावत)। अबस=व्यर्थ। चौंर=चमर (सफेद बालोंवाला)। थहरात०=स्थिर नहीं रहता। ठहरात न=उड़ जाता है। बात०=वायु लगने से। नीलग्रीव=नील कंठ वाले। भौंर=भ्रमर। पुंडरीक=श्वेत कमल में। बसनि=निवास। सरस कौ=बढ़कर कौन है। पंक=कीचड़। कलानिधि=चंद्रमा (षोडश कलायुक्त)। कलंक=कालिमा। एक टंक न लहै=कुछ भी नहीं पाते। [४८] समत्थ=समर्थ, सामर्थ्यवान्। सौ है=समान है। सोहै=शोभित होता है। निकर=समूह। सौ=समान। भुआल=भूपाल, राजा। हिमकर=चंद्रमा। आकर=खानि। रतनाकर सो=समुद्र सा (गंभीर)। सुखकर=सुखदायी। सुरतरु=कल्पद्रुम। [४९] मालोपमा=(माला+उपमा) उपमा की माला।

इंद्र जिम जंभ पर बाड़व ज्यौं अंभ पर रावन सदंभ पर रघुकुलराज है।
पौन बारिबाह पर संभु रतिनाह पर ज्यौं सहस्त्रबाहु पर राम द्विजराज है।
दावा द्रुमदंड पर चीता मृगझुंड पर भूषन बितुंड पर जैसें मृगराज है।
तेज तम-अंस पर कान्ह जिम कंस पर यौं मलेच्छ-बंस पर सेर सिवराज है।५०।

जहिं समता कौं दुहुन की लीलादिक पद होत।
ताहि कहत **ललितोपमा** सकल कबिन के गोत।५१।
बहसत निदरत हसत जहिं छबि अनुसरत बखान।
सत्रु मित्र तहिं औरऊ लीलादिक पद जान।५२।

साहितनै सरजा सिवाकी सभा जा मधि सु मेरवारी सुरकी सभाकौं निदरति है।
भूषन भनत जाके एक एक सिखर तें चारौं ओर नदिन की पाँति उतरति है।
जोन्ह कौं हसति जोति हीरामय मंदिरनि कंदरनि में छबि कुहू की उछरति है।
ऐसौ ऊँचौ दुरग महाबली है जामें नखतावलीसौं बहस दीपावली धरति है।५३।

जहाँ होत उपमेय कौं उपमेयै उपमान।
तहाँ **अनन्वय** कहत हैं **भूषन** सबै सुजान।५४।

साहितनै सरजा तुअ द्वार प्रतीदिन दान कौ दुंदुभि बाजै।
भूषन भिच्छुक भीरन कौं अति भोजहु तें बढ़ि मौजनि साजै।
रायनि कौ गनु राजनि को गनु साहन मौं नहिं यौं छबि छाजै।
आज गरीबनिवाज मही पर तो सो तुहीं सिवराज बिराजै।५५।

५०—ज्यौं अंभ-सुअंभ (मिश्र)। दंड-डुंड (संग्रह)। यौं-त्यौं (मिश्र) ५२—बहसत-बिहसत (मिश्र)। अनु०-अनुहरत। तहिं-इमि (वही)। ५३—सु-हैं (मिश्र)। चारौं०-केते धौं नदी नद की रेल (वही); केतिक उदोत दिनकर कौ तरति (बंग)। हीरामय-हीरामनि (मिश्र)। उछरति-उधरति (बंग)। है०-को (मिश्र); सिवा को जामें नखतावली बहसि (बंग)। धरति-करति (मिश्र)। ५४—होत-करत (मिश्र)। सबै-सकल (वही)। ५५—प्रतीदिन-प्रतिच्छन (मिश्र)। रायनि-राजनि (वही); रावनि (बंग)। मौं०-में न इती (मिश्र)।

[५०] जंभ=महिषासुर का पिता (इसको इंद्र ने मारा था)। अंभ=जल। सदंभ=दंभी। रघुकुल=श्रीरामचंद्र। बारिबाह=(बारि=जल+बाह=वहन करनेवाला, ढोनेवाला) बादल। रतिनाह=(रतिनाथ) कामदेव। राम०=परशुराम। दावा=दावाग्नि। द्रुमदंड=पेड़ की शाखा। बितुंड=हाथी। मृगराज=सिंह। तेज=प्रकाश। तम०=अंधकार का भाग। मलेच्छ=मुसलमान। यह अभिन्नधर्मा मालोपमा है। [५३] जा=जिसके। मधि=में। मेरवारी=सुमेरु पर्वतवाली। सुर०=देवताओं की सभा। निदरति है=निरादर करती है। सिखर=शिखर, चोटी। पाँति=पंक्ति, समूह। जोन्ह=ज्योत्स्ना, चाँदनी। कंदरा=गुफा। छबि०=अमावस्या की अँधियाली। उछरति है=उछलती है (भुइँधरे में अंधकार ही अंधकार है)। दुरग=दुर्ग, किला। नखतावली=नक्षत्रावली, तारों का समूह। बहस=विवाद।

अथ रूपकालंकार-वर्णनं

जहाँ दुहुन को भेद नहिं बरनत सुकबि सुजान।
रूपक भूषन ताहि कों **भूषन** कहत प्रमान ।५६।

कलजुग जलधि अपार उद्ध अधरंम अंबुमय।
लच्छनि लच्छ मलेच्छ कच्छ अरु मच्छ मगर-चय।
नृपति नदीनद-बृंद होत जाकों मिलि नीरस।
भनि **भूषन** सब भूमि घेरि किन्हिय सुअप्पु-बस।
हिंदुआन पुन्य-ग्राहक बनिक तासु निबाहक साहिसुअ।
वर बादवान करवान गहि जस-जिहाज सिवराज हुअ ।५७।

पुनि

साहनमनी समथ्थ जासु अवरंगसाह सिर।
हृदय जासु अब्बासु साहि बहु बल बिलास थिर।
अदिलसाहि कुतुब्ब जासु भुज जुग **भूषन** भनि।
पाय म्लेच्छ उमराव काय तुरकान और गनि।
यह रूप अवनि औतार धरि जिहि मिलि यह जग दंडियहु।
सरजा सिव साहस खग्ग गहि कलिजुग सोइ खल खंडियहु ।५८।

सिंहथरी जाने बिन जावली-जँगल भटी हठी गज अदिलु पठाय करि भटक्यौ।
भूषन भनत देखि भम्भर भगाने सब हिम्मति हिये में धरि काहुवै न हटक्यौ।
साहिके सिवाजी गाजीसरजा समथ्थ महा मदगल अफजल पंजा-बल पटक्यौ।
ताबगीर ह्वै करि निकामनिजधाम कहिं याकुत महाउतलै आँकुसको सटक्यौ।५९।

५६—कहत०—करत बखान (मिश्र)। ५७—अबु०—उम्मिमय (वही)। बर०—पतवार बिरद (बंग)। गहि—धरि (मिश्र)। हुअ—तुव (वही)। ५८—साहन०—साहिनमन-समरथ्थ (मिश्र)। अवरंग—नवरंग (वही)। बहु०—बलु बल बिसाल (व्यास); जाको (बंग)। और—आनि (मिश्र)। मिलि०—जालिम (वही)। ५९—थरी—थरि (मिश्र); धरि (बंग)। भम्भर—भभरि (मिश्र)। ताबगीर—ता बिगिर। लै—सुर (वह)।

[५७] जलधि=समुद्र। उद्ध=ऊर्ध्व, ऊपर। अधरम=अधर्म। अंबुमय=जल-युक्त। लच्छनि=लाखों। कच्छ=कच्छप, कछुआ। मच्छ=मत्स्य, मछली। चय=समूह। नीरस=रसहीन। अप्पु=आप, जल। ग्राहक=गाहक। बनिक=व्यापारी। निबाहक=निर्वाह करनेवाला (कर्णधार)। सुअ=पुत्र। बर=श्रेष्ठ। बादवान=पाल। करवान=तलवार। [५८] साहन=शाहों में श्रेष्ठ और समर्थ। अवरंग=बादशाह औरंगजेब। सिर=मस्तक। अब्बासु=फारस का बादशाह। बल=शक्ति; सेना। थिर=स्थिर। अदिलसाहि=आदिलशाह (बीजापुर का शाह)। कुतुब्ब=कुतुबसाह (गोलकुंडा का शाह)। पाय=पैर। उमराव=बड़े सरदार। काय=शरीर। तुरकान=तुर्क लोग। और=अन्य। गनि=गिनो (समझो)। जग०=इस संसार को दंडित किया। सिव=शिवाजी; महादेव। खग्ग=खंग, तलवार। खल=दुष्ट। खंडियहु=टुकड़े-टुकड़े कर डाला। [५९] सिंह०=सिंह की माँद। जावली=यहीं अफजल खाँ मारा गया था। भटी=भट्टा, चुर। अदिलु=आदिलशाह। पठाय=

घट बढ़ जहिं बरनन करत करिकै दुहुन अभेद ।
भूषन कबि औरौ कहत द्वै रूपक के भेद ।६०।

प्रथम भेद

साहितनै सिवराज तो जस आज भूषन बिगर कलंक चंद उर आनियतु है।
एक ही आनन पंचानन गनि तोहि गजानन गज-बदन बिना बखानियतु है।
एक सीस ही सहससीस मान्यौ धराधर दुहूँ दृग सौं सहसदृग मानियतु है।
दुहूँ कर सौं सहसकर जानियतु तोहि दुहुँ बाहु सौं सहसबाहु जानियतु है ।६१।

द्वितीय भेद

जेते हैं पहार भुव मध्य पारावार तिन सुनिकै अपार कृपा गहे सुख-फैल हैं।
भूषन भनत साहितनै सरजा के पास आइबे कौं बढ़ीं उर हौंसन की ऐल हैं।
करवानै बज्र सौं बिपच्छ करिबे के डर आइहैं कितेक आए सरन की गैल हैं।
मघवा महीमें आन सिव ह्वै महिरबान कोटकरि सकल सपच्छ किये सैल हैं ।६२।

अथ परिणामालंकार-वर्णनं

जहिं अभेद करि दुहुन सौं करत और है काम ।
भनि भूषन सब कहत हैं तासु नाम परिनाम ।६३।

बीर बीजैपुर के उजीर निसिचर गोलकुंडावारे घूघू ते दुराए हैं जिहान सौं।
मंदरुचि कीनो मुखचंद चिकताकौ कियौ भूषन सुखित द्विज-चक्र खानपान सौं।

६१—तो०-भूषन सुजस तब (मिश्र) । आनन-बदन । मान्यौ०-कला करिबे कौं । जानियतु तोहि-मानियतु तोहि (वही) । ६२—मध्य-माहिं (मिश्र) । बढ़ी-चढ़ी । आइहैं-आनिकै । आन-तेजवान सिवराज बीर (वही)। ६३—है-रचै (मिश्र)। मंद०-मद करि मुखरुचि चंद (बंग)। कियौ-पुनि (मिश्र)। फूली०-खिलायो। जापी-चारु। जू के-सुख।

भेजकर । करि=हाथी । भटक्यौ=धोखा खाया। भम्भर=भगदड़। काहुवै=किसी ने भी। न हटक्यौ=मना नहीं किया। साहि के=शाहजी के पुत्र। गाजी=धर्मयुद्ध में लड़नेवाला योधा। मदगल=मद बहते हुए। अफजल=अफजल खाँ को। ताबगीर=बली। निकाम=निकम्मा। याकुत=याकूत खाँ । महाउत=हाथीवान्। आँकुस=अंकुश; अंकुश खाँ । सटक्यौ=चुपके से निकल भागा । [६१] बिगर०=कालिमाहीन। उर०=हृदय में लाते हैं । पंचानन=पाँच मुखवाले (शिव)। गजानन=(हाथी के मुख से मुखवाले) गणेश। बखानियतु है=कहते हैं। सहससीस=(हजार सिर वाले) शेषनाग। धराधर=पृथ्वी धारण करनेवाले। सहसदृग=हजार आँखोंवाला (इंद्र)। सहसकर=सहस्र किरणों वाला (सूर्य)। सहसबाहु=सहस्रबाहु। [६२] पारावार=समुद्र। गहे०=अत्यंत सुख पाया। हौसनि=प्रबल इच्छा। ऐल=प्रवाह । बिपच्छ=बिना पंख का। गैल=गली, मार्ग। मघवा=इंद्र। मही=पृथ्वी। महिरबान=कृपालु। कोट करि=किले बनवाकर। सपच्छ=पक्षयुक्त। सैल=शैल, पहाड़। [६३] और=अन्य (उपमान)।

तुरकान मलिन कुमुदनी करी है हिंदुआन नलिनी फूली है बिबिध बिधान सौं।
जापी सिवनामके प्रतापीसिवासाहिजूके तापी सबभूमि यौं कृपान-भासमानसौं।६४।

पुनि

साहितनै भुत्र्य कौ सब भार भुजा भुजगेंद सौं ठानि अधीनौ।
भूषन तीखन तेज तरन्नि सौं साहन कौं कियो पानिपहीनौ।
दारिद-दौ दलिकै कर-बारिद सौं बन ज्यौं गुनि त्यौं सुख कीनौ।
श्रीसिवराज कियौ जस-चंद सौं म्लेच्छन कौ मुखकंजु मलीनौ।६५।

अथ उल्लेखालंकार-वर्णनं

कै बहुतै कै एक जहिं एक बस्तु कौं देखि।
बहु बिधि करत उलेख कौं सो **उल्लेख** उलेखि।६६।

प्रथम भेद

कबि कहैं करन करनजित कमनैत अरिन के उरन में कीनौ इमि छेउ है।
कहत धरेस धरा धरिबे कौं सेस ऐसो और धराधरनि कौ मेट्यौ अहमेउ है।
भूषन भनत महाराज सिवराज तेरौ राजकाज देखि कोऊ पावत न भेउ है।
कहरी अदिल मौजलहरी कुतुब कहै बहरी निजाम के जितैया कहैं देउ है।६७।

द्वितीय भेद

पैज-प्रतिपाल भूमिभारकौ हमाल चहौं चक्कको अमाल भयौ दंडत जिहानकौ।
साहनकौं साल भयौ ज्वारीकौं जवाल भयौ हरकौं कृपाल भयौ हारके बिधानकौ।

६५—साहि०—भौंसिला भूप बली भुज को भुज भारी भुजंगम सौं भरु लीनो (मिश्र)। साहन—बैरिन। दलिकै०—करि वारिद सों दलि त्यौंधरनीतल सीतल कीनो। श्री०—साहितनै कुलचंद सिवा जसचंद सों चंद कियो छबि छीनो (वही)। ६६—कौं—हैं (मिश्र)। ६७—धरा०—सब धराधर। ६८—पैज—फौज (गोबिंद)। अमाल—सम्हाल (वही)। ज्वारि—ज्वाल (मिश्र)। हर—कर। हिंद—(हिंदु) वही)।

[६४] बिजैपुर=बीजापुर। उजीर=वजीर, मंत्री। निसिचर=निशाचर। घूघू=घूक, उल्लू। दुराए है=छिप गए हैं। जिहान=संसार। मंद=मलिन। रुचि=कांति। द्विज-चक्र=ब्राह्मणों का समूह; चक्रवाक पक्षी। कुमुदनी=कुईं। नलिनी=कमलिनी। बिबिध=अनेक प्रकार से। सिव=महादेव। सिवा=शिवाजी। तापी=प्रतप्त कर दी। भासमान=सूर्य। [६५] साहि०=शाहजी के पुत्र। भुजगेंद=भारी सर्प। ठार=अधीन करके, धारण करके। तीखन=तीक्ष्ण, प्रबल। तरन्नि=तरणि, सूर्य। पानिप=पानी, कांति। दौ=दावाग्नि। कर=हाथ। दलि=नष्ट करके। बारिद=बादल। [६६] उलेखि=उल्लेख करें, समझें। [६७] करन=प्रसिद्ध दानी राजा कर्ण। करनजित=कर्ण को जीतनेवाला (अर्जुन)। कमनैत=धनुर्धर। अरि=शत्रु। उर=हृदय। छेउ=छेव, घाव। धरेस=राजा। धरा०=पृथ्वी को धारण करने के लिए शेषनाग। धराधरनि=राजाओं का। अहमेउ=अहं भाव। भेउ=भेद, रहस्य। कहरी=आफत ढानेवाला। अदिल=आदिलशाह। मौजलहरी=आनंद की लहर लेनेवाला (आनंदी जीव)। बहरी=निजाम की उपाधि। जितैया=विजयी।

बीररस ख्याल सिवराज भुअपाल तुअ हाथकौ बिसाल भयौ भूषन बखानकौ।
तेरौ करवार भयौ दच्छिनकौ ढाल भयौ हिंदकौ दिवाल भयौ काल तुरकानकौ।६८।

अथ स्मृति-अलंकार-वर्णनं

सम सोभा लखि आन की सुधि आवत जँहि ठौर।
स्मृति भूषन तासौं कहत **भूषन** कबिसिरमौर।६९।

तुम सिवराज बृजराज अवतार आज तुम ही जगत-काज पोषत भरत हौ।
तुम्हैं छोड़ि काहि यातें बिनती सुनाऊँ मैं तिहारे गुन गाऊँ तुम ढीलकौं धरत हौ।
भूषन भनत वहि कुल में न भयौ न गुनाह कछु ठयौ क्यौं न चिंत ही हरत हौ।
और बाँभननि देत करत सुदामा सुधि मोहि देखि काहे सुधि भृगुकी करतहौ।७०।

अथ भ्रमालंकार-वर्णनं

आन बात कौ अनुमए होत जहाँ भ्रमु आन।
तासौं **भ्रम** भूषन कहत **भूषन** कबि मतिमान।७१।
पीय पहारन पास न जाहु यौं तीय बहादुर कौं कहैं सोखैं।
कौन बच्यौ है नवाव तुम्हैं भनि **भूषन** भ्वैंसिला भूप के रोखैं।
बंदि कियौ है सायस्तहू खाँ जसवंत से भाऊ करन्न से दोखैं।
सिंह सिवाजू के बीरन सौं गे अमीर न बंचि गुनीजन धोखैं।७२।

६९—जहिँ०-जेहि ठौर (मिश्र)। तासौं-तेहि (वही) ७०—ढील०-ढीले क्यों परत (मिश्र)। न भयौ-नयो गुनाह नाहक समुझि यह चित्त में धरत। देत-देखि। ७१—अनुमए-आन मैं (मिश्र)। आन-आय। भूषन०-सब कहत हैं भूषन सुकवि वनाय (वही)। ७२—कौं-सों (मिश्र)। बच्यौ-बचैहै। कियौ०-सइस्तखहूँ को कियो। जू०-के सु। धोखैं-घोपै (वही)।

[६८] पैज=प्रतिज्ञा, प्रण। प्रतिपाल=पालन करनेवाला। भार=बोझ। हमाल=हम्माल, धारण करनेवाला। चहौं=चारों दिशाएँ। अभाल=राज करनेवाला। दंडत=दंडित किया। जिहान=संसार। साल=शल्य, हृदय में गड़नेवाला। ज्वारी=जावली। जवाल=दुःखदायक। हर=महादेव। हार=माला (मुंडमाल)। विधान=रीति। बीररस=वीररसको क्रीड़ा करनेवाले। हाथ०=हाथ के लिए बड़प्पन (का कारण) हुआ। बखान कौ=वर्णन करने योग्य। करवार=तलवार। ढाल=रक्षक। हिंद०=हिंद की मर्यादा बचानेवाला हुआ। [७०] बृजराज=श्रीकृष्ण। जगत०=संसार के लिए। पोषत०=भरण-पोषण करते हो। ढील=शैथिल्य करते हो। वहि=उस वंश (ब्राह्मण-कुल) में। गुनाह०=कुछ अपराध नहीं किया। चित०=मेरी चिंता क्यों दूर नहीं करते। बाँभन=ब्राह्मण। देत=दान देते हुए। सुदामा=श्रीकृष्ण के सहपाठी। भृगु=इन्होंने विष्णु के वक्षःस्थल पर लात मारी थी। [७१] आन=(अन्य) दूसरी। अनुमए=अनुमान करने से। [७२] पीय=प्रिय, पति। तीय=स्त्री, रानियाँ। बहादुर=बहादुरखाँ से। सोखैं=सोख होकर, तीखी पड़कर। रोखैं=रोष से, क्रोध से। बंदि०=कैद कर लिया। सायस्त०=शाइस्ता खाँ को भी। जसवंत से०=यशवंतसिंह, भाऊसिंह तथा कर्णसिंह

अथ संदेहालंकार-वर्णनं

कै यह कै वह यौं जहाँ होत आनि संदेह।
भूषन सो संदेह है नहिं यामें संदेह।७३।

आवत गोसलखाने ऐसें कछू त्यौर ठाने जानौ अवरंगहू के प्रानन कौ लेवा है।
रस-खोट भए तें अगोट आगरे मौं सातौं चौकी नाँघि आय घर करी हद रेवा है।
भूषन भनत मही चहौं चक्क चाह कियौ पातसाह चिक्काता की छाती माह छेवा है।
जान न परत ऐसें काम है करत कोऊ गंधरब देवा है कै सिद्ध है कै सेवा है।७४।

अथ अपह्नुति-अलंकार-वर्णनं

आन बात आरोपियै साँची बात छिपाय।
सुद्धापह्नुति कहत हैं भूषन कबि कबिराय।७५।

चमकति चपला न फेरत फिरंगैं भट इंद्र की न चाप रूप बैरख समाज कौ।
धाए धुरवा न छाए धूरि के पटल मेघ गजिबौ न साजिबौ है दुंदुभी-अवाज कौ।
भ्वैंसिला के डरन डरानी रिपुरानी कहैं पिय भजौ देखि उदौ पावस की साज कौ।
घन की घटा न गजघटनि सनाह साज भूषन भनत आयौ सैन सिवराज कौ।७६।

जहाँ जुगुत सौं आन कौं कीजै आन छिपाय।
हेतु-अपह्नुति कहत है भूषन कबि-समुदाय।७७।

सिवाजी के कर किरवान है कहत सब भूषन कहत यह करिकै बिचार कौं।
लीनौ अवतार करतार के कहे तें काली म्लेच्छनि हरन उधरन भुविभार कौ।

७४—हू-ही (मिश्र)। नाँघि डाँकि (मिश्र); नाकैं (बंग)। करी—कीन्ही (मिश्र)। मही—यही (व्यास)। जान—जान्यो (मिश्र)। काम०—कामहि। कै—कि (वही) ७५—छिपाय—दुराय (मिश्र)। कवि०—सुकबि बनाय (मिश्र), सब···(बंग)। ७६—चमकति—चपला चमंकती न (मिश्र), चपला न तेग धरी (गोविंद)। फिरंगैं—फिरंगो (वही)। मेघ—व्योम (मिश्र)। साजिबो—बाजिबो। अवाज—दराज (वही) ७७—कीजै—कहियै (मिश्र)। भूषन—ताकहँ (वही)।

ऐसे वीर राजाओं को भी दूषित (कलंकित) करता है। गे०=अमीर बचकर नहीं जा सके। गुनीजन०=गुणियों के धोखे में किसी को छोड़ा नहीं। [७४] त्योर०=त्यौरी चढ़ाई। जानौ=मानो। अवरंग=औरंगजेब। प्रानन=प्राणों का लेनेवाला। रस=रस के खोटे हो जाने (बिगड़ जाने) से। अगोट=आड़। चौकी=पहरेदारों का थाना। हद=सीमा। [७५] अरोपियै=स्थापन किया जाय। [७६] चपला=बिजली। फेरत=घुमाते (चलाते) हैं। फिरंगैं=विलायती तलवार। भट=योधा। चाप=इंद्रधनुष। बैरख=झंडों का समूह। धुरवा=बादल। धूरि=सेना के चलने से उड़ी हुई धूल। पटल=समूह। गाजिबो=गरजना। दुंदुभी=धौंसा। डरन=डर से। भजौ=भागो। पावस=वर्षा। साज=सामान। गजघटनि०=हाथियों कवचों से सजकर। सनाह=सनाह, कवच। सैन=सेना।

मंडिकै घमंड अरि चंडमुंड चाबि करि पियत रकत पीबें लावति न बार कौं।
निज भरतार-भृत्य भूतन की भूख मेटि भूषित करत भूतनाथ भरतार कौं।७८।

सिव सरजा के कर लसत सो न होय करवान।
भुज-भुजगेंद्र-भुजंगनी भखति पौन-अरिप्रान।७९।

बस्तु गोय ताकौ धरम और बस्तु में रोपि।
पर्यस्तापह्नुति कहत कबि **भूषन** मति ओपि।८०।

तेरे ही भुजानि पर भूतल कौ भार कहिबे कौं सेषनाग दिगनाग हिमाचल है।
तेरौ अवतार जग-पोषन-भरनहार कछु करतार कौ न ता मधि अमल है।
साहितनै सरजा समत्थ सिवराज कबि **भूषन** कहत जीबौ तेरो ही सफल है।
तेरौ करवाल करै म्लेच्छनकौ काल बिन काज होत काल बदनाम भूमितल है।८१।

संक और की होत ही जँहि भ्रम करियै दूरि।
भ्रांतापह्नुति कहत हैं तँहि **भूषन** कबि भूरि।८२।

साहितनै सरजा के भय सौं भगाने भूप मेरु के लुकाने ते लहत जाइ ओत हैं।
भूषन तहाँ हूँ मरहट्टपति के प्रताप पावत न कल अति कौतुक उदोत हैं।
'सिव आयौ सिव आयौ' संकर की आमदनी सुनिकैपरान ज्यौं लगत अरिगोत हैं।
'सिव सरजा न यह सिव है महेस' तब जाके उपदेस जच्छ रच्छक से होते हैं।८३।

पुनि

एक समै सजिकै सब सन सिकार कौं आलमगीर सिधाए।
'आवहिगौ सरजा सम्हरौ' इक ओर के लोगन बोलि जनाए।

७८—सिवाजी०—भाषत सकल सिवाजी को करवाल पर (मिश्र)। कहत—भनत (गोविंद)। काली—कलि (गोविंद); मंडिकै—खंडिकै (वही); चंडी है (मिश्र)। रकत—रुधिर। पीवें—कछु। भृत्य—भूत (वही)। ७९—भुजगेंद्र—भुजगेस (मिश्र)। ८१—भूमितल—धरातल (वही)। ८२—और०—आन की (मिश्र); आपनी (बंग)। करिय—कीजै (मिश्र)। ८३—मेरु के—मेरु में (मिश्र)। आमदनी—आगमन। यहै—यह। तब०—करि यों ही (वही); तब यों कै (बंग)।

[७८] करतार=ब्रह्मा। हरन=हरने (मारने) के लिए। उधरन०=भूभार का उद्धार करने (पृथ्वी का बोझ उतारने) के लिए। अरि०=शत्रुरूपी चंड-मुंड राक्षसों को। चाबि करि=चबाकर। रकत=खून। लावति०=देर नहीं लगाती। [७९] करवान=तलवार। भुज=बाहु। भुजगेंद्र=श्रेष्ठ सर्प। भुजंगनी=नागिन। भखति=खाती है। पौन=पवन, वायु। [८०] गोय=छिपाकर। मति०=मति को चमकाकर (बुद्धिमत्ता से)। [८१] दिग-नाग=दिग्गज। हिमाचल=हिमालय। अमल=अधिकार, दखल। काज=कारण। [८२] भूरि=बहुत। [८३] मेरु=सुमेरु पर्वत। लुकाने=छिपने। ओत=आराम। कल=चैन। कौतुक=तमाशा। उदोत०=प्रकट होते हैं। आमदनी=आगमन। परान=ज्यों ही भागने लगते हैं। गोत=गोत्र, समूह।

भूषन भौ भ्रम औरँग के सिव भ्वैसिला भूप की धाक धुकाए।
धाय कै सिंधु कह्यौ समुझाय करौलन जाय अचेत उठाए।८४।

जहाँ और की संक तें साँचि छिपावत बात।
छेकापह्नुति कहत हैं **भूषन** मति-अवदात।८५।
दुग्गहि बल पंजन प्रबल सरज जित्यौ रन मोंहि।
औरँग कहै दिवान सौं सुपन सुनावत तोंहि।८६।
सुनि सु उजीरन यौं कह्यौ सरजा सिव महराज'।
भूषन कहि चकता सकुचि 'नहिं सिकार मृगराज'।८७।

पुनि

तिमिर-बंस-हर अरुन-कर आयौ सजनी भोर
'सिव सरजा' चुप रहि सखी सरज सूर-सिरमौर।८८।
जहिं कैतव छल व्याज मिस इनसौं होत दुराउ।
सु कैतवापह्नुति कहत **भूषन** कबि रसभाउ।८९।

साहितनै सरजा खुमान सलहेर पास कीनौ कुरुखेत खीझि मीर अचलन सौं।
भूषन भनत करि कूरम बहानौ रन-धरनि सुजान धरि प्रान दै बलन सौं।
अमर के नाम के बहाने गौ अमरपुर चंद्राउत लरि सिवराज के दलन सौं।
सरजाखाँ बाच्यौ भजि काजीके बहाने बाबूराउउमराउब्रह्मचारीके छलन सौं।९०।

८४—आवहिगो=आवत है (मिश्र)। सम्हरौ–समरथौ (बंग)। के–तें (मिश्र)। लोगन–गौलनि (बंग)। जनाए–जताए (मिश्र)। करौलन–कै रौलन (बंग)। जाय–आय (मिश्र)। ८५—तें–करि (मिश्र)। मति–कवि (वही)। ८६—दुग्गहि–दुरगहि (मिश्र); दुग्गवलय (बंग)। पंजन०—सरजा प्रबल जग जीत्यो रन माँहि (बंग)। तोहिं–ताहिं (वही)। ८८—सरज०-सूरज कुल (मिश्र); सूरजासिर (बंग)। ८९—सु०-कहत कैतवापन्हुतिहि (बंग)। कवि–कहि (मिश्र)। रस०—सतिभाव (वही); कहि सद्भाव (बंग)। ९०—करि०-बलि करी है अरीन धर धरनी पै डारि नभ (मिश्र)। सुजान—सौं जान पर (गोविंद)। खाँ०–बचायौ (वही); कालिका-प्रसाद के बहाने तें खवायौ महि बाबू उमराव राव पसु के छलन सौं (मिश्र)।

[८४] आलमगीर=औरंगजेब। सिधाए=गए। सरजा=शरजः, सिंह। धाक०=आतंक से आतंकित। धायकै=दौड़कर। करौलन=हँकवा करनेवाले। [८६-८७] दुग्गहि बल=किले के बल से; दुर्गा के बल से। पंजन=हाथों से; प्रबल पंजों से। सरज=शिवाजी; सिंह। जित्यौ०=(स्वप्न में देखा कि) मुझे रण में जीत लिया। दिवान=प्रधान। उजीर=वजीर, मंत्री। चकता=औरंगजेब। सकुचि=संकोच से (लज्जा के कारण)। मृगराज=शेर। [८८] तिमिर=तैमूरलंग; अंधकार। बंस-हर=कुलनाशक। अरुन-कर=लाल हाथों वाला, लाल किरणों वाला। सजनी=हे सखी। भोर=प्रभात में। सरजा०=सरजा (शिवाजी) वीरश्रेष्ठ, कमल (सरज) का प्रिय श्रेष्ठ सूर्य। [९०] सलहेर=इस

अथ उत्प्रेक्षालंकार-वर्णनं

आन बात में आन कौ जँहि संभावन होइ।
बरतु हेतु फलजुत कहत उत्प्रेच्छा है सोइ।९१।

साहितनै सिव साहि निसा में निसाँक लियौ गढ़सिंघ सुहानौ।
राठिवरौ कौ सँहार भयौ भिरि कै सरदार गिरयौ उदैभानौ।
भूषन यौं घमसान भौ भूतल पैरत लोथनि मानौ मसानौ।
ऊँचे छतज्ज छटा उछटी प्रगटी परभा परभात की मानौ।९२।

पुनि

दुरजन-दार भजि भजि बेसम्हार चढ़ि उत्तर पहार डरि सिवाजी नरिंद तें।
भूषन भनत बिन भूषन बसन साधि भूखन पियास रहैं नाहन कौं निंदतें।
बालक न जाने कहाँ का मधि भुलाने, कुम्हिलाने मुख कोमल अमल अरबिंद तें।
दृगजल कज्जलकलित कढ़यौ बढ़यौ मानौ दूजौस्रोत तरनितनूजाकौ कलिंदतें।९३।

हेतु उत्प्रेक्षा

लूट्यौ खाँनदौरा जोरावर आसफजंग रु लूट्यौ कारतलब खाँ मानहु अमाल है।
भूषन भनत लूट्यौ पूना में सायस्तैखान गढ़नि में लूट्यौ त्यौं गढ़ोइन कौ जाल है।

९२—भिरिकै-लरिकै (मिश्र), सिरिकै (बंग)। पैरत-घेरत (मिश्र)। मसानौं-मसानो। छटा-छता। मानौं-जानो (वही)। ९३—बेसम्हार-बेसुमार (गोविंद)। चढ़ि-चढ़ीं (मिश्र)। साधि-साधे (वही), साध्य (गोविंद), सबै (बंग)। रहैं-बहै (वही), न है (मिश्र)। कौं-के (बंग)। न जाने०-अयाने बाट बीच ही (मिश्र)।

किले को शिवाजी के प्रधान मंत्री मोरो पंत ने १६७१ ई० में जीता था। कीनौ०=कुरुक्षेत्र (महाभारत) के ऐसा घोर युद्ध किया। खीझि=क्रुद्ध होकर। मीर=छोटे सरदार। अचल=अटल। कूरम=कछवाहे। रन=रणक्षेत्र। अमर=अमरसिंह चंदावत, देवता। अमरपुर=देवताओं का घर=, स्वर्ग। क़ाजी=न्याय करनेवाले। राउ=छोटे राजा। उमराउ=बड़े सरदार। छल=बहाना। शरजा खाँ बीजापुर का बड़ा प्रसिद्ध सरदार था। इसमे शिवाजी से २४ दिसंबर १६६५ में भी दिलेर खाँ के साथ युद्ध हुआ था। [९२] निसा में=रात्रि में। निसाँक=निःशंक, निडर। सुहावनौ=सुहावना, सुंदर। राठिवरौ=राठौर। उदैभानौ=उदयभानु। घमसान=घोर युद्ध। लोथनि०=लाशें रक्त के प्रवाह में तैर रही हैं। मसानौं=श्मशान, मरघट। छतज्ज=छज्जा। छटा=शोभा। उलटी=प्रकाशित हुई। परभा=शोभा। [९३] दुरजन=शत्रु। दार=स्त्री। भजि०=भागकर। बेसम्हार-बिना सम्हाल के (अस्त-व्यस्त)। उत्तर पहार=उत्तर का पर्वत (हिमालय)। भूषन=कवि का नाम। भूषन=गहना। बसन=वस्त्र। साधि०=भूख और प्यास साधकर। नाह=नाथ, पति। निंदतें=निंदा करते। कुम्हिलाने=मुरझा गए। कोमल०=स्वच्छ कमलों से भी कोमल। दृगजल=आँसू। कज्जलकलित=काजलयुक्त। कढ़यौ=निकला। दूजौ०=दूसरी धारा। तरनि०=सूर्य की पुत्री, यमुना। कलिंद=जिस पर्वत से यमुना निकली है।

हेरि हेरि कूटि सलहेर बीच सिगदार घेरि घेरि लूट्यो सब कटक कराल है।
मानौ हय हाथी उमराउ करि साथ अवरंग डरि सिवाजी कौं भेजत रसाल हैं।९४।

फलोत्प्रेक्षा

जाहि पास जाहिं सोई राखि न सकत यातें तेरे पास अचलन प्रीति बाँधियतु है।
भूषन भनत सिवराजतेरी कित्ति सम और की न कित्ति कहिबे कौं काँधियतु है।
इंद्र को अनुज तैं उपेंद्र अवतार यातें तेरी बाँहि-छाँहि लै सलाहि साँधियतु है।
पायतर आए तिन्हें निडर बसायबे कौं, कोट बाँधियतु मानौं पाग बाँधियतु है।९५।

पुनि

दुअन-सदन सबके बदन 'सिव सिव' आठों जाम।
निज बचिबे कौं जपत जनु तुरकौ हर कौ नाम।९६।

गुप्तोत्प्रेक्षा

मानौ इत्यादिक बचन नहिं आवत जेहि ठौर।
उत्प्रेच्छा गनि गुप्त सो भूषन कहत अमौर।९७।

देखत उचाई उदरत पाग सूधी राह द्यौसहू में चढ़ैं ते जे साहसनिकेत हैं।
सिवाजी हुकुम तेरो पाय पैदलनि सलहेर परनालो से ते जीते जनु खेत हैं।
सावन भादौ की भरी कुहूकी अँध्यारीचढ़ि दुग्ग पर जात मावला-बल सचेत है।
भूषन भनत सिवराज छत्रधारी तहाँ तेरे परताप की उज्यारी गढ़ लेत हैं।९८।

९४—आसफ०–सफजंग अरु (वही)। लूट्यौ०–लट्यौ कारतलबखाँ (बंग, मिश्र);··· मारि तलबखाँ (गोविंद)। सिगदार–सरदार (मिश्र)। कौं–पै (वही)। ९५—जाहि०–जात सो तौ (मिश्र)। अचलन–अचल सु। तेरी–तव। बाँहि०–बाहुबल। तिन्हें–भित (वही)। ९६—दुवन–दुवन (मिश्र)। मनु-जनु (वही)। ९७—गनि–गम (मिश्र)। कहत–भनत (बंग)। ९८—से ते–ते वै (मिश्र)। भादौ०–भदौंही (बंग)। मावला०–मावलीदल (मिश्र)। सिवराज०–ताकी बात मैं बिचारी तेरे परताप रवि (वही)।

[९४] अमाल=अमल करनेवाला, शासक। गढ़ोइ=गढ़पति, किलेदार। जाल=समूह। हेरि=ढूँढ ढूँढ़कर। सिगदार=विभागाध्यक्ष। कराल=भयंकर। हय=घोड़ा। रसाल=इरसाल, खिराज, कर। [९५] प्रीति०=प्रेम ठाना है। काँधियतु०=स्वीकार करना हूँ। इंद्र०=इंद्र के छोटे भाई। उपेंद्र=विष्णु। सलाहि=राय। साँधियतु०=साधा जाता है। पायतर०=पैरों के नीचे, तेरी शरण में आ जाने पर। कोट०=दुर्ग बनवा देते हैं। पाग=पगड़ी। पाग बाँधना=शरण्यता स्वीकार करना। पायतर··· बाँधियतु है=पहाड़ों पर किले बनाकर मानो पगड़ी बाँध देते हैं अर्थात् उनकी रक्षा का भार अपने ऊपर ले लेते हैं। [९६] दुअन=बैरी। सदन=घर। बदन=मुख आठों०=आठो पहर (रातोदिन)। बचिबे०=रक्षा के लिए। तुरकौ=तुर्क भी, मुसलमान भी। हर=महादेव। [९७] अमौर=अमोल (अमूल्य)। [९८] उदरत=गिर पड़ती है। सूधी=सीधी। राह=मार्ग। द्यौस=दिन। निकेत=घर। साहस=साहसी। खेत=निरवरोध भूमि। कुहू=अमावस्या। मावला=पहाड़ी जाति। बल=सेना। सचेत=सावधान। उज्यारी=उजाला।

अथ रूपकातिशयोक्ति-वर्णनं

ज्ञान करत उपमेय को जहँ केवल उपमान।
रूपकातिसय-उक्ति सो **भूषन** कहत सुजान।९९।

बासव-से बिसरत बिक्रम की कहा चली बिक्रम लखत बीर बखत बिलंद के।
जागे तेजबृंद सिवाजी नरिंद मसनंद माल-मकरंद कुलचंद साहिनंद के।
भूषन भनत जाके बैर बैरी नैरनि में होत अचिरज घर-घर दुख-दंद के।
कनकलतानि इंदु इंदुहू में अरबिंद झरैं अरबिंदन तें बुंद मकरंद के।१००।

अथ भेदकातिशयोक्ति-वर्णनं

जहिं जहिं आनहिं भाँति की बरनत बात कछूक।
भेदकातिसय-उक्ति सो **भूषन** कहत अचूक।१०१।

श्रीनगर-नरपाल जुमिला के छितिपाल भेजत रसाल चौंर गढ़ कुही बाज की।
मेवार ढूंढार मारवार औ बुंदेलखंड झारखंड बाँधौ-धनी चाकरी इलाज की।
भूषन जे पूरब पछाँह नरनाह ते वै ताकत पनाह दिल्लीपति सिरताज की।
जगत के जैतवार अवरंगहूकों जीत्यौ न्यारीरीति भूतल निहारी सिवराज की।१०२।

अथ अक्रमातिशयोक्ति-वर्णनं

जहाँ हेतु अरु काज मिलि होत जु एकहि साथ।
अक्रमातिसय-उक्ति सो कहि **भूषन** कबिनाथ।१०३।

उद्धत अपार तुग्र दुंदुभी-धुकार-साथ लंघे पारावार वृंद बैरी बालकन के।
तेरे चतुरंग के तुरंगनि के रँगे-रज साथ ही उड़त रजपुंज हैं परन के।

१००—मसनंद–मसरंद (बंग)। जाके०–देस देस बैरि नारिन (मिश्र); जाके बैरी बनितान न (बंग)। इंदुहू०–इंदु माहि (मिश्र); इंदुनि मैं (बंग)। झरैं–औरैं (व्यास)। १०१—जहिं०–जेहि थर (मिश्र); जहँ तहँ (बंग)। आनहिं०–आनत बात के (व्यास)। १०२—नरपाल–नयपाल (मिश्र)। गढ़–गूढ़ (बंग, व्यास)। अवरंग०-जीत्यौ अवरंगजेब (मिश्र)। १०३—जु०–एक ही (मिश्र)।

[१००] बासव=इंद्र। बिसरत=ध्यान से उतर जाते हैं। बिक्रम=महाराज विक्रमादित्य। बिक्रम=पराक्रम। बखत=परम भाग्यवान्। मसनंद=गद्दी (राजगद्दी पर बैठने वाले)। माल०=शिवाजी के पूर्वज मालोजी। कुलचंद=वंश में श्रेष्ठ। साहनंद=शाहजी के पुत्र। द्वंद्व=उपद्रव। कनकलतानि=सोने की लता (स्त्रियाँ)। इंदु=चंद्रमा (मुख)। जलबिंदु=कमल (नेत्र)। मकरंद=पुष्परस (आँसू)। [१०२] नरपाल=राजा। जुमिला०=समस्त राजा। चौर=चमर। गढ़=किला। कुही=बाज की जाति की छोटी शिकारी चिड़िया। मेवार=उदयपुर। ढूँढार=जयपुर। मारवार=जोधपुर। झारखंड=वैद्यनाथ (बिहार)। बाँधौ=बांधव (रीवाँ)। धनी=स्वामी। चाकरी०=सेवा करना (अधीनता मान लेना) ही इलाज है। ताकत=देखते हैं। पनाह=आश्रय। जैतवार=जीतनेवाला।

दच्छिन के नाथ सिवराज तेरे हाथ चढ़ै धनुष के साथ गढ़-कोट दुरजन के।
भूषन असीसैं तोहिं करत कसीसैं पुनि बाननिके साथ छूटे प्रान तुरकन के।१०४।

अथ चंचलातिशयोक्ति-वर्णनं

जहाँ हेतु-चरचाहि तें होत काज ततकाल।
चंचलातिसय-उक्ति सो **भूषन** कहत रसाल।१०५।

गढ़देव गढ़चाँदा भागनेर बीजापुर नृपन को नारि रोइ हाथन मलति है।
करनाट हबस फिरंगहू बिलाइत बलक रूम दिल्ली अरि छाती बिदलति है।
भूषन भनत साहितनै सिवराज एते मान तेरी धाक आगे दिसा हहलति है।
तेरी चमू चलिबे की चरचा चले तें चक्रवर्तिन की चतुरंग-चमू बिचलति है।१०६।

अथ अत्यंतातिशयोक्ति-वर्णनं

जहाँ हेतु तें प्रथम ही प्रगट होत है काज।
अत्यंतातिसयोक्ति सो कहि **भूषन** कबिराज।१०७।

मगन मनोरथ को दानी प्रथमहिं तोहि कामधेनु कामतरु तें गनाइयतु है।
यातें तेरे सब गुन गाइ को सकत कबि बुद्धि-अनुसार कछु कछु गाइयतु है।
भूषन कहै यौं साहितनै सिवराज निज बखत बढ़ाइ करि तोहि ध्याइयतु है।
दीनताकौं डारि औ अधीनता बिडारि दीह-दारिदकौं मारि तेरे द्वार आइयतु है।१०८।

अथ सामान्यविशेषालंकार-वर्णनं

कहिबे जहिं सामान्य है कहै तहाँ जु बिसेष।
सो **सामान्य-बिसेष** है बरनत सुकबि असेष।१०९।

१०४—बृंद०-बालबृंद रिपुगन के (मिश्र)। रँगे-अंग (वही)। १०५—तें-मैं (मिश्र)। १०६—गढ़देव-गढ़नेर (मिश्र)। दिल्ली०-अरितिय छतियाँ दलति। तेरी-तब। हहलति-उबलति (वही)। १०८—दानी-दाता (मिश्र)। तें-सो। कछु०-कछु तऊ। कहै०-भनत (वही)।

[१०४] उद्धत=प्रचंड। धुकार=गड़गड़ाहट। लंघे=पार किए। पारावार=समुद्र। चतुरंग=चतुरंगिणी सेना (हाथी, घोड़ा, रथ और पैदल)। तुरंग=घोड़ा। रँगे०=धूलि से रँगे. (धूसरित)। रज=रजपूती। पुंज=समूह। पर=शत्रु। हाथ चढ़ना=हाथ आना, वश में होना। दुरजन=शत्रु। असीसैं=आशीर्वाद देते हैं। कसीसैं=कशिश, खिंचाव। करत०=धनुष की डोरी खींचते ही। [१०५] रसाल=रसयुक्त, रसिक। [१०६] गढ़देव=देवगढ़। भागनेर=भागनगर। हाथन०=पछताती हैं। करनाट=करनाटक। हबस=हबसियों का देश। फिरंग=फिरंगियों का देश। बिलाइत=विदेशी राज्य। बलक=तुर्किस्तान का एक नगर। छाती०=छाती फटती है। एते०=इतने परिमाण में। हहलति०=हिल जाती है। चमू=सेना। चक्रवर्ती=सम्राट्। बिचलति०=सेनाएँ तितर-बितर हो जाती है। [१०८] मंगन=माँगनेवाला। मनोरथ=मनोभिलाष। कामतरु=कल्पवृक्ष। गाइयतु०=गाता हूँ, कहता हूँ,। डारि=त्याग कर। बिडारि=नष्ट करके। दीह=दीर्घ, भारी। दारिद=दरिद्रता।

जीति लई बसुधा सिगरी घमसान घमंड कै बीरनहू की।
भूषन भ्वैंसिला छीनि लई जगती उमराउ अमीरनहू की।
साहितनै सिवराज की धाकनि छूटि गई धृति धीरनहू की।
मीरन के उर पीर बढ़ी यौं जु भूलि गई सुधि पीरनहू की।११०।

पुनि

और नृपति **भूषन** भनै करै न सुगमौ आजु।
साहितनै सिव सुजस कौं करै कठिनऊ काजु।१११।

अथ तुल्ययोगितालंकार-वर्णनं

तुल्यजोगिता धरम जहँ बर्न्यन कौ है एक।
कहूँ अबर्न्यन कौं कहत **भूषन** बरनि बिबेक।११२।

वर्ण्य भेद

चढ़त तुरंग चतुरंग सजि सिवराज चढ़त प्रताप दिन-दिन अति जंग में।
भूषन चढ़त मरहट्ठ-चित्त चाउ चारु खग्ग खुलि चढ़त है अरिन के अंग में।
भ्वैंसिला के हाथ गढ़-कोट है चढ़त अरि-जोट है चढ़त एक मेरुगिरि-सृंग में।
तुरकान-गन ब्योमजान है चढ़त बिन मान है चढ़त बदरंग अवरंग में।११३।

अवर्ण्य भेद

सपत नगेस आठौं ककुभ गजेस कोल कच्छप नगेस धरैं धरनि अखंड कौं।
पापी घालै धरम सुपथ चालै मारतंड करतार प्रतिपालै प्राननि के चंड कौं।
भूषन भनत महाराज सिवराज सुनौ म्लेच्छन कों मारे किल करिकै घमंड कौं।
जग-काजवारे निहचिंत करिडारे सब भोर देत आसिष तिहारे भुजदंड कौं।११४।

१११—भनै–कहै (मिश्र)। आजु–काज। कौं–तो। काजु–आज (वही)। ११३—दिन०–दिनकर (बंग)। जग–अंग (मिश्र)। मरहट्ठ०=मरहट्ठन के चित्त चाव (वही)। ११४—सपत–चपत (गोविंद)। आठौ–चारौ (मिश्र)। प्रति–प्रन (वही)। चंड–दंड (व्यास); झुंड (गोविंद)। महाराज०–सदा सरजा सिवाजी गाजी (मिश्र)। किल०–करि कीरति (वही)। भोर–भारे (व्यास)।

[११०] बसुधा=पृथ्वी। सिगरी=सब। घमसान=घोर युद्ध करके। जगती=पृथ्वी। उमराउ=बड़े सरदार। अमीर=छोटे सरदार। धृति=धैर्य। मीर=सरदार। सुधि=ध्यान। पीर=गुरु। [१११] सुगमौ=सरल भी। कठिनऊ=कठिन (कार्य) भी। [११३] तुरंग=घोड़ा। जंग=युद्ध। चाउ=उमंग। खग्ग=खड्ग, तलवार। **अंग=** शरीर। जोट=जोड़ा। सृंग=शिखर। व्योमजान=विमान। तुरकान०=लड़ाई में मरे हुए मुसलमान विमान में बैठकर स्वर्ग जाते हैं। बिन०=अप्रमाण (बहुत अधिक)। बदरंग=विवर्ण (उदासी)। [११४] सपत=सप्त, सात। नगेस = पर्वत। ककुभ०= दिग्गज। कोल=शूकर। नगेस = शेषनाग। घालै=नष्ट करता है। मारतंड=सूर्य। करतार=ईश्वर, स्रष्टा। चंड=गरमी, प्राण। किल=निश्चय।

पुनि तुल्ययोगितालंकार-वर्णनं

हित अहितन सौं एक सो जहँ बरनत ब्योहार।
तुल्यजोगिता और सो **भूषन** ग्रंथ-बिचार ।११५।

गुननि सों इनहूँ कों बाँधि ल्याइयतु पुनि गुननि सों उनहूँ कों बाँधि ल्याइयतु है।
पाय गहे इनहूँ कों रोज द्याइयतु अरु पाय गहे उनहूँ को रोज द्याइयतु है।
भूषन भनत महाराज सिवराज तेरो रस रोस एक भाँति ही को ध्याइयतु है।
दोहा के कहे तें कबि लोग ज्याइतु है त्यौं दोहा के कहे तें अरिलोग ज्याइयतु [है ।११६।

अथ दीपकालकार-वर्णनं

बर्न्य अबर्न्यन को धरम जहँ बरनत हैं एक।
ताकों **दीपक** कहत है **भूषन** सुकबि-बिबेक ।११७।

कामिनि कंत सों जामिनि चंद सों दामिनि पावस-मेघ-घटा सों।
कीरति दान सों सूरति ज्ञान सों प्रीति बड़ी सनमान महा सों।
भूषन भूषन सों तन ही नलिनी नव-पूषनदेव-प्रभा सों।
जाहिर चारिहुँ ओर जहान लसै हिंदुआन खुमान सिवा सों ।११८।

वहि कों औरैं पद जहाँ फिरि फिरि करत बखान।
आवृतिदीपक ताहि कों **भूषन** कहत सुजान ।११९।

अटल रहे हैं दिगअंतन के भूप धरि रैयत को रूप निज देस पेस करिकै।
राना रह्यौ अटल बहाना धरि सुलह को बाना धरि **भूषन** कहत गुन भरिकै।
हाड़ा राठवर कछवाहे गौर और रहे अटल चिकत्ता की चमाऊ धरि डरिकै।
अटल सिवाजी रह्यौ दिल्ली कों निदरि धीर धरि ऐंड धरि गढ़ धरि तेग धरिकै।

११५—अहितन–अनहित (मिश्र)। ११६—द्याइयतु–ध्याइयतु (मिश्र); दाहियतु (गोविंद)। ध्याइतु–पाइयतु (वही)। दोहा के–दोहाई (मिश्र)। ११८—तनही–तरुनी (मिश्र)। ११९—वहि०–दीपक पद के अरथ जहँ (मिश्र)। ताहि०–तहँ कहत। १२०—धरि सुलह–करि चाकरी (मिश्र)। धरि–तजि। कहत–भनत। राठवर–रायठौर। चमाऊ–चवाँरू (वही)

[११६] गुननि सों=गुणों से। गुननि सों=रस्सी से। पाय० = पैर पकड़ने पर। रोज=नित्य। द्याइयतु=द्रव्य दिलाते हैं। पाय०=पाकर और पकड़कर (कैद करके)। द्याइयतु=दंड दिलाते हैं। रस=आनंद (मौज)। रोस = क्रोध। दोहा = एक छंद। ज्याइयतु=पाले जाते हैं। दोहा=दो बार 'हा' कहने से, 'हा हा' खाने से, दीनता प्रकट करने से। ज्याइतु = प्राण बचा दिए जाते हैं। [११८] कामिनि=स्त्री। कंत = पति। जामिनि = यामिनी, रात। दामिनि = बिजली। पावस=वर्षा। मेघ घटा= बादलों का घिराव। सूरति=सूरत, शक्ल, स्वरूप। प्रीति०=गहरा प्रेम। सनमान= आदर। भूषन = कवि। भूषन = गहना। तन = शरीर। नलिनी = कमलिनी। नव= नप। पूषन=पूषण, सूर्य। नव०=प्रातःकाल के सूर्य की किरणों से। जाहिर= प्रकट, प्रसिद्ध। जहान = संसार। [१२०] अटल = निश्चल। दिगअंतन के=दिशाओं के अंत के (समस्त संसार के)। रैयत=प्रजा। पेस=(पेश) आगे। पेश करना=सामने

पुनि

सिव सरजा तुव दान को करि को सकत बखान।
बढ़त नदीगन दान-जल उमड़त नद गज-दान।१२१।

अथ प्रतिबस्तूपमअलंकार-वर्णनं

वाक्य-जुगन को होत जँहि एकै धरम समान।
जुदो जुदो भाषै तहाँ प्रतिबस्तूपमज्ञान।१२२।

[लीलावती]

मद-जल-धरन द्विरद बर लागत बहु जल-धरन जलद छबि साजै।
भूमिधरन फनिपत्ति लसत अति तेजधरन ग्रीषम-रबि छाजै।
खग्गधरन सोभत भट रोचत रुचि भूषन गुनधरन समाजै।
दिल्लि-दलन दच्छिनदिसिथंभन ऐंड-धरन सिवराज बिराजै।१२३।

चक्रवती चकता चतुरंगिनि चारियौ चापि लई दिसि चक्का।
भूप दरीन दुरे भनि भूषन एक अनेकन बारिधि नक्का।
औरँगसाह सों साहि को नंद लरयौ सिवसाहि बजाय कै ढक्का।
सिंघ की सिंघ चपेट सहै गजराज करै गजराज सों धक्का।१२४।

१२२—वाक्य०—वाक्य को जुग (मिश्र)। धरम—अरथ। भावै०—करि भाषिये (वही)। १२३—बर—बल (मिश्र)। लागत—राजत। भूमि—पुहुमि। फनि०—फनिनाथ। रबि—छबि। सोभत०—सोभा तहँ राजत (वही)। समाजै—समाज (बंग)। १२४—चक्का—चंका (मिश्र) ढक्का—ढंका। करै—सहै। सों—को (वही)।

रखना। देस०=देश देकर। राना=महाराणा (उदयपुर)। बाना=अंगीकृत धर्म, रीति। हाड़ा=बूँदी के हाड़ा राजपूत। राठवर=राठौर (जोधपुर)। कछवाहे=कुशवंशी राजपूत (जयपुर)। गौर=गौरवंशी राजपूत। चमाऊ=चमर। निदरि=निरादर करके। ऐंड=स्वाभिमान। तेग=तलवार। [१२१] बढ़त=उमड़ चलते हैं। दान०=दान में संकल्प करने के जल से। गज०=गजमद से (मतवाले हाथी की कनपटी से बहनेवाले द्रव-पदार्थ का नाम 'दान' है)। [१२३] मदरूप जल धारण करनेवाला। द्विरद=हाथी। बर=श्रेष्ठ। जलद=बादल। छबि०=शोभा पाता है। फनपत्ति=शेषनाग। लसत=शोभा पाता है। तेज=प्रकाश। छाजै=शोभित होता है। भट=योद्धा। रोचत=रुचते हैं, अच्छे लगते हैं। रुचि=शोभा। गुन'''समाजै=गुण धारण करने से समाज की शोभा है। दलन=नाश करनेवाले। थंभन=अवलंब। [१२४] चक्रवर्ती=सम्राट्। चारियौ०=चारों (दिशाएँ)। चापि०=दबा ली। चक्का=चक्र, दिशा (ओर)। दिसि०=चारो ओर से। दरी=कंदरा, गुफा। दुरे=छिप गए। बारिधि=समुद्र। नक्का=पार कर गए। साहि०=शाहजी के पुत्र। चपेट=चोट, आघात। गजराज=श्रेष्ठ हाथी।

अथ दृष्टांतालंकार-वर्णनं

जुगल वाक्यगन को अरथ जँहि प्रतिबिंबित होत।
ताहि कहत **दृष्टांत** हैं **भूषन**-सुकबि-उदोत ।१२५।

देत तुरीगन गीत सुने बिन देत करीगन गीत सुनाएँ।
भूषन भावत भूप न आन जहान खुमान की कीरति गाएँ।
देत घने नृप मंगन कौं पै निहाल करैं सिवराज रिझाएँ।
आन रितैं सरसैं बरसैं पैं बढ़ैं नदियाँ नद पावस आएँ ।१२६।

अथ निदर्शनालंकार-वर्णनं

सदृस वाक्य जुग अरथ को करियै एक अरोप।
भूषन ताहि **निदर्सना** कहत बुद्धि दै ओप ।१२७।

कीरतिसहित जो प्रताप सरजा मैं चंड मारतंड-मध्य तेज-चाँदनी सो जानी मैं।
सोभित उदारता सुसीलता खुमान मैं सु कंचन मैं मृदुता सुगंधता बखानी मैं।
भूषन कहत सब हिंदुन को भाग फिरै चढ़े तें कुमति चक्कता किरान सानी मैं।
चाहि कै सुपैंड दीनी करताऊ मैंड ऐंड सिवाजूमें सोई मैंड हिंदुआन पानी मैं ।१२८।

पुनि

औरन को जो जनम है सो वाको इक रोज।
औरन को जो राज सो सिब सरजा की मोज ।१२९।

१२५—जुगल०–जुग वाक्यन (मिश्र); पद समूह जुग (बंग)। होत–सो होत (मिश्र)। ताहि–तहाँ। सुकबि–सुमति (वही)। १२६—गन–गुन (बंग)। देत०–मंगन को भुवपाल घने (मिश्र)। पै०–उमड़ै नदिया रितु (वही)। १२८—चंड–बर (मिश्र)। सोभित–सोहत। सुसीलता–औ सीलता। सु–सो। किरान०–हू की निसानी (मिश्र); पिसानी (अन्य)। चाहिकै०–सोहत सुबेस दान कीरति सिवा मैं सोई निरखी अनूप रुचि मोतिन के पानी मैं (मिश्र)।

[१२६] तुरीगन = घोड़ों का समूह। गीत = गान (कविता, संगीत)। करी = हाथी। घने = बहुत। मंगन = भिक्षुक। निहाल करना = (प्रसन्न करके) संतुष्ट कर देना। रिझाएँ = प्रसन्न किए जाने पर। आन = और ऋतुएँ। सरसैं = (कुछ) बढ़ जाती हैं। बरसैं = बरसने पर। [१२७] ओप = चमक। [१२८] चंड = प्रबल, प्रखर। मारतंड = मार्तंड, सूर्य। तेज = तेजयुक्त प्रकाश। जाना = समझा। सीलता = शिष्ट व्यवहार। कंचन = सोना। मृदुता = कोमलता। भाग फिरै = भाग्योदय हो। किरान = निकट। सानी = बराबरी। किरान० = औरंगजेब के निकट बराबरी की भावना में, औरंगजेब में बराबरी की कुबुद्धि उत्पन्न होने से। वह शिवाजी की बराबरी करता है जिससे हिंदुओं का भला होता है। शिवाजी उसकी यह भावना पनपने नहीं देते। चाहिकै = देखकर, समझकर। करताऊ=ब्रह्मा ने, ईश्वर ने। सुपैड = सुमार्ग। मैंड = मर्यादा का गर्व। मैंड = मर्यादा, सीमा। पानी = जल, प्रतिष्ठा। शिवाजी में मर्यादा की भावना हिंदुओं की प्रतिष्ठा की रक्षा करती है। [१२९] जनम = सारा जीवन। इक० = एक दिन। मोज = आनंद।

साहिन सों रनु माँडिबो कीबो सुकबि निहाल।
सिव सरजा को ख्याल है औरन को जंजाल है।१३०।

निदर्शना-भेद

एक क्रिया सों निज अरथ और अर्थ को ज्ञान।
ताहू सों जु **निदर्सना** **भूषन** सुकबि सुजान।१३१।
चाहत निरगुन सगुन कों ज्ञानवंत की बान।
प्रगट करत निरगुन सगुन सिवा निवाजत दान।१३२।

अथ व्यतिरेकालंकार-वर्णनं

सम छबिबाले दुहुन मैं जहिं बरनत बढ़ि एक।
भूषन कबि कोविद सकल ताहि कहत **ब्यतिरेक**।१३३।
त्रिभुवन महिं परसिद्ध इक्क अरि-बल वह खंडिय।
वह अनेक अरि-बल बिहंडि रन-मंडल मंडिय।
भूषन वह रितु एक पुहवि पानिपहि बढ़ावत।
यह छहुँ रितु निसदिन अपार पानिप अधिकावत।
सिवराज साहिसुत सथ्थ नित हय गय लख्खनि संचरइ।
इक्कहि तुरंग इक्कहि करिहि किमि सुरेंद्र सरवर करइ।१३४।

पुनि

दारुन दुगुन दुरजोधन तें अवरंग **भूषन** भनत जग राख्यो छलु मढ़िकै।
धरम धरम बल भीम पैज पथ्य रूप नकुल अकिल सहदेव तें तूँ चढ़िकै।
साहि के सिवाजी गाजी बाद्यौ दिल्लीहू तें चंड पांडवनिहू तें पुरुषारथ तूँ बढ़िकै।
सूने लाखभौनतें कढ़ेवै राति पाँचि तें तूँ द्यौस लाख चौकी तें अकेलौ आयौकढ़ि कै।
।१३५।

१३०—माँडिबो=माँडिकै (बंग)। कीबो–कीनो (वही)। १३१—सुकबि–कहत। १३२–की बान–गुनधीर (बंग, मिश्र)। प्रगट०–यही भाँति। सगुन–गुनिहि। दान–बीर (वही)। १३३—छबिवाले–छबिवान (मिश्र)। सकल–सबै (वही)। १३४—महिं–मैं (मिश्र)। इक्क–एक। पुहवि–पुहुमि। अधि०–सरसावत। सुत–सुव (वही)। हय०–लक्ख हात्थि हय लक्ख रइ (बंग)। करहि–गयंद (मिश्र)। सुरेंद्र–सुरपति (वही)। १३५—पथ्थ०–अरजुन (मिश्र)। तें०–तेज। बाढ्यौ–करयौ। हू०–माँहि। तूँ–सु। तें०–मैं जु (वही)।

[१३०] रनु० = युद्ध करना। निहाल = संतुष्ट। ख्याल = खेल। जंजाल = झंझट (कठिन)। [१३२] निर्गुन = गुणहीन। सगुन = गुणवान्। ज्ञानवंत = ज्ञानी। बान=स्वभाव। निवाजत०=कृपापूर्वक देता है। [१३४] त्रिभुवन = त्रिलोक। परसिद्ध=प्रसिद्ध। इक्क=एक। अरि=वृत्रासुर। खंडिय=खंडन किया। बिहंडि = नष्ट करके। रन० = युद्ध-क्षेत्र। मंडिय=भूषित किया। एक० = वर्षा। पुहवि = पृथ्वी। पानिप=जल। पानिप=शोभा। सथ्थ=साथ। हय= घोड़ा। गय=हाथी। संचरइ=संचार करते हैं (चलते हैं)। इक्कहि=एक ही। तुरंग=घोड़ा (उच्चैःश्रवा)। करि=हाथी (ऐरावत)। सुरेंद्र=इंद्र। सरवर=बराबरी। [१३५] दारुन = दारुण, कठिन। दुगुन=द्विगुण, दूना। मढ़िकै=फैलाकर। धरम =

अथ सहोक्ति-वर्णनं

बस्तुन को भासत जहाँ जन-रंजन सह-भाउ।
ताहि कहत **सहउक्ति** हैं **भूषन** जे कबिराउ।१३६।

छूटत हुलास आमखास एक संग छूटे हरम सरम एक संग बिन ढंग ही।
नैनन को नीर धीर छूटे एक संग छूटे सुख-रुचि मुख-रुचि त्यौं ही एक रंग ही।
भूषन बखानै सिवराज मरदाने तेरी धाक बिललाने न गहत बल अंग ही।
दच्छिन को सूबा पाइ दिल्ली के उजीर तजी उत्तर की आसा जीव-आसा एक संग
[ही।१३७।

अथ विनोक्ति-वर्णनं

बिना कछू-जहँ बरनियै कै नीको कै हीन।
ताहि कहत **बिनउक्ति** हैं **भूषन** सुकबि प्रबीन।१३८।

बिना लोभ को बिबेक बिना भय जुद्ध-टेक साहिन सों सदा साहितनै सिरताज के।
बिना ही कपट प्रीति बिना ही कलेस जीति बिनाही अनीति रीति लाज के जहाजके।
कुकबि बिना समाज बिना अपजस काज **भूषन** भ्वैसिला भूप गरिबनिवाज के।
बिना कठिनाई ओज बिन काज घनी फौज बिना अभिमान मौज राजै सिवराज
[के।१३९।

पुनि

कीरति को ताजी करि बाजी चढ़ि छीन कीनी बाजी घोरपरा बिन बाजी बीजापुर की
भूषन भनत भ्वैसिला भुवाल धाक ही सों धीर धरबी न साहि कुतुब की धुर की।

१३६—कहत०-सहोक्ति बखानहीं (मिश्र)। १३७—छूटत-छूट्यौ हैं (मिश्र)। हुलास=उलास (बंग)। छूटे-छूट्यौ (मिश्र)। को-तें। छूटे-छूट्यो। एक-बिन। उजीर-अमीर। तजी-तजैं (वही)। १३८—बिना०-प्रस्तुत जहँ कछु बात बिनु हेतु बर्न्य को होइ (बंग)। नीको०-हीनो कै नीक (मिश्र)। सुकबि०-कबिमत जोइ (बंग)। १२९—कुकबि०-सुकबि समाज (मिश्र)। काज-काज भनि। कठिनाई-ही बुराई (वही)। काज-जस (अन्य)।

युधिष्ठिर। धरम=धर्म। पैज=प्रतिज्ञा, प्रण। पथ्थ=पार्थ, अर्जुन। रूप=सौंदर्य। अकिल=अक्ल, बुद्धि। चढ़िकै=बढ़कर। गाजी=धर्म-युद्ध-वीर। बाह्यौ=वहन किया, धारण किया। चंड = तीव्र, कठोर। लाखभौन=लाक्षागृह, लाख का बना हुआ घर (दुर्योधन ने पांडवों को जला देने के लिए लाख का घर बनवाया था, किंतु पांडव इसका समाचार पाकर पहले ही निकल भागे)। द्यौस=दिवस, दिन। लाख=लक्ष। चौकी=पहरा। कढ़िकै=निकलकर। [१३७] हुलास=उल्लास, प्रसन्नता। आमखास=महलों का भीतरी भाग। हरम=बेगम। सरम=शर्म, लज्जा। बिन०=बेढंगे तौर पर। मुखरुचि=मुख की कांति। त्यौ ही=उसी प्रकार। एक रंग = एक ही प्रकार से। मरदाने=वीर। बिललाना=मारा मारा फिरना। अंग=शरीर। सूबा=प्रांत। जीव०=जीने की आशा। [१३९] बिबेक=विचार। टेक=प्रण। कलेस = दुःख। अनीति=अन्याय। रीति=व्यवहार। लाज०=अत्यंत लज्जावान्। गरिबनिवाज=दीनदयालु। ओज=तेज। घनी = बहुत। मौज=प्रसन्नता। शोभन की विनोक्ति है। [१४०] कीरति०=

दुहूँ उदैभान बिन अमर सुजान बिन मान बिन कीनी साहिबी त्यौं दिल्लीसुर की।
साहिसुअ महाबाहु सिवाजी सलाह बिन कौने पातसाह की न पातसाही मुरकी [।१४०।

अथ समासोक्ति-अलंकार-वर्णनं

बरनन कीजै आन को ज्ञान आन को होइ।
ताहि **समासोक्ती** कहत **भूषन** कबि सब कोइ।१४१।

उत्तर पहार बिधनोल खंडहर झारखंडहु प्रचार करि केली है बिरद की।
गोर गुजरात अरु पूरब पछाँह ठौर जंतु जंगलीन की बसति मारि रद की।
भूषन जू करतूत जाने बिनु डील देखि भूलि गयौ आपुनी उँचाई लखि कद की।
खोई तैं प्रबल मदगल गजराज एक सरजा सों बैर कै बड़ाई निज मद की।१४२।

पुनि

तुही साँच द्विजराज है तेरी कला प्रमान।
तो पर सिवा किरपा करी जान्यौ सकल जहान।१४३।

अथ परिकरालंकार-वर्णनं

साभिप्राय बिसेषननि **परिकर भूषन** जान।
साभिप्राय बिसेष्य तें **परिकर-अंकुर** मान।१४४।

बचैगा न समुहाने बहलोल खाँ मियाने **भूषन** बखाने दिल आन मेरा बरजा।
तोही तें सवाई तेरा भाई सलहेर पास बंदि किया साथ का न कोऊ बीर गरजा।
साहिहू का साहि तिसीओरँगके लीने गढ़ जिसका तूँ चाकर सो जिसकी है परजा।
साहि का ललन अफजलका मलन दिल्ली-दलका दलन सिवराज आया सरजा।१४५।

• १४०—छीन-लूटि (मिश्र)। बाजी०-भई सब सेन। बीजा-बिजै। साहि-फौज। दुहूँ-सिंह (वही) १४१-ताहि०-समासोक्ति भूषन कहत कहत कहत कबिकोबिद (मिश्र)। १४२—करि-चारु (मिश्र)। जू०-जो करत न। डील०-घोर सोर। लखि-लखे। खोई०-खोइयो (वही)। १४३—जान्यौ-जानत (मिश्र)। १४५—मियाने-अयाने (मिश्र)। तोही-तुम्ह (वही)। बिरजा-चरजा (बंग)। बंदि-कैद (मिश्र)। साहहू०-साहिन के साहि उसी (मिश्र); साहिन को साहसी (बंग)। सो-औ (मिश्र)।

कीर्ति फिर से फैलाई। बाजी=घोड़ा। बाजी घोरपरा=बीजापुर का सरदार बाजी घोरपड़े। यह सन् १६४८ में कुड़ाल के युद्ध में मारा गया। इसके १२०० घोड़े शिवाजी के हाथ लगे। बाजी=दाँव। धरबी=धरेगी। धुरकी=धुकधुकी, हृदय। अमर=अमरसिंह। मान०=बिना मान के; बिना मानसिंह के। दिल्लीसुर=औरंगजेब। सुअ=पुत्र। महाबाहु=पराक्रमी। सलाह=संमति। मुरकी=मुड़ गई (चौपट हो गई)। यह अशोभन की विनोक्ति है। [१४२] बिधनोल=बिदनूर। खंडहर=मध्यदेश का एक देश। झारखंड=वैद्यनाथ (बिहार)। केली=खेल। बिरद=यश। गोर=अफगानिस्तान का एक नगर। ठौर=स्थान। बसति=बस्ती। मारि०=मारकर चौपट कर दिया। मदगल=मदगलित, मद बहता हुआ (मतवाला)। सरजा=शिवाजी। [१४३] द्विजराज=चंद्रमा; श्रेष्ठ ब्राह्मण। कला=चंद्रमा की कलाएँ; हुनर (विद्या)। प्रमान=प्रामाणिक। सिव=शिव; शिवाजी। [१४५] समुहाने=सामने आने पर। अयाने=अज्ञान, मूर्ख। दिल०=मेरे मना करने को चित्त में ले आ

भेद

जाह्निर जहान जाके धनद-समान पेखियतु पासबान यौं खुमान-चित चाय है।
भूषन भनत देखें भूख न रहत एकौ आपुही तें जात दुख-दारिद बिलाय है।
खीझे तें खलक माझ खलभल डारत है रीझे तें पलक माझ कीने रंक राय है।
जंगजुरें अरिनकों अंधक अनंग कीबो दीबो सिवसाहब कौ सहज सुभाय है।१४६।

अथ श्लेषालंकार-वर्णनं

एक बचन में होत जहँ बहु अरथन को ज्ञान।
स्लेष कहत हैं ताहि सों **भूषन** सुकबि सुजान।१४७।

सीय संग सोभित सुलच्छन सहाय जाके भू पर भरत नाम भाई नीति चारु है।
भूषन भनत कुल-सूर-कूलभूषन हैं दासरथी सब जाके भुज भुअ-भारु है।
अरि-लंक तोर जोर सदा साथ बानर हैं सिंधुर है बाँधे जाके बल को न पारु है।
तेगहि कै मेटे जौन राकस मरद जान्यौ सरजा सिबाजी राम ही को अवतारु है।१४८।

१४६—एकौ–सब (मिश्र)। अंधक–अंग को (वही)। १४८—सीय–सीता (मिश्र)। सोभित–सोहति (बंग)। सदा०–जाके संग (मिश्र); जाके साथ (बंग)। बल–दल (मिश्र)। मेटैं=भेंटैं (वही)। जान्यौ–जानै (वही)।

(स्वीकार कर)। सवाई=तुझसे सवा गुना (अधिक)। चाकर–नौकर। ललन=पुत्र। दल=सेना। मलन=मल डालनेवाला। दलन=नाशकर्ता। [१४६] जाहिर=प्रकट। पासवान=पार्श्ववर्ती। चाय=उमंग। बिलाना=नष्ट होना। खीझे तें=क्रुद्ध होने पर। खलक=संसार। खल-भल=खलबली (हलचल)। रीझे तें=(सं० रंजन) प्रसन्न होने से। रंक=निर्धन। पलक=क्षणभर। राय=राजा। जंग=युद्ध करके। अनंग०=बिना शरीर का कर देना। दीबो=दान देना। सिव=शिवाजी; शिव। [१४८] इस छंद का अर्थ श्रीरामचंद्र और शिवाजी दोनो पर घटित होगा। रामचंद्र पक्ष—सीय०=जिनके साथ में सीता शोभित हैं। सुलच्छन०=जिनके सहायक सुंदर लक्ष्मण हैं। भू पर०=पृथ्वी पर सुंदर नीतिवाले भरत जिनके भाई हैं। कुल-सूर०=सूर्यवंश में वंशश्रेष्ठ है। दासरथी=जो दशरथ के पुत्र हैं। सब०=जिनकी भुजाओं पर पृथ्वी का सारा भार है। अरि-लंक०=शत्रु की लंका तोड़ने का जिनमें बल है। सदा०=जिनके साथ सदा बंदर रहते हैं। सिंधु०=समुद्र बाँधे हैं। जाके०=जिनकी सेना अगणित है। ते गहिकै०=(दल के लोगों को) पकड़कर भेंटते हैं (गले लगाते हैं)। जौन राकस०=जो राक्षसों को मर्दना (मारना) जानते हैं। शिवाजी–पक्ष—सीय=श्री, लक्ष्मी। सीय०=उसके साथ लक्ष्मी शोभित हैं। सुलच्छन०=सुंदर लक्षणोंवाले (व्यक्ति) जिसके सहायक हैं। भू०=पृथ्वी पर भरने में (भरण-पोषण करने में) जिसका नाम है। भाई०=जिसकी सुंदर नीति (संसार को) भाती है। कुल सूर=समस्त वीर। कुल-भूषन=वंश में श्रेष्ठ हैं। दास रथी०=सब रथी जिसके दास हैं। भुज०=भुजाओं पर पृथ्वी का भार है। अरि-लंक०=शत्रु की लंक (कमर) तोड़ने का जिसमें बल है। जाके संग बान रहैं=जिसके साथ बाण रहते है। सिंधुर है बाँधे=सिंधुर (हाथी) बँधे रहते हैं। जाके०=जिसकी

पुनि

देखत सरूप को सिहात न मिलनकाज जग जीतिबेकौं जामैं रीति छल-बल की।
जाके पास आवै ताकौं निधन करति बेग भूषन भनत जाकी संगत निफल की।
कीरति-कामिनी राच्यौ सरजा सिवा की क्यों हूँ बस कै सकै न बस करनी सकल की।
चंचल बरस एक काहू पै रहै न गनिका सम निहारी सूबेदारी दिल्लीदल की।१४९।

अथ अप्रस्तुतप्रशंसालंकार-वर्णनं

प्रस्तुत लीने होत जहँ अप्रस्तुत-परसंस।
अप्रस्तुतपरसंस सो कहत सुकबि-अवतंस।१५०।

काहू पै जात न भूषन जू गढ़पाल की मौज निहाल रहै हैं।
आवत हैं न मुहीमहि दच्छिन भ्वैसिला के गुन-गीत पढ़ै हैं।
राजन राउ सबै उमराउ खुमान की धाक धुके यौं कहै हैं।
संक नहीं सरजा सिवराज की आजु दुनी में गुनी निरभै हैं।१५१।

हिंदुनि सों तुरकनि कहत तुमकों सदा सँतोष।
नहिन तिहारे पतिन पर सिव सरजा को रोष।१५२।

अथ पर्यायोक्ति-अलंकार-वर्णनं

बचनन की रचना जहाँ बरननीय पर जान।
पर्यायोक्ती कहत हैं भूषन ताहि बखान।१५३।

१४९—निफल—न फल (मिश्र)। क्यों०—एक (वही)। बरस—सरस (वही)। गनिका०—दारी गनिका समान (वही)। १५१—न मुहीमहि—जु गुनीजन (मिश्र)। पढ़ै—लहै। की—सों (वही)।

सेना अगणित है। तेगहि०=जो तेग (तलवार) से ही भेंटता है। नराकस०=[नर=मनुष्य (प्रजा)+अकस=शत्रु] प्रजा के शत्रु को मर्दना (मारना) जानता है। [१४९] यह छंद वेश्या और सूबेदारी दोनों पर लगेगा। सिहाना=अभिलाष करना; लालायित होना। मिलन-काज=आलिंगन के लिए; पाने के लिए। निधन०=निर्धन कर देती है; मार डालती है। बेग=शीघ्र। जाकी०=जिसका साथ फलदायक नहीं है। गनिका=वेश्या। [१५१] गढ़पाल=किलों का रक्षक (शिवाजी)। मौज=प्रसन्नता। निहाल=संतुष्ट। मुहीम=चढ़ाई। गुन-गीत०=गुणों का गीत गाते हैं, गुणों की प्रशंसा करते हैं। राजन=राजा-गण। राउ=छोटे राजा। धाक=आतंक। धाक-धके=आतंक से आच्छादित (भयभीत)। संक=संदेह। दुनौ=दुनिया (संसार)। निरभै=(निर्भय) निडर। [१५२] हिंदुनि=हिंदुओं की स्त्रियाँ। तुरकनि=मुसलमान स्त्रियाँ। रोष=क्रोध।

महाराज सिवराज तेरे बैर देखियतु घन बन है रहे हरम हबसीन के।
भूषन भनत रामनगर जवार तेरे बैर पूर बहे अरि-रुधिर-नदीन के।
सरजा समत्थ बीर तेरे बैर बीजापुर बैरी-बैयरनि कर चीह्न न चुरीन के।
तेरे बैर देखियतु आगरे दिली में बिनु सिंदुर के बिंदु मुख-इंदु जमनीनके।१५४।

भेद

भूषन जहँ बरनन करै छलन कियौ हित-काज।
पर्यायोक्ती कहत हैं ताहू कों कबिराज।१५५।

साहन में सिच्छक सिपाहन के पातसाह संगर में सिंह के सेजिनके सुभाउ हैं।
भूषन भनत सिवा सरजा की धाक तेऊ काँपत रहत चित गहत न चाउ हैं।
अफजल की अगत सायस्त खाँ की अपत बहलोल की बिपत डरे उमराउ हैं।
पक्का मतो करिकै मलेच्छ मनसबदारमक्काके उतर उतरत दरिआउ हैं।१५६।

अथ व्याजस्तुति-अलंकार-वर्णनं

निंद्या में स्तुति कढ़त जहँ स्तुति निंद्या में होइ।
व्याजस्तुति तासों कहैं **भूषन** कबि सब कोइ।१५७।

पीरी-पीरी होनैं तुम देत हौ मँगाय हमैं सुबरन हम सों परखि करि लेत हौ।
एकपल ही मैं लाख रूखन सों लेत लोग तुम राजा ह्वैकै लाख देबेकों सचेत हौ
भूषन भनत महाराज सिवराज बड़े दागी दुनी ऊपर कहाए कौने हेत हौ॥
रीझिहसि हाथी हमैं सब कोऊ देत कहा रीझिहसि हाथी एक तुमहीपै दैत हौ।१५८।

१५४—पेखियतु—देखियतु (मिश्र)। रामनगर—दामनगर (बंग)। पूर०—परबह बहे (मिश्र, बंग)। बैयरनि—बधुनी के (गोविंद)। बैर—रोष (मिश्र)। में बिनु—के बीच (अन्यत्र)। १५५—तेऊ—ते वे (मिश्र)। सायस्त०—सासता की अपगति (वही)। मनसब०—मनसब छाड़ि (मिश्र)। मक्का०—मक्का ही के मिस (वही)। १५७—निंद्या०—अस्तुति में निंदा कढ़ै (मिश्र)। १५८—तुम ही०—तुमहिथै (मिश्र)।

[१५४] घन बन=घोर जंगल। हरम=जनानखाना (पुलिंग)। हबसी=अफ्रीका के निवासी। पूर=प्रवाह, धारा। बहे=बह गए। रुधिर=खून। बैयर=वधूवर, स्त्री। जमनी=मुसलमानों की स्त्रियाँ। [१५६] साहन०=राजाओं को शिक्षा देनेवाले। पातसाह=बादशाह। संगर=युद्ध। सिंह०=सिंह के समान (पराक्रमपूर्ण)। काँपत=डर से काँपते रहते हैं। चाउ=उमंग। चित०=चित्त से उत्साहित नहीं होते (परतहिम्मत हो गए हैं)। अगत=दुर्गति, दुर्दशा। अपत=अप्रतिष्ठा। बिपत=आपत्ति। पक्का=दृढ़। मतो=निश्चय। मलेच्छ=मुसलमान। मनसबदार=पदाधिकारी। मक्का=मुसलमानों का पवित्र धार्मिक स्थान जो अरब में है उतर=यह उत्तर देकर कि मक्का जा रहे हैं। दरिआउ=समुद्र। [१५८] होनैं=अशर्फी। सुबरन=सोना; सुंदर अक्षर। परखि=जाँचकर। लाख=लाख रुपया; लाख (चपड़ा)। रूख=रूक्ष (रूखे व्यक्ति); वृक्ष। लाख देबे को सचेत हौ=लाख रुपये देने के लिए समर्थ हो। दुनी=(दुनिया) संसार। रीझि=प्रसन्न होकर। हाथी०=गज देना; हाथ मिलाना। पै=निश्चय।

पुनि

तूँ तौ रात्यौंदिन जग जागत रहत तेऊ जागत रहत रात्यौंदिन बन-रत हैं।
भूषन भनत तूँ बिराजै रज-भर्यौ वेऊ रज-भरी देहन दरी में बिचरत हैं।
तूँ तौ सूर-गन कों बिदारि बिहरत सूरमंडलैं बिदारि सुर-लोक बिहरत हैं।
काहे कौं सिवाजी गाजी तेरोई सुजस होत तोसों अरिबर सरिबर-सी करत हैं।१५९।

अथ आक्षेपालंकार-वर्णनं

पहिलें कहियै बात कछु ताको पुनि प्रतिषेध।
ताहि कहत **आक्षेप** हैं **भूषन** सुकबि सुमेध।१६०।

जाय भिरौ न भिरें बचिहौ भनि **भूषन** भ्वैसिला भूप सिवा सों।
जाय दरीन दुरौ दरियौ तजिकै दरियौ उलँघौ लघुता सों।
सिच्छन-काज उजीरन कों कड़े बोल यौं एदिलसाह-सभा सों।
छूटि गए तौ गए गढ़कोट सलाह की राह गहौ सरजा सों।१६१।

भेद

जेहि निषेध आभास ही भनि **भूषन** सो और।
कहत सकल **आक्षेप** हैं जे कबि-कुल-सिरमौर।१६२।

पूरब के उत्तर के प्रबल पछाँहहू के सब पातसाहन के गढ़-कोट हरते।
भूषन कहैं यौं अवरंग सों उजीर जीति लेबे कौं पुरतगाल सागर उतरते।
सरजा सिवा पर पठावत मुहीम-काज हजरत हम मरिबे कौं नाहिं डरते।
चाकर ह्वै उजर कियौ न जाय नेक पै कछू दिन उबरते तौ घने काम करते।१६३।

१५९—सुर०—वेऊ सुर-लोक-रत (मिश्र)। १६१—दरियौं-दबि यौं (बंग)। गढ़कोट–परनालो (मिश्र)। १६२—आभास–अभ्यास (अन्यत्र)। १६३—ह्वै–है (मिश्र)।

[१५९] जागत=सावधान रहता है। तेऊ = शत्रु भी। जागत० = डर के कारण (रातोदिन) जागरण करते हैं। बन-रत=जंगल में लीन रहते हैं (वन में मारे मारे फिरते हैं)। रज = रजस्, राजत्व, रजपूती। रज-भर्यौ = क्षत्रियत्वयुक्त। रज-भरी = धूल से मलिन। देह = शरीर। दरी = गुफा। बिचरत० = घूमते हैं। सूर-गन = वीर लोग। बिदारि = मारकर। बिहरत = विहार करता है (आनंदित होता है)। सूर-मंडल = सूर्यमंडल। बिदारि = बेधकर। सुर-लोक० = स्वर्ग को जाते हैं। गाजी = धर्मयुद्ध-वीर। अरिबर = श्रेष्ठ शत्रु। सरिबर = बराबरी। सी करत हैं = मानो बराबरी करते हैं। [१६०] प्रतिषेध = निषेध। सुमेध = अच्छी बुद्धिवाले। [१६१] भिरौ = भिड़ो (लड़ो)। भिरें = युद्ध करने से। दरीन दुरौ = गुफाओं में छिपो। दरियौ = गुफा को भी। दरियौ = नदी, समुद्र। उलँघौ = पार करो। लघुता = शीघ्रता, फुर्ती। सीछन = शिक्षण, शिक्षा। काज = लिए। उजीर = मंत्री। कड़े बोल = वचन कहे जाते हैं। सलाह० = संधि कर लो। [१६३] पछाँह = पश्चिम। हरते = हरण कर लेते (जीत लेते)। अवरंग = औरंगजेब। जीति० = जीतने के लिए। पुरतगाल = पुर्तगाल (योरप के दक्षिण-पश्चिम में स्थित देश)। सागर० = समुद्र पार कर जाते। मुहीम = आक्रमण। हजरत = श्रीमान्। चाकर = नौकर। उजर = नकार। नेक = कुछ भी। उबरते = बच जाते। घने = बहुत से।

अथ बिरोधालंकार-वर्णनं

द्रव्य क्रिया गुन में जहाँ उपजत काज-बिरोध।
तासों कहत **बिरोध** हैं **भूषन** सुकबि सुबोध।१६४।

श्रीसरजा सिव तो जस सेत सों होत हैं म्लेच्छन के मुँह कारे।
भूषन तेरे हि राते प्रताप सपेत लखे कनरा नृप सारे।
साहितनै तुअ कोप-कृसानु तें बैरि जरे सब पानिपवारे।
एक अचंभव होत बड़ो तिन ओठ-गहे अरि जात न जारे।१६५।

भेद

जहँ बिरोध सो जानियै साँच बिरोध न होइ।
ताहि **बिरोधाभास** कहि बरनत हैं सब कोइ।१६६।

दच्छिन-नाइक एक तुही भुवि-भामिनि कौं अनुकूल है भावै।
दीनदयाल न तो सो दुनी अरु म्लेच्छ के दीनहिं मारि मिटावै।
श्रीसिवराज भनै कबि **भूषन** तेरे सरूपहि कोउ न पावै।
सूर के बंस में सूर-सिरोमनि है करि तूँ कुलचंद कहावै।१६७।

अथ बिभावनालंकार-वर्णनं

भयौ काज बिनु हेतु ही बरनत हैं जेहि ठौर।
तहिं **बिभावना** कहत हैं **भूषन** कबि-सिरमौर।१६८।

..र बड़े-बड़े मीर पठान खरो रजपूतन को गन भारौ।
भूषन आइ तहाँ सिवसाह लियौ हरि औरँगसाह को गारौ।
दीनौ कुज्वाब दिलीस कों यौं जु डरयौ सब गोसलखानो डरारौ।
नायौ न माथहि दच्छिननाथ न साथ में सैन न हाथ हथ्यारौ।१६९।

१६५—मेच्छन-बैरिन (मिश्र); साहिन (बंग)। हि०-अरुन (मिश्र)। कनरा-कुनबा (मिश्र)। कृसानु-अगिन (बंग)। जरे-गरे (मिश्र)। ओठ-ओट (बंग)। १६७—अरु-पर (मिश्र)। के बस-सु वंस (वही)। १६८—भूषन-भाखत (बंग)। १६९—साह-राज (मिश्र)। साह-जेब। दिलीस०-दिलीपति को अरु कीन्हो वजीरन को मुँह कारो। सेन-फौज (वही)।

[१६५] तो=तव, तुम्हारे। सेत=सफेद। मुँह० = अपयश से मुँह में कालिख पुतती है। राते = लाल। कुनरा = कन्नड़ देश। तनै = पुत्र। कृसानु = अग्नि। पानिप = पानीदार, कांतिमान्। अचंभव = अचंभा। तिन = तृण, तिनका। तिन० = ओंठ में तिनका लिए हुए, दीनता धारण किए हुए। [१६७] दच्छिन० = दक्षिण देश का राजा; कई स्त्रियों से समान प्रेम रखनेवाला पति। भुव-भामिनि = पृथ्वीरूपी स्त्री। अनुकूल = मुआफिक; एक-स्त्री-व्रत (पति)। दीन = धर्म। सूर० = सुंदर सूर्य-कुल। सूर० = वीरश्रेष्ठ। कुलचंद = कुल-श्रेष्ठ। [१६९] मीर = सरदार। गन = समूह। भारो=भारी। हरि० = हरण कर लिया। गारो = गर्व, घमंड। दीनौं० = बुरा जवाब दिया (मुँहतोड़ उत्तर दिया)। दच्छिननाथ = दक्षिण के स्वामी, शिवाजी।

पुनि

साहितनै सिवसाह की, सहज टेव यह ऐन।
अनरीझे दारिद दलहि, अनखीझे अरि-सैन।१७०।

भेद

जहाँ प्रगट **भूषन** भनत, हेतु काज तें होइ।
सो **बिभावना** औरई, कहत सयाने लोइ।१७१।

साहितनै सिव तेरो सुनत पुनीत नाम, धाम-धाम सब ही के पातक कटतु हैं।
तेरो जस-काज सरजा निहारि आज कबि-मन भोज-बिक्रम-कथा तें उचटतु हैं।
भूषन भनत तेरो दान-संकलप-जल, अचिरज सकल महीन लपटतु हैं।
और नदी-नदन तें कोकनद होत तेरे कर-कोकनद नदी-नद प्रगटतु हैं।१७२।

भेद

जँहि हेतू पूरन नहीं, उपजत है परि काज।
कै अहेतु तें और यौं, द्वै **बिभावना** साज।१७३।

दच्छिन कों दाबि करि बैठो आन सायस्त खाँ, पूनामाहिं दूना गहि जार करवार को।
हिंदुआन-खंभ गढ़पति दलथंभ भनै **भूषन** भिरैया कियौ सुजस अपार को।
मनसबदार चौकीदारन गँजाय, महलन में मचाय महाभारत सो भार को।
तो सौ को सिवाजी जिहि दो सौ आदमी सों जीत्यौ जंग सरदार सौ हजार
[असवार को।१७४।

भेद

ता दिन अखिल खलभलै खल खलक में, जा दिन सिवाजी गाजी नेक करखत हैं।
सुनत नगारे के अगारे तजि अरिन के दारगन भाजत न दार परखत हैं।

१७०—साइ-राज (मिश्र)। दलहि–हरै (वही)। १७२—महीन–मही पै (मिश्र)। १७४—आन०–हैं सइस्त खान (मिश्र)। नहि–करि (वही)।

नायो०=मस्तक नहीं नवाया (अधीनता नहीं स्वीकार की)। सैन=सेना। हथ्यारो=हथियार। [१७०] सहज=साथ ही उत्पन्न। ऐन=ठीक। अनरीझे=बिना प्रसन्न हुए। दलहि=दलन करता है। अनखीझे=बिना क्रुद्ध हुए। [१७२] पुनीत=पवित्र। धाम=घर। पातक=पाप। कटतु०=दूर हो जाता है। जस-काज=यश के कार्य। उचटतु है=हट जाता है। दान०=दान देते समय संकल्प करने में जो जल हाथ में लिया जाता है। महीन=पृथ्वी भर में। लपटतु=लिपटता है। नद=बड़ी नदी। कोकनद=कमल। [१७४] जोर=बल। करवार=करवाल, तलवार। हिंदुआन०=हिंदुओं के स्तंभ। गढ़पति=किलों के स्वामी। दलथंभ=सेना के अवलंब (ये शिवाजी के विशेषण हैं)। मनसबदार=पदाधिकारी। गँजाय=गंजन करके, मारकर। मचाय०=महाभारत के समान युद्ध ठानकर। तो०=तेरे समान कौन है। जंग=युद्ध। असवार=अश्वारोही, घुड़सवार।

छूटे बार बार छूटे बारन तें लाल देखि **भूषन** सुकबि बरनत हरखत हैं।
क्यों न होइ उतपात बैरिनके नैरिनमें कारे घन उमड़ि अँगारे बरखत हैं।१७५।

अथ बिशेषोक्ति-अलंकार-वर्णनं

जहाँ हेतु समरथ्थहूँ प्रगट होत नहिं काज।
ताहि **बिसेषोक्ती** कहत **भूषन** कबिसिरताज।१८६।

दै दस-पाँच रुपैयन कों जग कोउ नरेस उदार कहायौ।
कोटिन दान सिवा सरजा के सिपाहन साहन कों बिचलायौ।
भूषन कोउ गरीबनि सों भिरि भीमहु तें बलवंत जनायौ।
दौलत इंद्र-समान बढ़ी पै खुमान के तौऊ गुमान न आयौ।१७७।

अथ असंभवालंकार-वर्णनं

अनहूबे की बात सो प्रगट भई जग जानि।
जहाँ **असंभव** बरनियै सोई नाम बखानि।१७८।

जसन के रोज यौं जलूस गहि बैठो जोऽब इंद्र आवै सोऊ लागै औरँग की परजा।
भूषन भनत तहाँ गरजा सिवाजी गाजी जहाँ को तुजक देखिकै हिये न लरजा।
ठान्यौ न सलाम भान्यौ साह कोइलाम मान्यौधाम-धूमकै न रामसिंघहूको बरजा।
जा-ों जोराकरि बाचै भूपतदिगंत तासों तोरा करि तखत तरे तें आयौ सरजा१७९

१७५—नगारे०—नगारन अगार (मिश्र)। दार-बार। नैरनि—भुँडन (वही)। १७७—तौऊ—नेक (मिश्र)। १७८—सो—कछु (मिश्र)। जग—सी (वही)। १७९—जोऽब—जीव (बंग)। गरजा—सरजा (मिश्र)। जहाँ को—तिनको (वही); जिनको (बंग)। देखिकै—देखि नेकहू (मिश्र); देखि कौन हिये (बंग)। जोरा—बैर (मिश्र); ऐंड (बंग)।

[१७५] ता दिन=उस दिन। अखिल=समस्त। खलभलैं=घबरा जाते हैं। खल=दुष्ट। खलक=संसार। गाजी=धर्मयुद्ध-वीर। नेक=थोड़ा भी। करखत० =क्रुद्ध होते हैं। नगारा=धौंसा। अगारे=आगार, महल। तजि=छोड़कर। दारगन=स्त्रियों का समूह। भाजत=भागती हैं। दार=द्वार। बार=घर। छूटे०=घर छूट गए। बार०=बाल खुले हुए हैं। बारन तें=केशों से। लाल=मणि (छूटे)। हरखत=प्रसन्न होता है। उतपात-उपद्रव। नैरनि=नगरों में। कारे धन=काले बादल (जल से भरे हुए)। [१७७] नरेस=राजा। उदार=दानी। कोटिन०=करोड़ों रुपयों का दान। बिचलायौ=विचलित कर दिया। गरीबनि=दीन-हीन (निर्बल)। भिरि=भिड़कर, लड़कर। बलवंत=बलवान। जनायौ=जाना गया (समझा गया)। दौलत=संपत्ति। तौऊ=फिर भी। गुमान=घमंड। [१७९] जसन=(जशन) जलसा, धार्मिक उत्सव। जलूस=उत्सव में संमिलित होनेवाले लोगों का समूह। जोऽब=जो अब। सोऊ=वह भी। तुजक=प्रबंध। लरजना=काँपना। ठान्यौ०=सलाम न किया। भान्यौ=तोड़ा। इलाम=आज्ञा। धाम०=जोर-शोर। रामसिंघ=जयपुर-महाराज जयसिंह के पुत्र। बरजा=मना किया हुआ। दिगंत=दिशा के अंत के, संसार भर के। तोरा=प्रतिद्वंद्विता। तख्त=राजसिंहासन। तखत=तख्त के नीचे (पास) से।

पुनि

औरँग यों पछितात है करतो जतन अनेक।
सिवा लेइगौ दुर्ग सब को जानै निसि एक।१८०।

अथ असंगति-अलंकार-वर्णनं

हेतु अनत ही होत जहिं काज अनत ही होइ।
ताहि **असंगति** कहत हैं **भूषन** कबि सब कोइ।१८१।

महाराज सिवराज चढ़त तुरंग पर ग्रीवा जात नै करि गनीम अतिबल की।
भूषन चलत सरजा की सैन छिति पर छाती दरकति है खरी अखिल खल की।
कियो घात दौरि अमीरन उमराउ परि गई कटि नाक सिगरेई दिल्ली-दल की।
सूरत जराय कियौ दाह पातसाह-उर स्याही जाइ सबपातसाही-मुख झलकी।१८२।

भेद

और ठौर करनीय सो करै और ही ठौर।
ताहि **असंगति** औरऊ कहत सुकबि-सिरमौर।१८३।

उचित सिवाजी तेरी धाक जो सिपाहन के राजा पातसाहन के मन तें अहं गली।
भवँसिला अभंग तूँ जुरत जहाँ जंग तहाँ तेंरियै फतह होत मानो सदा संग ली।
साहि के सुपूत पुहवी के पुरहूत्र कबि **भूषन** भनत तेरो खड़गऊ दंगली।
सत्रुन की सुकुमारी सुंदरी थरहरानी सत्रुके अगार तहाँ राखे जंतु जंगली।१८४।

भेद

करन लगै औरै कछू करै औरई काज।
यहौ **असंगति** होति है कहै महा कबिराज।१८५।

१८०—है-मैं (मिश्र); मन (बंग)। १८१—कबि०-सुमति समोय (मिश्र)। १८२—छिति-भूमि (मिश्र)। १८३—सुकबि०-कबि भूषन कहत समौर (मिश्र)। १८४—उचित-भूपति (मिश्र)। जुरत०-तौ जुरतो जहाँई जग (वही)। तेरियै-तेरी एक (वही)। अगार०-अगारन में (वही)। १८५—यहौ-तहौं (मिश्र)। कहै०-कहि भूषन (वही)।

[१८०] पछितात० = पश्चात्ताप करता है। जतन = यत्न, उपाय। लेइगौ = (क्या जाने) ले जाए। को जानै = कौन जानता है। [१८२] तुरंग = घोड़ा। ग्रीवा=गर्दन। जात० = झुक जाती हैं। गनीम=शत्रु। अतिबल० = अत्यंत बलशाली (शिवाजी चढ़ाई करने के लिए चलते हैं तो शत्रु अधीनता स्वीकार कर सिर झुका देते हैं)। दरकति०=फट जाती है। खरी=अत्यधिक। अखिल खल की=सब दुष्टों की। दौरि=आक्रमण करके। घात = चोट। गई०=नाक कट गई (इज्जत जाती रही)। सिगरेई=समस्त। सूरत०=सूरत को जलाकर। स्याही=कालिख। पातसाही=बादशाही। झलकी=चमकने लगी। [१८४] अहं०=अहंकार गल गया, अभिमान दूर हो गया। अभंग=जो भंग न हो, जिसका कोई कुछ बिगाड़ न सके। जंग = युद्ध। फतह=जीत। संग ली=(जीत को) साथ में रखा है। पुहवी = पृथ्वी। पुरहूत= इंद्र। खड़गऊ=तलवार भी। दंगली=दंगल में लड़नेवाली (प्रबल)। सुकुमारी= कोमल अंगवाली। सुंदरी=स्त्रियाँ। थरहरानी = काँप उठीं। अगार=महल।

साहितनै सरजा सिव के गुन **भूषन** भाखि सकै न प्रबोनौ।
उद्यत होत कछू करिबे कौं करै कछू बीर महारस-भीनौ।
ह्याँ तें चल्यौ चकतैं सुख देन कौं गोसलखाने गएँ दुख दीनौ।
जाय दिली-दरगाह सलाह कौं साह कौं बैर बिसाहिके लीनौ।१८६।

अथ बिषमालंकार-वर्णनं

जहिं जहिं बातन कौं करत जानि प्रयोग बखान।
ताहि **बिषम भूषन** कहत **भूषन** सकल सुजान।१८७।

जावलि-बीर सिंगारपुरी औ जवारि को राम के नैर को गाजी।
भूषन भ्वैसिला भूपति तैं सब दूरि किये करि कीरति ताजी।
बैर कियौ सरजा सों उजीरन क्यौं उड़ि सैन बिजैपुर बाजी।
बापुरो एदिलसाहि उतैं इतैं दिल्ली को दावनगीर सिवाजी।१८८।

पुनि

लै परनालो सिवा सरजा करनाटक लौं कुल देस बिगूँचे।
बैरिन के भजि बालक-बृंद कहै कबि **भूषन** दूर पहुँचे।
नाँघत नाँघत घोर घने बन हारि परे यौं कटे जनु कूँचे।
राजकुमार कहाँ सुकुमार कहाँ बिकरार पहार वे ऊँचे।१८९।

१८६—भूषन-नेकहूँ (मिश्र)। चल्यो-गयो (वही)। सलाह-सुसाहि (वही)। साह कौं-भूषन (वही)। बिसाहि०-बनाय ही (वही)। १८७—जहि०-कहाँ बात यह कहँ वहँ यों जहँ करत (मिश्र)। ताहि-तहाँ (वही)। सकल-सुकबि (वही)। १८८—दूरि०-मारि यौं दूरि किए जिमि पाजी (बंग)। सरजा-सिवाजी (मिश्र)। उजीर न-खवास खाँ (वही)। धौ०-छौड़िये (वही); क्यौं उर (बंग)। उतैं०-कहाँ कहाँ (मिश्र)। १८९—कुल-सब (मिश्र)। भजि-भगे (वही))

[१८६] भाखि०=नहीं कह सकते। प्रबीन=चतुर, निपुण। उद्यत=तैयार। भीनौ=सना हुआ। चकतैं=औरंगजेब को। दरगाह=तीर्थस्थान। दिली-दरगाह=दिल्लीरूपी तीर्थस्थान (दिल्ली दरबार)। [१८८] सिंगारपुर=कोंकन देश का नगर। राम के नैर=रामनगर। तैं=तूने। बाजी=जा टूटी। सैन=सेना। बापुरो=बेचारा। दावनगीर=पल्ला पकड़नेवाला (भिड़नेवाला)। [१८९] बिगूँचे=धर दबाया, दबोच लिया। नाँघत-नाँघत=पार करते करते। हारि परे=थककर गिर पड़े। कूँचे=महुवे के गुच्छे (वैशाख में जब महुवे फूले रहते हैं उस समय यदि संयोग से बादल गरज जाय तो सब गुच्छे गिर जाते हैं, इसे कूँचे कटना कहते हैं)। हारि०=वे लोग थककर इस प्रकार गिर जाते हैं मानो कूँचे कट गए हों। बिकरार=भयावह, विकट।

अथ समालंकार-वर्णनं

जहाँ दुहुन अनुरूप को करिये उचित बखान।
सम भूषन तासों कहत **भूषन** सकल जहान।१९०।

पंच-हजारिन बीच खरा किया मैं उसका कुछ भेद न पाया।
भूषन यों कहि औरँगजेब उजीरन सों बेहिसाब रिसाया।
कम्मर कों न कटारी दई इस नाम ने गोसलखाना बचाया।
जोर सिवा करता अनरथ्थ भली भई हथ्थ हथ्यार न आया।१९१।

अथ विचित्रालंकार-वर्णनं

जहाँ करत हैं जतन, फल चाहि चित्त बिपरीत।
भूषन ताहि **बिचित्र** कहि बरनत सुकबि सुप्रीति।१९२।

बेदर कल्यान दे परेंडा ऐसे कोट साहि एदिल गँवाए हैं नवाइ निज सीस कौं।
भूषन भनत साहिनगरी कुतुब साहि दै कर गँवाइ रामगिरि-से गिरीस कौं।
भ्वैंसिला भुवाल साहितनै गढ़पाल दिन दोऊ न लगाए गढ़ लेत पँचतीस कौं।
सरजा सवाई सिवराज तैं सुहाई लीबे सौगुनी बड़ाई गढ़ दीने हैं दिलीस कौं।१९३।

अथ प्रहर्षणालंकार-वर्णनं

जहिं अन-बांछित अरथ ते प्रापति कछु अधिकाय।
ताहि **प्रहर्षन** कहत हैं **भूषन** जे कबिराय।१९४।

साहितनै सरजा की कीरति सों चारो ओर चाँदनी बितान छिति-छोइ छाइयतु है।
भूषन भनत ऐसो भूमिपति भ्वैंसिला है जाके द्वार भिच्छुक सदा ही भाइयतु है।
महादानी सिवाजू खुमान या जहान पर दान के बखान जाके यौं गनाइयतु है।
रजत की हौंस किये हेम पाइयतु जासों हयन की हौंस कियैं हाथी पाइयतु है।१९५।

१९०—जहान-सुजान (मिश्र)। १९१—बे हिसाब—मुह साह (बंग) इस०—इसनाम को (मिश्र)। भई—हुई (बंग)। १९२—सु प्रीति—विनीत (मिश्र)। १९३—साहि०—भाव० (मिश्र)। साहि—साई (वही)। सवाई०—सिवाजी जयसाह मिरजा (वही)। १९५—बखान—प्रमान (मिश्र)।

[१९१] पंचहजारिन=पाँच हजार सेना का मनसबदार। भेद=रहस्य। बेहिसाब=अत्यधिक। रिसाया=क्रुद्ध हुआ। कम्मर=कमर। कटारी=छोटी तलवार। जोर=बल। जोर करता=बल दिखाता। अनरथ्थ=अनर्थ। हथ्यार=हथियार। [१९३] गिरीस=बड़ा पहाड़। सवाई=शिवाजी का एक विशेषण। यह विशेषण इनके पिता शाहजी के नाम के साथ भी लगता था। शाहजी के राजकवि जयराम पिड्ये ने शाहजी के लिए इस विशेषण का प्रयोग किया है (देखिए राधामाधवविलास चंपू या शहाजी महाराजचरित्र, पृष्ठ २४१, २४४, २४६)। [१९५] बितान=चँदोवा। चाँदनी०=प्रकाश का चँदवा। छिति=पृथ्वी। छोर=किनारा, अंत। भाइयतु०=शोभा पाते हैं, डटे रहते हैं। रजत=चाँदी। हौंस=इच्छा। हेम=सोना। हयन=घोड़ों की।

अथ विषादनालंकार-वर्णनं

जहँ चित-चाहे अरथ कौं उपजै काज बिरुद्ध ।
ताहि **बिषादन** कहत हैं **भूषन** बुद्धिबिसुद्ध ।१९६।

दारहि मारि मुराद कौं बाँधि कै संगर साहसुवा बिचलाए ।
भूषन कै बस दिल्ली की दौलत औरउ देस घने अपनाए ।
बैर कियैं सरजा सिव सों इक औरँग के न भए मन भाए ।
फौज पठाई हुती गढ़ लैन कौं गाँठिहु के गढ़-कोट गँवाए ।१९७।

पुनि

महाराज सिवराज तुम बैरी तजि रस-रुद्र ।
बचिबे कौं सायर तिरे बूड़े सोक-समुद्र ।१९८।

अथ अधिकालंकार-वर्णनं

जहाँ बड़े आधार तें बरनत बढ़ि आधेय ।
ताहि **अधिक भूषन** कहत जानि सुग्रंथ प्रमेय ।१९९।

सहज सलील सील जलद-से नील पब्बय-से पील देत नाहि अकुलात है ।
भूषन भनत महाराज सिवराज देत कंचन को ढेरु जो सुमेरु-सो दिखात है ।
सरजा सवाई कासों करि कबिताई तेरे हाथ की बड़ाई को बखान करि जात है ।
जाको जस-टंड सातौ द्वीप नौहू खंड महीमंडल की कहा ब्रह्मंड न समात है।२००।

१९६—अरथ०–काज तें (मिश्र)। १९७—मारि–दारि (मिश्र)। बाँधि–मारि। भूषन०–कै कर में सब। इक–यह (वही)। १९९—सुग्रंथ–सुगाह (बंग)। २००—टंड–टंक (मिश्र)।

[१९७] दारा = औरंगजेब का बड़ा भाई। मुराद = औरंगजेब का छोटा भाई। संगर = युद्ध। साहसुवा = शाहशुजा, औरंगजेब का बड़ा भाई। बिचलाए = विचलित कर दिया, पैर उखाड़ दिए (हरा दिया)। दौलत = संपत्ति। न० = मनचाहा नहीं हुआ। पठाई = भेजी थी। गाँठिहु के = अपनी गाँठ के भी (अपने भी)। गँवाए = खो दिए। [१९८] रस-रुद्र = रौद्र-रस (वीरता)। सायर = सागर, समुद्र। तिरे = पार करने लगे। बूड़े = डूब गए। (सागर के पार जाने पर भी शिवाजी की धाक से निर्भय नहीं हो पाते)। [२००] सलील = क्रीड़ाशील। सील = स्वभाव। जलद = बादल। नील = काले। डील=शरीर। पब्बय = पर्वत। पील=हाथी। कंचन = सोना। ढेरु=राशि (समूह)। सुमेरु = सोने का पहाड़। सवाई = विशेषण, यह उपाधि शाहजी के लिए भी प्रयुक्त होती थी। कासों = किससे। कबिताई = कविता। हाथ० = हाथों का बड़पन (दान के कारण उत्पन्न)। जस-टंड=यश की ढेरी। सातौ द्वीप=जंबू, प्लक्ष, शाल्मली, कुश, क्रौंच, शाक और पुष्कर द्वीप। नौखंड=पृथ्वी के नौ भाग (भारत, इलावृत्त, किंपुरुष, भद्र, केतुमाल, हरि, हिरण्य, रम्य और कुश)। महिमंडल = भूमंडल। ब्रह्मंड = चौदहों भुवनों का मंडल, संपूर्ण विश्वचक्र। समाना=अँटना।

अथ विशेषालंकार-वर्णनं

बरनत हैं आधेय कों जँहि बिनहीं आधार।
ताहि **बिसेष** बखानहीं **भूषन** कबिसरदार।२०१।

सिवाजी खुमान सलहेर के दिलीस-दल कीनौ कतलान करवान गहि कर में।
सुभट सराहे चंद्राउत कछवाहे मुगलौ पठान ढाहे फरकत परे फर में।
भूषन भनत भ्वैसिला के भट उदभट जीति घर आए धाक फैली घरघर में।
मारु के करैया अरि गे अपरपुर तऊ अजौ मारु-मारु सोर होत है समर में।२०२।

भेद

जहाँ एक आधेय को बरनत बहु आधार।
तासों कहत **बिसेष** हैं **भूषन** कबिसरदार।२०३।

कोट-गढ़ दैकै माल मुलक दै बीजापुरी गोलकुंडावारो पीछें ही कों सरकतु है।
भूषन भनत भ्वैसिला भुवाल भुजबल रेवा ही के पार अवरंग हरकतु है।
पेसकसैं भेजत इरान-फिरंगान-पति उनहू कें उर याकी धाक धरकतु है।
सहितनै सिवाजी खुमान या जहान पर कौन पातसाह के हियें न खरकतु है।२०४।

अथ विपरीतालंकार-वर्णनं

जहिं अधार आधेय करि अरु अधेय आधार।
ताहि कहत **बिपरीत** है **भूषन** ग्रंथ-विचार।२०५।

सुमन मे मकरंद रहै तो में साहितनै मकरंद सुमन रहत ज्ञान-बोध है।
मानस में हंस-बंस रहत है तेरे जस-हंस में रहत करि मानस बिसोध है।
भूषन भनत भ्वैसिला भुवाल भूमि तेरी करतूति रही अद्भुतरस-ओध है।
पानि में जहाज रहै लाज के जहाज महाराजसिवराज तो में पानिप-पयोध है।२०६।

२०२—गे०-अमरपुरै गे (मि०)

[२०२] कतलान=वध, संहार। करवान=तलवार। गहि=लेकर। सुभट=शूर-वीर। सराहे=प्रशंसित। ढाहे=मारकर गिरा दिए। फर=रणक्षेत्र। भट=योधा। उदभट=पराक्रमी। धाक=आतंक। मारु=मार। अपरपुर=परत्र, स्वर्ग। अजौ=आज भी। [२०४] कोट-गढ़=किले। माल=द्रव्य। मुलक=देश। सरकतु०=खिसकता है। रेवा=नर्मदा नदी। हरकतु०=रुक जाता है। पेसकसैं=पेशकश, नजर, भेंट। याकी=इसकी। धरकतु०=धड़कती (खटकती) रहती है। जहान=संसार। खरकतु०=खटकता है (डर से सबके चित्त में चढ़े रहते हैं)। [२०६] सुमन=पुष्प। मकरंद=पुष्परस। साहितनै=शाहजी के पुत्र। मकरंद=मालोजी मकरंद। सुमन=सुंदर मन वाले। ज्ञान=विवेक, विचार। मानस=मानसरोवर। हंस=पक्षी। मानस=मन। बिसोध=विशुद्ध। ओध=भरी हुई। पानिप=प्रतिष्ठा। पयोध=समुद्र।

अथ अन्योन्यालंकार-वर्णनं

जहाँ परस्पर उपकरत बरनै बस्तु कछूक।
ताहि कहत **अन्योन्य** है **भूषन** सुकबि अचूक।२०७।

तो कर सों छिति छाजत दानहि दानहु सों अति तो कर छाजै।
तूँ ही गुनी की बड़ाई सजै अरु तेरी बड़ाई गुनी सब साजै।
भूषन तोहि सों राज बिराजित राज सों तूँ सिवराज बिराजै।
तो बल सों गढ़-कोट है गाजत तूँ गढ़-कोटनि के बल गाजै।२०८।

अथ व्याघातालंकार-वर्णनं

और काज-करता जहाँ करै औरई काज।
ताहि कहत **व्याघात** हैं **भूषन** कबि-सिरताज २०९।

कसत में बार बार वैसोई निरस होत वैसोई सरस-रूप साँवरी भरतु है।
भूषन भनत सिवराज महाराज-मनि सघन सदाई जस-फूलन धरतु है।
बरछी कृपान गोली तीर केते मान जोरावर गोला बान तिनहू कौं निदरतु है।
तेरो करवाल भयौ जगत कौं ढाल अब सोई हाल म्लेच्छन के कालकौं करतु है।२१०।

पुनि

ब्रह्म रचे पुरोषत्तम पोषत संकर सृष्टि-सँहारनहारे।
तूँ हरि को अवतार सिवा नृप-काज सँवारे सबैं हरिवारे।
भूषन यौं अवनी जवनी कहैं कोउ कहै सरजा सों हहा रे।
तूँ सबको प्रतिपालनहार बिचारे भतार न मार हमारे।२११।

२०७—जहाँ०—अन्योन्या उपकार जहँ यह बरनन ठहराय (मिश्र)। भूषन०—अलंकार कबिराय (वही)। २०८—है०—गजै अरु (मिश्र)। २१०—निरस—बलंद (मिश्र)। साँवरो—समर (वही)।

[२०८] तो=तव, तुम्हारा। कर=हाथ। छिति=पृथ्वी। छाजत=शोभित होता है। तूँ ही=तू ही। गुनी०=गुणियों की बड़ाई करता है। अरु=और। गाजत=गरजते हैं। गाजै=गरजता है। [२१०] कसत मैं=(कमर में) कसने से। सरस=बढ़कर। रूप=आकार। भरतु०=धारण करता है। सघन=कठोर। सदाई=सदैव। जस०=यश से होनेवाली प्रसन्नता। कृपान=कटार (छोटी तलवार)। केते०=क्या हैं। जोरावर=प्रबल। निदरतु०=निरादर करता है। ढाल=रक्षक। हाल=अब। म्लेच्छन के काल कौं करतु हैं=मुसलमानों को मारता है। [२११] ब्रह्म=ब्रह्मा। रचै=सृष्टि करते हैं। पुरुषोत्तम=विष्णु। पोषत=पालन करते हैं। सँहारनहारे=नाश करनेवाले। हरि=विष्णु। सँवारे=किए। हरिवारे=विष्णुवाले। अवनी=पृथ्वी। जवनी=मुसलमान स्त्रियाँ। हहा=हाय हाय। भतार=भर्तार, पति।

अथ गुंफालंकार-वर्णनं

पूरब पूरब हेतु कै उत्तर उत्तर हेत।
या बिधि धारा बरनियै **गुंफ** कहत कबि-नेत।२१२।

संकर की किरपा सरजा पर जोर बढ़ी कबि **भूषन** गाई।
ता किरपा तें सुबुद्धि बढ़ी भुवि भ्वैसिला साहितनै की सुहाई।
राज सुबुद्धि सों दान बढ़यो बढ़यो दान सों पुन्य-समूह सदाई।
पुन्य सों बाढ़यो सिवाजी खुमान खुमान सों बाढ़ी जहान-भलाई।२१३।

पुनि

साहितनै गुन गैबे कौं **भूषन** की मति हीउ करै अति ताजी।
ही निहचिंत करै अति आनँद आनँद कौं करै जो नर गाजी।
धन्य करै नर कौं कलि कीरति कीरति दान करै सुभ साजी।
दान करै दिन मान जहान बढ़ाय कै मान खुमान सिवाजी।२१४।

अथ एकावली-अलंकार-वर्णनं

प्रथम बरनि पुनि छोड़ियै जहाँ अरथ की पाँति।
बरनत **एकावलि** कहै कबि **भूषन** इह भाँति।२१५।

[हरिगीतिका]

तिहुँ भुवन मैं **भूषन** भनै नरलोक पुन्य कि साज मैं।
नरलोक मैं तीरथ लसै महि तीरथों कि समाज मैं।
महि मैं बढ़ी महिमैं भली महिमैं महारज-लाज मैं।
रस-लाज राजत आज है महराज श्रीसिवराज मैं।२१६।

अथ मालादीपक तथा सारालंकार-वर्णनं

दीपक एकावलि मिले **मालादीपक** होय।
उत्तर उत्तर उतकरष **सार** कहत हैं सोय।२१७।

मन कबि **भूषन** को सिव की भगति जीत्यौ सिव की भगति जीती साधुजन-सेवा ने।
साधुजन जीने या कठिन कलिकाल कलिकाल जीत्यौ एक महाजान महिमेवाने।

२१२—बरनियै—बरन कबि (बंग)। कहत०—कहावत (मिश्र); कहत बानेत (बंग)। २१३—सुहाई-सवाई (मिश्र)। बढ़यौ दान—अरु दान (वही)। २१५—पुनि—जहँ (मिश्र)। २१६—कि साज—सुसाज (मिश्र)

[२१३] जोर=अत्यंत। गाई=गाता है (कहता है)। [२१६] तिहुँ०=त्रिलोक। नरलोक=मनुष्य-लोक (मर्त्यलोक)। पुन्य०=पुण्य की सामग्री से युक्त। लसै=शोभित होता है। महि=पुण्यभूमि। समाज=समूह। महिमै=महिमा ही। महारज-लाजमै=लज्जामय रजपूती। रजलाज=रजपूती की लज्जा। राजत=शोभित है।

जगत में जीते महाजान महाराजन ते महाराज बावनऊ पातसाहि-लेवा ने।
पातसाह बावनौ दिल्ली के पातसाह दिल्लीपातसाह हिंदुपति पातसाह सेवाने।

सारो यथा [।२१८।

आदि बड़ी रचना है बिरंच की जामें रह्यौ रचि जीव जड़ो है।
ता रचना महिं जीव बड़ो अति काहे तें ता उर ज्ञान गड़ो है।
जीवन में नरलोक बड़ो कबि **भूषन** भाषत पैज अड़ो है।
है नरलोक में राज बड़ो सब राजन में सिवराज बड़ो है।२१९।

अथ यथासंख्यालंकार-वर्णनं

क्रम सों कहि तिनके अरथ क्रम सों बहुरि मिलाय।
यथासंख्यक यौं कहत हैं **भूषन** जे कबिराय।२२०।

जेई चाहौ तेई गाहौ सरजा सिवाजी देस सबै दले दुअन हुते जो बड़े उर के।
भूषन भनत भ्वैसिला सों अब सनमुख कोऊ न लरैया है धरैया धीर-धुर के।
अफजलखान रुस्तमैं जमान फत्तेखान कूटे लूटे हूटे जे उजीर बीजापुर के।
अमर सुजान मुहकम बहलोलखान खाँडे डाँडे छाँडे उमराउ दिल्लीसुर के।२२१।

अथ पर्यायलंकार-वर्णनं

एक अनेकन में रहै कै एक में अनेक।
बसत कहत **पर्याय** सों भेद होत है द्वैक।२२२।

२१७—जीत्यो-जीतो (मिश्र)। सेवा०-समानै (बंग)। जीत्यौ०-जीते महाबीर राजनि (बंग); महाबीर महाराज (मिश्र)। महाजन-महावीर। दिल्ली०-दिल्लीपति पातनाह हिंदूपति सेवा (वही)। २२०—यौं०-ताको कहै (मिश्र)। २२१—गाहौ-गहौ (मिश्र)। सबै-सकै। हुते-के जे वै। कूटे०-खूटे कूटे लूटे। हूटे०-जूटे ए (अन्यत्र)। बहलोल०-इखलास खान (मिश्र)। २२२—कै०-एकहि में फिर (मिश्र); अस्थिर ह्वै कबि एक (बंग)। बसत-ताहि (मिश्र)। सों०-हैं भूषन सुकबि बिबेक (वही)।

[२१८] सिव=शंकर। साधु०=महात्माओं की सेवा। महाजान=महाज्ञानसंपन्न। महिमेवाने=महिमावान् ने। पातसाहि-लेवा=बादशाही को लेनेवाले। बावन=५२। सेवा=शिवाजी। [२१९] आदि=सबसे पहले। बिरंच=ब्रह्मा। जीव जड़ो=जीव और जड़, जड़-चेतन। जीव=चेतन। काहें तें=क्योंकि। ता०=उसके हृदय में ज्ञान भरा है। जीवन=चेतनों में। पैज=प्रतिज्ञा, प्रण। पै०=प्रतिज्ञा पर अड़ते हैं, प्रण पूर्ण करते है। [२२१] चाहौ=चाहते हो। गाहौ=ले लेते हो या थहाते हो। दुअन=शत्रु। बड़े०=बड़े हृदयवाले (हिम्मती)। धरैया०=धैर्य की धुरी धारण करनेवाले, बड़े धैर्यवान्। कूटे=पीटा। हूटे=खदेड़ दिया। खाँडे=तलवार की धार पर उतार दिए (काट डाले)। डाँडे=दंडित किए। छाँडे=छोड़ दिए। उमराउ=बड़े सरदार। दिल्लीसुर=दिल्लीश्वर, औरंगजेब।

जीत हुती औरंग में सबै छत्रपति छाँडि।
तजि ताहू कों अब रही सिव सरजा में माँडि।२२३।

भेद

अगर के धूप धूम उठत जहाँ हे अब उठत बधूरे तहाँ अति ही अमाप हैं।
जहाँ हे कलावँत अलापत मधुर स्वर तहाँ भूत-प्रेत अब करत बिलाप हैं।
भूषन सिवाजी सरजा के बैर बैरिन के नैरनि में परे मनो काहू के सराप हैं।
गाजत हे जिन सहलन में मृदंग तहाँ गाजत मतंग सिंघ बग्घ दिग्घ दाप हैं।२२४।

अथ परिवृत्तालंकार-वर्णनं

ऐंक बात कौं दे जहाँ और बात कों लेत।
ताहि कहत **परिवृत्ति** हैं **भूषन** सुकबि सुचेत।२२५।

दच्छिन-धरन धीर-धरन खुमान गढ़ लेत गढ़धरन कों धरम-दुआरु दै।
साहि नरनाह को सपूत महाबाहु लेत मुलुक मताह छीनि साहन कों मारु दै।
संगर में सरजा सिवाजी अरि-सैनन कों सार हरि लेत है दुअन सिर सारु दै।
भूषन भँवसिला जय-जस के पहार लेत हरजू को हार हरगन कों अहारु दै।२२६।

अथ परिसंख्यालंकार-वर्णनं

अनत मेटि कछु बस्तु जहँ बरनत एकहिं ठौर।
ताहि कहत **परिसंख्य** हैं **भूषन** कवि दिलदौर।२२७।

अति मतवारे जहाँ दुरदै निहारे जहाँ तुरगन ही में चंचलाई-परकीति है।
भूषन कहत जहाँ पर लगैं बानन कों कोक पच्छिनहिं माहिं बिछुरन-रीति है।

२२३—हुती-रही (मिश्र)। मैं-कर (वही)। २२४—अब-तहाँ (मिश्र)। तहाँ-अब। नैरनि-डेरन। गाजत-बाजत (वही)। २२६—मताह-महान (मिश्र)। है०=हिंदुवान (वही)। २२७—मेटि-बरजि (मिश्र)।

[२२३] जीत=विजय। छत्रपति=छत्र धारण करनेवाले (राजा)। तजि=त्यागकर। ताहू कौं=औरंगजेब को। माँडना=शोभित करना। [२२४] अगर=अगुरु, सुगंधित लकड़ी। धूप=सुगंधित द्रव्य। धूम=धुआँ। बधूरे=बगूले, बवंडर। अमाप=बिना माप के, भारी। कलावंत=गवैये। अलापत=गाते थे। मधुर स्वर=मीठी ध्वनि से। डेरा=वासस्थान। सराप=शाप। गाजत हे=बजते थे। गाजत०=गरजते हैं। मतंग=हाथी। दिग्घ=दीर्घ, बड़ा। दाप=दर्प, घमंड। [२२६] दच्छिन०=दच्छिण को धारण करनेवाला (शिवाजी)। धीर-धरन=धैर्य धारण करनेवाला। गढ़धर=किलेदार। धरम=धर्मराज, यमराज। धरम०=धर्मराज का दरवाजा देकर (यमलोक भेजकर)। नरनाह=नरनाथ, राजा। महाबाहु=पराक्रमी। मताह=धन। मारु दै=मार देकर (चोट करके)। संगर=युद्ध। सार=तत्त्व, तेज। दुअन=दुर्जन, शत्रु। सारु=हथियार। सारु०=हथियार चलाकर। जय=जीत। हर=महादेव। हार=माला (मुंडमाला)। हर-गन=शिव के गण (भूत प्रेतादि)। अहारु=भोजन। [२२७] दिलदौर=सहृदय।

गुनि-गन चोर जहाँ एक चित्त ही के लोग बाँधे जहाँ एक सरजा की गुन-प्रीति है।
कंप कदली में बैर बृच्छ बदरी में सिवराज अदली के राज में यों राजनीति है।२२८।

अथ विकल्पालंकार-वर्णनं

कै यह कै वह कीजियै जहिं कहिनावत होइ।
ताहि **बिकल्प** बखानहीं **भूषन** कबि सब कोइ।२२६।

मोरँग जाहु कि जाहु कुमाहु कि श्रीनगरैहु कबित्त बनाए।
बाँधव जाहु कि जाहु अमेर कि जोधपुरैं कि चितौरहिं धाए।
जाहु कुतुब्ब कि एदिल पैं कि दिलीसहु पैं किन जाहु बुलाए।
भूषन ह्वैहौ निहाल मही गढ़पाल सिवाहि की कीरति गाए।२३०।

पुनि

देसनि देसनि नारि नरेसनि **भूषन** यौं सिख देति दया सौं।
मंत गहौ मन दंत गहौ तिन कंत तुमैं हैं अनंत महा सौं।
कोट गहौ कि गहौ बन-ओट कि फौज का जोट सजौ प्रभुता सौं।
और करौ किन कोटिक राह सलाह बिना बचिहौ न सिवा सौं।२३१।

अथ समाधि-अलंकार-वर्णनं

और हेतु मिलि करि जहाँ होत सुकर अति काज।
ताहि **समाधि** बखानहीं **भूषन** जे कबिराज।२३२।

बैरि कियौ सिव चाहत हो तब लौं अरि बाह्यौ कटारु कठैठौ।
यौं ही मलेच्छहि छोड़ैं नहीं सरजा मन तापर रोस में पैठो।
भूषन क्यौं अफजल्ल बचै अटपाट कै सिंह को पाउ उमैठौ।
बीछू के घाउ धुक्यौई धराकहि तापर धोप-धका धरि बैठौ।२३३।

२२८—तुरगन-तुरंगन (गोविंद)। कहत-भनत (अन्यत्र)। पच्छिनहि-पंछी हितु (गोविद)। वैर०-वारि बुंद बदली में (अन्यत्र)। २३०-ह्वैहौ०-गाय फिरौ महि में बनिहै चितचाह सिवाहि रिझाए (मिश्र)। २३१—मंगन ह्वै करि (मिश्र)। २३२-—सुकर-सुगम (मिश्र)।

[२२८] दुरदै=द्विरद, हाथी ही। तुरग=घोड़ा। परकोति=प्रकृति, वान, स्वभाव। पर=शत्रु; पंख। पर०=कोई किसी का पर (शत्रु) नहीं है, बाणों में ही पर (पंख) लगते हैं। कोक=चक्रवाक। पच्छिनहि०=पक्षियों में ही। बिछुरन०=बिछुड़ने की रीति। लोक=लोग। कदली=केला। बेर=शत्रुता; बदर फल। अदली=न्याय करनेवाला। [२३०] दिलीस=औरंगजेब। पैं=पास। निहाल=प्रसन्न, सतुष्ट होंगे। [२३१] नारि=स्त्री। नरेसन=राजाओं को। सिख=शिक्षा। मंत०=दीनता दिखाओ। कंत=पति। अनंत=असंख्य। सौं=(सौंह) सगौंध। कोट०=किले का आश्रय लो। बन०=वन में छिपकर रहो। जोट=झुंड। राह=उपाय। [२३३] चाहत हो=चाहता था। अरि=शत्रु (अफजल खाँ)। बाह्यौ=चलाया कटार=छोटी तलवार। ठठैठौ=कठोर।

अथ प्रत्यनीकालंकार-वर्णनं

प्रबल सत्रु के पच्छि पर करै पराक्रम जोर।
प्रत्यनीक तासों कहत **भूषन** बुद्धि अमोर।२३४।

लाज धरौ सिवजू सों लरौ सब सैयद मीर पठान पठाइ कै।
भूषन ह्वाँ गढ़-कोटनि हारे इहाँ तुम क्यौं अरे छाइ रिसाइ कै।
हिंदुन के पति सों न बिसात सतावत हिंदु गरीबनि पाइ कै।
लीजै कलंक न दिल्लि के बालम बालम आलमगीर कहाइ कै।२३५।

पुनि

गौर गरबीले अरबीले राठवर गह्यौ लोहगढ़ सिंहगढ़ हिम्मत हरष तें।
कोट के किंगूरनि में गुलंदाज तीरंदाज राखे वै लगाय गोली-तीरन बरषतें।
ह्वै कै सावधान किरवान कसि कम्मरनि सुभट अमान चहुँ ओरन करषतें।
भूषन भनत तहाँ सरजा सिवातैं चढ़ि राति के सहारे वै अराति-अमरष तें।२३६।

अथ अर्थापत्ति-अलंकार-वर्णनं

वह जीत्यौ तौ यह कहा यौं कहनावति होइ।
अर्थापत्ति बखानहीं ताहि सयाने लोइ।२३७।

श्रवन कै साहन की सुंदरी सिखावैं ऐसे सरजा सों बैरु जिन करौ महाबली है।
पेसकस भेजत बिलाइत पुरतगाल नीकी जिहाजन ह्वै करनाटक दली है।
भूषन भनत गढ़-कोटमाल मुलक दे सिवा सों सलाह राखियै तौ बात भली है।
जाहि देत डंड तुम डरिकैं अखंड सोई दिल्ली दलमली तौ तिहारी कहा चली है।२३८।

२३३—धराकहि०–धरक है तौलगि धाय धरा (मिश्र)। २३४—प्रबल०–जहँ जोरावर सत्रु के पच्छी पर कर (अन्यत्र)। २३५—मीर–सेख (अन्यत्र)। ह्वाँ–वे (बंग)। अरे०–मट तारे (अन्यत्र)। पाइ–आइ (बंग)। २३६—ह्वैकै–कैकै – (अन्यत्र)। २३७—जीत्यौ–कीन्ह्यो (अन्यत्र)। ताहि–तहाँ (वही)। २३८—श्रवन०–सयन में (अन्यत्र)। नीकी०—सुनिकै सहमि जात करनाट थली (मिश्र)। तुम–सब (अन्यत्र)।

रोस=रोष, क्रोध। अठपाव=उपद्रव। उमैंठो=मरोड़ा। धाय=घाव। धुक्यौई=डरा ही था। धराक=धड़ाक से, शीघ्र। धोप=तलवार। धोप०=अपनी ही तलवार का धक्का उसे ले बैठा। [२३४] प्रबल=बलशाली। अमोर=अमोल (अमूल्य)। [२३५] लाज धरो=लज्जा करो। ह्वाँ=वहाँ। हिंदुन०=शिवाजी। न बिसात=बस नहीं चलता। बालम=स्वामी। बालम=पति, हे प्रिय। आलमगीर=औरंगजेब। [२३६] गौर=गौड़ राजपूत। गरबीले=अभिमानी। अरबीले=अड़नेवाले। राठवर=राठौर। किंगूरा=चोटी। गुलंदाज=गोला चलानेवाले। तीरंदाज=बाण चलानेवाले। बरषतें=बरसते हुए। अमान=अप्रमाण, बहुत। करषतें=बटोरते हुए। राति०=रात (के अंधकार) का सहारा पाकर। अराति=शत्रु। अमरष=अमर्ष, क्रोध। [२३८] श्रवन०=सुनकर। पेसकस=भेंट, नजर। बिलाइत=विदेशी राज्य। दली=दलित कर दिया। माल=धन। मुलक=देश। सलाह=मेल। अखंड=

अथ काव्यलिंगालंकार-वर्णनं

दिढ़ाइबे को अरथ है ताको करत दिढ़ाव।
काव्यलिंग तासों कहत **भूषन** जे कबिराव।२३९।

साइत लै लीजियै बिलाइत को साह कीजै बलख बिलाइत के बंदी अरि-डावरे।
भूषन भनत कीजै उत्तरी भुवाल बस पूरब में लीजियै रसाल गज-छावरे।
दच्छिन के नाह सों सिपाह जिन चूर करि अवरंगसाह जीत कहाए न बावरे।
कैसें सिवा मन बढ़ि अब बाँके गढ़ गाढ़े गढ़पति गढ़ अरु लीने गढ़ रावरे।२४०।

अर्थांतरन्यासालंकार-वर्णनं

कह्यो अर्थ ताही लियें और अर्थ उल्लेख।
यौं **अर्थांतरन्यास** सो कहि **सामान्य बिसेष**।२४१।

बिनु चतुरंग संग बानरनि लैके बाँधि बारिधि कों लंका रघुनंदन जराई है।
पारथ अकेले द्रोन भीषम-से लाखौं भट जीति लीन्हीं नगरी बिराट कै बड़ाई है।
भूषन भ्वैसिला तें गुसुलखाने पातसाही अवरंगसाही बिनु हथ्थर हलाई है।
ताकोऊ अचंभो महाराज सिवराज सदाबीरन के हिम्मतै हथ्यार होत आई है।२४२।

विशेषभेद

साहितनै सरजा समरथ्थ करी करनी धरनी पर नीकी।
भूलि गे भोज-से बिक्रम-से औ भई बलि-बेनु की कीरति फीकी।
भूषन भिच्छुक भूप भए भलि भीख लै केवल भ्वैसिला ही की।
नेक की रीझि धनेस करै लखि ऐसियै रीति सदा सिवजी की।२४३।

२३९—दिढ़ाइबे०–है दिढ़ाइबे जोग जो (मिश्र)। २४०—साह–सर (अन्यत्र)। सों०–के सिपाहिन सों वैर (मिश्र); सिपाह निज बैरु (बंग)। जीत०–जू कहाइए (अन्यत्र)। मन०–राज मानु देत अबरंगै (वही)। अरु०–लीन्हे और (वही)। २४१—ताही०—जहँ ही (अन्यत्र)। और०–वही अरथ जहँ होइ (बंग)। कहि०–भूषन कहि सब कोइ (वही)। २४२—कै–मैं (अन्यत्र)। भ्वैसिला०–भनत है। पातसाही–पै खुमान। साही०–साहिबी हथ्याय हरि लाई। ताकोऊ–तौ कहा (वही)।

जिसके खंड न हो सकें (अत्यंत)। डरिकै अखंड=अत्यंत डरकर। सोई=उसी। दलमली=मसल डाला। कहा चली है=क्या चल सकती है? (कुछ नहीं)। [२४०] साइत- =मुहूर्त बिचरवा लें। साह करना=जीतना। अरि=शत्रु। डावरा=लड़का। बंदी कीजै=कैद कर ली। रसाल=सुंदर। गज=हाथी। छावरे=शावक, बच्चे। बावरे=पागल। गाढ़े=मजबूत। रावरे=आपके। [२४२] बानर=बंदर। लैके=लेकर। बारिधि=समुद्र। पारथ=पार्थ, अर्जुन। भट=योद्धा। नगरी०=विराट नगर। हथ्थर=हथियार। अचंभो=आश्चर्य। हथ्यार=हथियार। [२४३] तनै=तनय, पुत्र। करनी=कार्य। धरनी=पृथ्वी। नीक=भली, अच्छी। भोज=प्रसिद्ध दानी धारानगरी के भोज। बिक्रम=पराक्रमी राजा विक्रमादित्य। बेनु=राजा पृथु के पिता। भिच्छुक=भिखमंगे। भलि=अच्छी। नेक=थोड़ा-सा। रीझि=प्रसन्न होकर। धनेस=कुबेर।

अथ प्रौढ़ोक्ति-वर्णनं

जहिं उतकरष अहेत कों बरनत हैं करि हेत।
प्रौढ़उक्ति तासों कहत **भूषन** कबि करि नेत।२४४।

मानसरबासी हंस बंस न समान होत चंदन सों घस्यौ घनसारै न घरीक है।
नारद की सारद की हाँसी समान न सरद की सुरसरी को न भीर पुंडरीक है।
भूषन भनत छक्यौ छीरधि में थाह लेत फेनसों लपेट्यौ ऐरावत को करी कहै।
कैलास में ईस ईस-सीस रजनीस वहौ सिवा अवनीस के न जस को सरीक है।२४५।

अथ संभावनालंकार-वर्णनं

'जौ यों ह्वै तौ होइ इमि' यह संभावन होइ।
ताहि कहत **संभावना भूषन** कबि सब कोइ।२४६।

लोमस की ऐसी आउ होइ कौनहू उपाउ तापर कवच जौ करनवारो धरियै।
ता पर जौ हूजियै सहसबाहु ता पर सहस-गुन साहस जौ भीमहु तें करियै।
भूषन कहै यौं अवरंगजू सों उमराउ नाहक कहौ तौ जाय दच्छिन में मरियै।
चलै न कछू इलाज न जियत वे ही काज ऐसी होइ साज तौ सिवा सों जाय लरियै।२४७।

अथ मिथ्याध्यवसिति-अलंकार-वर्णनं

झूठ अरथ की सिद्धि कौं झूठो बरनत आन।
मिथ्याध्यवसिति-ताहिं कों **भूषन** कहत सुजान।२४८।

मेरु सम छोटो पनु सागर सो छोटो मनु धनद को धनु ऐसो छोट जग जाहि को।
सूरज सो सीरो तेज चाँदनी सी कारी कीर्ति अंमृत सो कटु दरसन लागै ताहि को।
कुलिस सो कोमल कृपान अरि भानिबे कों **भूषन** भनत भारी भूप भ्वैंसिलाहिको।
भुव सो चरन चल सदा रनमंडल में धुव सो चपल धुव-बल सिवसाहि को।२४९।

२४४—करि०—बिरदेत (अन्यत्र)। २४५—समान०—मैं कहाँ सी सम (बंग); मैं कहा की आग (अन्यत्र)। २४७—की—सरीखी (बंग); के जैसी (गोबिंद)। न०—भेजियत (मिश्र)।

[२४५] मानसर = मानसरोवर। बंस = समूह। सों=(स्यों) सहित। घनसार= कपूर। घरीक०=एक घड़ी, थोड़ी देर भी नहीं टिकता। सारद=सरस्वती। सुरसरी= गंगा। भोर०=प्रभातकालिक। पुंडरीक=श्वेत कमल। छक्यौ=अघा गया। छीरधि=दूध का समुद्र, क्षीरसागर। ऐरावत = इंद्र का हाथी। को कहै=कौन उसकी समानता की बात कहे। ईस = महादेव। रजनीस=चंद्रमा। अवनीस = राजा। सरीक=हिस्सेदार, पट्टीदार (उपमान होने योग्य)। [२४७] लोमस = एक ऋषि जो दीर्घायु माने जाते हैं। ये सात दीर्घजीवी हैं—अश्वत्थामा: बलिर्व्यासो हनूमांश्च बिभीषणः, लोमशोः मारकण्डेयः सप्तैते दीर्घ-जीविनः। करनवारो = राजा कर्ण का। सहसबाहु=इसने परशुराम के पिता जमदग्नि का सिर काट लिया था। नाहक=व्यर्थ। इलाज = यत्न। साज = सामग्री। [२४९] पनु = प्रण, प्रतिज्ञा। धनद=कुबेर। सीरो=ठंढा। कटु = कड़वा। कुलिस=वज्र। भानिबे०=मारने के लिए। धुव=ध्रुव तारा। चपल = चंचल। धुव-बल=स्थिर पराक्रम (भारी बल)।

अथ ललितालंकार-वर्णनं

बर्न्यवाक्य के अरथ को प्रतिबिंबित जँहि होइ।
ताहि बखानत **ललित** हैं **भूषन** कबि सब कोइ।२५०।

गोसलखानहु में लख्यौ सिव सरजा को अंभ।
तऊ देत अबरंग निज ढहे धाम कित खंभ।२५१।

अथ उल्लासालंकार-वर्णनं

औरै के गुन-दोष तें औरै के गुन-दोष।
बरनत हैं **उल्लास** सो सकल सुकबि धरि तोष।२५२।

गुणेन गुणो

ब्रह्म के आनन तें निकसे तें अत्यंत पुनीत तिहूँ पुर मानी।
राम जुधिठ्ठिर के बरने बलमीकिहु ब्यास के संग सुहानी।
बिक्रम भोजहु के गुन गाय कै **भूषन** पावनता जग जानी।
पुन्य पवित्र सिवा सरजै बरम्हाय पवित्र भई बर बानी।२५३।

गुणेन दोषो

काल मही सिवराज बली हिंदुआन बढ़ाइबे कौं उर ऊटै।
भूषन भू निरम्लेच्छ करी वहै म्लेच्छन मारिबे कौं रन जूटै।
हिंदु बचाए इही अमरेस चंदावत लौं कोउ टूटै सु टूटै।
चंद अलोक तिलोक सुखी यह कोक-अभाग जो सोग न छूटै।२५४।

दोषेन गुणो

देस दहपट कीने लूटिकै बखानै कोऊ बचे न गढ़ोई काहू गढ़-सिरताज के।
तोरादार सकल तिहारे सनसबदार डाँडे जिनके सुभाउ जगदेव जाज के।

२५२—औरै–एकहि (मिश्र)। धरि०–करि तोष (बंग); मांतपोस (अन्यत्र)। २५३—संग–अंग (मिश्र)। बिक्रम०–भूषन यों कलि के कबिराजन राजन के गुन गाय नसानी। पवित्र=चरित। बरम्हाथ–सर न्हाय। बर–पुनि (वही)। २५४—काल–काज (मिश्र)। वहै–चहैं। बचाए०–अचाय। कोउ०–कोउ टूटै। तिलोक–तें लोक। अभाग०–अभागे को (वहीं)।

[२५१] अंभ=पानी, तेज। ढहे=गिरने गिरने हो गए। घरों में खंभा लगा रहा है, चाँड़ से रोक रहा है। [२५३] आनन=मुख। पुनीत=पवित्र। तिहूँ०=त्रिलोक। सुहानी=सुशोभित हुई। पावनता=पवित्रता। बरम्हाइ=आशीर्वाद देकर। [२५४] हिंदुआन=हिंदू-समाज। ऊटै=उमंग में आता है। निरम्लेच्छ=मुसलमानहीन। जूटै=भिड़ता है। अलोक=आलोक (चाँदनी)। कोक=चक्रवाक।

भूषन भनत पातसाहन त्यों बंधुजन बोलत बचन यौं सलाह की इलाज के।
डावरे की बुधि ह्वैकै बावरे न कीजै बैरि रावरे के बैरु होत काज सिवराज के ।२५५।

दोषेन दोषो

दौलत दिल्ली की पाइ कहाइ आलमगीर बब्बरु अकब्बर के बिरुद बिसारे वैं
भूषन भनत लरि लरि सरजा सों जग निपट अभंग गढ़कोट सब हारे तैं।
सुधरयौ न एकौ काज भेजि भेजि बेही काज बड़े बड़े बेइलाज उमराउ मारे तैं।
प[illegible] कहे मेल कर सिवाजी सों बैर करि गैर करि नैर निज नाहक उजारे तैं।२५६।

अथ अवज्ञालंकार-वर्णनं

औरै के गुन-दोष तें औरै के गुन-दोष।
जहाँ **अवज्ञा** ताहि सों कहत सुकबि मतितोष।२५७।

औरन के अनबाढ़ें कहा अरु बाढ़ें कहा नहिं होत चहा है।
औरन के अनरीझें कहा अरु रीझें कहा न मिटावत हा है।
भूषन श्रीसिवराजही माँगियै एक मही पर दानि महा है।
माँगन औरन के दरबार गयौ तौ कहा न गयौ तौ कहा है।२५८।

अथ अनुज्ञालंकार-वर्णनं

जहाँ सरस गुन देखिकै करै दोष की हौस।
ताहि **अनुज्ञा** होत है **भूषन** कबि इहि रौस।२५९।

जाहिर जहान सुनि सुनि दान के बखान महादानी साहितनै गरिबनिबाज के।
भूषन जवाहिर जलूस जरबाफ जाल, देखि देखि सरजा की सुकबि-समाज के।

२५५—बखानै०—खजाने लीने (मिश्र)। तोरा०—तोरि डारे। जगदेव०—जय्यद मिजाज। पातसाहन०—वादशाह को यों सब लोग बचन सिखावत (वही)। २५६—वेही-बैर (बंग)। २५७—औरै०—होत न जहँ (मिश्र)। जहिं०—तहाँ अवज्ञा होत है भनि भूषन मतिपोस (वही)। २५८—मही०—दुनी बिच (मिश्र)

[२५५] दहबट=चौपट कर दिया। गढ़ोई=गढ़पति, किलेदार। गढ़०=गढ़श्रेष्ठ, उत्तम किला। तोरादार=बंदूकधारी (अस्त्रशस्त्र से मुसज्ज)। मनसबदार=पदाधिकारी। डाँड़े=दंडित किया। सुभाउ=प्रकृति। जयदेव=पराक्रमी राजा जगद्देव। जाज=याज, एक ऋषि। डावरा=बच्चा। [२५६] आलमगीर=संसार को लेनेवाले, औरंगजेब। बब्बर=बाबर। बिरुद=ख्याति, नेकनामी। निपट=सरासर, एकदम। अभंग=दृढ़। काज=कार्य। बेही काज=बिना मतलब। बेइलाज=विवश होकर। गैर=अनुचित बरताव, अंधेर। नैर=नगर। नाहक=व्यर्थ। [२५८] अनबाढ़ें=उन्नत न होने से। कहा=वथा। चहा=चाहा हुआ, मनोवांछित। अनरीझें=प्रसन्न न होने से। हा=हाय, कष्ट। [२५९] सरस=बढ़िया। हौस=इच्छा। रौस=चाल-ढाल।

तप करि करि कमलासन सों माँगत यौं लोग सब करि मनोरथ ऐसी साज के।
बैपारी जहाज के न राजा भारी राजके न हूजैं जू भिखारी महाराज सिवराजके।२६०।

अथ लेशालंकार-वर्णनं

जहँ बरनत गुन दोष कै जहाँ दोष गुन-रूप।
भूषन तासों लेस कहि गावत हैं कबिभूप।२६१।

उदैभानु राठवर गो धीरजु गढ़ धरि ऐंड।
परगट फल ताको लह्यौ मरि गह्यौ सुरपुर-पैंड।२६२।

कौन बच्यौ नर सामुहे सरजा सों रन साजि।
भली जु कीनी पीउ जौ लै जिउ आए भाजि।२६३।

अथ तद्गुणलंकार-वर्णनं

जहाँ आपुनो रंग तजि गहै और को रंग।
तासों **तद्गुन** कहत हैं भूषन बुद्धि-उतंग।२६४।

पंपा मानसर आदि अगन तलाउ लागे जिनकी पारिन में अकथ जूथ गथ के।
भूषन यौं साज्यौ रायगढ़ सिवराज हेत देव चकि चाहि कै बनाइ राजपथ के।
बिन अवलंब किलकान आसमान में है लेत बिसराम जहाँ इंदु औरउ थके।
महल उतंग मनि जोतिन के संग आनि कैयौ रंग गहत तुरंग रबि-रथ के।२६५।

२६०—देखि०-देखि सिव (बंग, गोविंद)। राज०-राज के भिखारी हमैं कीजै। (मिश्र)। २६१—जहाँ-कहै (मिश्र)। है०-सुकबि अनूप (वही)। २६२—गो-जो (बंग); बर (मिश्र)। मरि०—परि गो (वही)। २६३—कौन०-कोऊ बचत न (मिश्र)। जु०—करी पिय समर तें (वही)। लै०—जीव बचायो (बंग)। २६५—जिनकी०-जाहि के परन (मिश्र)। जूथ-युत। हेत-रहे। लेत-होत। औरउ०—औ उदय के (वही); औ उड़ थके (बंग)। महल-महत (मिश्र)। गहत०—चकहा गहत (वही)।

[२६०] जाहिर=प्रकट, विख्यात। गरिबनेवाज=दीनदयालु। जलूस=तड़क-भड़क। जरबाफ=जरदोज (सोने का काम किया हुआ रेशमी कपड़ा)। जाल=समूह। सरजा०=शिवाजी के राजकवियों के। कमलासन=ब्रह्मा। बैपारी=व्यापारी। [२६२] ऐंड=आत्माभिमान। सुरपुर=स्वर्ग। पैंड=मार्ग। [२६३] सामुहे=संमुख। रन०=युद्ध करके। पीउ=प्रिय, पति। [२६५] पंपा=दक्षिण का रामायण-प्रसिद्ध पंपासर। मानसर=मानसरोवर। अगन=असंख्य। तलाउ=सरोवर। पारिन में=इस ओर उस ओर, पाखों में। अकथ=जो कहे न जा सकें। जूथ गथ=अनेक गाथायुक्त। पंपा...के=रायगढ़ के पाखों में पंपासर और मानसरोवर अवर्णनीय कथामय अनेक सरोवर लगे हैं (एक ओर दक्षिण में पंपासर तक दूसरी ओर उत्तर में मानसरोवर तक इसका विस्तार है)। चकि=चकित होकर। चाहि=देखकर। राजपथ=राजमार्ग,आम सड़क। देव०=देवगण राजमार्ग बना देखकर चकित हो गए (क्योंकि रायगढ़ इतना ऊँचा था कि स्वर्ग में रहनेवाले देवता उसे राजपथ की भाँति बरतने लगे)। अवलंब=सहारा। किलकान=

अथ पूर्वरूपालंकार-वर्णनं

प्रथम रूप मिटि जात जँहि फिर वैसोई होइ।
भूषन पूरबरूप सो कहत सयाने लोइ।२६६।

श्रीसरजा सलहेर के जुद्ध घने उमरावन के घर घाले।
कुंभ चँदाउत सैद पठान कबंधनि ठावत भूधर हाले।
भूषन यौं सिवराज की हाक भए पहिले पियरे रँगवाले।
लोह कटे लपटे अति लोहु भए मुँह मीरन के पुनि लाले।२६७।

पुनि

यौं कबि **भूषन** भाषत है इक तौ पहिलें कलिकाल की सैली।
तापर हिंदुन की सब राह सु औरँगशाह करी अति मैली।
साहितनै सिव के डर सों तुरकौ गही बारिधि की दिसि पैली।
बेद-पुरानन की चरचा अरचा दुज-देवन की फिरि फैली।२६८।

अथ पूर्वावस्थालंकार-वर्णनं

बिकृत बस्तु में आनि पुनि होत जहीं अनुबृत्ति।
तासों **पूरबअवसथा भूषन** कहत सुबृत्ति।२६९।

यौं सिर कौं छहरावत छार हैं जातें उठैं असमान बघूरे।
भूषन भूधरऊ धरकैं जिनके धुकि धक्कनि यौं बलहूरे।
तैं सरजा सिवराज दिये कबिराजनि कौं गजराज गरूरे।
मुंडनि सों पहिले जिन सोखिकै फेरि महामद सों नद पूरे।२७०।

२६७—ठावत–धावत (मिश्र)। हाक–धाक। पहिले०–पियरे अरुने (वही)। लाले–काले (बंग)। २६८—दिसि–गति (मिश्र)। २७०—बल०–बलरूरे (मिश्र)। (कलक = रंज) हैरानी, दिक्कत। लेत = ठहर जाते हैं। इंदु = चंद्र। औरउ = अन्य ग्रह-नक्षत्र। आकाश में बिना सहारे के कारण होनेवाली हैरानी से चंद्र और अन्य ग्रह-नक्षत्र थककर (रायगढ़ के से राजमार्ग में) विश्राम ले लेते है। उत्तंग = ऊँचे। जोति = प्रकाश। संग० = के साथ में आकर (उनके मेल में पड़कर)। कैयौ = कई। महल० = (रायगढ़ के महलों के ऊर्ध्वभाग में लगी हुई अनेक रंग की) मणियों के प्रकाश के मेल में आकर सूर्य-रथ के घोड़े कई रंग के हो जाते है (उन मणियों की चमक घोड़ों पर पड़ती है और वे रंग-बिरंगे हो जाते हैं)। [२६७] घाले = बिगाड़े, नष्ट कर दिए। कबंध = सिररहित धड़। कभी-कभी युद्ध में सिर कट जाने पर भी वीरों का धड़ लड़ता है, इसे कबंध उठना कहते हैं। ठावत = युद्ध के लिए जमकने से। हाले = हिल गए। हाक = हुंकार। पियरे = पीले। लोह=तलवार। कटे=कटने पर। लोहु=खून। लाले=लाल। [२६८] सैली=शैली, ढंग। कलिकाल०=अधर्म का फैलना। पैली = (परले पार) उस पार। चरचा = वार्ता। अरचा = पूजा। [२६९] बिकृत = विकारयुत, परिवर्तित। अनुबृत्ति=पुनः प्रकृतिस्थ हो जाना। सुबृत्ति = सद्‌वृत्त, सज्जन। [२७०] छहराना = डालना, फेंकना। छार = धूल। बघूर = बवंडर। भूधर=पहाड़। धरकैं = डोल जाते हैं। धुकि०=निकट से किए गए धक्कों से। बल० =

अथ अतद्गुणालंकार-वर्णनं

जहिं संगति में और को गुन नाहीं गहि लेत।
ताहि **अतद्गुन** कहत हैं, **भूषन** सुकबि सुचेत।२७१।

दीनदयाल दुनी-प्रतिपालक जे करता निरम्लेच्छ मही के।
भूषन भूधर उद्धरिबो सुने और जिते गुन केसवजी के।
या कलि में अवतार लियौ तऊ तेइ सुभाय सिवाजीं बली के।
आइ धरयो हरि तें नररूप पै काज करै सिगरे हरि ही के।२७२।

पुनि

सिवाजी खुमान तेरो खग्गु बढ़े मान बढ़े मानस लौं रूप बदलत उच्छाह तें।
भूषन भनत क्यौं न जाहिर जहान होत प्यार पाइ तो से हिंदुपति नरनाह तें।
परताप फेल्यौ रहै सुजस लपेट्यौ रहै बरन पखारे नरपानिप अथाह तें।
रनरंग रिपुन के रकत के रंग रहै रातोदिन रातो पै न रातो होत स्याह तें।२७३।

सिव सरजा की जगत में राजति कीरति नौल।
अरितियहगपानिप हरै तऊ धौल की धौल।२७४।

अथ अनुगुणालंकार-वर्णनं

जहाँ और के संग तें बढ़ै आपनो रंग।
तासों **अनुगुन** कहत हैं **भूषन** बुद्धि-उतंग।२७५।

साहिनंद सरजा सिवा के सनमुख आइ कोऊ बचि जाइ न गनीम अतिबलमैं।
भूषन भनत भ्वैसिला की दलदौर सुनि धाक ही मरत म्लेच्छ औरंग के दल मैं।
रात्यौदिन रोवत रहत जवनी हैं सोगु परचौई रहत दिल्ली आगरे सकल मैं।
कज्जलकलित अँसुवानके उमंग संग दूनो होत रंग रोज जमुना के जल मैं।२७६।

२७१—नाही०-कछूक नहि (मिश्र)। २७२—केसव०-कै सिव (व्यास)। ते सिव (मिश्र)। २७३—लौं०-लौं बदलत कुरूप (मिश्र)। हिंदु०-ही दिपत। बरन०-बरतन खरो। रन-रंग (वही)। २७४—पानिप-अंजन (मिश्र)। २७६—नंद-तनै (मिश्र)। अति-भुज। दान-दिल (वही)।

बलशाली। गरूरे=मदमस्त। सुंड=सूँड़। मद=मस्त हाथियों की कनपटी से बहनेवाला द्रव पदार्थ। नद=बड़ो नदी। पूरे=भर दिए। [२७२] दुनी=पृथ्वी। करता=करनेवाले। भूधर=पहाड़। उद्धरिबो=पहाड़ का उद्धार; गोवर्धन का उठाना (शिवाजी ने भी पर्वतों का उद्धार किया है)। केशव=श्रीकृष्ण। [२७३] खग्गु=तलवार। मान=संमान। मानस०=मन के समान। उच्छाह=उत्साह, आनंद। सिवाजी०=आपकी तलवार और उसका संमान बढ़े, वह बढ़े हुए मन की भाँति उत्साह से बदलती रहती है। पानिप=कांति। रकत=रक्त, खून। रातो=लीन। रातो=लाल। स्याह=काला। [२७४] नौल=नवल, नई। तिय=स्त्री। धौल=धवल, उज्ज्वल। अरि०=शत्रुस्त्रियों के नेत्रों से पानी (अंजनमिश्रित आँसू) प्रवाहित कराती है। [२७६] गनीम=शत्रु। बलमैं=बली। दलदौर=सेना की दौड़। धाक०=आतंक से ही मर जाते हैं। जवनी=यवनों (मुसलमानों) की स्त्रियाँ। सोगु०=शोक

अथ मीलितालंकार-वर्णनं

सदृस बस्तु में मिलि जहाँ होत न नेक लखाइ।
मीलित तासों कहत हैं **भूषन** जे कबिराइ।२७७।

इंद्र निज हेरत फिरत गजइंद्र अरु इंद्र को अनुज हेरै दुगधनदीस कों।
भूषन भनत सुरसरिता कों हंस हेरैं बिधि हेरैं हंस कों चकोर रजनीस कों।
साहितनै सरजा यौं करनी करी है तैं वै होतु है अचंभो देव कोटियौ तैंतीस कों।
पावत न हेरैं तेरे जसमें हिराने निज गिरि कों गिरीस हेरैं गिरिजा गिरीस कों
[।२७८।

अथ उन्मीलितालंकार-वर्णनं

सदृस बस्तु में मिलत पुनि जानत कौनहु हेत।
उनमीलित तासों कहैं **भूषन** सुकबि सुचेत।२७९।
सिव सरजा तो सुजस में मिले धौल छबितूल।
बोल बास तें जानियतु हंस चमेली फूल।२८०।

अथ सामान्यालंकार-वर्णनं

भिन्न रूप अरु सदृस में भेद न जान्यौ जाइ।
ताहि कहत **सामान्य** हैं **भूषन** कबिसमुदाइ।२८१।

पावस की इक राति पै लीनि महाबली सिंघ सिवा तमके तें।
म्लेच्छ हजारन ही मरि गे दस ही मरहट्टन के जमके तें।
भूषन हालि उठी गढ़भूमि पठानकबंधन के धमके तें।
मीरन के अवसान गए मिलि धोपनि सों चपला चमके तें।२८२।

अथ विशेषकालंकार-वर्णनं

भिन्न रूप जहिं सदृस में लहियै कछुक बिसेष।
ताहि **बिसेषक** कहत हैं **भूषन** सुमति उलेख।२८३।

अहमदनगर के थान किरवान लैकैं नवसेरीखान सों खुमान भिरयौ बल तें।
प्यादन सों प्यादे पखरैतन पखरैत जुरे बकतरवारे बकतरवारे हलतें।

२७७—होत-भेद (मिश्र)। २७८—तैं जु-तै ने (बंग, मिश्र)। २८२—मै०-भली सु (मिश्र); भली नि (बंग)। मरि-कटि (मिश्र)। जमके-झमके (वही)। मिलि-मिटि (अन्यत्र)।

पड़ा ही रहता है (दुखी रहते हैं)। सकल=सब। कलित=युक्त। उमंग=प्रवाह। [२७८] हेरत=ढूँढ़ता है। गजइंद्र=ऐरावत। इंद्र०=उपेंद्र, विष्णु। दुगध०=क्षीर-सागर। सुर०=गंगा। रजनीस=चंद्रमा। देव०=तैंतीस करोड़ देवताओं को। हिराने=खो गए। निज० = अपना पर्वत कैलास। गिरीस=महादेव। [२८०] धौल=उज्ज्वल। छबितूल=समान छबिवाले। बास=गंध। [२८२] तमकना=क्रुद्ध होना। जमकना=डटना। कबंध=धड़। धमकना=जोर से कूदना। अवसान=सुधबुध, चेत। धोप=धर्वा, तलवार। [२८४] किरवान=कृपाण, तलवार। भिरयौ=लड़ा। बल

भूषन भनत एते मान घमसान भयौ जान्यौ न परत कौन आयौ कौन दल तें।
ममबेष ताके तहाँ सरजा सिवा के बाँके बीर जाने हाँके देत मीर जाने चलतें।२८४।

अथ गूढ़ोत्तरालंकार-वर्णनं

अभिप्राय लीने जहाँ उत्तर कछु है देत।
गूढ़ोत्तर तासों कहत **भूषन** कबि करि नेत।२८५।

सूबा ह्वै आनि बहादुर खाँ लगे लोगन बूझत ब्यौंत बखानौ।
कौनें लगे थल दुग्गा लगे किहि चारु बिचारु हियें यह आनौ।
भूषन बोलि उठे सिगरे हुत्यौ पूना में सायस्त खान को थानौ।
जाहिर है जग में जसवंत लयौ गढ़सिंघ में गीदर बानौ।२८६।

पुनि

रेवा तें इत देत नहिं पथिक मलेच्छनिवास।
कहत लोग इन पुरन में है सरजा को त्रास।२८७।

अथ चित्रोत्तरालंकार-वर्णनं

बूझे तें जंहि देत है उत्तर चित्र कछूक।
उत्तर तासों चित्र कहि **भूषन** कहत अचूक।२८८।

कौन करै बस बसुहि कौन यहि लोक बड़ो अति।
को साहस को सिंधु कौन रज-लाज धरे मति।
को चकवा को सुखद बसै को सकल सुमन महि।
अट्ठ सिद्धि नव निद्धि देत माँगें को सो कहि।
जग बूझत उत्तर देत इमि कबि **भूषन** कबिकुलसचिव।
'दच्छिन नरेस सरजा सुभट साहिनंद मकरंद सिव'।२८९।

२८४—पखरैतन०=पखरैतन सों पखरैतन (मिश्र)। एते०—यों समान (बंग)।
२८९—बसुहि—बस्तु (मिश्र)।

तें=बलपूर्वक। प्यादा = पैदल सिपाही। पाखर =(सं० प्रक्षर) वह लोहे की झूल जो घोड़ों वा हाथियों पर रखी जाती है। पखरैत = वह घोड़ा वा हाथी जिसपर लोहे की पाखर पड़ी हो। बकतर =(अ० बकतर) जिरह वा कवच। बकतरवारे = कवच धारण किए हुए सिपाही। हलतें=घुस जाने से। एते मान = इतना अधिक। घमसान = गहरी लड़ाई। ताके = दिखाई पड़े। बाँके = श्रेष्ठ। हाँके देना = हुंकारना, गरजना। [२८५] नेत = विचार। [२८६] सूबा=सूबेदार। ब्यौंत = उपाय। बानो = वेश। [२८९] बसुहि = वसु, धन। रज=रजपूती। चकवा=चक्रवर्ती राजा। सुमन = पुष्प। दच्छिन = चतुर; दक्षिण दिशा। कौन० = धन को कौन वश में करता है (= दक्षिण)। यहि० = इस लोक में बड़ा कौन हैं (=नरेश=राजा)। साहस०=साहस का समुद्र कौन है (= सरजा = सिंह)। कौन०=रजपूती की प्रतिष्ठा को कौन देखता है (= सुभट = वीर)। चकवा०=चक्रवर्ती को सुखदायक कौन है (= साहिनंद= राजपुत्र)। बसै० = सब पुष्पों में कौन बसता है (= मकरंद = पुष्परस)। अट्ठ०= अष्टसिद्धि नवनिधि माँगने पर कौन देता हैं (= शिव)। दच्छिन० = ये सब संपुटित होकर शिवाजी के विशेषण हो जाते हैं।

पुनि

अब को है भूषन जगत बरदाता सिव-रूप।
अब को है **भूषन** जगत बरदाता सिव-रूप।२९०।

अथ सूक्ष्मालंकार-वर्णनं

पर के मन की जानि गति अभिप्राय लियेँ काज।
करत ततच्छिन कहत हैं **सूच्छम** सो कबिराज।२९१।

आनि मिल्यौ अरि यौं गह्यौ चखनि चकत्ता चाउ।
साहितनै सरजा सिवा दियौ मुच्छ पर ताउ।२९२।

अथ पिहितालंकार-वर्णनं

दीजै जहाँ जनाय कछु काज और के काज।
पिहित ताहि बरनन करत **भूषन** सुकबि समाज।२९३।

सूरन सों रन चौपर खेलि खुमान को खग्गु जयौ जयपासौ।
भूषन जीनि लई सब दच्छिन म्लेच्छनि को धरमौ घनु नासौ।
जात मुहीम तें जे उमराउ करै तिन सों अवरंग तमासौ।
कूबरि सेली धरी जु इनाम करै तसबी कफनी अरु कासौ।२९४।

अथ व्याजोक्ति-अलंकार-वर्णनं

आन हेतु सों आपुनो जहाँ छिपावत रूप।
व्याजउक्ति तासों कहैं **भूषन** सब कबिभूप।२९५।

साहन के उमराउ जितेक सिवा सरजा सब लूटि लए हैं।
भूषन ते बिनु दौलति ह्वैकै फकीर ह्वै देसबिदेस गए हैं।
ईजति राखिबे कौं अपनी इमि स्यानपने करि त्यौर ठए हैं।
भेटत ही सब ही सों कहैं हम या दुनियाँ तें उदास भए हैं।२९६।

२९५—सब०-सुकबि अनूप (मिश्र)। २९६—ईजति०-लोग कहै इमि दच्छिन जेय सिसौदिया रावरे हाल (मिश्र)। भेटत०-देत रिसाय कै उत्तर यों। या-ही (वही)।

[२९०] अब० = संसार में भूषण कौन है, वरदाता और शिवरूप कौन है। अब० = इस समय का संसारभूषण वरदायक शिवा है। [२९१] ततच्छिन = तत्क्षण। [२९२] चख=नेत्र। चकत्ता = औरंगजेब। औरंगजेब ने समझा कि शिवाजी मुझसे आ मिला। वह प्रसन्न हुआ। पर शिवाजी तो उससे ऐंठकर मूँछों पर ताव देने लगे। [२९४] जयौ = जीता। जय०=विजय का पासा। मुहीम=चढ़ाई। कूबरि = कुबड़ी। सेली = गंडा। तसबी = माला। कफनी = अँगौछी। कासौ = खप्पर। लड़ाई से लौट आनेवालों के सामने फकीरों की सामग्री भेंटरूप रख देता है। संकेत यह कि वीरता का बाना तुम्हारे लिए ठीक नहीं, फकीर होने योग्य हो। [२९६] जितेक = जितने। त्यौर=ढंग। उदास = विरक्त।

अथ युक्ति-अलंकार-वर्णनं

और काज करिकै जहाँ मरम राखियत गोय।
भूषन ताहि बखानहीं युक्ति सयाने लोय।२९७।

पूनामध्य गगन महल राति ह्वै मगन रागरंग में नवाब सुख पावने लगे।
लाख असबारन कों निदरि सिवा के लोक चौकिन कों चाँपि जाइ धाम धावने लगे।
भूषन भनत तहाँ फिलत्ते कों मारि करि अमीरन पर मरहट्ठ आवने लगे।
सायस्तखाँ जान राखिबेकों निज प्रान तब गुनिन समान बैठि तान गावने लगे २९८

अथ लोकोक्ति तथा छेकोक्ति-वर्णनं

कहनावति जो लोक की लोकउक्ति सो जानि।
जहाँ कहत उपखान ह्वै छेकउक्ति सो मानि।२९९।

लोकोक्ति

सिव सरजा की सुधि करौ भली न कीनी पीउ।
सूबा ह्वै दच्छिन चले धरे जात कित जीउ।३००।

छेकोक्ति

औरँग जौ चढ़ि दक्खिन आवै तौ वोऊ सिधारै यों ह्वै बिनु कप्पर।
दीनौ मुहीम को भार बहादुर छावो गहै क्यौं गयंद को टप्पर।
सायस्त खाँ से गए हटि हारि जे साहिब सात पिढ़ी के भुवप्पर।
ये अब सूबा ह्वै आवैं सिवा पर कालि को जोगी कलींदे को खप्पर।३०१।

अथ वक्रोक्ति-अलंकार-वर्णनं

जहाँ स्लेष कै काकु सों अर्थ लगावै और।
बक्रोक्ती तासों कहत भूषन कबिसिरमौर।३०२।

२९९—उपखान०—उपमान है (मिश्र)। सो—तेहि (वही)। ३०१—वोऊ०—ह्याँ तें सिधावै सोऊ (मिश्र)। छावो०—छागो सहै क्यों गयंद को झप्पर। से०—सँग वै। सात०—सातएँ ठीक (वही); सातएँ हाँ के (बंग)। कालि—काल्हि (मिश्र)।

[२९८] फिलत्ते=संतरी को मारकर। गुनिन० =कलावंत की भाँति। तान= जैसे पक्का गाना गानेवाला 'आ आ' देर तक तान लेता है वैसे ही ये भी बचाव के हेतु 'आ आ' करने लगे। [३००] पीउ=प्रिय, प्यारे। सूबा=सूबेदार। धरे०=प्राण कहाँ रखे जाते हो? (दच्छिण के सूबेदारों को शिवाजी मार डालता है, क्या तुम्हारे प्राण बच जायँगे?)। [३०१] सिधारै=लौटे। कप्पर=कपड़ा। मुहीम=युद्ध, चढ़ाई। बहादुर= बहादुर खाँ को। छावा=छोटा हाथी। गयंद=भारी हाथी। टप्पर=सामग्री का साज, यहाँ बोझ, भार। हटि०=हारकर भागे। साहिब०=जो सात पुश्त से शासक रहे हैं। सूबा=सूबेदार। कालि०=कल ही योगी हुए और तरबूज का खप्पर लेकर भीख माँगने निकले (योग तो सधेगा नहीं, योग का स्वाँग भले हो। पुराने योगी के पास खप्पर भी कपाल का होता है)।

साहितनें तेरे बैर बैरिन कों कौतिग सो बूझत किरात कहौ काहे रहे तचि हौ।
सरजा के डर हम आए इत भाजि तौब सिंघ सों डराइ याहू ठौर तें उकचिहौ।
भूषन भनत वै कहैं कि हम सिव कहैं तुम चतुराई सों करत बात रचि हौ।
सिव जो पै सत्रु तौ निपट कठिनाई तुम बैर त्रिपुरारि के तिलोक में न बचिहौ।३०३

काकु वक्रोक्ति

सायस्त खाँ दच्छिन कों प्रथम पठायौ वह बेटा के समेत हाथ जाइ कै गँवायौ है।
भूषन भनत जो जो भेज्यौ उत औरौ तिन बेही काज बरजोर कटक कटायौ है।
जोई सूबेदार जात सिवाजी सों हारि ताकों अवरंग कहै याकों कीबे मनभायौ है।
मुलक लुटायौ तौ लुटायौ कहा भयौ डील आपनो बचायौ महा काज करि आयौ
[है।३०४।

अथ स्वभावोक्ति-अलंकार-वर्णनं

साँचो त्यौं ही बरनिये जैसो जाति-सुभाव।
ताहि **स्वभावोक्ती** कहत **भूषन** जे कबिराव।३०५।

उमड़ि कुड़ाल मैं खवासखान आए ह्याँ तें सिवराज धाए जे **भूषन** पूरे मन के।
सुनि मरदाने बाजे हय हिहनाने, घोर मूछैं तरराने मुख बीर धीर जन के।
एकै कहैं मारु मारु सम्हारु सम्हारु एकै म्लेच्छ गिरे मार बीच बेसुमार तन के।
कुंडन के ऊपर कराके उठैं ठौर ठौर जिरह के ऊपर खराके खरगन के।३०६।

पुनि

आगें आगें तरुन तरायले चलत चले तिनके अमोद मंदमंद मोद सकसै।
ऐंडदार बड़े गड़ेदारन के हाके सुनि अड़े ठौर ठौर महा रोस रस अकसै।
तुंडनाय सुनि गरजत गुंजरत भौंर **भूषन** भनत तेऊ महामद छकसै।
कीरति के काज महाराज सिवराज सब ऐसे गजराज कबिराजन कौं बकसै।३०७।

३०३—किरात–फिरत (मिश्र)। तौब–तब। सों०–सोइ एहि याही (बंग)। सत्रु–रूठै (मिश्र)। ३०४—गँवायौ–गहायौ (व्यास)। याकौं०–साहि इमि कहै (मिश्र)। डील–तन। कहा–महा (वही)। ३०६—ह्याँ तें०–भनि भूषन त्यों धाए सिवराज पूरे (मिश्र)। सम्हारु०—सम्हारि समर। बे०–बेसम्हार। जिरह–जीरन (वही) ३०७—ठौर०–गैर गैर माहिं (अन्यत्र)।

[३०३] कौतिग=तमाशा। किरात=वन के वासी। तचना=तपना (संतप्त होना)। सरजा=सरजाह (शिवाजी); सिंह। उकचना=स्थान त्याग करना। सिव=शिवाजी; महादेव। त्रिपुरारि=महादेव। [३०४] पठायौ=भेजा। औरौ=और भी। बेही०=व्यर्थ ही। बरजोर=प्रबल। कटक=सेना। कटायौ०=कटवा डाला है (मरवा डाला है)। मनभायौ=चितचाहा। [३०६] पूरे०=पूरी उमंग के साथ। मरदाने०=वीरतापूर्ण बाजे। मूछैं तरराने=मूछें खड़ी किए हुए। एकै=कोई। मारु=लड़ाई। बेसुमार०=शरीर भारी भरकम था। कुंडन=लोहे का टोप। कराके=जोर की आवाजें। जिरह=कवच। खराका=तलवार बजने की आवाज। खरग=खड्ग, तलवार। [३०७] तरुन=तरुण, युवा। तरायले=त्वरा से, शीघ्रता से। अमोद=आमोद, सुगंध। मंदमंद=धीरे-धीरे। मोद=

अथ भाविकालंकार-वर्णनं

भयौ होनहारो अरथ बरनत जहँ परतच्छ।
ताको **भाविक** कहत हैं **भूषन** कबि मतिअच्छ।३०८।

अजौं भूतनाथ मुंडहार लेत हरषत भूतन अहार लेत अजहूँ उछाह है।
भूषन भनत अजौं काटे करवारन के कारे कुंजरनि करी कठिन कराह है।
सिंघ सिवराज सलहेर के समीप ऐसो कीन्हौ कतलान दिल्ली दल को सिपाह है।
नदी रनमंडल रुहेलरुहिरम अजौं भेदत मलेच्छ रबिमंडल की राह है।३०९।

भेद

गजघटा उमड़ै महा घनघटा सी घोर भूतल सकल मदजल सों पटतु है।
बेला छाँडि उछलत साती नीरनिधि मन मुदित महेस नहीं नाचत लटतु है।
भूषन बढ़त भ्वैसिला भुवाल को यौं तेज जेतो सब बारहौ तरनि में बटतु है।
सिवाजी खुमान दल दौरत जहान पर आनि तुरकान पर प्रलै प्रगटतु है।३१०।

अथ भाविकछवि-अलंकार-वर्णनं

जहँ दूरस्थित बस्तु को देखत बरनत कोइ।
भूषन भूषनराज यौ **भाविकछबि** है सोइ।३११।

सूबन साजि पठावत है निज फौज लखे मरहट्टन केरी।
औरँग आपुनी दुग्गजमात बिलोकत तेरिह दौरि ददेरी।
साहितनै सिव साहि भई भनि **भूषन** यौ तुव धाक घनेरी।
रातिहुँ द्यौस दिलीस्वर के तुव सैन की सूरति सूरतिघेरी।३१२।

३०९—हार-माल (मिश्र)। रुहिरन-औ हीरन (गोविंद)। भेदत०—अजौं रबिमंडल रुहेलन (मिश्र)। ३१०—सातौ-बारि (बंग)। नीर०-सिंधुबारि (मिश्र)। नहीं०-मग नाचत कढ़त (वही); मौज नाचत लहत (बंग)। बटतु-बढ़तु (मिश्र)। ३१२—दौरि-फौज (मिश्र)। दिली०-दिलीस तकै तुव सैनिक (वही)।

आह्लाद। सकसै=फैलता है। ऐंडदार=ऐंठवाले। गड़ेदार=साँटेमार। हाके=हाँका, ललकार। ठौर=स्थान। रोस०=क्रोध और ईर्ष्या से (मार्ग में अड़ जाते हैं)। तुडनाय=तुंडनाद, सूँड़ से निकला हुआ शब्द। छकसै=छके हुए (मतवाले)' वकसै=देता है। [३०९] भूतनाथ=भूतों के स्वामी, शिव। अहार=भोजन। कारे=काले। कुंजर=हाथी। कराह=दुःख से तड़फड़ाना। कतलान=गहरी मार। सिपाह=सेना। रुहेला=रुहेलखंड के रहनेवाले। रबिमंडल=युद्ध में मरे वीर सूर्य-मंडल बेधकर स्वर्ग जाते हैं। [३१०] गजघटा=हाथियों का समूह। घनघटा=बादलों का घिराव। पटतु हैं=भर जाता है। बेला=समुद्र का किनारा। बेला०=सीमा छोड़कर, मर्यादा त्यागकर। नहीं०=नाचने से विरत नहीं होते। तरनि=तरणि, सूर्य। बारहौ०=बारहो सूर्य जो प्रलय में उदित होते हैं। बटतु०=वितरित होता हैं। दौरना=चढ़ाई करना। [३१२] सूबा=सूबेदार। केरी=की। बिलोकत०=तेरी सेना से दरेरी हुई (नष्ट की गई) देखता है। द्यौस=दिवस, दिन। सैन०=सेना की शक्ल। सूरति=सूरत शहर।

अथ उदात्तालंकार-वर्णनं

अति संपति बरनत जहाँ तासों कहत **उदात**।
कै आन सों लखाइयै बड़ी आन की बात ।३१३।

द्वारनि मतंग दीसैं आँगन तुरंग हीसैं बंदीजन चारन असीसैं जसरत हैं।
भूषन बखाने जरबाफ के सम्याने ताने झालरनि मोतिन के झुंड झलरत हैं।
महाराज सिवराज के निवाजे कविराज साजिकै समाज तिहि ठौर बिहरत हैं।
लाल करैं प्रात जहाँ नीलमनि राति जहाँ हीरा चीरा बंदन के चाँदनी करत हैं।

भेद [३१४।

जाहु मति आगें खता खाहु मति यारो गढ़नाह के डरन कहैं खान यौं बखानकै।
भूषन खुमान यहै सो है जिरफा से डील लाखनमें सायस्तखाँ डारचो बिन मान कै।
हिदुआन द्रोपदी की ईजति बचैबे बोलि बैराटनगर तें बाहिर गूढ़ ज्ञान कै।
वहै है सिवाजी जिहि भीम लौं अकेलें मारचौ अफजल कीचकसों कीच घमसानकै।

अथ अत्युक्ति-अलंकार-वर्णनं [३१५।

जहाँ सूरतादिकन की अति अधिकाई होइ।
ताहि कहत **अत्युक्ति** हैं **भूषन** सब कबिलोइ ।३१६।

साहितनै सिवराज ऐसे देत गजराज जिन्हैं पाय होत कबिराज बेफिकिरि हैं।
झूमत झुलमुलात झूलैं जरबाफन की जकरे जँजीरैं जोर करत जि किरि हैं।
भूषन भँवर भननात घननात घंट पगन सघन घनाघन रहे घिरि हैं।
जिबकी गराज सुनि दिग्गज बेआब होत मद ही के आब गरकाब होत गिरि हैं।

३१४—चारन–बारन (मिश्र)। जहाँ०–तहाँ नीलमनि करैं राति याही भाँति सरजा की चरचा (वही)। ३१५—मति–जनि (मिश्र)। जिरफा०–जेहि पूना माहिं। बोलि०–काज झपटि बिराटपुर बाहिर प्रमान। लौं–ह्वै। सों–को (वही)। ३१७—भूमत–भूलत (मिश्र)। पगन०–पग झननात मनो घन (वही)।

[३१४] मतंग=हाथी। दीसैं=दिखाई पड़ते हैं। तुरंग=घोड़ा। हीसैं=हिनहिनाते हैं। जसरत०=यशवर्णन में लगे है। जरबाफ=सोने का काम किया हुआ रेशमी कपड़ा। सम्याने=शामियाना, चँदोवा। ताने=खड़े हैं। झलरना=झूलना। निवाजे=अनुगृहीत। बिहरत है=विचरते हैं, मौज करते हैं। लाल=लालमणि। नीलमनि=नीलम। हीरा०=हीरे की कनी। बंदन=बंदनवार। [३१५] मति=नहीं। खता खाना=धोखा खाना। गढ़नाह=गढ़नाथ, शिवाजी। डार्यो०=बेइज्जत कर डाला। ईजति=इज्जत, मान। बोलि=कहकर। बचैबे०=बचाने के लिए। बैराट=महाराज विराट् का नगर। कीचक=विराट् का साला। कीच०=भारी लड़ाई लड़कर। [३१७] बेफिकिरि=निश्चित। भूमत=हिलते हैं। झुलमुलात=चमचमाती हैं। झूलैं=घोड़ों और हाथियों की पीठ पर उढ़ाया जानेवाला कीमती कपड़ा। जरबाफ=सोने का काम किया हुआ रेशमी कपड़ा। जकरे=बँधे हुए। जोर०=जोर मारते हैं, छुड़ाने के लिए बल लगाते हैं। जि=जो। किरि–किटकिटाकर जोर लगाना। भननात=गुंजारते हैं। घननात–घंटों का शब्द होता है। घनाघन–पैरों में पड़ी हुई जंजीरें। बेआब=कांतिहीन। गरकाब=(गर्कआब) पानी में डूबना।

अथ निरुक्ति-अलंकार-वर्णनं

नामन को निज बुद्धि सों कहियै अरथ बनाइ।
तासों कहत **निरुक्ति** हैं **भूषन** जे कबिराइ।३१८।

हरयौ रूप इन मदन को यातें भौ सिव नाम।
लियौ बिरुद सरजा सबल अरिगज दलि संग्राम।३१९।

अथ प्रतिषेधालंकार-वर्णनं

जहाँ प्रसिद्ध निषेध कहि औरौ कहत निषेध।
भूषन ग्रंथनि के मतैं ताहि कहत **प्रतिषेध**।३२०।

साजि चमू जिन जाहु सिवा पर सोवत जाइ न सिंघ जगावौ।
तासों न जंग जुरौ न भुजंग महाबिष के मुख में कर नावौ।
भूषन यौं कहैं बैरिबधू जिन एदिल औरँग लौं दुख पावौ।
वासों सलाह की राह तजो मति नाह दिवाल की राह न धावौ।३२१।

अथ विधि-अलंकार-वर्णनं

सिद्ध बस्तु ही को करत हैं जिहि ठौर बखान।
बिधि भूषन तासौं कहत बहु बिधि बुद्धिप्रमान।३२२।

सिवा की बड़ाई औ हमारी लघुताई क्यों कहत पातसाह गरें बूझिबे कौं गरजा।
सुनियै खुमान हरि तिनको गुमान तिन्हैं दीबे कौं जवाब कबि **भूषन** यौं अरजा।
तुम वाको पाइकै जसूसऊ न छोरौ वह रावरे वजीर छोरि देत करि परजा।
मालम तिहारो होत याही में निवारौ रन कायर सो कायर औ सरजा सो सरजा।
[३२३।

अथ अनुमानालंकार-वर्णनं

भूषन कहिबे जु कछु है परै चिह्न तें जानि।
ताहि कहत **अनुमान** हैं ग्रंथनि को मत मानि।३२४।

चित्त अनचैन आँसू उमगत नैन देखि लोग कहैं बैन आजु कहियत काहि नै।
भूषन कहत बूझे आए दरबार तें यौं कंप बारबार क्यौं सम्हार तन नाहिनै।

३२४—जहाँ काज तें हेतु कै जहाँ हेतु तें काज, जानि परत अनुमान तहँ कहि भूषन कबिराज (मिश्र)।

[३१९] मदन=कामदेव। सिव = शिवाजी; शंकर। बिरुद = बाना। सरजा = सर्जाह (पदवी); सिंह। [३२१] दिवाल० = कष्ट देनेवाला मार्ग छोड़ दें। [३२३] गरें=गले में। बूझिबे० = पूछने के लिए। अरजा=विनय की। जसूसऊ=गुप्तचर भी। वजीर०=मंत्री को प्रजा बनाकर छोड़ देता है। सरजा = शिवाकी उपाधि; सिंह।

सीनो धकधकत पसीनो आयो अंगन में हीनो भयो रूप न चितौत बाएँ दाहिनै।
सूबन के जेतवार सिवा पर सूबेदार जानियत कीनौ तुम्हैं अवरँग साहि नै।३२५।

आज सिवराज महाराज एक तूँ ही सरनागत धरेसनि दिवैया अभैदान को।
फैली महिमंडल बड़ाई चहुँ ओर तातें कहियै कहा लौं ऐसे बड़े परिमान को।
निपट गँभीर कोऊ लंघि न सकत बीर बिबुधन कौं रतन देत है सुभाउ कान को।
दिल दरियाउ क्यौं कहैं कबिराउ तोहिं तो में ठहरात आइ पानिप जहान को।
[३२६।

अंझा सी दिन की भई संझा सी झलकी आय झंझानि लगन रही गरदछवाइ है।
चील गीध बायस समूह घोर सोर करैं ठौर ठौर चारौं ओर तम मड़राइ है।
भूषन अँदेस देसदेस के नरेसगन आपुस में कहत यौं गरब गँवाइ है।
बड़ी बड़वा को जैतवार चहुँधा को सैन सरजा सिवा को जानियत इत आइ है।३२७।

अथ संकरालंकार-वर्णनं

भूषन एक कबित्त में भूषन होत अनेक।
संकर तासों कहत हैं जिन्हैं कबित की टेक।३२८।

आजु इहि समै महाराज सिवराज तुही जगदेव जनक जजाति अंबरीक सो।
भूषन भनत तेरे दानजल जलधि में गुनिन को दारिद गयौ बहि खरीक सो।
चंदकर किंजलक चाँदनी पराग उड़बृंद मकरंदबुंदपुंज के सरीक सो।
कंद सम कयलास नाकगंग नाल तेरे जस पुंडरीक को अकास चंचरीक सो।३२६।

३२५—लोग-बीबी (मिश्र)। आजु-मियाँ। अंगन०-देह सब। सूबन०-सिवाजी की संक मानि गए हौ सुखाय तुम्है जानियत दक्खिन को सूबा करो। (वही)। ३२६—धरे०-जनम को (मिश्र)। बिबुध०-गोधन को रन देत जैसे भाऊ खान (वही)। ३२७—झलकी०-सकल दिसि गगन (मिश्र)। सोर-रोर। सैन-दल (वही)।

[३२५] अनचैन=बेचैन, व्याकुल। उमगना=उमड़ना (बहना)। काहिनै=क्यों नहीं। नाहिनै=नहीं है। सम्हार०=शरीर की सुध बुध नहीं है। सीना=छाती। धकधकत=काँपता है। हीनो=मलिन, उदास। रूप=शक्ल, सूरत। न चितौत०=दाहिने-बाएँ नहीं देखते। [३२६] दिवैया=देनेवाला। निपट=अत्यंत। बिबुध=देवता, पंडित। सुभाउ०=कानि की प्रकृति है, मर्यादा का विचार रखता है। दरियाउ=समुद्र। दिल०=दरियादिल, उदार। ठहरात=जमा होता है। आनि=आकर। पानिप=जल; मानमर्यादा। [३२७] अंझा=नागा। दिन०=दिन छिप गया। संझा=सायंकाल। लगन=लग्न, संधि। बायस=कौआ। तम०=अंधकार छा रहा है। बड़वा=वाड़वाग्नि। जेतवार=जीतनेवाला। [३२६] जगदेव=प्रसिद्ध और प्रतापी परमार। जजाति=ययाति। अंबरीक=अंबरीष। सो=समान। खरीक=तिनका। चंदकर=चंद्र की किरणें। किंजलक=किंजल्क, कमल के फूल के भीतर की पीली पीली केसर। पराग=पुष्परज। सरीक सो=शामिल सा (सदृश)। कंद=जड़। कयलास=कैलास पर्वत। नाकगंग=आकाशगंगा। नाल=(मृणाल) कमल की डंडी। पुंडरीक=श्वेत कमल। चंचरीक=भौंरा।

अथ शब्दालंकार-निरूप्यते

जे अरथालंकार ते भूषन कहे उदार।
अब सब्दालंकार ये कहत सुमतिअनुसार ।३३०।

अथ अनुप्रास-वर्णनं

स्वर समेत अच्छर कि पद आवत सद्दस प्रकास।
भिन्न अभिन्नन पद कह्यौ छेक लाट अनुप्रास ।३३१।

छेकानुप्रास—[अमृतध्वनि]

दिल्लिय दलनि गजाइ कै सिव सरजा निरसंक।
लूटि लियौ सूरति सहर बंकक्करि अति डंक।
बंकक्करि अति डंकक्करि अस संकक्करि खल।
सोचच्चकित भरोचच्चलिअ बिमोचच्चख चल।
तट्ठट्ठइ मन कट्ठट्ठिक सो रट्ठट्ठिल्लिय।
सद्दद्दिसि दिसि मद्दद्दबि भइ रद्दद्दिल्लिय ।३३२।

पुनि

गतबल खानदलेल हुअ खानबहादुर मुद्ध।
सिव सरजा सलहेर ढिग क्रुद्धद्धरि किय जुद्ध।
क्रुद्धद्धरि किय जुद्धद्धू अरि अद्धद्धरि करि।
मुंडड्डुर तहि रुंडड्डुकर उड्डुंडड्डुग भरि।
खेद्दिद्दर बर छेद्दिद्दय करि मेद्दद्दलि दल।
जंगग्गति सुनि रंगग्गलि अवरंगग्गतबल ।३३३।

३३१—कि पद–पदनि (मिश्र)। पद०–पदम सों (वही)। ३३२—गजाइ०–दबाइ करि (मिश्र)। क्करि–कलि (व्यास)। मद्द–भद्द (मिश्र)।

[३३२] दिल्लिय० = दिल्ली की सेनाओं को। गजाई=गंजन करके। निरसंक= निर्भय। बंकक्करि० = अत्यंत टेढ़ा डंका करके (जोरों से डंका बजाकर)। अस=ऐसा। संकक्कुलि०=सब दुष्ट सशंक हो गए। सोचच्चकित = चकपकाकर सोचते हैं। भरोचच्चलिय = भरोच (नगर) की ओर चले। बिमोचच्चख जल=(चखजल विमोचत) आँसू गिराते हुए। तट्ठट्ठइ० = वह (बात) मन में ठानकर। कट्ठट्ठिक० = उसे कठिनता से ठीक करके। रट्ठट्ठिल्लिय = रटकर ठट्ठ को ठेला। सद्द० = तुरंत सब दिशाओं में। मद्ददबि०=मद से दबकर (रद्द) हो गई। रद्ददद्दिल्लिय०=दिल्ली रद्द (बरबाद) हो गई। [३३३] गतबल = बलहीन। खान०=दिलेर खाँ। हुअ = हुआ। खान०=बहादुर खाँ। मुद्ध = मुग्ध, मूढ़, मूर्ख। ढिग = पास। क्रुद्धद्धरिं= क्रोध (धारण) करके। किय० = ध्रुव युद्ध किया (घोर लड़ाई की)। अरि०=शत्रुओं को धड़ (पकड़) से आधा कर दिया (काट डाला)। मुंड्डुडुर=मुंड हिलते छटपटाते हैं। रुडड्डुकर=रुंड (धड़) चलते हैं। उड्डुंडड्डुग० = उद्दंड अर्थात मनमाना डग भरते हैं (चलते हैं)। खेद्दिद्दर=दल को खेदकर। बर छेद्दिद्दय=बल से छेद दिया। करि मेद्ददद्दलि दल०=सेना को दलकर मेद (चरबी)

लिय धरि मोहकर्मसिंघ कहँ अरु किसोर नृपकुम्भ।
सिव सरजा संग्राम किय भुम्मिम्मधि करि धुम्म।
भुम्मिम्मधि करि धुम्मम्मड़ि रिपु जुम्मम्मलि करि।
जंगग्गरजि उतंगग्गरब मतंगग्गन हरि।
लक्खक्खल रनि दक्खक्खलनि अलक्खक्खिति भरि।
धौलल्लहि जस नोलल्लरि बहलोलल्लिय धरि।३३४।

लिय जिति एदिल्ल को मुलक सिव सरजा जुरि जंग।
भनि **भूषन** भूपति भजे भंगग्गरब तिलंग।
भंगग्गरब तिलंगग्गयउ कलिंगग्गलि अति।
दुंदद्दबि दुद्दु दंदद्दिलनि बिलंदद्दहसति।
लच्छच्छिन करि म्लेच्छच्छय किय स्वच्छच्छबि छिति।
हालल्लगि नरपालल्लरि परनालल्लिय जिति।३३५।

पुनि **[छप्पय]**

क्रुद्ध फुरत अति जुद्ध जुरत नहि रुद्ध मुरत भट।
खग्ग बजत अरि बग्ग तजत तनु सग्ग सजत ठट।
झुक्कि झिरत मद धुक्कि भिरत कटि कुक्कि गिरत कनि।
रंग रकत हर संग छकत चतुरंग कथत भनि।

३३४—सिव-श्री (मिश्र)। करि-किय (वही)। ३३५—धौ०-नौल (मिश्र)। एदिल-दिल्ली (वही)। हाल-ढाल (बंग)।

करके फैला दी। जगग्गति = युद्ध का हाल (समाचार)। रंगग्गलि=रंगगलित होकर (उदास होकर)। अवरंगग्गतबल=औरंगजेब बलहीन हो गया (उसकी हिम्मत छूट गई)। [३३४] किशोर० = नृपकुमार किशोरसिंह। ये कोटा के राजा माधवसिंह के पुत्र थे। संग्राम = युद्ध। भुम्मिम्मधि०=पृथ्वी पर धूम मचाकर। धुम्मम्मड़ि = धूम मढ़कर (धूमधाम के साथ)। रिपु०=शत्रुओं का जोम (घमंड) मलकर (नष्ट करके)। जंगग्गरजि=युद्ध में हुंकार करके। उतंगग्गरब = अत्यंत गर्ववाले (भारी अभिमानी)। मतंगग्गन=हाथियों का समूह। हरि = हरण करके। लक्खक्खलि = लाखों को खलकर (मारकर)। दक्खक्खलनि=दल दुष्टों को। अलक्खक्खिति०=क्षिति को भरकर अलक्ष्य कर दिया। धौलल्लहि०=धवल और नवल यश प्राप्त करके। बहलोल०=बहलोल को पकड़ लिया। [३३५] भजे=भागे। भंगग्गरब=जिनका घमंड भंग (चूरचूर) हो गया हो। तिलंग = तैलंग देश के लोग। गयउ०=कलिंग (उड़ीसा) देश अत्यंत गल गया (चौपट हो गया)। दुंदद्दबि=दोनो दलों (तिलंग और कलिंग की सेनाओं) को दुंद (युद्ध) में दबने से दर्द (दुःख) हुआ। बिलंदद्दहसति=भारी भय, अत्यंत डर (हुआ)। लच्छच्छिन=क्षण भर में लाखों। करि म्लेच्छच्छय=म्लेच्छों को क्षय करके। किय स्वच्छच्छबि छिति=पृथ्वी की छबि स्वच्छ की, पृथ्वी को दुष्टों से निर्मल (रहित) कर दिया। हालल्लरि = हल्ला लगाकर (धावा बोलकर)। नरपालल्लरि =नरपालों (राजाओं) से लड़कर। परनालल्लिय जिति=परनाले को जीत लिया।

इमि ठानि घोर घमसान धन, भूषन तेज कियौ अटल।
सिवराज साहिसुअ खग्ग-बल दलि अडोल बहलोलदल। ३३६।

बेहर बरार बाघ बानर बिलार बिग बगरे बराह जानबरन के जोम हैं।
भूषन भनत भरे भालुक भयानक हैं भीतर भवन भरे लीलगाव लोम हैं।
ऐंडायल गजगन गैंडा गररात गनि गेहनि में गोहनि गरूर गहे गोम हैं।
सिवाजी की धाक मिले खलकुल खाक बसे खानदेसी खेरनि खबीसन के खोम हैं।
[३३७।

लाटानुप्रास

तुरमती तहखाने तीतर तीहसखाने सूकर सिलहखाने कूकर करीस हैं।
हरिन हरमखाने सिंघ हैं सुतुरखाने पीलखाने पाठी हैं करंजखाने कीस हैं।
भूषन सिवाजी गाजी खुग्गसों खपाए खल खानेखाने खलनके खेरे भए खीस हैं।
खड़गी खजाने खरगोस खिलवतखाने खीसैं खोले खसखाने खूंसत खबीस हैं।
[३३८।

३३६—तनु०–सिर पग्ग सजत चट (मिश्र)। झुकि०–ढुक्कि फिरत मद झुक्कि। कटि०–करि कुक्कि गिरत गनि। ठानि०–करि संगर अति ही बिषम भूषन सुजस कियौ अचल (वही);–अदल (बंग)। ३३७—बेहर–बेहर (मिश्र)। खान०–खलन (वही)। ३३८—तोसह०–गुसुल (मिश्र)। सिंघ–स्याही। पाठी–पाढ़े। हैं–औ।

[३३६] जुद्ध=युद्ध करते हैं। रुद्ध=छेंके हुए। मुरत=लौटते हैं। खग्ग=तलवार बजती है (चलती है)। बग्ग=बाग, वल्गा, घोड़े की लगाम। सग्ग=स्वर्ग। ठट=समूह। झुक्कि=क्रुद्ध होकर। झिरत=मद झारते हैं। कुक्कि=(कूक) शब्द। कनि=कणकण होकर, टुकड़े टुकड़े होकर। चतुरंग=चतुरंगिणी सेना। [३३७] बेहर=बीहड़, भयानक। बरार=बरियार, बली। बाघ=व्याघ्र। बानर=बंदर। बिलार=बिड़ाल, बिलौटा। बिग=वृक, भेड़िया। बगरे=फैले हुए। बराह=शूकर। जानवर=पशु। जोम=झुंड। भार=भारी। भालुक=भालू। लीलगाव=नीलगाय। लोम=लोमड़ी। ऐंडायल=मदमस्त। गैंडा=गंडक, जंगली पशु। गररात=भीषण ध्वनि करते हैं, गरजते हैं। गेह=घर। गोह=गोधा, छिपकिली की जाति का बड़ा जीव। गरूर०=घमंड धारण किए हुए। गोम=गोमायु, स्यार। खलकुल=दुष्टों का समूह। मिले खाक=मिट्टी में मिल गए। खेरा=खेट, छोटा गाँव। खबीस=दुष्ट जीव। खोम=कौम, समूह, झुंड। [३३८] तुरमती=(तु० तुरमता) बाज की जाति की शिकारी चिड़िया। तहखाना=भुइँहरा, तलगृह। सूकर=सूअर। सिलहखाना=हथियार रखने का स्थान, शस्त्रालय। कूकत=कू कू करते हैं। करीस=श्रेष्ठ हाथी। कूकत०=हाथियों की भाँति शब्द करते हैं। हिरन=मृग। हरमखाना=हरमसरा, अंतःपुर (बेगमों के रहने का महल)। सिंघ=सिंह। सुतुरखाना=ऊँटों के रहने का बाड़ा। पीलखाना=हाथीखाना। पाठी=एक प्रकार का हरिण, चित्रमृग। करंज=मुर्गा। करंजखाना=पालतू मुर्गों के रहने का स्थान। कीस=बंदर। खपाए=मार डाले। खाने खाने=स्थान स्थान (प्रत्येक स्थान)। खेरा=छोटा गाँव। खीस०=चौपट। खड़गी=गैंडा। खिलवतखाना=(फा०) एकांत स्थान। खीसैं०=दाँत निकाले हुए। खसखाना=खस की टट्टी से घिरा हुआ स्थान। खबीस=दुष्ट जीव।

पुनि

औरन के जाँचें कहा जौ जाँच्यौ सिवराज।
औरन के जाँचें कहा जौ जाँच्यौ सिवराज। ३३९।

अथ यमकालंकार-वर्णनं

भिन्न अरथ फिरि फिरि जहाँ वैई अच्छर-बृंद।
आवत तासों **जमक** कहि बरनत बुद्धि-बिलंद। ३४०।

पूना बीच सुनिकै अमीरन की गति लीन भाजिबे कौं मीरन अमीरन की गति है।
मारयौ जुरि जंग जसवंत जसवंत जाके केते राजैं रजपूत रज-पूत अति है।
भूषन भनै यौं कुलभूषन भ्वैसिला सिवराज तोहि दीनी सिवराज बरकति है।
नौहू खंड सात दीप भूतल के दीप आजु समै के दिलीप तैं दिलीप जीत्यौ दति है।३४१।

अथ पुनरुक्तिवदाभासालंकार-वर्णनं

भासत है पुनरुक्ति सी नहिं निदान पुनरुक्ति।
पुनरुक्तिवदाभास सो **भूषन** बरनत युक्ति। ३४२।

अरिन के दल सैन संगर में समुहाने टूक टूक सकल कै डारे हैं मसान में।
दर बार रूरो महानद परवाह पूरो बढ़त है हाथिन के मद जल-दान में।
भूषन भनत महाबाहु भ्वैसिला भुवाल सूर रबि सम तेज तिच्छन कृपान में।
माल मकरंद कुलचंद कलानिधि तेरो सरजा सिवाजी जस जगत जहान में।३४३।

३३९—जौ०-नहि (मिश्र)। ३४०—तासों०-है सो जमक करि (मिश्र)। ३४१—बीच-वारी (मिश्र)। लीन-लई। अमीरन-समीरन। केते-संग केते (वही)। भ्वैसिला-सिवैला (बंग)। अति-पति (मिश्र)। सात०-दीप भूप। तैं०-दिलीपति को सिदति (वही)। ३४३—हैं०-घमसान (मिश्र)। दर-बार (वही)। रूरो-पूरो (बंग)। बढ़त-बहत (मिश्र)। सम-कैसो। कुल०-जू के नंद (वही)।

[३३९] यदि शिवाजी से याचना की तो फिर औरों से याचना क्या की जाय। [३४१] बीच = में। अमीर = कार्याधिकारी। मीर = प्रधान, नेता। अमीर = साधारण जन। जुरि०=युद्ध में लड़कर। जसवंत=राजा जसवंतसिंह। जसवंत = यशवाले, यशस्वी। रजपूत=(राजपूत) क्षत्रिय। रज-पूत = पवित्र धूल से भरे। भूषन = कवि का नाम। भूषन = श्रेष्ठ। सिवराज = महाराज शिवाजी। सिवराज=महादेवजी। बरकति = बढ़ती। दीप = द्वीप। भूतल के दीप = पृथ्वीमंडल के दीपक (पृथ्वी में प्रकाशमान अथवा श्रेष्ठ)। समै०=वर्तमान समय के राजा दिलीप। दिलीप = दिल्ली का पालक, औरंगजेब। दति = डटकर। [३४३] अरिन० = शत्रुओं की सेना। सैन० = शयन करते हैं (मरते हैं)। समुहाने=संमुख होने पर। दर = स्थान। बार = (द्वार) दरवाजा। रूरो = सुंदर। परवाह=(प्रवाह) धारा। मद=मदमत्त हाथी की कनपटी से बहनेवाला द्रव पदार्थ। जलदान = दान करने में संकल्प का जल। सूर = (शूर) वीर। रबि=सूर्य। तिच्छन=तीक्ष्ण। जगत=जागता है (प्रकाशित है)। जहान = संसार।

अथ चित्रालंकार-वर्णनं

लिखें सुनें अचरज बढ़ै रचना होइ बिचित्र।
कामधेनु आदिक घने **भूषन** बरनत चित्र।३४४।

एक प्रभुता को धाम सजे तीनौ बेद काम रहे पंचानन षड़ानन राजी सर्बदा।
सात बार आठौ जाम जाचक निवाजैं नव अवतार बिराजै कृपान ज्यौं हरी गदा।
सिवराज **भूषन** अटल रहौ तौ लौं जौ लौं त्रिदस भुवन सब गंगा औ नरमदा।
पंडव त्रिगुन दानि रत है कलानि ऐसो दासरथी जा रस ता सरजा थिर सदा।
[३४५।

समत सत्रह सेंतीस पर सुचि बदि तेरसि भानु।
भूषन सिवभूषन कियौ पढ़ौ सकल सुज्ञान।३४६।
पुहमि पानि अरु रबि पवन जब लौं रहौ अकास।
सिव सरजा तब लौं जियौ **भूषन** सुजस-निवास।३४७।

इति श्रीमन्महाराजाधिराजसिवराजगुन
रमनीयं कबिभूखनकृतसिवभूषणसंपूर्ण।

[समत अराड सेंहें अराड श्रावण श्रुदि ९ नौमि गुरुवासरे
लखितं जीवनसूरदास स्व अध्ययनार्थे।
शुभ भवतु शुभ भवतु शुभ भवतु।]

३४५—सजे-दूजे (मिश्र)। पंचानन०-पचआनन षड़ानन सरबदा। बिराजै-राजै **कृपन हरि**। पंडव०-साहितनै भौसिला सुरजबंस दासरथी राज जौ लौं (वहीं)। ३४६—समत०-सुभ सत्रह सै (मिश्र); सम सत्रह सै (काशि०); संवत सतरह (गोविंद); संवत सत्रह सै (खोज)। सुचि०-बुध सुदि तेरसि मान (मिश्र); सुदि बुध तेरस मान (खोज)। पढ़ौ०-पढ़ियो सुनो (काशि०, बंग); पढ़ै सुनै (खोज)। सुज्ञान=सुजान (काशि०, बंग, मिश्र); परमान (खोज)। ३४७—अरु०-रवि ससि (मिश्र)। निवास-प्रकास (वही)।

[३४५] एक० = एक सिवाजी ही प्रभुता के धाम रहें, संसार में शासन करें। सजे०=वेदों के अनुसार कार्य करें। पंचानन = शिव। षड़ानन = कार्तिकेय। राजी = प्रसन्न। सातौं०=सप्ताह के सात दिन। याम = तीन घंटे या साढ़े सात घड़ी का याम होता है। जाचक० = याचकों को दान दें। नव=नया। कृपान = तलवार। अवतार० = गदाधारी हरि (विष्णु) की भाँति इस कृपाणधारी शिवाजी का नया अवतार भी स्थिर रहे। सिवराज=शिवाजी का राज्य। त्रिदस=देवता। [३४७] पुहुमि=पृथ्वी। पानि = जल। रबि=सूर्य (तेज)। पवन = वायु। लौ = तक। अकास = आकाशे पुहुमि०-पृथ्वी, अप्, तेज, वायु और आकाश ये पाँचों तत्त्व जब तक रहें।

परिशिष्ट

['शिवभूषण' की विभिन्न प्रतियों के (इस प्रति से) अतिरिक्त छंद]

१—[संख्या २८ के अनंतर—दोहा]

सिवचरित्र लखि यौं भयौ कबि **भूषन** के चित्त।
भाँति भाँति भूषननि सों भूषित करौं कबित्त।३४८।

२—संख्या ३६ के अनंतर—घनाक्षरी–उपमा]

आए दरबार बिललाने छरीदार देखि जापता करनहारे नेकहू न मनके।
भूषन भनत भौंसिला के आय आगे ठाढ़े बाजे भए उमराय तुजुक करन के।
साहि रह्यौ जकि सिव साहि रह्यौ तकि और चाहि रह्यौ चकि बने ब्यौंत अनबन के।
ग्रीषम के भानु सो खुमान को प्रताप देखि तारे सम तारे गए मूँदि तुरकन के।

३—[संख्या ३९ के अनंतर—सवैया–प्रतीप] [३४९।

कुंद कहा पय-बृंद कहा अरु चंद कहा सरजा-जस-आगे।
भूषन भानु कृसानु कहा 'ब खुमान-प्रताप महीतल पागे।
राम कहा द्विज राम कहा बलराम कहा रन में अनुरागे।
बाज कहा मृगराज कहा अति साहस में सिवराज के आगे।३५०।

४—[संख्या ४१ के अनंतर—दोहा–प्रतीप]

आदर घटत अबर्न्य को जहाँ बर्न्य के जोर।
तृतिय प्रतीप बखानहीं तहँ कबिकुल-सिरमौर।३५१।

३४९—आए०–आवत ही दरबार बिललाने छरीदार (बंग)। नेकहु०–हारे तन। आय०–आगे आवत ही। तुजुक–बेजत (वही)।

[३४८] सिव०=शिवाजी का चरित्र। लखि=देखकर। भूषननि० = अलंकारों से। भूषित=शोभित। कबित्त = कविता। [३४९] बिललाने = दुःखित हुए। छरीदार=छड़ी-बरदार (द्वारपाल)। जापता० = राजदरबार का कायदा बतानेवाले व्यक्ति। नेक=थोड़ा। मनके = हिले डुले। ठाढ़े = खड़े। बाजे = कोई। तुजुक=प्रबंध। रह्यौ० = चकपका गया। चाहि = देखकर। ब्यौंत=अवसर। अनबन० = खटपट। ग्रीषम=गरमी का मौसम। भानु=सूर्य। तारे = तारागण। तारे=आँख की पुतलियाँ। [३५०] कुंद = माघ में होनेवाला एक फूल। कहा = क्या। पय०=दूध का समूह (क्षीरसागर)। भानु=सूर्य। कृसानु = अग्नि। कहा' ब = (कहा + अब) क्या है। महीतल = पृथ्वीतल पर। पागे=पग जाने पर, लिपट जाने पर (फैलने पर)। द्विजराज=परशुराम। रन में अनुरागे = शिवाजी से युद्ध करने में लगने पर। बाज = शिकारी चिड़िया। मृगराज = (मृग=पशु + राज) सिंह। [३५१] घटत = कम होता है। अबर्न्य=उपमान। बर्न्य० = उपमेय की प्रबलता से। बखानहीं=कहते हैं। कबि० = श्रेष्ठ कविगण। एक=कोई। कल्पद्रुम = कल्पवृक्ष। पूरत० = पूर्ण करता है। चित० = मनोभिलाष। मनोज = कामदेव। यौं = ऐसी। तन = शरीर। महि = पृथ्वी। इंदु= चंद्रमा। महि० = पृथ्वी का चंद्र। नर-सिंह = पुरुषों में सिंह (सम) पराक्रमी। संगर = युद्धक्षेत्र। एक०=कोई कहता है कि शिवाजी नृसिंह के अवतार हैं।

५—[संख्या ६६ के अनंतर—सवैया-उल्लेख]

एक कहैं कलपद्रुम है इमि पूरत है सबकी चितचाहै।
एक कहैं अवतार मनोज को यों तन में अति सुंदरता है।
भूषन एक कहैं महि इंदु यों राज बिराजत बाढ्यो महा है।
एक कहैं नर सिंह है संगर एक कहैं नरसिंह सिवा है।३५२।

६—[संख्या ८० के अनंतर—दोहा-अपह्नुति]

काल करत कलिकाल में नहिं तुरकन को काल।
काल करत तुरकान को सिव सरजा करवाल।३५३।

७—[संख्या ६१ के अनंतर—सवैया—उत्प्रेक्षा]

दानव आयौ दगा करि जावली दीह भयारो महामद भारयौ।
भूषन बाहुबली सरजा तेहि भेटिबे कौं निरसंक पधारयौ।
बीछू के घाय गिरे अफजल्लहि ऊपर ही सिवराज निहारयौ।
दाबि यौं बैठो नरिंद अरिंदहि मानो मयंद गयंद पछारयौ।३५४।

८—[संख्या ६३ के अनंतर—दोहा—उत्प्रेक्षा]

महाराज सिवराज तव सुधाधवल धुव कित्ति।
छबिछटान सों छुवति सी छिति अंगन दिग भित्ति।३५५।

९—[संख्या ६३ के अनंतर—दोहा-अतिशयोक्ति]

ओर गढ़ोई नदी नद सिव गढ़पाल दरयाव।
दौरि दौरि चहुँ ओर तें मिलत आनि यहि भाव।३५६।

१०—[संख्या १०५ के अनंतर—दोहा—अतिशयोक्ति]

आयौ आयौ सुनत ही सिव सरजा तुव नावँ।
बैरिनारि दृगजलन सौं बूड़ि जात अरिगाँवँ।३५७।

३५४—सुधा-सुधर (मिश्र)।

[३५३] काल० = मारता है। कलिकाल = कलियुग। तुरक = मुसलमान। काल = मृत्यु। [३५४] दानव = राक्षस। दगा० = धोखा देकर। दीह = दीर्घ, बड़े डीलडौल का। भयारो = डरावना। महामद० = घोर अभिमान से भरा हुआ। बीछू = बिछुआ या बघनहा। घाय = चोट। गिरे = गिरे हुए। नरिंद = नरेंद्र, राजा। अरिंद = प्रबल शत्रु। मयंद = मृगेंद्र, सिंह। गयंद = गजेंद्र, हाथी। पछारयौ = हरा दिया। [३५५] सुधा० = अमृत के समान। धवल = उज्ज्वल। धुव = ध्रुव, निश्चल। कित्ति = कीर्ति। छबिछटा = छबिरूपी छटा (कूची)। छुवति० = सफेदी सी कर रही है। छिति = क्षिति, पृथ्वी। दिग = दिशा। भित्ति = (भीत) दीवाल। [३५६] गढ़ोई = गढ़पति, किलेदार। दरयाव = समुद्र। [३५७] नावँ = नाम। दृग० = आँसू। अरि० = शत्रुओं के ग्राम।

११—[संख्या १०८ के अनंतर—दोहा-अतिशयोक्ति]

कबितरुबर सिवसुजस रस सींचे अचरज मूल ।
सुफल होत है प्रथम ही पीछे प्रगटत फूल ।३५८।

१२—[संख्या ११३ के अनंतर—दोहा-तुल्ययोगिता]

सिव सरजा भारी भुजन भुवभरु धर्यौ सभाग ।
भूषन अब निहचिंत हैं सेषनाग दिगनाग ।३५९।

१३—[संख्या १२५ के अनंतर—दोहा-दृष्टांत]

सिव औरंगहि जिति सकै और न राजा राव ।
हत्थिमत्थ पर सिंह बिनु आन न घालै घाव ।३६०।

१४—[संख्या १२७ के अनंतर—सवैया-निदर्शना]

मच्छहु कच्छ में कोल नृसिंह में बावन में भनि भूषन जो है ।
जो द्विजराम में जो रघुराम में जो'ब कह्यौ बलरामहु को है ।
बौद्ध में जो अरु जो कलकी महँ बिक्रम हूबे को आगे सुनो है ।
साहस भूमिअधार सोई अब श्रीसरजा सिवराज में सोहै ।३६१

१५—[संख्या १३८ के अनंतर—दोहा-विनोक्ति]

सोभमान जग पर किये सरजा सिवा खुमान ।
साहिन सों बिनु डर अगड़ बिनु गुमान को दान ।३६२।

१६—[वही—सवैया—वही]

को कबिराज बिभूषन होत बिना कबि साहितनै को कहाए ।
को कबिराज सभाजित होत सभा सरजा के बिना गुन गाए ।
को कबिराज भुवालन भावत भौंसिला के मन में बिनु भाए ।
को कबिराज चढ़ै गजबाजि सिवाजी की मौज मही बिनु पाए ।३६३।

३५८—रस-सर (बंग)। ३६०—आन-और (बंग) ३६१—द्विज०-प्रसराम (बंग) । रघु-रघुराज (मिश्र)। ३६३—बाजि-राज (बंग)।

[३५८] तरुवर=श्रेष्ठ वृक्ष। रस=जल। अचरज=आश्चर्यरूपी जड़। सुफल०=फलीभूत होना; फल लगना। फूल=प्रसन्नता; पुष्प। (कवि धन पाकर पहले सफल मनोरथ होते हैं फिर प्रसन्न)। [३५९] भुव०=पृथ्वी का बोझ। सभाग=भाग्यवान्। निहचिंत=निश्चिंत। दिगनाग=दिग्गज। [३६०] सिव=शिवाजी। राव=छोटे राजा। हत्थिमत्थ=हाथी का मस्तक। आन=अन्य, दूसरा। घालै=आघात करता है। [३६१] मच्छ=मत्स्यावतार। कच्छ=कच्छपावतार। कोल=वराहावतार। द्विजराम=परशुराम। रघुराम=रामचंद्र। जो'ब=जो अब। कलकी=कल्की अवतार। बिक्रम०=पराक्रम होनेवाला है। भूमि०=पृथ्वी को सँभालनेवाला। [३६२] सोभमान=अत्यंत शोभित। अगड़=अकड़, दर्प। गुमान=घमंड। यह शोभन की विनोक्ति है। [३६३] कविराज=श्रेष्ठ कवि। बिभूषन०=शोभित होता। सभाजित=सभा जीतनेवाला। भुवाल=भूपाल, राजा। भावत=अच्छा लगता। बाजि=घोड़ा। मौज=प्रसन्नता। मही=पृथ्वी। यहाँ अशोभन की विनोक्ति है।

१७—[संख्या १४१ के अनंतर—दोहा-समासोक्ति]

बड़ो डील लखि पील को सबन तज्यौ बनथान।
धनि सरजा तू जगत में ताको हरयौ गुमान।३६४।

१८—[संख्या १४६ के अनंतर—दोहा-परिकर]

सूरसिरोमनि सूरकुल सिव सरजा मकरंद।
भूषन क्यौं औरँग जितै कुल मलिच्छ कुलचंद।३६५।

१९—[वही]

भूषन भनि सबही तबहि जोत्यौ हो जुरि जंग।
क्यौं जीतै सिवराज सों अब अंधक अवरंग।३६६।

२०—[संख्या १५२ के अनंतर—दोहा-अप्रस्तुतप्रशंसा]

अरितिय भिल्लिनि सों कहै घन बन जाय इकंत।
सिव सरजा सों बैर नहिं सुखी तिहारे कंत।३६७।

२१—[संख्या १७१ के अनंतर—दोहा-विभावना]

अचरज **भूषन** मन बढ़यौ श्रीसिवराज खुमान।
तव कृपान धुव धूम तें भयौ प्रताप कृसान।३६८।

२२—[संख्या १९१ के अनंतर—दोहा-सम]

कछु न भयौ केतो गयौ हारयौ सकल सिपाह।
भली करै सिवराज सों औरँग करै सलाह।३६९।

२३—[संख्या १९२ के अनंतर—दोहा-विचित्र]

तैं जयसिंहहिं गढ़ दिये सिव सरजा जसहेत।
लीन्हे कैयो बार में बार न लागी देत।३७०।

३६८—अचरज०—आचारज भूषन पढ़्यो (बंग)। ३६९—गयो—लरयौ (बंग)।

[३६४] डील=कद। पीलहाथी। बनथान=वनस्थान (जंगल)। धनि=धन्य। सरजा=सिंह; शिवाजी की उपाधि। [३६५] सूर=वीरों में श्रेष्ठ। सूरकुल=सूर्यवंश। मकरंद=मकरंद के वंशज। कुल०=समस्त मुसलमानों में चंद्रवत। [३६६] हो=था। जुरि जंग=युद्ध करके। अंधक=एक दैत्य (यह मद से अंधों की भाँति चलता था। इसे स्वर्ग से पारिजात लाते समय शिव ने मारा था)। [३६७] भिल्लिनि=भील की स्त्री। घन०=घोर जंगल। इकंत=एकांत। कंत=पति। [३६८] अचरज=आश्चर्य। कृपान=तलवार। धुव=ध्रुव, अटल। धूम=धूआँ। प्रताप०=प्रतापरूपी अग्नि। तव कृपान०=आपके तलवाररूपी अटल धूएँ से प्रतापरूपी अग्नि उत्पन्न हुई (आपने तलवार के बल से प्रताप फैलाया। तलवार का रंग काव्य में काला माना गया है, अतः उसको धूआँ कहा)। [३६९] केतो गयौ=कितना चला गया, कितना हाथ से निकल गया। सलाह=संमति। सलाह०=मेल कर ले। [३७०] जयसिंह=जयपुर के राजा मिर्जा जयसिंह (शिवाजी ने विवश होकर जयसिंह को किले दिए थे)। हेत=(हेतु) कारण, वास्ते। कैयो=कई। बार=देर।

२४—[संख्या १६६ के अनंतर—दोहा-अधिक]

सिव सरजा तव हाथ को नहिं बखान करि जात।
जाको बासी सुजस सब त्रिभुवन में न समात।३७१।

२५—[संख्या २०१ के अनंतर—दोहा-विशेष]

सिव सरजा सों जंग जुरि चंदावत रजवंत।
राव अमर गो अमरपुर समर रही रजतंत।३७२।

२६—[संख्या २१३ के अनंतर—दोहा-गुंफ]

सुजस दान अरु दान धन धन उपजै किरवान।
सो जग में जाहिर करी सरजा सिवा खुमान।३७३।

२७—[संख्या २३३ के अनंतर—समुच्चय]

प्रथम—[दोहा]

एक बार ही जहँ भयौ बहु काजन को बंध।
ताहि **समुच्चय** कहत हैं **भूषन** जे मतिबंध।३७४।

२८—[सवैया]

माँगि पठायौ सिवा कछु देस वजीर अजानन बोल गहे ना।
दौरि लियौ सरजा परनालो यौं **भूषन** जो दिन दोय लगे ना।
धाक सों खाक बिजैपुर भौ मुख आय गो खान खवास के फेना।
भै भरकी करकी धरको दरकी दिल एदिलसाह की सेना।३७५।

२९—द्वितीय—[दोहा]

बस्तु अनेकन को जहाँ बरनत एकहि ठौर।
दुतिय **समुच्चय** ताहि कों कहि **भूषन** कबिमौर।३७६।

३७१—जात-जान (बंग)। समात-समान (वही)। ३७४—बार ही-बारगी (बंग)। बहुत-बहुत जानि। जे०-देखि प्रबंध (वही)। ३७५—धरकी०-हरकी धरकी (बंग)। दिल-उर (वही)। ३७६—दुतिय-ताहि (बंग)। ताहि-कहत हैं (अन्यत्र)। कहि०-कोऊ कबि-सिरमौर (बंग)।

[३७१] बासी=बसनेवाला, रहनेवाला। न समात-नहीं अँटता। [३७२] सिव=शिवाजी। जंग०=युद्ध करके। चंदावत=राजपूतों का एक कुल। रजवंत=राजपूत, क्षत्रिय। राव=छोटा राजा। अमर=अमरसिंह। गो=गया। अमरपुर=स्वर्ग। समर=युद्धक्षेत्र। रजतंत=वीरता। [३७३] किरवान=कृपाण। जाहिर=प्रकट। [३७४] मतिबंध=बुद्धिमान्। [३७५] माँगि०=मँगा भेजा। अजानन=अज्ञान, मूर्ख; (अजा+आनन) बकरे के से मुँह वाले (बकरे की सी डाढ़ी वाले मुसलमान)। बोल०=ध्यान नहीं दिया, बोले नहीं (अजानन होने से)। दौरि=चढ़ाई करके। दोय=दो। खाक=धूल। मुख०=खवास खाँ के मुख में फेन आ गया (वह बेहोश होकर गिर गया और मुख से फेन निकलने लगा)। भै०=भय से भड़क गई। करकी=टूट गई (छिन्न भिन्न हो गई)। धरकी=धुकधुकाने लगी। दरकी०=फटे हुए दिल वाली। [३७६] कबिमौर=(कविमुकुट) कविश्रेष्ठ।

३०—[सवैया]

सुंदरता गुरुता प्रभुता भनि भूषन होत है आदर जामें।
सज्जनता औ दयालुता दीनता कोमलता झलकै परजा में।
दान कृपानहु को करिबो करिबो अभै दीनन को बर जामें।
साहस सों रनटेक बिबेक इते गुन एक सिवा सरजा में।३७७।

३१—[संख्या २४८ के अनंतर—दोहा-मिथ्याध्यवसित]

पग रन में चल यौं लसैं ज्यौं अंगद पग ऐन।
धुव सो भुव सो मेरु सो सिव सरजा को बैन।३७८।

३२—[संख्या २५५ के अनंतर—दोहा-उल्लास-दोषेन गुणो]

नृप-समाज में आपनी होन बड़ाई काज।
साहितनै सिवराज के करत कबित कबिराज।३७९।

३३—[वही-दोषेन दोषो]

सिव सरजा के बैर को यह फल आलमगार।
छूटे तेरे गढ़ सबै कूटे गए बजीर।३८०।

३४—[संख्या २८४ के अनंतर—दोहा-पिहित]

पर के मन की जानि गति ताको देत जनाय।
कछू क्रिया करि कहत हैं पिहित ताहि कबिराय।३८१।

३५—[वही]

गैरमिसिल ठाढ़ो सिवा अंतरजामी नाम।
प्रकट करी रिस साह कों सरजा करि न सलाम।३८२।

३६—[संख्या २९२ के अनंतर—दोहा-प्रश्नोत्तर]

कोऊ बूझै बात कछु कोऊ उत्तर देत।
प्रस्नोत्तर ताकों कहत भूषन सुकबि सचेत।३८३।

३७७—अभै०-अभैदानहु (बंग)। ३७८—भुव-ध्रुव (बंग)। ३८३—सुकवि०-बुद्धिनिकेत (बग)।

[३७७] गुरुता = महत्ता। होत०—जिसमें आदर प्राप्त होता है। दीनता= विनम्रता। परजा=प्रजा। दान० = दान देना और तलवार चलाना। अभै = (अभय) निर्भय। बर=बल। दान०=दान देने, तलवार चलाने और दीनों को निडर करने का जिसमें बल है। टेक=प्रण। बिबेक = विचार। [३७८] पग = पद, पैर। ऐन = ठीक। धुव=ध्रुव तारा। भुव=पृथ्वी। मेरु=सुमेर पर्वत। शिवाजी के पैर युद्ध में ठीक उसी प्रकार चलायमान हैं जिस प्रकार अंगद के पैर। शिवाजी के वचन ध्रुव, पृथ्वी और सुमेरु पर्वत की भाँति अचल हैं। [३७९] होन० = बड़ाई होने के लिए। कबित = कविता। कबिराज=श्रेष्ठ कवि। [३८०] आलमगीर=औरंगजेब। कूटे गए=पीटे गए। [३८१] पर= अन्य। गति=स्थिति। [३८२] गैर० = अनुचित स्थान पर खड़ा किया। अंतरजामी = चित्त की बात जाननेवाला। रिस=क्रोध। [३८३] बूझै=पूछे। सचेत = बुद्धिमान्।

३७—[वही–सवैया–]

लोगन सों भनि **भूषन** यौं कहै खान खवास कहा सिख देहौ।
आवत देसन लेत सिवा सरजै मिलिहौ भिरिहौ कि भगैहौ।
एदिल की सभा बोलि उठी यौं सलाह करो'ब कहाँ भजि जैहौ।
लीन्हो कहा लरिकै अफजल्ल कहा लरिकै तुमहू अब लैहौ।३८४।

३८—[वही–दोहा –]

को दाता को रन चढ़ौ को जगपालनहार।
कबि **भूषन** उत्तर दियौ सिव नृप हरिअवतार।३८५।

३९—[संख्या २९६ के अनंतर—दोहा–व्याजोक्ति]

सिवा बैर औरँग-बदन लगी रहै नित आहि।
कबि **भूषन** बूझें सदा कहै देत दुख साहि।३८६।

४०—[संख्या ३०० के अनंतर—दोहा–छेकोक्ति]

जे सोहात सिबराज कों ते कबित्त रसमूल।
जे परमेश्वर पै चढ़ैं तेई आछे फूल।३८७।

४१—[संख्या ३०४ के अनंतर—दोहा–छेकोक्ति]

करि मुहीम आए कहत हजरत मनसब दैन।
सिव सरजा सों जंग जुरि ऐहैं बचिकै है न।३८८।

४२—[संख्या ३०५ के अनंतर—घनाच्छरी–स्वभावोक्ति]

दान समै द्विज देखि मेरहू कुबेरहू की संपति लुटायबे को हियो ललकत है।
साहि के सपूत सिव साहि के बदन पर सिव की कथान में सनेह झलकत है।
भूषन जहान हिंदुवान के उबारिबे कौं तुरकान मारिबे कौं बीर बलकत है।
साहिन सों लरिबे की चरचा चलत आनि सरजा के दृगन उछाह छलकत है।३८९।

४३—[वही]

काहू के कहे सुने तें जाही ओर चाहैं ताही ओर इकटक घरी चारिक चहत हैं।
कहे तें कहत बात कहे तें पियत खात **भूषन** भनत ऊँची साँसन जहत हैं।

३८४—करौ०–करौ न करैं (वही)। ३८८—दैन–वैन (बंग)।

[३८४] सिख० = क्या शिक्षा दोगे। भिरिहौ=लड़ोगे। [३८५] दाता कौन है ?—शिव। कौन युद्ध करता है ?—नृप। संसार का पालन कौन करता है ?—विष्णु का अवतार। (चतुर्थ चरण का अर्थ होता है—'महाराज शिवाजी विष्णु के अवतार हैं')। [३८६] आहि० = 'आह' निकलती रहती है। बूझें = पूछने पर। साहि = शाही, राज्य। [३८७] सोहात=अच्छे लगते हैं। रसमूल = रसीले। आछे = अच्छे। [३८८] मुहीम=युद्ध, चढ़ाई। हजरत = श्रीमान्। मनसब=पदवी। [३८९] मेर=सुमेरु (सोने का पहाड़)। कुबेर = कुबेर धन के स्वामी माने गए हैं। ललकना = उमंग से भर जाना। जहान = संसार। उबारना=उद्धार करना। बलकना = आवेश में आकर अंडबंड बकना। आनि = आकर। उछाह=उत्साह (उमंग)। छलकना=उमड़ना।

पौढ़े हैं तौ पौढ़े बैठे बैठे खरे खरे हम को हैं कहा करत यौं ज्ञान न गहत हैं।
साहि के सपूत सिव साहि तव बैर इमि साहि सब रातौ दिन सोचत रहत हैं।३९०।

४४—[संख्या ३१५ के अनंतर—दोहा-उदात्त]

या पूना में मति टिकौ खानबहादुर आय।
ह्याँई साइतखान कों दीन्ही सिवा सजाय।३९१।

४५—[संख्या ३२१ के अनंतर—दोहा-अत्युक्ति]

महाराज सिवराज के जेते सहज सुभाय।
औरन कों अति उक्ति से भूषन कहत बनाय।३९२।

४६—[संख्या ३१८ के अनंतर—दोहा-निरुक्ति]

कबिगन को दारिद-द्विरद याही दल्यौ अमान।
यातें श्रीसिवराज कों सरजा कहत जहान।३९३।

४७—[संख्या ३२६ के अनंतर—दोहा-हेतु]

या निमित्त यहई भयौ यौं जहँ बरनन होय।
भूषन हेतु बखानहीं कबि कोबिद सब कोय।३९४।

४८—[वही-घनाचरी-हेतु]

दारुन दइत हरनाकुस बिदारिबे कौं भयौ नरसिंह रूप तेज बिकरार है।
भूषन भनत त्यौं ही रावन के मारिबे कौं रामचंद भयौ रघुकुलसरदार है।
कंस के कुटिल बलबंसन बिधंसिबे कौं भयौ जदुराय बसुदेव को कुमार है।
पृथी पुरहूत साहिके सपूत सिवराज म्लेच्छन के मारिबेकौं तेरो अवतार है।३९५।

४९—[संख्या ३३५ के अनंतर—छप्पय-अनुप्रास]

मुंड कटत कहुँ रुंड नटत कहुँ सुंड पटत घन।
गिद्ध लसत कहुँ सिद्ध हँसत सुखवृद्धि रसत मन।

३९४—कबि०—सकल सयाने लोइ (बंग)। ३९५—बिधंसिबे—निर्दारबे (बंग)।

[३९०] जाही०=जिस ओर। घरी०=चार घड़ी। चहत हैं=देखते रहते हैं। जहत०=छोड़ देते है। खरे खरे=खड़े हैं तो खड़े ही है। ज्ञान०—समझ में नहीं आता है (सुध बुध मारी गई है)। [३९१] टिकौ=ठहरो। खान=खाँ जहाँबहादुर। ह्याँई=यहीं। सजाय=सजा, दंड। [३९२] शिवाजी के स्वाभाविक कृत्य भी औरों के लिए अत्युक्तिमय हैं (विशेषतापूर्ण कामों का तो कहना ही क्या!) [३९३] दारिद्र०=दरिद्रतारूपी हाथी। दल्यो=नष्ट किया। अमान=अपरिमाण, अत्यधिक। [३९४] निमित्त=कारण। कोबिद=पंडित। [३९५] दारुन=दारुण, भीषण, घोर। दइत=दैत्य, राक्षस। हरनाकुस=हिरण्यकशिपु। बिदारिबे०=चीर डालने के लिए (मारने के लिए)। बिकरार=बिकराल, भयंकर। बंसन=वंश को। बिधंसिबे०=नष्ट करने के लिए। जदुराय=यदुराज, यदुकुल श्रेष्ठ। बसुदेव०=श्रीकृष्ण। पृथी=पृथ्वी। पुरहूत=इंद्र।

भूत फिरत करि बूत भिरत सुरदूत घिरत तहँ।
चंडि नचत गन मंडि रचत धुनि डुंडि मचत जहँ।
इमि ठानि घोर घमसान अति भूषन तेज कियौ अटल।
सिवराज साहिसुव खग्गबल दलि अडोल बहलोलदल।३९६।

५०—[संख्या ३४४ के अनंतर—दुर्मिल सवैया-चित्र]

कामधेनु

धुव जो	गुरता	तिनको	गुरु भूषन	दानि बड़ो	बिरजा	पिव है।
हुव जो	हरता	रिन को	तरुभूषन	दानि बड़ो	सिरजा	छिव है।
भुव जो	भरता	दिन को	नरु भूषन	दानि बड़ो	सरजा	सिव है।
तुव जो	करता	इनको	अरु भूषन	दानि बड़ो	बर जा-	नि वहै।

५१—[संख्या ३२८ के अनंतर—घनाक्षरी-संकर] [३९७

ऐसे बाजिराज देत महाराज सिवराज भूषन जे बाज की समाजैं निदरत हैं।
पौन पायहीन दृग घूघट में लीन मीन जल में बिलीन क्यों बराबरी करत हैं।

३९६—अटल-अदल (बंग) ३९७—गुरु-सर (बंग)। बिरजा-गिरजा। हर-हरि। छिव-सिव (वही)।

[३९६] मुंड=सिर। रुंड = धड़। नटत = नाचते हैं। सुंड = सूँड़। पटत=(सूँड़ें) पट रही हैं (गिरकर पृथ्वी को पाटे दे रही हैं)। घन = घना (अधिक)। गिद्ध० = (मृत शरीर पर बैठे हुए) गिद्ध शोभा पाते हैं। सिद्ध० = जो लोग मुर्दों पर बैठकर अपना मंत्र सिद्ध करते हैं। सुखबृद्धि०=उन सिद्धों का मन सुखबृद्धि से (क्योंकि मुर्दे बहुत से हैं) रसता (आनंदित होता) है। बूत = बल, जोर। भिरत=भिड़ जाते हैं। सुरदूत० = देवदूत (वीरों को स्वर्ग ले जाने के लिए) घिरते (एकत्र होते) हैं। चंडि = काली। गन० = गणों से मंडित होकर (भूत प्रेतादि से घिरकर)। रचत० = शोर करते हैं। डुंडि = (द्वंद्व) झगड़ा। डुंडि० = झगड़ा होता है। इमि = इस प्रकार। ठानि घोर घमसान = भारी युद्ध ठानकर। अटल=अचल। खग्ग = खड्ग, तलवार। खग्गबल = तलवार के जोर से। दलि = मारकर। अडोल = जो हिल न सके (अटल)। [३९७] धुव = ध्रुव, अटल। गुरता = गुरुता, बड़प्पन। गुरु भूषन = भारी भूषन, अत्यंत श्रेष्ठ। बिरजा = पार्वती। पिव=प्रिय, पति। हुव = हुआ। हरता = हरण करनेवाला। रिन = ऋण, कर्ज। तरुभूषन=वृक्षों में श्रेष्ठ, कल्पवृक्ष। सिरजा=बनाया गया है। छिव= अत्यंत तुच्छ। भुव = भू, पृथ्वी। भरता=भरणपोषण करनेवाला। दिन को = प्रति-दिन। नरुभूषण = मनुष्यों में श्रेष्ठ। सरजा = सरजाह, शिवाजी की उपाधि। सिव= शिवाजी। तुव०=और हे भूषण, तू जो इन अलंकारों का कर्ता (रचयिता) है। बर जानि वहै = उसे (सभी बड़े दानियों में) श्रेष्ठ समझ। इस छंद से २८ सवैये बन सकते हैं।

सबतें चलाक चित तेऊ कुलि आलम के रहैं उर अंतर में धीर न धरत हैं।
जिन चढ़ि आगे कों चलाइयतु तीर तीर एक भरि तऊ तीर पीछे ही परत हैं।

५२-६०—[वही-गीतिका-अलंकार-नामावली] [३९८।

उपमा अनन्वै कहि बहुरि उपमाप्रतीप प्रतीप।
उपमेयउपमा है बहुरि मालोपमा कबिदीप।
ललितोपमा रूपक बहुरि परिनाम पुनि उल्लेख।
सुमिरन भ्रमौ संदेह सुद्धापन्हुत्यौ सुभबेख।३९९।

हेतूअपन्हतियौ बहुरि परजस्तपन्हुति जान।
सुभ्रांतपूर्न अपन्हुत्यौ छेका अपन्हुति मान।
बर कैतवापन्हुति गनौ उतप्रेक्ष बहुरि दखानि।
पुनि रूपकातिसयोक्ति भेदकअतिसयोक्ति सु जानि।४००।

अरु अक्रमातिसयोक्ति चंचलअतिसयोक्तिहि लेखि।
अत्यंतअतिसैंउक्ति पुनि सामान्य चारु बिसेखि।
तुलियोगिता दीपकावृति प्रतिवस्तुपम दृष्टांत।
सु निदर्सना ब्यतिरेक और सहोक्ति बरनत सांत।४०१।

सु बिनोक्ति भूषन समासोक्तिहु परिकरौ अरु बंस।
परिकर सु अंकुर स्लेष त्यों अप्रस्तुतौपरसंस।
परयायउक्ति गनाइए ब्याजस्तुतिहु आक्षेप।
बहुरो बिरोध बिरोधभास बिभावना सुखखेप।४०२।

सु बिसेषउक्ति असंभवौ बहुरे असंगति लेखि।
पुनि बिषम सम सुबिचित्र प्रहषन अरु बिषादन पेखि।
कहि अधिक अन्योन्यहु बिसेष ब्यघात भूषन चारु।
अरु गुंफ एकावली मालादीपकहु पुनि सारु।४०३।

पुनि यथासंख्य बखानिए परयाय अरु परिबृत्ति।
परिसंख्य कहत बिकल्प हैं जिनके सुमति संपत्ति।
बहुरयो समाधि समुच्चयो पुनि प्रत्यनीक बखानि।
पुनि कहत अर्थापत्ति कबिजन काव्यलिंगहि जानि।४०४।

३९८—तऊ०-तीर तीर (बंग)।

[३९८] बाजिराज=श्रेष्ठ घोड़ा। बाज=एक तेज उड़नेवाला शिकारी पक्षी। सभाजैं=मंडली को। पौन=पवन, वायु। पायहीन=पदरहित। दृग=आँख। मीन=मछली। चलाक=चपल। चित=मन। कुलि=समस्त। आलम=संसार। उरअंतर=हृदय के भीतर। तीर=बाण। एक तीर०=जितनी दूर पर जाकर तीर गिरे।

अरु अर्थअंतरन्यास भूषन प्रौढ़उक्ति गनाय।
संभावना मिथ्याध्यवसित'रु यों उलासहि गाय।
अवज्ञा अनुज्ञा लेस तद्गुन पूर्वरूप उलेखि।
अनुगुन अतदगुन मिलित उन्मीलितहि पुनि अवरेखि।४०५।

सामान्य और बिसेष पिहितौ प्रस्नउत्तर जानि।
पुनि ब्याजउक्ति'रु लोकउक्ति सु छेकउक्ति बखानि।
बक्रोक्ति जान सुभावउक्तिहु भाविकौ निरधारि।
भाविकछबिहु सुउदात्त कहि अत्युक्ति बहुरि बिचारि।४०६।

बरने निरुक्तिहु हेतु पुनि अनुमान कहि अनुप्रास।
भूषन भनत पुनि जमक गनि पुनरुक्तिवदआभास।
युतचित्र संकर एकसत भूषन कहे अरु पाँच।
लखि चारु ग्रंथन निज मतो युत सुकबि मानहु साँच।४०७।

[३९९–४०७] अलंकारों के नाम गिनाए हैं। भूषण ने कुल १०५ अलंकार कहे हैं।

प्रकीर्णक

वीर-रस—

शिवाजी—[कबित्त]

सक्र जिमि सैल पर अर्क तमफैल पर बिघन की रैल पर लंबोदर लेखिए।
राम दसकंध पर भीम जरासंध पर **भूषन** ज्यों सिंधु पर कुंभज बिसेखिए।
हर ज्यों अनंग पर गरुड़ भुजंग पर कौरव के अंग[1] पर पारथ ज्यों पेखिए;
बाज ज्यों बिहंग पर सिंह ज्यों मतंग पर म्लेच्छ[2] चतुरंग पर सिवराज[3] देखिए।
[४०८।

गरुड़ को दावा जैसे नाग[1] के समूह पर दावा नागजूह पर सिंहसिरताज को।
दावा पुरहूत को पहारन के कुल पर दावा सबै[2] पच्छिन के गोल[3] पर बाज को।
भूषन अखंड नवखंड महिमंडल में[4] तम पर दावा रबिकिरनसमाज को।
पूरब पछाँह देस दच्छिन तें उत्तर लौं[5] जहाँ पातसाही[6] तहाँ दावा सिवराज को।
[४०९।

बारिधि के कुंभभव[1] घन[2] बनदावानल तिमिर पै तरनि[3] की किरनसमाज हौ।
कंस के कन्हैया कामदेवहू के कंठनील[4] कैटभ के कालिका बिहंगम के बाज हौ।
भूषन भनत सबै असुर के इंद्र पुनि[5] पन्नग के कुल के प्रबल पच्छिराज हौ।
रावन के राम कार्तबीज[6] के परसुराम दिल्लीपतिदिग्गज के सिंह[7] सिवराज हौ।
[४१०।

४०८—१ बंस। २ तैसे। ३ चिंतामनि। ४०९—१ सदा। २ जैसे; सदा। ३ गन। ४ भूषन भनंत सात द्वीप नवखंड माँहि। ५ उत्तर दच्छिन दिसि पूरब पछाँह माँहि। ६ बादसाही। ४१०–१ उदधि के अगस्त्य; बारिधि के कुंभज। २ बाँस। ३ तरुन तिमिरहू के। ४ कामधेनुहू के कंटकाल; चूहा के बिड़ाल पुनि। ५ जंगजालिम के सचीपति। ६ सहसबाहु। ७ सेर।

[४०८] सक्र = इंद्र। सैल = पर्वत। अर्क = सूर्य। तम फैल = अंधकार का फैलाव (अंधकारसमूह)। रैल = रेला (समूह)। लंबोदर = गणेश। कुंभज = अगस्त्य। बिसेखिए = विशेषता रखते हैं। हर = महादेव। अनंग = कामदेव। भुजंग = सर्प। अंग=पक्ष। पारथ=पार्थ, अर्जुन। पेखिए = देखे जाते हैं। बिहंग = पक्षी। मतंग = हाथी। [४०९] दावा=आधिपत्य। नाग=सर्प। नागजूह = हाथियों का झुंड। सिरताज = श्रेष्ठ। पुरहूत=इंद्र। गोल = मंडली। अखंड = संपूर्ण। नवखंड० = पृथ्वी के नवो खंड (भरत, इलावृत्त, किंपुरुष, भद्र, केतुमाल, हरि, हिरण्य, रम्य और कुश)। रबिकिरन० = सूर्य की किरणों का समूह। तें = से। लौं=तक। पातसाही = बादशाही [४१०] बारिधि = समुद्र। कुंभभव = अगस्त्य। दावानल = दावाग्नि। तिमिर = अंधकार। तरनि = सूर्य। कंठनील=नीलकंठ, महादेव। कैटभ = प्रसिद्ध राक्षस। बिहंगम = पक्षी। पन्नग = सर्प। पच्छिराज = गरुड़। कार्तबीज = सहस्रबाहु।

साजि चतुरंग-सैन अंग मैं उमंग धारि[1] सरजा सिवाजी जंग जीतन चलत है।
भूषन भनत नाद-बिहद नगारन के नदीनद मद गैबरन के रलत[2] है।
ऐलफैल खैलभैल खलक में गैलगैल गजन की ठैलपैल सैल उसलत[3] है।
तारा सो तरनि धूरिधारा में[4] लगत जिमि थारा पर पारा पारावार यों हलत है ४११

बाने फहराने घहराने घंटा गजन के नाहीं ठहराने रावराने देसदेस के।
नग भहराने ग्राम[1] नगर पराने सुनि बाजत निसाने सिवराजजू[2] नरेस के।
हाथिन के हौदा उकसाने कुंभ कुंजर के[3] भौन को भजाने अलि छूटे लट केस के।
दल के दरारन तें[4] कमठ करारे फूटे, केरा के से पात बिहराने फन सेस के।४१२।

प्रेतिनी पिसाचरु निसाचर निसाचरिहू[1] मिलि मिलि आपुस में गावत[2] बधाई है।
भैंरो भूत-प्रेत भूरि भूधर[3] भयंकर से, जुत्थ जुत्थ जोगिनी जमाति जोरि[4] आई है।
किलकि किलकि कै कुतूहल[5] करति काली डिम डिम डमरू दिगंबर बजाई है।
सिवा पूछैं सिव सों समाज आजु कहाँ चली काहू पै सिवा नरेस[6] भृकुटी चढ़ाई है।
[४१३।

४११—१ बीररंग में तुरंग चढ़ि । २ नैन निरमद दिसागज के गलत; नैन मंद दिसागज को लगत। ३ उछलत। ४ सों। ४१२—१ अरु। २ दानसाहजू। ३ ककुभ के कुंजर कसमसाने 'गंग' भनै। ४ हुते। ४१३—१ आपुस में। २ मिलि कै मुदित बनी बाँटत। ३ भ्रमत। ४ जुरि। ५ कुलाहल। ६ नरेंद्र।

[४११] चतुरंग० = जिस सेना में हाथी, घोड़ा, रथ और पैदल चारो अंग हों। बिहद = बेहद, अत्यधिक। नद=बड़ी नदी जैसे सिंधु नद। गैवर = गजवर, श्रेष्ठ हाथी। रलत है = बह चलता है। ऐल = समूह, सेना। फैल=फैलने से, खैलभैल=(खलभल) खलबली। खलक = संसार। गैल = मार्ग। ठैलपैल = धक्कमधक्का। सैल = शैल, पहाड़। उसलत है=स्थानभ्रष्ट हो जाते हैं। धूरि०=उड़ी हुई धूल का समूह। थारा=थाल। पारावार=समुद्र। [४१२] बाने=भाले के आकार का हथियार, इसमें झंडा भी बाँध देते हैं। फहराने=हवा में हिलने लगे। घहराने = आवाज करने लगे। घंटा०=हाथियों के गले में बँधे हुए घंटे। न ठहराने = नहीं ठहर सके (रण में स्थिर न रह सके)। नग= पर्वत। भहराने=गिर पड़े। पराने=भाग गए। निसाने = धौंसे, नगाड़े। हौदा= हाथी की पीठ पर रखा जानेवाला आसन, जिसमें लोग बैठते हैं। उकसाने = हिलडुल गए, स्थानभ्रष्ट हो गए। कुंभ = हाथी का मस्तक। कुंजर=हाथी। भौन=भवन, घर। भजाने = भागे। अलि = भौंरा। लट=बालों की लटें। केस=केश, बाल। अन्वय— कुंजरकुंभ के अलि भौन को भजाने, केस के लट छूटे। दल = सेना। दरार = रगड़। कमठ = कच्छप की पीठ। करारे = कठोर। केरा = केला। पात=पत्ता। बिहराने= फट गए। फन०=शेषनाग के फण (सिर)। [४१३] पिसाच=कच्चा माँस खानेवाले। निसाचर = राक्षस। बधाई=आनंदसूचक गान। भैरो=भैरव। भूरि = अधिक। भूधर०=पहाड़ के समान भयंकर। जुत्थ=यूथ, झुंड। जमाति=समूह। जोरि=एकत्र करके। किलकि=किलकारी मारकर। डिमडिम=डमरू का नाद। दिगंबर = महादेव। सिवा= पार्वती। काहू पै = किसी पर। भृकुटी चढ़ाना=क्रुद्ध होना।

दावा पातासाहन सों कीन्हों सिवराज बीर जेर कीन्हों देस हद्द बाँधी दरबारे से।
हठी मरहठी तामें राख्यो न मवास कोऊ छीनै हथियार डोलैं बन बनजारे से।
अमिष अहारी माँसहारी दै दै तारी नाचैं खाँड़े तोड़े किरचैं उड़ाए सब तारे से।
पील सम डीलवारे गिरि से गिरन लागे, मुंड मतवारें गिरैं झुंड मतवारे से।४१४।

छूटत कमान बान बंदूकरु कोकबान[1] मुसकिल होत मुरचानहू की ओट में।
ताही समै सिवराज हुकुम कै[2] हल्ला कियो दावा बाँधि द्वेषिन पै बीरन लै[3] जोट में।
भूषन भनत तेरी हिम्मति कहाँ लौं कहौं किम्मति इहाँ लगि है जाकी भटझोट में।
ताव दै दै मूछन कगूरन पै पाँव दै दै घाव दै दै अरिमुख कूदे परैं कोट में।४१५।

उतै पातसाहजू के गजन के ठट्ठ छूटे उमड़ि घुमड़ि मतवारे घन कारे हैं।
इतै सिवराजजू के छूटे सिंहराज सो बिदारे कुंभ करिन के चिक्करत भारे हैं।
फौजें सेख सैयद औ मुगुल पठानन की मिलि[1] अफसर काहू मीर न सम्हारे हैं।
हद्द हिंदुवान की बिहद्द तरवारि राखि कैयो बार दिल्ली के गुमान झारि डारे हैं।
[४१६।

जीत्यो सिवराज सलहेरि को समर सुनि नर काह सुरन के सीने[1] धरकत हैं।
देवलोकहू में अजौं मुगल पठानन के[2] सरजा के सूरन के खग्ग[3] खरकत हैं।
भूषन भनत भारी भूतन के भौनन में टाँगी चंदावतन की लोथैं लरकत हैं[4]।
कोऊ ना लपेटे अधफारे रन लेटे अजौं[5] रुधिर लपेटे पठनेटे फरकत हैं।४१७।

दरबर दौरि करि नगर उजारि डारे[1] कटक कटायो कोटि[2] दुजन दरब की।
जाहिर जहान जग जालिम है जोरावर चलै न कछूक जोर जबर जरब की[3]।

४१५—१ तीर गोली बानन के। २ दै। ३ परा हल्ला बीर भट। ४१६—१ मिलि इखलास खाँ हू मीर न; मिलि अफजल काहू मीर न ४१७—१ सुनि सुनि असुरन के सुसीने। २ देवलोक नागलोक नरलोक गावै जस। ३ अजहूँ लौं परे खग्ग दाँत। ४ कंटक कटक काटि कीट से उड़ाए केते, भूषन भनत मुख मोरे सरकत हैं। ५ रनभूमि लेटे अधकटे परलेटे परे।

[४१४] दावा = बराबरी का हौसला। जेर० = पराजित किया। तामें = उसमें। मवास = किला। बनजारे = जंगली व्यापारी। आमिष = कच्चा माँस। माँसहारी = माँस खानेवाले। खाँड़े = चौड़ी तलवारें। तोड़े = बंदूकें। किरचैं = पतले फल की तलवारें। तारे से = तारों की तरह। पील = हाथी। मतवारे = नशे में चूर। [४१५] कमान = तोप। कोकबान = (कुहुकबाण) एक प्रकार का बाण। मुरचा = लड़ाई। ओट = आड़। दावा० = हौसला करके। द्वेषी = शत्रु। जोट = जोड़। किम्मति = बहादुरी। झोट = समूह। कँगूरा = बुर्ज। [४१६] उतै = उधर। इतै = इधर। बिदारे = चीर डाले। कुंभ = हाथी का मस्तक। करिन के = हाथियों के। चिक्करत = चिंग्घाड़ मारते हैं। राखि = रखकर (रक्षा करके)। झारि० = दूर कर दिया है। [४१७] काह = क्या। सुरन के = देवताओं के। धरकत० = धड़कते हैं। खरकत० = खटखट आवाज करते हैं। चंदावत = चंदावत राजपूत। लोथ = लाश। लरकत० = हिल रही हैं। अधफारे = अर्धखंडित। अजौं = आज भी। रुधिर = खून। पठनेटे = पठान युवक। फरकत० = फड़फड़ा रहे हैं।

सिवराज तेरे त्रास दिल्ली भयो भुवकंप[४] थरथर[५] काँपति बिलाइत अरब की।
हालत दहलि जात[६] काबुल कँधार बीर[७] रोष करि काढ़ै समसेर ज्यौं गरब की।

जिन फन फुतकार उड़त पहार भारे कूरम कठिन जनु कमल बिदलि गो[१] ॥
बिषजाल ज्वालामुखी लवलीन होत जिन[२] झारन[३] चिकारि मददिग्गज उगलिगो।
कीन्हो जेहि पान पयपान सो जहान कुल[४] कौलहू उछलि जलसिंधु खलभलिगो[५]।
खग्ग खगराज महराज सिवराज को[६] अखिल-भुजंग-मुगलद्दल[७] निगलि गो ॥

बेद राखे बिदित पुरान परसिद्ध राखे राम-नाम राख्यो अति रसना सुघर में।
हिंदुन की चोटी रोटी राखि है सिपाहिन की काँधे में जनेऊ राख्यो मालाराखी गर में।
मीड़ि राखे मुगल मरोड़ि राखे पातसाह बैरी पीसि राखे बरदान राख्यो कर में।
राजन की हद्द राखी तेगबल सिवराज देव राखे देवल स्वधर्म राख्यो घर में।४२०।

राखी हिंदुवानी हिंदुवान को तिलक राख्यो अस्मृति पुरान राखे बेद बिधि सुनी मैं।
राखी रजपूती राजधानी राखी राजन की धरा मैं धरम राख्यो गुन राख्यो गुनी मैं।
भूषन सुकबि जीति हद्द मरहट्ठन की देसदेस कीरति बखानी तव सुनी मैं।
साहि के सपूत सिवराज समसेर तेरी दिल्ली दल दाबि कै दिवाल राखी दुनी में।४२१।

कोट गढ़ ढाहियतु एकै पातसाहन के एकै पातसाहन के देस दाहियतु है।
भूषन भनत महाराज सिवराज एकै साहन की सैन पर खग्ग बाहियतु है।
क्यों न होहिं बैरनि की बाल बौरी कानसुनी[१] दौरनि तिहारी कहौ क्यों निबाहियतु है।
रावरे नगारे सुनि बैरवारे नगरनि नैनवारे नदन निवारे चाहियतु है।४२२।

४१८—१ डारि। २ कों कूटि मारे। ३ अब एक राजा रब की। ४ डरत रहत सोई। ५ खरबर। ६ डोलत दहेली अरु। ७ जब। ४१९—१ भूतल हलत पीठ कमल बदलि गो। २ सी पसरि सबै। ३ उनतें। ४ कीन्हे पायमाल सब मालिक जहानहू के। ५ सिंधुजल थलहलिगो। ६ तेरो। ७ ऐसे ही मुगलदल नाग को। ४२२—१ बौरी सुनि बैरिंबधू; बौरी-सी बर-बधू।

[४१८] दरबर=(दलबल) सेना के जोर से। दौरि=आक्रमण। कटक=सेना। दुजन=दुर्जन, शत्रु। दरब=द्रव्य, धन। जहान=संसार। जालिम=जुल्म करनेवाला। जंग-जालिम=युद्धवीर। जब्बर=जबरदस्त। जरब=चोट। बिलाइत=विदेशी भूमि (विदेशी राज्य)। दहलि०=डर जाते हैं। समसेर=शमशेर, तलवार। [४१९] फुतकार=फुफकार। कूरम=कछुआ। बिदलि गो=कुचल गया। ज्वालामुखी=अग्नि। झार=भभक। चिकारि=चिंग्घाड़ मारकर। पयपान=दुग्ध-पान। कोल=शूकर। खगराज=गरुड़। अखिल=समस्त। भुजंग=साँप। [४२०] रसना=जीभ। सुघर=सुंदर। रोटी=जीविका। गर=गला। मीड़ना=मसलना। कर=हाथ। तेग=(अरबी) तलवार। [४२१] राख्यो=रक्षा की। हिंदुवानी=हिंदुत्व। अस्मृति=(स्मृति) धर्मशास्त्र। बेदबिधि=वेद की रीति। रजपूती=क्षत्रियत्व। धरा=पृथ्वी। दिवाल=मर्यादा। दुनी=दुनिया। [४२२] दाहियतु०=जलाया जाता है। बाहियतु०=चलाया जाता है। बाल=स्त्री। निबाहियतु०=निबाहा जा सकता है। नैनवारे=आँखों से उत्पन्न (आँसू से बने हुए)। नदन=नदी

चकित चकत्ता चौंकि चौंकि उठै बारबार[1] दिल्ली दहसति चितै चाह खरकति है[2]।
बलख बिलात[3] बिलखात बीजापूरपति भिरत फिरंगिन की नारी फरकति है।
थरथर काँपत कुतुबसाही गोलकुंडा हहरि हबसभूप भीर[4] भरकति है।
सिंह सिवराज तेरे धौंसा की धुकार[5] सुनि केते पातसाहन की छाती धरकति है।।

दुग्ग पर दुग्ग जीते सरजा सिवाजी गाजी उग्ग[1] नाचे उग्ग पर रुंडमुंड फरके।
भूषन भनत बाजे जीति के नगारे भारे सारे करनाटी भूप सिंहल कों सरके।
मारे सुनि सुभट पनारेवारे उद्भट तारे लागे फिरन सितारेगढ़धर के।
बीजापुर-बीरन के गोलकुंडा धीरन के दिल्ली उर मीरन के दाड़िम से दरके।४२४।

कत्ताकी कराकनि[1] चकत्ता को कटक काटि कीन्ही सिवराज बीर अकह कहानियाँ।
भूषन भनत और मुलुक[2] तिहारी धाक[3] दिल्ली औ बिलाइत सकल बिललानियाँ।
आगरेअगारन की नाँघती पगारन[4] सँभारती[5] न बारन बदन कुम्हलानियाँ।
कीबी कहैं कहा औ गरीबी गहे भागी जाहिं[6] बीबी गहेसूथनीसुनीबीगहे रानियाँ[7]।

बाजिगजराज[1] सिवराज सैन साजतही दिल्लीदल गही[2] दसा दीरघ दुखन की।
तनियाँ न तिलक सुथनियाँ पगनियाँ न[3] घामैं घुघरात[4] छोड़ि सेजियाँ सुखन की।
भूषन भनत पति बाँह बहियान तेऊ[5] छहियाँ छबीली ताकि रहियाँ रुखन की।
बालियाँ बिथुर जिमि आलियाँ नलिन[6] पर लालियाँ मलिन[7] मुगलानियाँ मुखन की।
[४२६।

४२३—१ चित्त चौंक उठै बेरबेर। २ चित चाहे सरकति है; चित चाहै खरकति है; चितै चाह करषति हैं। ३ बिलखि बदन; बिलखति मुख। ४ भाग। ५ राजा सिवराज के नगारन की धाक। ४२४—१ डग्ग। ४२५—१ धार सों। २ तिहुँ लोक मैं। ३ हाँक। ४ फाँदती कगारन छ्वै। ५ बाँधती। ६ सीबी कहै मुख तें गरीबी गहि भाजि जैहै। ७ बीबी बिन सुथनी ही नीबी बिन रानियाँ। ४२६—१ साजि गजबाजि। २ दिलगीर। ३ न रही अंग। ४ घबरानी। ५ बहियाँ न तेऊ। ६ गालियाँ सिथिल भईं बालियाँ बिथरि गईं। ७ उतरि।

नदियाँ। निवारे=बड़ी नाव। [४२३] दहसति=भय। बिलात=नष्ट होता है। चाह=खबर। खरकति०=खटकती है। बिलखात=दुखी होता है। नारी=नाड़ी। हहरि=भयभीत होकर। भरकति०=भड़क जाती है। [४२४] दुग्ग=दुर्ग, किला। गाजी=धर्म के लिए लड़नेवाला वीर। उग्ग=उग्र, महादेव। उग्ग=उग्र आकाश। जीति=विजय। सरके=खिसक गए (भागे)। सुभट=अच्छे योद्धा। पनारेवारे=परनाले के। उदभट=उद्भट, प्रचंड। तारे०=आँखों में तारे घूमने लगे (क्रुद्ध हो गए)। सितारे०=शिवाजी। मीर=राजवंश के लोग। दाड़िम=अनार। [४२५] कत्ता=छोटी टेढ़ी तलवार। कराकनि=कड़ाके से। चकत्ता=चगताई खाँ का वंशज (औरंगजेब)। अकह=अकथ्य, जो कही न जा सके। बिलाइत=विदेशी राज्य। बिललानियाँ=बिलख रही हैं। अगार=आगार, महल। पगार=चारदीवारी। बदन=मुख। कहा०=क्या करेंगी। सुनीबी=सुंदर फुफुँदी। [४२६] बाजि=घोड़ा। दल=सेना। गही=ग्रहण की। दीरघ दुख=बहुत बड़ा दुख। तनियाँ=चोली। तिलक=(तुर्की तिरलीक) ढीलाढाला लंबा कुर्ता। सुथनियाँ=पायजामा। पगनियाँ=

बद्दल न होंहि दलदच्छिन उमंडिआयो[1]घटा ये[2]नहोय इभ[3]सिवाजीहँकारी[4]के।
दामिनीदमंक नाहिं खुले खग्ग बीरन के इंद्रधनु नाहिं ये निसान हैं सवारी[5] के।
देखिदेखि मुगलों की हरमैं भवन[6] त्यागैं उझकिउझकि उठैं बहत बयारी के[7]।
दिल्लीपति भूलमति गाजत न घोरघन[8] बाजत नगारे ये सितारेगढ़धारी[9]के।४२७

उतरि पलँग तें न दियो हैं[1]धरा पै पग तेऊ[2] सगबग निसिदिन[3] चलीजाती हैं।
अतिअकुलातीं मुरझातीं न छिपातीं गात बात न सोहाती बोले अतिअनखाती हैं।
भूषन भनत सिंह[4]साहि के सपूत सिवा तेरी धाक[5]सुने अरिनारी बिललाती हैं।
जोन्ह में न जातीं ते वै धूपै चली जातीं[6]पुनि तीन बेर खातीं तेवै[3]तीनबेर खाती हैं॥

ऊँचे घोर[1] मंदर के अंदर रहनवारी ऊँचे घोर[1] मंदर के अंदर रहाती हैं।
कंद[2]मूल भोग करैं कंद[2]मूल भोग करैं तीन बेर खातीं[3]ते वै तीनबेर खाती हैं।
भूषन सिथिल अंग भूषन सिथिल अंग[4] बिजनडुलातीं ते वै बिजन डुलाती हैं।
भूषन भनत सिवराज बीर तेरे त्रास[5] नगन जड़ातीं ते वै नगन जड़ाती हैं।
[४२९

अंदर तें निकसीं न मंदिर को देख्यो द्वार बिन रथ पथ ते उघारे पायँ जाती हैं।
हवाहू न लागती ते हवा तें बिहाल भई लाखन की भीर में सँभारती न छाती हैं।

४२७—१ घमंड माहिं। २ घटाहू। ३ दल। ४ हँकारे। ५ बीर-सिर छाप लखु तीजा-असवारी के। ६ कामिनी बगर; हुरमाँ मंदिर। ७ घर छाँडत बिडारे के। ८ दिल्ली-मति भूली कहैं बात घन घोर घोर। ९ गढ़वारे। ४२८—१ जिन दियो न। २ सोहू। ३ धौस। ४ बलि। ५ हाँक। ६ कोऊ करै घाती कोऊ रोतीं पीटि छाती धरै। ४२९—१ धौल। २ पान। ३ खानवारी। ४ मैन-नारी-सी-प्रमान मैन-नारी-सी-प्रमान। ५ कहै कबि 'इंदु' महाराज आज बैरि-नारी।

जूतियाँ। घामै=(घर्म) धूप में। पति०=जो अपने पति की बाँहों पर बहन की जाती थीं (जिन्हें प्रियतम प्यार से रखते थे)। तेऊ=वे भी। छहियाँ=छाया। ताकि०=ढूँढ़ रही हैं। रूख=वृक्ष। आलियाँ=भ्रमरियाँ। नलिन=कमल। लालियाँ=ललाई (सौंदर्य)। [४२७] इभ=हाथी। हँकारी=अहंकारी। दामिनी=बिजली। दमक=चमक। खग्ग=खड्ग, तलवार। निसान=झंडा। हरमैं=रानियाँ। भवन=महल। उझकि०=घबरा जाती हैं। बयारी=हवा। भूल०=गलती न कर। गाजत न=नहीं गरजते हैं। घोर घन=भारी बादल। सितारे०=सितारा गढ़ के स्वामी, शिवाजी। [४२८] धरा=पृथ्वी। पग=पैर। सगबग=भयभीत। गात=शरीर। अन-खाना=बिगड़ उठना। जोन्ह=ज्योत्स्ना, चाँदनी। धूपै=धूप में। [४२९] घोर=भारी। मंदर=मंदिर, महल। अंदर=भीतर। रहनवारी=रहनेवाली। घोर=भयंकर। मंदर=पर्वत। रहाती हैं=रहती हैं। कंद=मिश्री। मूल=तत्त्व। कंदमूल=बढ़िया, मीठा। भोग०=खाती थीं। कंदमूल=कंदा और जड़। तीन बेर=तीन दफे, तीन बार। तीन बेर=तीन बेर (बदरीफल), जंगली बेर। सिथिल=सुस्त। भूषन=भूखों से। बिजन=पंखा। डुलातीं=झलती थीं। बिजन=निर्जन, जहाँ कोई मनुष्य न हो (ऐसे जंगलों में)। डुलाती०=डोलती (घूमती) हैं। त्रास=डर। नगन=रत्नों को। जड़ातीं=जड़वाती थीं। नगन=नग्न, नंगी। जड़ातीं=जाड़ा खाती हैं।

भूषन भनत सिवराज तेरी धाक सुनि हार डारि चीर फारि[1] मन भुभलाती हैं।
ऐसी परीं[2] नरम हरम बादसाहन की नासपाती खातीं ते बनासपाती खाती हैं ।।

अतर गुलाब चोवा चंदन सुगंध[1] सबस[2] हज सरीर[3] की सुबास[4] बिकसाती[5] हैं।
पल भरि पलँग तें भूमि न धरत पाँव तेई[6] खानपान छोड़ि[7] बन बिललाती हैं।
भूषन भनत सिवराज बीर तेरे त्रास[8] हारभार तोरि निज सुधि बिसराती[9] हैं।
ऐसी परीं नरम हरम बादसाहन की नासपाती खाती ते बनासपाती खाती हैं।
[४३१।

सोंधे को अधार किसमिस जिनको अहार चार अंक-लंक मुख चंदके समानी[1] हैं।
ऐसी अरिनारि सिवराज बीर तेरे त्रास पायन में छाले परे काय कुम्हलानी[2] हैं।
ग्रीषम की तपती की बिपती न कानसुनी[3] कंज की कली सी बिनु पानी मुरझानी हैं।
तोरिकै छरा सों अच्छरा-सी यों निचोरि कहैं[4] "तुमनै कहेते कंत मुकतामें पानी हैं"।
[४३२।

मालवा उजैन भनि[1] **भूषन** भेलास[2] ऐन[3] सहर सिरौंज[4] लौं परावने परत हैं।
गोड़वानो तिलगानो फिरगानो करनाट रुहिलानो रुहिलन[5] हिये हहरत हैं।
साहि के सपूत सिवराज तेरी धाक सुनि गढ़पति बीर तेऊ धीर न धरत हैं।
बीजापुर गोलकुंडा आगरे दिली के कोट बाजेबाजे रोज[6] दरवाजे उघरत हैं।४३३।

४३०—१ हयादारी चीर फारि। २ बनीं। ४३१—१ रस चोवा घनसार। २ सम। ३ सुबास। ४ सुगंध; सुरति। ५ बिसराती। ६ भूली। ७ फिरै। ८ तेरी धाक सुनि। ९ दारा हार बार न सँभार अकुलाती हैं। ४३२—१ चारि को-सो अंक लक चंद सरमाती हैं। २ कंद-मूल खाती। ३ तपनि एती तपती न कान सुनी। ४ अब कहाँ पानी मुकतों में पाती हैं; तुम तो कहत कंत मुक्ता मैं पानी है। ४३३—१ लगि। २ भेलसा। ३ साँच। ४ सिरोई। ५ हिंदुआनो हिंदुन को; हबसान खुरसान। ६ दिन।

[४३०] मंदिर=मकान, महल। पथ=रास्ता। बिहाल=विह्वल, व्याकुल। हार=माला। चीर=वस्त्र। बनासपाती=वनस्पति, घासपात। [४३१] चोवा=सुगंधित द्रव पदार्थ जो कई गंधद्रव्यों को मिलाकर तैयार किया जाता है। सहज=स्वाभाविक। सुवास=सुगंध। बिकसाती०=फैलाती हैं। [४३२] सौंधा=सुगंधित वस्तुएँ। अहार=भोजन। चार०=जिनकी कमर चार के अंक (के मध्य भाग) की भाँति पतली है। काय=शरीर। तपती=तपन, गरमी। छरा=इजारबंद। अच्छरा=अप्सरा। कहे ते=कहा था। कंत=पति। पानी=आब (चमक); जल। [४३३] भेलास=भेलसा (ग्वालियर राज्य में)। ऐन=ठीक। सिरौंज=बुँदेलखंड में एक स्थान। लौं=तक। परावने०=भगदड़ पड़ जाती है। गोड़वानो=नागपुर के आस-पास का प्रदेश। तिलगानो=तैलंगों का देश। फिरगानो=फिरंगियों का देश, हिंदुस्तान में जहाँ जहाँ यूरोपवाले रहते थे। रुहिलानो=रुहेलखंड। रुहिलन=रुहेला (मुसलमानों की जाति)। हहरत०=भयभीत होते हैं। बाजेबाजे=कभी कभी। उघरत०=खुलते हैं।

फिरंगाने फिकिरि औ हदसनि हबसाने[1] **भूषन** भनत कोऊ सोवत न घरी है।
बीजापुरबिपति बिडरि सुनि भाजे सब दिल्लीदरगाह बीच परी खरभरी है।
राजन के राज सब साहिन के सिरताज आज सिवराज पातसाही चित धरी है।
कासमीर बलख बुखारे लौं परी पुकार घामधाम धूमधाम रूम साम परी है॥
[४३४।

बिज्ञपूर-बिदनूर-सूर सर-धनुष न संधहिं।
मंगल बिनु मल्लारि-नारि धम्मिल नहिं बंधहिं।
गिरत गब्भ कोटै गरब्भ चिंजी चिंजाउर[1]।
चालकुंड दलकुंड गोलकुंडा संका उर।
भूषन प्रताप सिवराज तव इमि दच्छिन दिसि संचरहि।
मधुरा-धरेस धकधक धकत द्रबिड़ निबिड़ अबिरल[2] डरहि।४३५।

अफजलखानजू को मारो मयदान जानै[1] बीजापुर गोलकुंडा डरायो दराज[2]है।
भूषन भनत फरांसीसं अँगरेज[3] मारि हबसी फिरंगी मारे[4] उलटि जहाज है।
देखत में रुस्तम को छिन में खराब कियो[5]सलहेर-संगर की आवति[6]अवाज है।
चौंकिचौंकि चकता कहत चहुँघा तें यारो लेत रहौ खबरि कहाँ लौं सिवराज है॥

जोर करि जैहैं अब अपर-नरेस पर[1] लरि हैं लराई ताके[2] सुभट-समाज पै।
भूषन भनत[3] रूम बलख-बुखारे जैहैं जैहैं साम चीन[4] तरि जलधि जहाज पै।
सब उमराव सिलि एकमत ठानि कहैं[5] आइकै समीप अवरंग[6] सिरताज पै।
भीख माँगि खैहैं बिन मनसब रैहैं पै न जैहैं हजरत महाबली सिवराज पै।४३७।

४३४—१ औ हद्द सुनि हबसाने। ४३५—१ गर्भ कोटीन गहत चिजी चिंता (चिजा) डर। २ डर दबि (रबि)। ४३६—१ खान को जिन्होंने मयदान मारा। २ मारो जिन आज। ३ त्यों फिरंगी। ४ तुरुक डारे। ५ खान रुस्तम जिन खाक किया। ६ सालति सुरति आजु सुनी जो। ४३७—१ जुमिलाहू के नरेस पर। २ तोरि अरि खंड-खंड। ३ असाम। ४ चीन सिलहट। ५ उमरावन की हठ क्रूरताई देखो। ६ कहैं नवरंगजेब साहि।

[४३४] हदसनि=हदस (भय)। घरी=घड़ी भर। बिडरि=विशेष डरकर। भाजे=भागे। दरगाह=धार्मिक मेले का स्थान (तीर्थ)। पातसाही०=बादशाहत पर दृष्टि डाली है (उसे लेना चाहते हैं)। [४३५] बिज्ञपूर=बीजापूर। बिदनूर=गुजरात का एक देश। सूर=वीर। सर=बाण। न संधहिं=नहीं संधानते, नहीं सजाते। मल्लारि=मालावार। धम्मिल=जूड़ा। कोटै=किले में। चिंजी=दक्षिण का देश, जिंजी। चिंजाउर=चंडावर, तंजौर। चालकुंड=दक्षिण का बंदरगाह। दलकुंड=दक्षिण का देश, दभोल। संचरहि=फैलता है। मधुरा=दक्षिण का प्रसिद्ध तीर्थ मदुरा। धरेस=राजा। धक०=धकधकाता है। निबिड़=बहुत। अबिरल=बराबर। [४३६] मयदान=रणक्षेत्र। दराज=अधिक। रुस्तम=रुस्तमे जमाँ (इसे शिवाजी ने पन्हाले में हराया था)। [४३७] तरि=पार करके। मनसब=पद। हजरत=श्रीमान्।

दारा की न दौरि यह खजुएकी रारि नाहिं बाँधिबो नहोय या मुरादसाह-बालको[१]
मठ बिस्वनाथको न बास ग्राम गोकुल को देबीको न देहरा न मंदिर गोपालको।
गाढ़ेगढ़ लीन्हे केते[२] बैरी कतलान कीन्हे जानत नभयो यहिसाह-कुल-साल[३]को।
बूड़ति है दिल्ली सो सँभारैक्योंनदिल्लीपतिधक्काआनिलाग्योसिवराजमहाकालको

चंदराव[१] चूर करि जावली जपत कीन्ही घेरयौ है सिँगारपुर-भूपन कों जायकै[२]।
भूषन भनत सुलतान-दल खेदि डारे[३] मारि डारे अफजल-दल कों गिरायकै[४]।
एदिल सौं बेदिल हरम कहैं बार-बार अब कहा सोए[५] सूते सिंहहिं जगायकै।
भेजियै सुभेंट सिवराजकों रिसालैं कंत बाजींकरनालैंपरनालैंगढ़[६] आयकै।४३९।

केतकी भो राना[१] और बेला सब राजा भए ठौर ठौर रस लेत नित यह काज है।
सिगरे अमीर भए कुंद मकरंद-भरे[२] भृंग सो भ्रमत लखि[३] फूल की समाज है।
भूषन भनत सिवराज देस देसन की[४] राखी है[५] बटोरि एक दच्छिन में लाज है।
तजत मलिंद जैसे तैसे तजि दूरभाग्यो[६]अलि अवरंगजेब[७]चंपा सिवराज है।४४०

कूरम कमल कमधुज[१] है कदंब-फूल[२] गौर है[३] गुलाब राना केतकी बिराज[४] है।
पाँडरि[५] पँवार जुही सोहत है[६] चंदावत बकुल-बुँदेला अरु हाड़ा हंसराज है[७]।
भूषन भनत मुचकुंद बड़गूजर है बघेले बसंत सब[८] कुसुम-समाज है[९]।
सबही को रस लैकै[१०]बैठि नसकत आय[११]अलि अवरंगजेब चंपा सिवराज है४४१

४३८—१ नहीं हैं किधौं मीर सहवाल को। २ और। ३ ठौर-ठौर हासिल उगाहत है साल को। ४३९—१ चंद्राबल। २ मारे सब भूप औ सँहारे पुर धायकै। ३ तुरकान-दल-थंभ काटि। ४ तबल बजायकै। ५ सोओ सुख। ६ भेजना है भेजो सो रिसालै सिवराजजू की। ४४०—१ राना भो चमेली। २ आनि कुंद होत घर-घर। ३ भ्रमत भ्रमर जैसे। ४ बीर तैं ही देस-देसन मैं। ५ राखी सब। ६ त्यागे सदा षटपद-पद अनुमानि। ७ नवरंग। ४४१—१ कल द्विज। २ कलिदंबर। ३ मुगल। समाज। ५ पाटल। ६ कनैर जाही जूही पुनि। ७ सरस बुँदेला सो चमेली साजबाज है; पाँडरी पवाँर गौर केंवरे दराज है। ८ आदि; सदा। ९ सुगम समाज है; सुखद निवाज है। १० लेइ रस एतन को। ११ अहै।

[४३८] दारा=औरंगजेब का भाई (इससे औरंगजेब कोड़ा जहानाबाद में लड़ा था)। खजुए=खजुआ (फतेहपुर जिले के एक कस्बे) में शाह-शुजा से लड़ाई हुई थी। मुराद०=बालक (छोटा) मुरादशाह (यह भी औरंगजेब का भाई था, इसे भी धोखा देकर औरंगजेब ने कैद कर लिया था)। देहरा=मंदिर। कतलान०=मार डाले। साल=(शल्य) घातक। [४३९] चंदराव=जावली का राजा। रिसालैं=खिराज, कर। करनालैं=तोपैं। [४४०] केतकी=केवड़े का फूल। राना=राणा (उदयपुर)। सिगरे=सब। मकरंद=पुष्परस। बटोरि=एकत्र करके। मलिंद=भौंरा। [४४१] कूरम=कछवाहे राजपूत (जयपुर)। कमधुज=कबंधज (जोधपुर)। गौर=गौड़वंशी। पाँडरि=पुष्प विशेष। पवाँर=परमार। बकुल=मौलसिरी। हंसराज=पुष्प विशेष। मुचकुंद=विशेष फूल। बड़गूजर=राजपूतों का कुल। बघेले=बघेलखंड के राजवंशी क्षत्रिय।

कंयक हजार किए[1] गुर्ज बरदार ठाढ़े करिकै हुस्यार नीति सिखई[2] समाज की।
राजा जसवंत कों बुलायकै निकट राखे जिनकों सदाई रही[3] लाज स्वामि-काज की।
भूषन तबहुँ ठिठकत ही गुसुलखाने[4] सिंह-सी झपट मन मानी[5] महाराज की।
हठ तें[6] हथ्यार फेंट[7] बाँधि उमराव राखे[8] लीन्ही तब नौरंगने भेंट सिवराज की।
[४४२

सबन के ऊपर ही ठाढ़ो रहिबे के जोग[1] ताहि खरो[2] कियो छ-हजारिन[3] के नियरे।
जानि गैरमिसिल गुसीले गुसा धारि मन कीन्हो ना सलाम न बचन बोले सियरे।
भूषन भनत महाबीर बलकन लाग्यौ सारी पातसाही के उड़ाय गए जियरे।
तमक तें लाल मुख सिवा को निरखि भए स्याहमुख नौरँग सिपाह-मुख पियरे।
[४४३

गढ़न गँजाय गढ़धरन सजाय करि छाँड़े केते धरम-दुवार दै भिखारी-से।
साहि के सपूत पूत बीर सिवराजसिंह केते गढ़धारी किए बन बनचारी-से।
भूषन बखाने केते दीन्हे बंदीखाने सेख सैयद हजारी गहे रैयत बजारी-से।
महतो-से मुगल महाजन-से महाराज डाँडि लीन्हे पकरि पठान पटवारी-से ४४४

मोरँग कुमाऊँ आदि बाँधव पलाऊँ सबै कहाँ लौं गनाऊँ जेते भूपति के[1] गोत हैं।
भूषन भनत गिरि-बिकट-निवासी लोग बावनी बवंजा नवकोट धुंध-जोत[2] हैं।
काबुल कँधार खुरासान जेर कीन्हे जिन मुगल पठान सेख सैयदहु रोत हैं।
अब लगि जानत हे बड़े होत पातसाह सिवराज प्रगटे तें राजा बड़े होत हैं ४४५

देवल गिरावते फिरावते निसान अली[1] ऐसे समै[2] राव-राने सबै गए लबकी।
गौरा गनपति आप औरँग को देखि ताप[3] आपने मुकाम[4] सब मारि गए दबकी[5]।

४४२—१ जहाँ। २ पकरि। ३ तेऊ लखै नीरै; तकै नीर। ४ भूषन भनत ठाढ़ो पीठ है गुसुलखान।' ५ गुनि साहि। ६ हटकि। ७ फड़। ८ उमरावन की। ४४३—१ खड़े रहन योग्यता को। २ आनि ठाढ़ो; तहाँ खड़ो। ३ जाय जारिन। ४४५—१ जे'व भूषन के। २ धंध होत। ४४६—१ आली; नए। २ डूबे। ३ औरन को देत ताप। ४ आपके मकान; आपनी ही बार। ५ डुबकी।

[४४२] गुर्ज=गदा। नौरंग=औरंगजेब। भेंट=नजर (उपहार)। [४४३] नियरे=निकट। गैर मिसिल=अयोग्य, अनुचित। गुसीले=गुस्सावर (क्रोधी)। सियरे=शीतल। उड़ाय०=जी उड़ गए (डर गए)। तमक=क्रोध। [४४४] गँजाय=गंजन कर, तोड़-फोड़कर। सजाय=दंड देकर। केते=कितने ही। धरम०=धर्म के दरवाजे से होकर (धर्म के नाम पर)। बनचारी=जंगलों में घूमनेवाला। बंदीखाना=कारागार। हजारी='हजारी' पद पानेवाले (पंचहजारी, छहजारी आदि)। रैयत=प्रजा। बजारी=बाजारू (साधारण)। महतो=गाँव का मुखिया। डाँडि लेना=दंडित करना। महाजन=रुपये-पैसे का लेनदेन करनेवाला। पटवारी=खेतों का लेखा जोखा लेनेवाला। [४४५] मोरँग=नैपाल की तराई के पूर्व का देश। बाँधव=रीवाँ। पलाऊँ=देश-विशेष। बावनी बवंजा=ये उत्तरप्रदेश के दो नगर थे। नवकोटि=मारवाड़। धुंध=आँख की ज्योति मंद पड़ गई है।

पीरा पयगंबरा दिगंबरा दिखाई देत[६]सिद्ध की सिधाई नई रही बात रवकी[७]।
कासीहू की कला गई[८]मथुरा मसीत भई[९]सिवाजी न हो तो तो सुनति होति सबकी।

आदिकी न जानो देबी देवता न मानो साँच कहूँ सो पिछानो बात कहत हौं अबकी[१]।
बब्बर अकब्बर[२] हिमायूँ हद्द बाँधि गए हिंदू औ तुरुक की[३] कुरान बेद-ढबकी।
इन[४] पातसाहन में हिंदुन की चाह हुती जहाँगीर साहजहाँ[५] साखपूरैं[६] तबकी।
कासीहू की कला गई मथुरा मसीत भई, सिवाजी न हो तो तो सुनति होति सबकी।

कुंभकर्न औरँग को औनि अवतार लैकै[१] मथुरा जराइकै दुहाई फेरी रब की।
खोदि डारे देबी-दव-दवल अनेक सोई[२]पेखि निज पानिप तें छूटी माल सबकी[३]।
भूषन भनत भाजे कासीपति बिस्वनाथ और का गनाऊँ नाम गिनती में अबकी[४]।
दिल में डरन लागे चारो बर्न ताही समै[५] सिवाजी न हो तो तो सुनति होति सबकी।

मारि करि पातसाही खाकसाही कीन्ही जिन जेर कीन्हो जोर सों लै हद्दसबमारेकी।
खिसि गई सेखी फिसि गई सूरताई सब हिसि गई हिम्मत हजारों लोग सारे की।
बाजत दमामे लाखौं धौंसा आगे घहरात गरजत मेघ ज्यों बरात चढ़े भारे की।
दूल्हो सिवाजी भयो दच्छिन दमामेवारो, दिल्ली दुलहिन भई सहर सितारे की।
—[कच्छभुज की प्रति से] [४४९।

आई चतुरंग सैन सिह सिवराजजू की देखि पातसाहन की सेना धरकत हैं।
जुरत सजोर जंग जोम-भरे सूरन के स्याह स्याह नागिन लौं खग्ग खरकत हैं।

---

६ पैगंबर बीर सबै दिगंबर देख लिए। ७ व्है ते पूर कब की; व्है पूर सबकी। ८ जाती। ९ होती। ४४७—१ साँच को न मानै देवी-देवता न जानै अरु ऐसी उर आनै मैं कहत बात जब की। २ के तब्बर; के टब्बर। ३ दो मैं एक करी ना। ४ और साहि। ५ अकबर। ६ कहैं; सुनत। ४४८—१ असुर औतारौ औरंगजेब कीन्हीं कत्ल। २ सहर मुहल्ला बाँके। ३ लाखन तुरुक कीन्हे छूटि गई तबकी; लाखो किए मुसल्मा माला छूटि गई तबकी। ४ और कौन गिनती में भूली गति भव की। ५ चारों बर्न धर्म छोड़ि कलमा नेवाज पढ़ि।

[४४६] देवल=देवालय, मंदिर। गिरावते=गिराते। निसान=झंडा। अली=मुहम्मद साहब के दामाद, मुसलमानों के चौथे खलीफा। राव=छोटे राजा। राने=महाराणा (बड़े राजा)। गए०=भाग गए। गौरा=पार्वती। गनपति=गणेश। मारि०=दबक गए। पीरा=पीर (मुसलमान सिद्ध)। पयगंबरा=पैगंबर, ईश्वर का दूत। दिगंबर=औलिया (मुसलमानों में नंगे रहनेवाले साधु)। रब=खुदा। कला=ज्योति, प्रभाव। मसीत=मसजिद। सुनति=सुन्नत, खतना। [४४७] आदि=आदिपुरुष, परमात्मा। पिछानो=पहचानो। बब्बर=बाबर। ढब=ढंग। चाह=प्रेम, ख्वाहिश। हुती=थी। साख=साक्ष्य, गवाही। पूरैं=पूर्ण करते हैं। [४४८] औनि=अवनि, पृथ्वी। दुहाई०=मुसलमानी धर्म का बलपूर्वक प्रचार करवाया। सोई=वही। पेखि=देखकर। पानि=पाणि, हाथ। बर्न=वर्ण, जाति। [४४९] खाकसाही=भस्मीभूत। खिसि०=निकल गई। सेखी=तेहा। फिसि०=दूर हो गई। हिसि०=छूट गई। दमामा=नगाड़ा।

भूषन भनत भूत प्रेतन के कंधन पै टाँगी मृतबीरन की लोथें लरकत हैं।
कालनुख-भेंटे भूमि रुधिर-लपेटे परकटे पठनेटे मुगलेटे फरकत हैं।४५०।

कोप करि चढ्यौ महाराज सिवराज बीर धौंसा की धुकार तें पहार दरकत हैं।
गिरे कुंभि मतवारे स्रोनित फुहारे छूटे कड़ाकड़ छितिनाल लाखौं थरकत हैं।
मारे रन जोम कै जवान खुरासान केते काटि-काटि दाहि दावें छाती थरकत हैं।
रनभूमि लेटे वै चपेटे पठनेटे परे रुधिर-लपेटे मुगलेटे फरकत हैं।४५१।

दिल्ली-दल दले सलहेर कें समर सिवा **भूषन** तमासे आय देव दमकत हैं।
किलकति कालिका कलेजे की कलल करि करिकै अलल भूत-भैरो तमकत हैं।
कहूँ रुंड-मुंड कहूँ कुंड भरे स्रोनित के कहूँ बखतर करि-झुंड झमकत हैं।
खुले खग्ग कंध धरि तालगतिबंध पर धाय धाय धरनि कबंध धमकत हैं।४५२।

भूप सिवराज कोप करि रन-मंडल में खग्ग गहि कूद्यौ चकता के दरबारे में।
काटे भट बिकटरु गजन के सुंड काटे पाटे उर भूमि काटे दुवन सितारे में।
भूषन भनत चैन उपजै सिवा के चित्त चौसठ नचाई जबै रेवा के किनारे में।
आँतनकीताँतबाजी खाल की मृदंग बाजीखोपरीकी तालपसुपाल केअखारे में॥

तेरी धाकही तें नित हबसी फिरंगी औ बिलाइती बिलंदे करैं बारिधि-बिहरनो।
भूषन भनत वीजापुर भागनेर दिल्ली तेरे बैर भयौ उमरावन को मरनो।
बीच बीच उहाँ केते जोर सों मुलुक लूटे कहाँ लगि साहस सिवाजी तेरो बरनो।
आठो दिगपाल त्रास आठ दिसि जीतिबे कोंआठ पातसाहन सों आठोजामलरनो।

सारी पातसाही के अमार जुरि ठाड़े तहाँ लाय कै बिठायौ कोऊ सूबन के नियरे।
देखिकै रसीले नैन गरब-गसीले भए करी न सलाम न बचन बोले सियरे।
भूषन भनत जबै धरचौ कर मूठ पर तबै तुरकन के निकसि गए जियरे।
देखि तेग-चमक सिवा को मुख लाल भयौ स्याहमुख नौरँग सिपाहमुख पियरे॥

बाप तेंबिसालभूमि जीत्यौ दस-दिसिन तें महि में प्रताप कीन्हौ भरी भूप भानसो।
ऐसो भयौ साहि को सपूत सिवराजवीरजैसो भयौ होत है न ह्वैहैं कोऊ आन सो।

---

[४५०] जुरत=भिड़ते हैं। सजोर=बल-सहित। जोम०=उत्साहयुक्त। स्याह=काली। परकटे=पंख कटे हुए (हाथ-पैर कटे)। [४५१] धौंसा=नगाड़ा। धुकार=गड़गड़ाहट। दरकत०=फट जाते हैं। कुंभि=हाथी। स्रोनित=खून। छितिनाल=एक प्रकार की बंदूक। करकत०=कड़ाकड़ शब्द करते हैं। जोम=पराक्रम। [४५२] तमासे=तमाशा देखने के लिए। दमकत=चमकते हैं। कलल=अभिलाष। अलल=भूतों का शब्द। तमकत०=उत्साहित होते हैं। बखतर=कवच। करी=हाथी। झमकत०=झमझम शब्द करते हैं। गति=चाल (गत)। ताल०=(यहाँ पर), पैंतरे के साथ। कबंध=धड़। धमकत०=धम्म धम्म शब्द करते हैं। [४५४] बिलंदे=बिलंद हुए, नष्ट हुए। बिहरनो=भ्रमण करना। बरनो=वर्णन करूँ। [४५५] सूबा=सूबेदार। रसीले=सरस। गरव०=गर्व की गाँस से युक्त (गर्वयुक्त)। कर=हाथ। [४५६] भान=(भानु) सूर्य। आन=(अन्य

एदिल कुतुबसाह औरँग के मारिबे कों भूषन भनत को है सरजा खुमान सो।
तीन पुर त्रिपुर के मारे सिव तीन बान तीन पातसाही हनी एक किरवान सों।
[४५६।

जानि पति बागवान मुगल पठान सेख बैल सम फिरत रहत दिन-रात हैं।
ताते ह्वै अनेक कोऊ सामने चलत कोऊ पीठ दै चलत मुख नाय सरमात हैं।
भूषन भनत जुरे जहाँ जहाँ जुद्धभूमि सरजा सिवा के जसबाग न समात हैं।
रहँट की घरी-जैसे औरँग के उमराव पानिप दिली ते लाइ ढारि ढारि जात हैं॥
साहि के सपूत रनसिंह सिवराज बीर बाही समसेर सिरसत्रुन पै कढ़िकै।
काटे वै कटक कटकिन के बिकट भू पै हम सों न जात कह्यो सेष सम पढ़िकै।
पारावार ताहि को न पावत है पार कोऊ स्रोनित-समुद्र यहि भाँति रह्यौ बढ़िकै।
नाँदिया की पूछि गहि पैरिकै कपाली बचे काली बचीं माँस के पहार पर चढ़िकै।
मारे दल मुगल सम्हार करि वार[1] आज उछलि उछलि म्यान-बामी तें निकासती।
तेरे कर वार[2] लागे दूसरी न माँगै कोऊ काटिकै करेजा स्रोन पीवत बिनासती।
साहि के सपूत महाराज सिवराज बीर तेरी तलवार स्याह नागिन तें जासती।
ऊँट हय पैदल सवारन के झुंड काटि हाथिन के मुंड तरबूज-लौं तरासती।४५६।
सिंहल के सिंह सम रन सरजा की हाक सुनि चौंकि चलैं सब धाइ[1] पाटसादा के।
भूषन भनत भुवपाल दुरे द्राविड़ के ऐल-फैल गैल गैल भूले उनमादा के।
उछलि उछलि ऊँचे सिंह गिरे लंक माहिं बूड़ि गए महल बिभीषन के दादा के।
महि हालै मेरु हालै अलका-कुबेर हालै जा दिन नगारे बाजे सिव-साहजादा के।
कत्ता के कसैया महाबीर सिवराज तेरी रूम के चकत्ता लौं हू[1] संका सरसात है।
कासमीर काबुल कलिंग कलकत्ता अरु कुल करनाटक की हिम्मत हेरात है।

४५९—१ तिहारी तलवार। २ तेरी तलवार। ४६०—१ चलत बधाइ।
४६१—१ तक।

और। त्रिपुर=एक असुर जिसे शिव ने जीता था। हनीं=मारी (जीती)। [४५७] बागवान=माली। ताते ह्वै=गरम होकर (तेहा करके)। बाग=बगीचा। रहँट=कुएँ से बैलों द्वारा पानी निकालने की कल। घरी=घड़े। [४५८] बाही=चलाई। समसेर=तलवार। कढ़िकै=निकलकर। कटकिन के=सेनावालों के। पारावार=समुद्र। स्रोनित=खून। नाँदिया=महादेवजी का बैल। पैरिकै=तैरकर। कपाली=महादेव। [४५९] सम्हार०=सम्हलकर। वार=चोट। म्यान०=म्यानरूपी बाँबी। निकासतीं=निकालते समय। तेरे०=तेरे हाथ से वार होने पर। स्रोन=खून। बिनासती=नष्ट करती। स्याह=काली। जासती=अधिक, बढ़कर। तरासती=काट डालती है। [४६०] सिंहल=एक द्वीप। हाक=दहाड़। पाटसादा के=(पाट=राजसिंहासन+शाद=भरे पूरे) भरे पूरे राज के लोग। दुरे=छिपे। द्राविड़=द्रविड़ों का देश। ऐल०=सेना के फैलने से। गैल०=गली गली। भूलै०=पागल होकर शरीर की सुध भूल गए हैं। मेरु=सुमेरु पर्वत। अलका=कुबेर की नगरी। साहजादा=राजकुमार।

बिकट बिराट बंग ब्याकुल बलख बीर बारहो बिलाइत सकल बिलखात है।
तेरी धाक धुंधरि धरा में अरु धाम धाम अंधाधुंध आँधी सी हमेस हहरात है
[४६१।

साहि के सपूत सिवराज बीर तेरे डर अडग अपार महा दिग्गज सो डोलिया।
बेदर-बिलाइत सो उर अकुलाने अरु संकित सदाई रहै बेस बहलोलिया।
भूषन भनत कौल करत कुतुबसाह चाहै[1] चहुँ ओर रच्छा एदिल सा भोलिया।
दाहि दाहि दिल कीने दुखदाई दाग तातें आहि आहि करत औरंगसाहओलिया॥
[४६२।

तखत तखत पर तपत प्रताप पुनि, नृपति नृपति पर सुनी है अवाज की।
दंड सातौ दीप नव खंडन अदंड पर नगर नगर पर छावनी समाज की।
उदधि उदधि पर दावनी खुमानजू की थल थल ऊपर सुबानी कबिराज की।
नग नग ऊपर निसान झारि जगमगे पग पग ऊपर दुहाई सिवराज की।४६३।

यों[1] पहिले उमराव लरे रन[2] जेर कियो[3] जसवंत अजूबा।
साइत खाँ अरु[4] दाउद खाँ पुनि हारि दिलेर महम्मद[5] डूबा।
भूषन देखें[6] बहादुर खाँ पुनि होय[7] महावत खाँ अति ऊबा।
सूखत जानि सिवाजू के तेज तें पान से फेरत औरँग सूबा।४६४।

औरँग अठाना साह सूर की न मानै आनि जब्बरजोरानाभयोजालिमजमाना को।
देवल डिगाने[1] राव राने[2] मुरझाने[3] अरु धरम ढहाना पन मेठ्यो है पुराना को।

४६२—१ चाहे। ४६४—१ कै। २ अमीरुल। ३ फेर कियो। ४ फेरि कुतुब्ब खाँ। ५ कीन्हो दलेल महामद। ६ कीन्हे। ७ फिर भेस। ४६५—१ डिगाना। २ राना। ३ मुरझाना।

[४६१] कत्ता=छोटी टेढ़ी तलवार। कसैया=बाँधनेवाला। रूम०=रूम के बादशाह। सरसात=छाई हुई है। कलिंग=उड़ीसा। हेरात है=खो जाती है। बंग=बंगाल। बलख=अफगानिस्तान का एक नगर। बिललात०=व्याकुल हैं। धुंधरि=गरद-गुबार। हहरात=चलती है। [४६२] अडग=अटल। डोलिया=हिल गया। बेदर=दक्षिण की एक मुसलमानी रियासत। सदाई=सदा ही। बेस=रूप। बहलोलिया=बहलोल खाँ। कौल=करार, प्रतिज्ञा। भोलिया=भोला-भाला। दिल०=चित्त दुखी करके। दाग=चिह्न, घाव। आहि=हाय। ओलिया=फकीर। [४६३] तखत=राजसिंहासन। तपत०=आतंक छाया है। अवाज करना=धाक जमाना। अदंड=अदंडित, जिन्हें दंड नहीं मिला था। छावनी=फौज का डेरा। उदधि=समुद्र। दावनी=दमन। नग=पर्वत। निसान=झंडे। झारि=झाराझार, एकदम। (झंडे ही झंडे)। जगमगे=फहराने लगे। [४६४] उमराव=बड़े सरदार। जेर=पराजित किया। अजूबा=विचित्र। डूबा=डूब गया (चौपट हो गया)। ऊबा=व्याकुल हो गया। सूखना=गरमी से शुष्क होना; डर से मलिन होना। जानि=जानकर। पान=तांबूल। फेरना=नीचे ऊपर करना; बदलना। सूबा=सूबेदार।

कीनो घमसाना मुगलाना कों मसाना भरे जपत जहाना जस बिरद बखाना को।
साहिके सपूत सिवराना किरवाना गहि राख्यो है खुमाना बरवाना हिंदुवाना को।
[४६५।

कूरम कबंध हाड़ा तूँबर बघेला बीर प्रबल बुँदेला हुते जेते दलमनी सों।
देवल गिरन लागे मूरति लै बिप्र भागे नेकहू न जागे सोइ रहे रजधनी सों।
सबने पुकार करी सुरन मनाइबे कों सुर ने पुकार भारी कीन्ही बिस्वधनी सों।
धरम रसातल को डूबत उबारचौ सिवा मारि तुरकान घोर बल्लम की अनी सों॥

बंध कीन्हें बलख सों बैर कीन्हो खुरासान कीन्ही हबसान पर पातसाही पल ही।
बेदर कल्यान घमसान कै छिनाय लीन्हे जाहिर जहान उपखान यह चलही।
जंग करि जोर सों निजामसाही जेर कीन्ही रन में नमाए हैं बुँदेल छल-बल ही।
ताके सब देस लूटि साहिजी के सिवराज कूटी फौज अजौं मुगलन हाथ मलही॥

प्रबल पठान फौज काटिकै कराल महा आपनी मनाइ आनि जाहिर जहान को।
दौरि करनाटक में तोरि गढ़कोट लीन्हे मोदी सो पकरि लोदी सेर खाँ अचानको।
भूषन भनत सब मारिकै बिहाल करि साहि के सुबन राचे अकथ कहान को।
बारगीर बाज सिवराज तो सिकार खेलै साह-सैन-सकुन में ग्राही किरवान को।

औरँग-सा इक ओर सजै इक ओर सिवा नृप खेलनवारे।
भूषन दच्छिन दिल्लिय देस किए दुहुँ ठीक ठिकान मिनारे।
साहि सिपाह खुमानहि के खग लोग घटान समान निहारे।
आलमगीर के मीर वजीर फिरैं चउगान बटान से मारे।४६९।

---

[४६५] अठाना=बिगड़ गया, शरारत करने लगा। आनि=लिहाज, दबाव। जोरावर=प्रबल। जोराना=बली हो गया। जमाना=समय। डिगाने=हिल गए (तोड़ डाले गए)। राव-राने=छोटे-बड़े राजा। मुरझाने=बलहीन हो गए। ढहाना=गिर गया। पन=प्रण (रीति-रिवाज)। पुराना=पुराणों का। घमसाना=घोर युद्ध। मसाना=(श्मशान)। जहाना=संसार। बिरद०=प्रशंसित। किरवाना=तलवार। बर०=उत्तम चाल-ढाल। [४६६] कूरम=कछवाहे। कबंध=(कबंधज) राठौर। दलमनी=(दलमणि) सेना में श्रेष्ठ। नेकहू=थोड़ा सा। जागे=सचेत हुए, उठे। रजधनी०=राजधानी में। बिस्वधनी=संसार के स्वामी, ईश्वर। रसातल०=चौपट होता हुआ। उबारचौ=उद्धार किया। बल्लम=भाला। अनी=नोंक। [४६७] बंध०=बाँध लिया। पल ही=क्षण भर में। छिनाय०=छीन लिए। उपखान=कथा। नमाए०=पराजित किए हैं। कूटी=पीटी। मलही=मलते हैं। [४६८] आनि=दबाव। दौरि=आक्रमण करके। मोदी=बनिया। अचानको=यकायक। बिहाल=(विह्वल) व्याकुल। सुवन=पुत्र। राचे०=अकथ्य कहानियों की रचना कर डाली (जो बात असंभव थी उसे भी संभव कर दिखाया)। वारगीर=सिपाही। सकुन=पक्षी। ग्राही=ग्रहण करनेवाला। [४६९] औरँग=औरंगजेब बादशाह। इक ओर=एक पक्ष में। खेलनवारे=खेलनेवाले। ठिकान=स्थान। मिनारे=मीनार (गोल)। दच्छिन०=दक्षिण और दिल्ली इन दोनों देशों

बैठतीं दुकान लैकै[1] रानी रजवारन की तहाँ आइ बादसाह राह देखै सबकी।
बेटिन को यार और यार है लुगाइन को राहन के मार दाबादार गए दबकी।
ऐसी कीन्ही बात तोऊ कोऊवै न कीन्ही घात भई है नदानी बंस छत्तिस में कबकी।
दच्छिन के नाथ ऐसी देखि धरे मूछौं हाथ, सिवाजी न होतो तो सुनति होति सबकी
[४७०।

सतयुग द्वापर औ त्रेता कलियुग मधि आदि भयो नाहिं भूप तिन हुते ए घरी।
बब्बर अकब्बर हिमायूँसाह सासन सों नेह तें सुधारी हेम-हीरन तें सगरी।
भूषन भनत सबै मुगलान चौथ दीन्ही दौरि दौरि पौरि पौरि लूट ली चहूँ फरी।
धूरि तन लाइ बैठी सूरत है रैन-दिन सूरत कों मारि बदसूरत सिवा करी॥
[४७१।

पक्खर प्रबल दल भक्खर सों दौर करी आय साहिजू को नँद बाँधी तेग बाँकरी।
सहर भिलायो मारि गरद मिलायो गढ़ अजहूँ न आगे पाछे भूप किन नाँ करी।
हीरा मनि मानिक की लाल पोटि लादि गयो मंदिर ढहायो जोपै काढ़ी मूल काँकरी
आलम पुकार करै आलम पनाहजू पै होरी-सी जराय सिवा सूरत फनाँ करी।
[४७२।

४७०—१ दुकानाँ लगाइ बैठी।

को गोल का स्थान निश्चित किया। साह० = बादशाह के सिपाही। खुमानहि० = शिवाजी की तलवार। लोग=दर्शक लोग। घटा=बादल का घिराव। निहारे= देखे। साह० = लोगों ने बादशाह की सेना और शिवाजी की तलवार को बादलों की घटा के समान देखा। चउगान = चौगान। [४७०] लैकै=लगाकर। रजवारन की = रजवाड़ों की। लुगाई = स्त्री। राहन=बटपार, डकैत। दावादार=आधिपत्य या बराबरी की घोषणा करनेवाले। दबकी० = (डर से) दुबक गए। कौऊवै = किसी ने भी। घात करना = चोट करना। नदानी = मूर्खता। छत्तिस=राजपूतों के छत्तीस कुल। कब की=कमी से। धरे० = (हम औरंगजेब से भिड़ेंगे इस अभिप्राय से) मूँछों पर ताव दिया। सुनति = सुन्नत, खतना। [४७१]] तिन० = उनसे लेकर इस समय तक। हेम=सोना। हीरन तें = जवाहिरातों से। सगरी=सब। चौथ = मरहठों का लगाया हुआ 'कर', जिसमें आय का चतुर्थांश लिया जाता था। दौरि० = आक्रमण करके। पौरि=ड्योढ़ी (स्थान)। पौरि०=प्रत्येक स्थान में। चहूँ = चारों ओर। फरी = (फिरी) घूमकर अथवा फर = (दल=सेना) मुकाबला। धूरि०=शरीर में मिट्टी पोतकर। रैन-दिन = रातोदिन। सूरत = शकल, चेहरा। सूरत० = चेहरा फेरकर, मुख मोड़कर। बदसूरत=कुरूप। [४७२] पक्खर = लोहे की झूल। भक्खर = सिंध का एक नगर। नंद = पुत्र। बाँधी = (कमर में) कसी। बाँकरी=बंक, टेढ़ी। भिलायो=सूरत का एक शहर। गरद० = चौपट कर दिया। आगे=पहले। पीछे= पश्चात्। न भूप० = किस राजा ने (पहले अथवा पीछे) नहीं नहीं की। हीरा० = जवाहिरात। पोटि=गठरी। लादि०=उठा ले गया। मंदिर=महल। ढहायो=गिरा दिया। काढ़ी०=मूल (नीवँ) से कंकड़ कढ़वाया (जड़ से खुदवा डाले)। आलम० = संसार-रक्षक (औरंगजेब बादशाह)। होरी=होलिका। फना०=नष्ट कर दी।

दौरि चढ़ि ऊँट फरियाद चहूँ खूँट कियो सूरत कों कूटि सिवा लूटि धन लै गयो।
कहि ऐसें आप [1]आमखास मधि साहन कों कौन नर जायँ दाग छाती बिच दै गयो।
सुनि सोई साह कहै यारो उमरावो जाओ सो गुनाह राव एती बेर बीच कै गयो।
भूषन भनत मुगलान सबै चौथ दीन्ही हिंद में हुकुम साहिनंदजू को ह्वै गयो।
[४७३।

बारह हजार असवार जोरि दलदार ऐसे अफजलखान आयो सुर-साल[1] है।
सरजा खुमान मरदान सिवराज बीर गंजन गनीम आयो गाढ़े गढ़पाल है।
भूषन भनत दोऊ दल मिलि गए बीर[2] भारत सो भारी भयो जुद्ध बिकराल है।
पार जावली के बीच गढ़ परताप तले स्रोन भए सोनित सों अजौं धरा लाल है॥

दिल्ली को हरौल भारी सुभट अडोल गोल चालिस हजार लै पठान धायो तुरकी।
भूषन भनत जाकी दौरिहीको सोरमच्यो एदिलकी सीमा पर फौज आनि ढुरकी।
भयो है उचाट करनाट-नरनाहन को डोलि उठी छाती गोलकुंडा ही के धुर की।
साहि के सपूत सिवराज बीर तैं ने तब बाहु-बल राखी पातसाही बीजापुर की॥

घिरे रहे घाट और बाट सब घिरे रहे बरस दिना की गैल छिन माँहि छ्वै गयो।
ठौर ठौर चौकी ठाढ़ी रही असवारन[1]की मीर उमरावन के बीच ह्वै चलै गयो।
देखे में न आयो ऐसे कौन जानै कैसे गयो दिल्ली कर मीड़ै कर झारत कितै[2]गयो।
सारी पातसाही के सिपाह सेवा सेवा करैं परयो रह्यो पलँग परेवा सेवा है गयो॥

आपस की फूट ही तें सारे हिंदुवान टूटे टूटयो कुल रावन अनीति अति करतें।
पैठियो पताल बलि बज्रधर ईरषा तें टूटयो हिरनाच्छ अभिमान चित धरतें।

४७३—१ आय। ४७४—१ जोर जुलमात। २ भिरे दोऊ दल महीथल। ४७६—१ सब स्वारन। २ भारत बितै।

[४७३] फरियाद=पुकार, प्रार्थना। चहूँ खूँट=चारों ओर। कूटि=पीटकर। मधि=मध्य। कहि०=साड़िनीसवार बादशाह के महल में आकर कहते हैं। दाग=चिह्न (घाव)। कौन०=कहाँ जायँ, वह (शिवाजी) तो हमारी छाती में घाव कर गया है। गुनाह=अपराध। राव=राजा (शिवाजी)। एती बेर=इतने ही समय में। हुकुम=हुकूमत। [४७४] असवार=घुड़सवार। जोरि=एकत्र करके। दलदार=सेनापति। सुर-साल=देवताओं को सालनेवाला, राक्षस। मरदान=पराक्रमी। गंजन=नाशक। गनीम=शत्रु। गाढ़ा०=भारी दुर्गरक्षक। भारत=महाभारत। बिकराल=भयानक। पार=एक ग्राम। जावली=एक ग्राम। तले=नीचे। स्रोन०=रक्त बहने के कारण ललाई छा जाने से। [४७५] हरौल=हरावल, सेना का अगला भाग। अडोल=अटल। गोल=समूह। सोर=हल्ला। आनि०=आकर लुढ़क गई (पहुँच गई)। उचाट०=व्याकुलता छा गई। डोलि०=काँप गई। धुर=शीर्षस्थान (किला)। राखी=बचाई। [४७६] घाट=नदियों से पार होने का नाका। बाट=रास्ता। चौकी=पहरा। कर०=हाथ मलती है। कर०=हाथ फटकारता हुआ। परेवा०=पक्षी की तरह उड़ गया।

टूट्यो सिसुपाल बासुदेवजू सों बैर करि टूट्यौ है महिष दैत्य अधम बिचरतें।
राम-कर छूवन तें टूट्यो ज्यों महेस-चाप टूटी पातसाही सिवराज-संग लरतें।
[४७७।

चोरी रही मन में ठगोरी रूप ही में रही नाहीं तौ रही है एक मानिनी के मान में।
केस में कुटिलताई नैन में चपलताई भौंह में बँकाई हीनताई कटियान में।
भूषन भनत पातसाही पातसाहन में, तेरे सिवराज राज अदल जहान में।
कुच में कठोरताई रति में निलजताई छाँड़ि सब ठौर रही आइ अबलान में ॥

तेरी असवारी महाराज सिवराज बली केते गढ़पतिन के पंजर मचकि गे।
केते बीर मारिकै बिडारे किरवानन तें केते गिद्ध खाए केते अंबिका अचकि गे।
भूषन भनत रुंडमुंडन की माल करि चार पाँव नाँदिया के भार तें भचकि गे।
टूटि गे पहार बिकरार भुव-मंडल के सेष के सहसफन कच्छप कचकि गे ॥

तेरे त्रास बैरि-बधू पीवत न पानी कोऊ पीवत अघाय धाय उठैं अकुलाइ है।
कोऊ रहीं बाल, कोऊकामिनी रसाल ते तौ भई बेहवाल फिरैं भागी बनराइ है।
साहि के सपूत तुम आलम-सुभानु सुनौ **भूषन** भनत तव कीरति बनाइ है।
दिल्ली को तखत तजि नींद-खान-पान-भोग सिवासिवा बकत सी सारी पातसाइ है
[४८०।

तेगबरदार स्याह पंखाबरदार स्याह निखिल नकीब स्याह बोलत बिराह को।
पान पीकदानी स्याह सेनापति मुख स्याह जहाँ तहाँ ठाढ़े गिनै **भूषन** सिपाह को।

---

[४७७] सारे०=सब हिंदू। टूटे=चौपट हुए। करतें=करते हुए। बज्रधर=इंद्र। हिरनाच्छ=प्रह्लाद का चाचा। महिष=महिषासुर। अधम०=अधर्म का आचरण करने। [४७८] चोरी०=कहीं चोरी नहीं है केवल मन की चोरी होती है। ठगोरी=ठग-विद्या, मोहिनी। रूप=सौंदर्य। नाहीं०=कोई दान देने में 'नहीं' नहीं करता, मानिनी नायिकाएँ 'नहीं नहीं' करती हैं। केस=बाल। बँकाई=टेढ़ापन। हीनताई=पतलापन। कटियान०=कमर में। पात=किसी का पतन नहीं होता, बादशाहों की बादशाही का ही पतन होता है। अदल=न्याय। जहान=संसार। कुच=स्तन। निलजताई=निर्लज्जता। विशेष—परिसंख्या अलंकार द्वारा सब बातें स्त्रियों की कही गई हैं और 'अबला' शब्द का प्रयोग किया गया है। तात्पर्य यह कि शिवाजी के राज्य में अबलाओं की ओर कोई आँख उठाकर देखता भी नहीं। इसी से सभी दुर्गुण वहीं आकर एकत्र हो गए हैं। [४७९] असवारी=सवारी, सेना। पंजर=पसुली। मचकि०=टूट गए। बिडारे=नष्ट किए। अंबिका=काली। अचकि०=खा गई। रुंड=धड़। नाँदिया=(नंदी) महादेव का बैल। भचकि०=मोच आ गई (लँगड़े हो गए)। बिकरार=(विकराल) भयंकर। कचकि०=कुचल गए। [४८०] अघाय=पेट भरकर। बाल=अविवाहिता स्त्री। रसाल=रसीली। बेहवाल=विह्वल। बनराइ=घोर जंगल। आलम०=संसार के सूर्य। [४८१] तेग०=तलवार धारण करनेवाले। निखिल=समस्त। नकीब=दूत। बिराह=अंडबंड।

स्याह भए सारी पातसाही के अमीर खान काहूके न रह्यो जोम समर उमाहको।
सिंह सिवराजदल मुगल बिनासकरि घास ज्यों पजार्‌यो आमखास पातसाह को॥

जोर रूसियान को है तेग खुरासानहू की जीति इँगलैंड चीन हुन्नर महादरी।
हिम्मत अमान मरदान हिंदुवानहू की रूम अभिमान हबसान-हद कादरी।
नेकी अरबान सान अदब ईरान त्यों ही क्रोध है तुरान ज्यों फराँस फंद आदरी।
भूषन भनत इमि देखिये महीतल पै बीर सिरताज सिवराज की बहादरी।
[४८२।

सैयद मुगल पठान सेख चंदावत भच्छन।
सोम सूर द्वै बंस राव राना रन-रच्छन।
इमि **भूषन** अवरंग और एदिल दल-जंगी।
कुल करनाटक कोट भोटकुल हबस बिरंगी।
चहुँ ओर बैर महि मेरु लगि साहितनै साहस झलक।
फिर एक ओर सिवराज नृप एक ओर सारी खलक।४८३।

[—'शिवराजशतक' से]

ताही ओर परै घोर घर घर जोर सोर जाही ओर सिवा के नगारे भारे गरजैं।
भूषन जौ होइ पातसाही पाइ माल औ उजीर बेहवाल जैसे बाज त्रास चरजैं।
एकै कहैं देस लेहु एकै कहैं दंड लेहु एकै कहैं लेहु गढ़-कोट जंग बरजैं।
करत उकील सरजा के दरबार छरीदारन सों ऐसी पातसाहन की अरजैं।४८४।

पारावार पार पैरि जैहैं भुजबल अरु बारक बिहसि बड़वानल में जरिहैं।
दौरिहैं उपाहने पगन तरवारि पर महा बिषधरन के मुख कर करिहैं।
भूषन भनत अवरंगजू कों उमराव कहत रहत गिरिहू तें गिरि परिहैं।
छोरि समसेर सेर सिंहहु सों लरिहैं वै बाँधि समसेर सिवा सिंह पै न लरिहैं ४८५

एकै भाजि सकत न चौकरी भुलाने ऐसे जैसे मृग-जूथ दपटत मृगराज के।
भूषन भनत एकै पच्छनि थकित भए पच्छी लौं सटपटात झपटत बाज के।
एकै सरजा के परताप यौं जरत तिन-पुंज ज्यौं बरत परे मुख-दौ-दराज के।
मीरजादे मुरि जात खानजादे खपि जात साहजादे सूखि जात दौरे सिवराजके४८६

खान=छोटे सरदार। आम-खास=महलों के भीतर का वह भाग जहाँ बादशाह बैठते हैं। [४८२] रूमियान=रूस के निवासी। हुन्नर=हुनर, कला। महादरी=(महा+आदरी) बहुत संमान। अमान=अपरिमाण। मरदान=वीर। अरबान=अरब के रहने वाले। अदब=आदर। फराँस=फ्रांस देश। [४८३] सोम-सूर=चंद्रमा और सूर्य। कुलभोट=एक नगर (भटकुल)। [४८४] बरजैं=चिल्लाते हैं। बरजैं=मना करते हैं। अरजैं=विनय। [४८५] बारक=एक बार। उपाहने=नंगे। बिषधर=सर्प। कर=हाथ। समसेर=तलवार। [४८६] चौकरी=चौकड़ी, छलांग। जूथ=समूह। पच्छ=पंख, डैना। सटपटात=भयभीत होते हैं। तिन०=तिनके का ढेर। दौ=दावाग्नि। **दराज**=भारी, **भीषण**।

सूरसरदार सूबेदार ऐंड़दार ते वै सरजा धँसाए धोप-धक्कनि धुकाइकै
भूषन भनत यातें संकत रहत नित कोऊ उमराव न सकत समुहाइकै
दिल्ली तें चलत ह्यांलौं आवत सिवा के डर कूटि काटि फौजें जाती भभरि भगाइकै
मध्य तें उमड़ि जैसे बीची बारि बारिधि की बेला न उलंघें जातीं बीचही बिलाइकै
[४८७ ।

मारे तें रुहेलनि बिडारे तें बुंदेलनि के बहादुरखान ह्वै है घाट को न घर को।
भूषन भनत सिव सरजा की धाक फेरि कोऊ नाहिं ह्वै है सूबा दक्खिन के दर को।
बेदर के लीने पर देवगिरि छीनें पर सत्रुन के सीने पर जैहे महाधर को।
दोई दिन भीतर बिगोई सुनि आगरे सों कोई दिन जैहे गढ़ोई ग्वालियर को।४८८।

कारी भीति कालिंजर कँगूरे कनौज सदा सूरन के संका सरजा के करवाल की।
भूषन मिमार माड़े मालव मुलुक कोऊ झंपि सोर भीमर गहै न बात बाल की।
बिललाइ बिकल बिलाइतिको साह सुनि साइति में सूरति बिलाइत बिहाल की।
कहाँ लौं सराहौं सिवराजकी सपूती भई कौंसिलापुरी लौं धाक भौंसिला भुआलकी
[४८९।

कैयो देस परिब्रढ़ कैयौ कोट-गढ़ी-गढ़ कीन्हें अढ़अढ़ डिढ़ काहू में न गति है।
भूषन भनत सेनाबंध हलकंप सुनि सिंहल ससंक बंक लंक हहलति है।
गोलकुंडा बीजापुर हबस पुरतगाल बलख बिलाइत दिली में दहसति है।
डंका के बजत पातसाह या मलेच्छ मन डाँकि चौकी धाक सिवाजी की पहुँचति है

महाराज सरजा खुमान सिंह तेरी धाक छूटे अरिनैननि में पानी की पनारिका।
भूषन भनत धार-धार सुनि बेसुमार बारक सम्हारैं न कुमार न कुमारिका।
देहकी न खबरि सुगेह की चलावै कौन गात न सोहात न सोहाती परिचारिका।
मानव की कहा चली एते मान आगरे में आयौ आयौ सिवराज रटैं सुकसारिका।
[—पत्रिकाओं से] [४९१।

साहितनै सुभट सिवाजी गाजी तेरी धाक भभरि भगानी रानी बेगि चुगलन की।
भूषन मुखनि महताब की निकाई सुलफाई तिनके पगनि गुलाब के गुलन की।
कच-कुच-भार कटि लचि लचकाइ थकि आई गरुआई पीन जंघ जुगलन की।
स्रम कुम्हिलानी बिललानी बन बन डोलैं मैगलगवन मुगलानी मुगलन की४९२

[४८७] ऐंड़दार=ठसकवाले। धोप=तलवार। धुकाइ=आतंकित करके। न सकत=सामने नहीं आ सकते। बीची=तरंग। बेला=समुद्रतट। बिलाई०=नष्ट हो जातीं। [४८८] घाट०=किसी काम का नहीं। सूबा=सूबेदार। दर=स्थान। बिगोई=विनाश। गढ़ोई=गढ़पति। [४८९] भीमर=भारी। [४९०] परिब्रढ़=(परिवृत्त) घेर लिए। अढ़अढ़=नष्ट। डिढ़=भ्रष्ट। गति=चेतना, शक्ति। [४९१] पनारिका=पनाला, धारा। सुक=सुग्गा। सारिका=मैना। [४९२] महताब=चंद्रमा। निकाई=सुंदरता। सुलफाई=कोमलता। गुल=फूल। पीन=मोटे। जुगल=दोनो। मैंगल=मदगलित, हाथी।

हैबत ही फीलखाने पिलुआ पलंगखाने आफत वजीरखाने फाका मोदखाने में।
हुँगवा हरमखाने दारिद दरबखाने खाक मालखाने औ खबीस खसखाने में।
सरदी बरूदखाने फसली सिपाहखाने घुर्रा बाजखाने और सुस्ती जंगखाने में।
भूषन किताबखाने दीमक दिवानखाने खाने खाने आफत ना, वाज तोपखाने में।
[४६३।

महाराज सिवराज तेरे त्रास साह भजे जिनके निकट सब नित्य ही लसत हैं।
आरिन में अरुआ अटारिन में आकज औ आँगन अदूसन में ब.घ बिलसत हैं।
भौनन के भीतर भुजंग भूत फैले फिरें प्रेतन के पुंज पौरि पैठत ग्रसत हैं।
चारु चित्रसारिन में चौंकत चुड़ैल फिरें खासे आमखासन में राकस हँसत हैं।४६४।

टूटि गए गढ़कोट महा अरु छूटि गे मेड़े जे खाँड़नि खाँचे।
कूटे सबै उमराव सिवा अरु लूटिबे कौं कहूँ देस न बाँचे।
भूषन कंचन की चरचा कहा रंच म हेम-खजाननि काँचे।
झूठे कहावत हे पहिले अब आलमगीर फकीर भे साँचे।४६५।

बाँएँ लिखवैयन के बाम बिधि होन लागे दाएँ लिखवैयन पै दाप सी मढ़ै लगी।
छा गई उदासी खासी मस्जिद मकबरन मठमंदिरन कोटि रोसनी चढ़ै लगी।
भूषन भनत सिवराज आज तेरे राज तेज तुरकानन तें तेजता कढ़ै लगी।
माथन पै फेरि लागे चंदन चमक देन फेरि सिखा-सूत्रन की महिमा बढ़ै लगी।
[४६६।

कीन्हे खंड खंड ते प्रचंड बलबंड बीर मंडन मही के अरिखंडन भुलाने हैं।
लै लै दंड छंडे ते न मंडे मुख रंचकहू हेरत हिराने ते कहूँ न ठहराने हैं।
पूरब पछाँह आन माने नहिं दच्छिनहू उत्तर धरा को धनी रोपै निज थाने हैं।
भूषन भनत नवखंड महिमंडल में जहाँ जहाँ दीसैं अब साहिकै निसाने हैं ४६७

इत सिरजे खाँ उत सरजा सिवाजी सूर दोउ उतसाहन लरैया खुरकन के।
भूषन भनत गढ़ नाले पर खाले भिरे देखैं दोऊ दीन पै न एकौ कुरकन के।

---

[४६३] हैबत=भय। फीलखाना=हाथीखाना। पिलुआ=कीड़ा। हुँगवा=सुअर। खबीस=भयंकर जीव। फसली=मौसमी बीमारी। घुर्रा=घुग्घू, उल्लू। [४६४] आरिन०=आलों में। अरुआ=उल्लू। आकज=अर्कंज, मदार। अदूसन=दोषरहित, बढ़िया। राकस=राक्षस। [४६५] मेड़े=सीमाएँ। खाँडनि०=जो सीमा की रेखाएँ तलवार की नोक से खींची गई थीं। कंचन=सोना। हेम=सोना। काँचे=काँच। [४६६] बाम=उलटे। दाप=प्रताप। खासी=पूर्ण। रोसनी=चमक। तेजता=तेजस्विता। [४६७] मंडन=शोभा। खंडन=विरोध, चढ़ाई। आन=मर्यादा।

साहदी भवानी उन्हैं माहदी सँघारै सबै बीजापुरी बीर अब लेन मुरकन के।
लोहू चले नाले पै न हाले दल साले चले, भाले मरहट्टन के ताले तुरकन के।
[–'खोज' से] [४९८।

चावर दार पिसान लै चैयत ज्यौ ललचैयत देवन भू मैं।
श्रीसिवराज सुनौ बिनती गुन भाषत भूषन जो घृतजू मैं।
आक धतूरे की कौन चलावत एतौ न तेज हलाहलहू मैं।
और की कीजै कहा गिनती सिव खाइँ तौ बेहू घरी एक घूमैं।४९९।
[–'सुधासर' से]

कोकनद नैनन तें कज्जलकलित छूटे आँसुन की धार तें कलिंदी सरसाति है।
मोतिन की लरैं गरैं छूटि परैं गंगछबि सेंदुर सुरंग सरसुती दरसाति है।
भूषन भनत महाराज सिवराज बीर रावरे सुजस ये उकति ठहराति है।
जहाँ जहाँ भागति हैं बैरिबधू तेरे त्रास तहाँ तहाँ मग में त्रिबेनी होति जाति है।
[–'दिग्विजयभूषण' से [५००।

चारि चारि चौकी जहाँ चकताकी चहूँ ओर साँझ अरु भोर लगि रही जियलेवा की
काँधे धरि काँवर चल्यौ हौ जब चाव सेंती एक लिये जात एक जात चले देवा की
भेष को उतारि डरि डंमर निवारि डारयौ धरयौ भेष औरै जबचल्यौ साथ मेवाकी
पौन हौकि पंछी हौकिगुटकाकि गौन हौ कि देखौ कौन भाँतिगयौ करामातसेवाकी
[५०१

बारिधि के बीच बसैं जेते सुरतान तेते पेसकस लै लिहाज तिनकी न तारनै।
बीजापुर गोलकुंडै आगरैं दिली में बारगीरन के हाथनि नजीरन कों मारनै।
भूषन भनत महाराज सिवराज आज तेरोई जनम धन्य भू में जसकारनै।
राजा ह्वै के डंडियै पटेल सम पातसाह कोटि पातसाही या रजाई पर वारनैं५०२

[४९८] खुरकन०=परवाह रखनेवाले। गढ़० = परनाले के किले पर। खाले= नीचे। दीन=धर्म। कुरकन=घोड़े का अगला भाग। साहदी=(साहिती) अनुकूल। माहदी = (माहिती) परिचित। मुरकन=मुड़ना, भागना। न हाले = हिले नहीं। साले०=झोंकते रहे। ताले=भाग्य। [४९९] चावर=चावल। दार = दाल। चैयत=खाते हैं। ज्यौ० = मन ललचाते हैं। हलाहल=विष। घूमैं=चक्कर आ जाए। [५००] कोकनद=लाल कमल। कलित=युक्त। कलिंदी=यमुना। सुरंग= लाल। [५०१] चकता=औरंगजेब। काँवर=बहँगी। सेंती=से। भेष०=नकली वेश बदलकर। डंमर=आडंबर, स्वाँग। मेवा=डाकू जाति। गुटका=गुटिका, विशेष प्रकार की सिद्धि, जिसमें मुँह में गोली रख लेने से जहाँ चाहे चला जाए। सेवा= शिवाजी। [५०२] पेसकस=भेंट, नजर। तारनै=पार करना। बारगीर=घुड़सवार। हाथनि=द्वारा। नजीर = नाजिर, रक्षक। मारनै=मारना। जस०=यश का हेतु। पटेल=गाँव का मुखिया। रजाई=राजत्व। वारनै=निछावर।

गढ़ परनाले तें उमंग-दौर मारी पैंठ हाथन गुमान गँजे एदिल असुर के।
सरजा खुमान सिबराजके निसान सुनें थाके अवसान बहलोल खाँ के उर के।
भूषन भनत करनाटक भभर तिलगाने खरभर दरबर जोम जुर के।
धर धर धरती पुकार पुरपाटैं फाटैं धाकन की धक्कन कपाट बीजापुर के।५०३

[–अजयगढ़-हस्तलेख से]

डाढ़ी के रखैयन की डाढ़ी सी रहत छाती बाढ़ी मरजाद जैसी[1] हद्द हिंदुवाने की।
कढ़ि गई[2] रैयत के मन की कसक सब मिटि गई ठसक तमाम तुरकाने की।
भूषन भनत[3] दिल्लीपतिदिल धकधका सुनि सुनि धाक सिवराज[4] मरदाने की।
मोटी भई चंडी बिन चोटीके चवाय सीस[5] खोटी भई संपति चकत्ताके घरानेकी।

[५०४।

केतिक देस दले दल के बल दच्छिन चंगुल चाँपिकै चाख्यो[1]।
रूप गुमान हरयो गुजरात को सूरत को रस चूसिकै राख्यो[2]।
पंजन पेलि मलिच्छ मले सब सोई बच्यो जेहि दीन ह्वै भाख्यो[3]।
सो रँग है सिवराज बली जिन[4] नौरँग में रँग एक न राख्यो।५०५।

श्रीसिवराज धरापति के यहि भाँति पराक्रम होत है भारी[1]।
दंड लिए भुवमंडल को नहिं कोऊ अदंड बच्यो छतधारी।

५०४—यही 'महाराज छत्रसाल' की प्रशंसा में 'नेवाज' कवि के नाम पर मिलता है। १ जग। २ निकसिकै। ३ कहत 'नेवाज'। ४ राजा छत्रसाल। ५ दलन खाय। ५०५—'साहित्य-सिंधु' में 'दत्त' कवि के नाम पर ऐसा ही पद्य मिलता है। 'दत्त' के दो तीन छंद इसके चतुर्थ चरण की समस्या पर बने हुए कई संग्रह-ग्रंथों में मिलते हैं। १ चाँपि धराधर चूरिकै नाख्यौ। २ चाख्यो। ३ जट्ट की हद्द लिखी 'कबि दत्त' ने झूठ नहीं यह साँचकै भाख्यौ। ४ है रँग तो सिवराज महाबलि। ५०६—१ कांति निहारी।

[५०३] उमंग=उमंग के वेग में। पैठ=बाजार। निसान=डंका। अवसान=चेतना। दरबर=दल का बल। जोम=उमंग। जुर=गरमी। धर=धड़धड़ होती है, हिलती है। पुकार=शोर। पाटैं=भरे देते हैं। [५०४] डाढ़ी०=दाढ़ी रखनेवाले मुसलमानों की। डाढ़ी सी०=छाती जलती रहती है (डर से भयभीत रहते हैं)। बाढ़ी=बढ़ गई। मरजाद=मर्यादा, संमान। हद्द=सीमा। हिंदुवाना=हिंदुओं का देश। कढ़ि गई=निकल गई। रैयत=प्रजा। कसक=पीड़ा। ठसक=शान। धकधका=धकधक, धड़कन। चंडी=कालिका। बिन०=मुसलमानों के कपाल। चवाय=खाकर। खोटी=खराब हो गई। [५०५] केतिक=कितने ही। दले=नष्ट कर दिए। बल=जोर से। चंगुल=पंजे में दबाकर (हाथों में करके)। चाख्यो=चखा, रस लिया। रस०=उसका रस चूस के छोड़ा (सूरत को लूट लिया)। पंजन=पंजों से पीसकर। मलिच्छ=मुसलमान। मले=मसल डाले। दीन०=दीन बनकर विनय की। रँग= रंग, प्रताप। नौरँग=औरंगजेब। रँग=कांति।

बैठिकै दच्छिन भूषन दच्छ[२] खुमान सबै हिंदुवान उज्यारी।
दिल्ली तें गाजत आवत ताजिये पीटत आपको[३] पाँचहजारी ।५०६।

छत्रसाल— [—अन्यत्र]

रैयाराव चंपति को चढ़ो छत्रसाल सिंह भूषन भनत गजराज जोम जमके[१]।
भादों की घटा सी उड़ि[२] गरद[३] गगन घिरे[४] सेलैंसमसेरैं फिरे दामिनिसी दमके।
खान उमरावन के आन राजारावन के सुनि सुनि उर लागैं घन कैसे[५] धमके।
बैयर[६] बगारन की अरि के अगारन की लाँघती पगारन नगारन के धमके[७] ॥

चाकचकचमू के अचाकचक चहूँ ओर चाक सी फिरति धाक चंपति के लाल की।
भूषन भनत पातसाही मारि जेर कीन्ही काहू उमराव ना करेरी करवाल की।
सुनि सुनि रीति बिरुदैत के बड़प्पन की थप्पन उथप्पन की बानि छत्रसाल की।
जंगजीतिलेवा तेऊ[१] ह्वै कै दामदेवा भूप सेवा लागे करन महेवा महिपाल की ॥

अत्र[१] गहि छत्रसाल खिभ्यो खेत बेतवै के उत तें पठानन हूँ कीन्ही भुकि भपटैं।
हिम्मति बड़ी कै[२] कबड़ी[३] के खेलवारन लौं देत सै हजारन हजार बार चपटैं।
भूषन भनत काली हुलसी असीसन कौं सीसन कौं ईस की जमाति जोर जपटैं।
समद लौं समद की सेना त्यों बुंदेलन की सेलैं समसेरैं भईं बाड़व की लपटैं।
[५०९।

२ कहै कबिराज। ३ गाजि कै गाजी ह्वै आए पै पाजी से पोटे हैं। ५०७—१ जमकै। २ उठीं। ३ गरदैं।४ घेरैं। ५ कैसी। ६ बैहर। ७ धमकैं। ५०८—१ ते वै। ५०९—१ अस्त्र। २ के। ३ गबड़ी।

[५०६] धरापति=राजा। दंड=जुरमाना। अदंड=जुरमाने के बिना। छतधारी=(छत्रधारी) राजा। दच्छ=चतुर। हिंदुवान०=हिंदुओं का प्रकाश (हिदुओं में यशस्वी)। पाँचहजारी=पाँच हजार के मनसबदार। [५०७] रैयाराव=राजा चंपतराय का खिताब। चंपति को=चंपतराय के पुत्र। चढ़ो=चढ़ाई की। गजराज=बड़े हाथी। जोम=घमंड। जमके=एकत्र होने पर। सेलैं=भाले। समसेरैं=तलवारें। घन=हथौड़ा। कैसे=सदृश, समान। धमके=चोट। बैयर=बधूवर, स्त्री। बगार=बलगार, दुर्गम घाटी। अगार=घर। पगार=चारदीवारी। धमके=नगाड़े की गड़गड़ाहट होने पर। [५०८] चाकचक=चारो ओर से चाकी हुई (सुरक्षित)। चमू=सेना। कै=या। अचाक०=अरक्षित। चाक=चक्र। लाल=पुत्र। जेर कीन्हीं=नीचा दिखाया, हराया। करवाल०=तलवार लेकर सामना किया। बिरुदैत=यशस्वी। थप्पन०=उजड़े को बसाना और बसे को उजाड़ना। बानि=स्वभाव। जंग=युद्ध जीतनेवाले। दामदेवा=कर देनेवाले। महेवा=इस गाँव में छत्रसाल रहा करते थे। [५०९] अत्र=अस्त्र, फेंककर चलाया जानेवाला हथियार। खिभ्यो=क्रुद्ध हुआ। खेत=रणक्षेत्र। बेतवा=विशेष नदी। भुकि=क्रुद्ध होकर। भपटैं=चढ़ाई। कबड़ी=कबड्डी का खेल। सै=शत, सौ। चपटैं=चोट। हुलसी=प्रसन्न हुई। ईस=महादेव। जमाति=मंडली। जपटैं=भपटती हैं। समद लौं=समुद्र सम। समद=अब्दुस्समद।

भुज-भुजगेस की बैसंगिनी[1] भुजंगिनी सी खेदि खेदि खाती दीह दारुन दलन के।
बखतर पाखरन बीच धँसि जाति मीन पैरि पार जात परबाह ज्यों जलन के।
रैयाराव चंपति के छत्रसाल महाराज **भूषन** सकै करि बखान को बलन के।
पच्छी पर छीने ऐसे परे परछीने बीर तेरी बरछी ने बर छीने हैं खलन के।५१०

हैबर हरट्ट साजि गैबर गरट्ट सबै[1] पैदर के ठट्ट फौज जुरी तुरकाने की।
भूषन भनत राय चंपतिको छत्रसाल रोप्यो रनख्याल ह्वै कै ढाल हिंदुवाने की।
कैयक हजार[2] एक बार बैरी मारि डारे रंजक दगनि मानो अगनि रिसाने की।
सैद अफगन-सेन-सगरसुतन लागी कपिल-सराप लौं तराप तोपखाने की।।

राजत अखंड तेज छाजत सुजस बड़ो गाजत गयंद दिग्गजन हिय साल को।
जाहि के प्रताप सों मलीन आफताब होत ताप तजि दुजन[1] करत बहु ख्याल को।
साज सजि गज तुरी पैदर[2] कतार दीन्हे **भूषन** भनत ऐसो दीनप्रतिपाल को।
आन रावराजा एक मन में न लाऊँ अब साहू[3]को सराहौं कै सराहौं छत्रसाल को।

[—कच्छभुज की प्रति से] [५१२।

तहवरखान हराय एड़ अनवर कि जंग हरि।
सुतरुदीन बहलोल गए अबदुल्ल समद मुरि।
महमुद को मद मेटि सेर अफगनहिं जेर किय।
अति प्रचंड भुजदंड बलन केहीं न दंड दिय।
भूषन बुंदेल छतसाल डर रंग तज्यो अवरंग लजि।
झुक्के निसान सक्के समर (सो) मक्के तक्क तुरक्क भजि।५१३।

[—'शिवराजशतक' से]

५१०—१ वै संगिनी। ५११—१ सम। २ करोर। ५१२—१ दुज्जन; दुर्जन। २ कोतल। ३ सिवा।

[५१०] भुजगेस=शेषनाग। बैसंगिनी=आयु भर साथ देनेवाली। खेदि=खदेड़कर। खाती=डँसना। दीह=दीर्घ, बड़े। पाखर=लोहे की झूल। मीन=मछली। परवाह=प्रवाह, धारा। परछीने=पक्षछिन्न, परकटे। ऐसे=सदृश। पर=शत्रु। छीने=निर्बल। बर=बल। [५११] हैबर=हयवर, श्रेष्ठ घोड़े। हरट्ट=हृष्ट, मोटे ताजे। गैवर=गजवर, श्रेष्ठ हाथी। गरट्ट=गरिष्ठ, भारी और पुष्ट। ठट्ट=झुंड। रोप्यो॰=लड़ाई ली। ढाल=रक्षक। कैयक=कई एक। रंजक=वह बारूद जो तोपों की पियाली में रखी जाती है और जिसमें पलीता लगाया जाता है। दगनि=जलाना। अगनि॰=क्रोधाग्नि। सैद अफगन=दिल्ली से भेजा गया एक सरदार। सगरसुत=राजा सगर के ६०००० पुत्र। सराप=शाप। लौं=सम। तराप=(तोप की) बाढ़। [५१२] छाजत=शोभा पाता है। गाजत=गरजते हैं। गयंद=गजेंद्र। [५१३] ऐंड़=घमंड। हरि=हरण करके। मुरि॰=हारकर भाग गए। मुहम्मद=मुहम्मद खाँ बंगश। जेर किय=हराया। रंग=मुख की कांति। झुक्के=झुक गए, गिर गए। निसान=झंडे। सक्के=शंकित हुए। समर=युद्ध। मक्का=मुसलमानों का प्रसिद्ध तीर्थस्थान। तुरक्क=मुसलमान।

साँगन सों पेलिपेलि खगन सों खेलिखेलि समदसा जीता जो[1] समदलौं बखाना है
भूषन बुंदेलामनि[2] चंपतिसपूत धन्य जाकी धाक बचा एक मरद मियाँ ना है।
जंगल के बल से उदंगल प्रबल लूटा महमद अमी खाँ का कटक खजाना है।
बीररसमत्ता जातें काँपत चकत्ता यारो कत्ता ऐसा बाँधिये जो छत्ता बाँधि जाना
[है। ५१४।

देस दहपट्टि[1] आयो आगरे दिली के मेंडे बरगी बहरि मानौ दल जिमि देवा को।
भूषन भनत छत्रसाल छितिपालमनि ताके तें कियो बिहाल जंगजीतिलेवा को।
खंडखंड सोर यों अखंड महिमंडल में मंडौ तें[2] बुंदेलखंड मंडल महेवा को।
दच्छिन के नाहको कटक रोक्यो महाबाहु ज्यों सहसबाहुने प्रबाह रोक्यो रेवाको।
[५१५।

बड़ी औंड़ी उमड़ी नदी सी फौज छेकी जहाँ मेड़बेंड़ी छत्रसाल मेरु से खरे रहे।
चंपति के चक्कवै मचायो घमासान बैरी मलियै[1] मसानि आनि सौंहैं जे अरे रहे।
भूषन भनत भकरुंड रहे रुंडमुंड भव के भुसुंड तुंड लोहू सों भरे रहे।
कीन्हों जसपाठ हर पठनेटे ठाट पर काठ लौं निहारे कोस साठ लौं डरे रहे।
[—पत्रिकाओं से] [५१६

नाती को हाथी दियो जापै तुरकत ढाल।
साहू के जसकलस पै धुज बाँधी छतसाल।५१७।

बालपने में तहव्वरखान कों सेनसमेत अँचै गयौ भाई।
ज्वानी में रुंडी औ खुंडी हने ए समद्द अँचै कछु थाह न पाई।

५१४—१ सो। २ बुँदेले०। ५१५—१ दहबट्टि। २ मंडित। ५१६—१ मारियै।

[५१४] साँग = शक्ति, भाला। पेलि = ढकेलकर। खेलि = लड़कर। समद = अमीर अब्दुस्समद। समद = समुद्र, सागर। उदंगल = उद्दंड। महमद० = मुहम्मद हासिम खाँ, यह सिरौज का थानेदार था। चकत्ता = औरंगजेब। कत्ता = तलवार। छत्ता = छत्रसाल। [५१५] दहपट्टि = उजाड़कर, चौपट करके। मेड़ = सीमा। बरगी = बारगीर, वे सिपाही जो सरकारी घोड़े पर राजकार्य करते थे। मानौ० = मनुष्यों की सेना। देवा = राक्षस। बिहाल = विह्वल। शोर = शुहरत, प्रसिद्धि। मंडित = छाया हुआ, फैला हुआ। [५१६] औड़ी = कुंड, गहरी। उमड़ी = बढ़ी हुई। छेकी = रोका। मेड़० = सीमा रोक ली। चक्कवै = चक्रवर्ती, सम्राट्। घमासान = घोर युद्ध। सौंहैं = संमुख। भकरुंड = भकभक शब्द करके खून फेकनेवाले। रुंड = धड़। भवके = भकभक करके रक्त उगलने लगे। भुसुंड = भुशुंड, हाथी। तुंड = मुख, सूँड़। हर = महादेव। पठनेटे = पठान युवक। ठाट-पर = ठाट-परायण, बनाव-सिंगार के व्यसनी। डरे० = पड़े रहे। [५१७] नाती = शिवा जीके पौत्र।

बैस बुढ़ापे की भूख बढ़ी गयौ बंगस बंस-समेत चबाई।
खाए मलिच्छन के छोकरा पै तऊ डोकरा कों डकार न आई।५१८।
[—'खोज' से]

कालीपाल छत्रसाल रन कर करवाल मुंडमाल की जमात यातें नित रत है।
भूषन भनत रनरंग नवअंगनान मंगन समान बरदान बितरत है।
जिरह झिलम झारी और भारी पक्खरसौं तारी कैसी बात जाकी झारी उतरत है
रुंड मुंड काटत कलिंदा ककरी से सुंड करी के भसुंड कोंहँड़ा से कतरत है।
[—'वीरोल्लास' से] [५१९।

इक हाड़ा बूंदी-धनी मरद महेवावाल।
सालत औरँगजेबउर ये दोनो छतसाल।५२०।
वे देखौ छत्तापता ये देखौ छतसाल।
वे दिल्ली की ढाल ये दिल्लीढाहनवाल।५२१।

निकसत म्यान तें मयूखैं प्रलैभानु कैसी फारैं तमतोम से गयंदन के जाल कों।
लागति लपकि कंठ बैरिन के नागिन सी रुद्रहि रिझावै दै दै मुंडन की माल कों।
लाल छितिपाल छत्रसाल महाबाहु बली कहाँ लौं बखान करौं तेरी करवाल कों।
प्रयिभट कटक कटीले केते काटि काटि कालिका सी किलकि कलेऊ देति कालकों।
[५२२।

५२०-५२२—इन छंदों के लिए देखिए अंतर्दर्शन में 'छत्रसालदशक का अस्तित्व'।

[५१८] अँचै० = पी गया, मार डाला। रुंडी और खुंडी=किन्हीं प्रतिपक्षी के नाम। बैस = वयस्, उम्र। डोकरा = बूढ़े छत्रसाल। [५१९] कालीपाल = कालिका को भोजन देनेवाला। नित० = नित भोजन देने में लीन है। नव० = अप्सराओं को। बरदान० = वर (पति) का दान देती है। जिरह = कवच। झिलम= लोहे का टोप। झारी = झाड़कर। पक्खर = झूल। तारी = सुसज्ज। कैसी०=वायु की भाँति। झारी = सेना। कलिंदा = हिंदवाना, तरबूज। भसुंड=मुख, मस्तक। [५२०] इक = एक। सालत = छेद करते हैं, पीड़ा देते हैं। छतसाल = (शत्रुशल्य) छत्रसाल; राजछत्र को छेदनेवाला। [५२१] छत्तापता = पत्तों का बना हुआ छाता (पत्तों का छाता वर्षा और धूप से बचाते हुए भी बहुत समय तक नहीं ठहर सकता, उसी प्रकार ये भी कुछ दिनों तक दारा को बचाते रहे और अंत में मारे गए)। छतसाल=छत्र सालनेवाले, राजछत्र को छेद देनेवाले (महेवावाले छत्रसाल)। दिल्ली०= दिल्ली के रक्षक (क्योंकि उस समय दारा की ओर से लड़कर दिल्ली के बचाने का प्रयत्न किया था)। ढाहनवाल=ढहानेवाले, चौपट करनेवाले (मुगलों के अधिकार से बुंदेलखंड को अलग करके स्वतंत्र राज्य स्थापित किया था)। [५२२] निकसत=निकलते ही। मयूखैं = किरणें। प्रलैभानु=प्रलयकाल के सूर्य। कैसी = समान। तमतोम = अंधकार का समूह। गयंद=(गजेंद्र) बड़े बड़े हाथी। जाल=समूह। लागति = लगती

दारा और औरँग जुरेहैं दोऊ दिल्लीवाल एकै गए भाजि एकै गए रुँधि चाल में।
कोऊ दगाबाजी करि बाजी राखी निज कर कौनहू प्रकार प्रान बचत न काल में।
हाथी तें उतरि हाड़ा जूझ्यो लोहलंगरदै एती लाज का में जेती लाज छत्रसाल में।
तन तरवारिन में मन परमेसुर में प्रन स्वामिकारज में माथो हरमाल में।
[५२३ ।

कीबे को समान प्रभु ढूँढि देख्यो आन पै निदान दान जुद्ध में न कोऊ ठहरात हैं।
पंचम प्रचंड भुजदंड को बखान सुनि भागिबे कौं पच्छी लौं पठान थहरात हैं।
संका मानि सूखत अमीर दिल्लीवारे सब चंपति के नंद के नगारे घहरात हैं।
चहूँ ओर चकित चकत्ता के दलन पर छत्ता के प्रताप के पताके फहरात हैं।
[५२४ ।

चले चंदबान घनबान औ कुहूकबान चली हैं कमानैं धूम आसमान छ्वै रह्यो।
चलीं जमदाढ़ैं बाढ़बारैं तलवारैं जहाँ लोह आँच जेठ की तरनि मानौं व्वै रह्यो।
ऐसे समै फौजैं बिचलाइ छत्रसाल सिंह अरि के चलाए पायँ बीररस च्वै रह्यो।
हय चले हाथी चले संग छोड़ि साथी चले ऐसी चलाचली में अचल हाड़ा ह्वै रह्यो
[—अन्यत्र] [। ५२५ ।

५२३—यह 'शिवसिंहसरोज' में 'लाल' कवि के नाम पर दिया गया है (देखिए अंतर्दर्शन पृष्ठ ७७)। यह 'लालमनि' (चिंतामणि) के नाम पर भी मिलता है। ५२४—यह 'सरोज' में 'पंचम' के नाम पर दिया है (देखिए अंतर्दर्शन पृष्ठ ७६)। ५२५—शिवसिंहसरोज में यह 'मुकुंदसिंह' के नाम पर मिलता है (देखिए अंतर्दर्शन पृष्ठ ७७)।

है, लिपटती है। मुंडन की०=कपालों की माला (महादेव रणभूमि में मरे वीरों के कपालों की माला पहनते हैं)। छितिपाल=राजा। प्रतिभट=प्रतिपक्षी वीर। कटीले=अच्छी काट करनेवाले, तलवार चलाने में सिद्धहस्त। किलकि=हर्ष से किलकारी मारकर। कलेऊ=जलपान। [५२३] जुरे हैं=युद्ध करने के लिए एकत्र हुए हैं। एकै०=कोई कोई चाल चलकर घेर लिए गए। बाजी०=दाँव अपने हाथ में रखा, युद्धविजय करने का ढंग निकाल लिया। कौनहू०=जिस समय किसी प्रकार प्राणों की रक्षा नहीं हो सकती थी। जूझ्यो=युद्ध में भिड़ गए। लोहलंगर=लोहे के मोटे मोटे सिक्कड़ जो हाथी के पैरों में इसलिए डाल दिए जाते हैं जिससे वह भाग न सके। एती०=इतनी (आत्माभिमान) की लज्जा। मन०=मन से ईश्वर का ध्यान करते हैं। स्वामि०=स्वामी का काम। माथो=सिर। हरमाल=महादेव की मुंडमाला। [५२४] कीबे०=महाराज छत्रसाल की समता देने के लिए राजाओं को खोजकर देख लिया, अंत में कोई भी दान और युद्ध में इनकी बराबरी नहीं कर सका। भुजदंड=बाहु, भुजा। भाजिबे को=भागने के लिए। पच्छी०=पक्षी की भाँति। थहरात=काँपते हैं। संका०=चिंतित होकर। सूखत=सूख जाते हैं, डर से मलिन पड़ जाते हैं। अमीर=सरदार। चकित=भौचक्का। छत्ता=छत्रसाल। पताके=ध्वजा, झंडा। फहरात०=उड़ते हैं, फहराते हैं। प्रताप०=शत्रु आतंक से भयभीत रहते हैं। [५२५] चंदबान=जिन बाणों में अर्धचंद्राकार गाँसी लगी रहती है। घनवान=ये बाण युद्धभूमि में अपने धूएँ से अँधेरा कर देते हैं। कुहूकबान=इन बाणों

साहूजी

बलख बुखारे मुलतान लौं हहर पारै[1] काबुल पुकारै कोऊ गहत न सार है।
रूम रूँदि डारै खुरासान खूँदि मारै खग्ग खादर लौं झारै ऐसी साहू की बहार है।
सख्खर[2] लौं भक्खर लौं मक्कर लौं चलौ जात टक्कर लेवैया कोऊ वार है न पार है।
भूषन सिरोंज[3] लौं परावने परत फेर दिल्ली पर परति परिंदन की छार है।५२६।

साहूजी की साहिबी दिखावत कछू होनहार[1] जाके रजपूत भरे जोम बमकत[2] हैं।
भारे भारे नग्रवारे भागे घर[3] तारे दै दै कारे[4] घनघोर ज्यों नगारे धमकत हैं।
ब्याकुल पठानी[5] मुगलानी अकुलानी[6] फिरैं **भूषन** भनत माँग[7] मोती दमकत हैं।
दिल्लीदल दाहिबे कों दच्छिन के केहरी के[8] चंबल के आरपार नेजे चमकत[9] हैं।
[५२७ ।

भेजे लिख लग्न सुभ गनिक निजामबेग इतै गुजरात उतै गंग ज्यों पतारा की।
एक जस लेत अरि फेरा फिर गढ़हू को खंडि नवखंड दिये दान ज्यौं'ब तारा की।
ऐसे ब्याह करत बिकट साहू साहन सों हद्द हिंदुवान जैसे तुरक ततारा की।
आवत बरात सजे ज्वान देस दच्छिन के दिल्ली भई दुलहिन सहजैं सतारा की।५२८।

५२६—१ पेलि पारे अरु। २ कक्कर। ३ सिरोइ, सिरोही, शीराज। ५२७—१ बखानैं उमराव कौन। २ जैसे सेर भभकत। ३ गढ़। ४ बाजे। ५ जाके मद अनी। ६ बिललानी। ७ टूटि टूटि माँगन के। ८ दच्छिन के आमिल भो सामिलहि चहुँ ओर। ९ फरकत।

से उजाला होता हैं और घोर ध्वनि भी होती हैं। कमानैं=तोपें। धूम=धूआँ। छ्वै=छू रहा है। जमदाढ़ैं=टेढ़ी तलवार जिसे 'जमधर' कहते हैं। बाढ़वारैं=तेज धारवाली। लोह०=लोहे के हथियारों की रगड़ से उत्पन्न गरमी। जेठ०=जेठ महीने के सूर्य। ब्वै रह्यो=उदय हो रहे हैं। समै=(समय) काल। फौजैं०=सेनाओं को विचलित करके। चलाए०=पैर उखाड़ दिए (शत्रु जमे न रह सके)। बीररस०=वीरता टपकी पड़ती थी (चेहरा वीरता से दमदमा रहा था)। हय=घोड़े (घुड़सवार)। चले=विचलित हो गए। हाथी=हाथी सवार। संग=साथ। चलाचलो=भगदड़। [५२६] हहर=भय। हहर०=हलचल मचा देता है। गहत=पकड़ता नहीं। सार=हथियार। रूँदि०=कुचल डालता है। खूँदि०=घोड़े की टाप से खौंदकर। खग्ग०=तलवार चलाता है। खादर=पश्चिमी भारत का कोई स्थान, जहाँ बरसाती पानी इकट्ठा होता है उस नीची भूमि को खादर कहते हैं। सख्खर भख्खर=सिंध के गाँव। मक्कर=मकुरान, एक गाँव (सिंध के निकट)। टक्कर०=सामना करनेवाला। वार=इस ओर। पार=उस ओर। परावने=भगदड़। परिंद=पक्षी। छार=धूल। दिल्ली०=लोगों के भागने से इतनी धूल उड़ती है कि वह पक्षियों के पंखों में भर जाती है और जब वे आकाश में उड़ते दिल्ली के ऊपर पहुँचते हैं तो वही धूल वहाँ पड़ती है। [५२७] साहिबी=स्वामित्व (हुकूमत)। होनहार=भविष्य में उत्तम सिद्ध होनेवाली। रजपूत=सैनिक। जोम=उमंग, उत्साह। बमकत०=गरजते हैं। भारे=भारी। नग्रवारे=नगरवाले। तारे०=ताले लगाकर (घर त्याग कर)। कारे०=भारी काले बादल। धमकत हैं=धम्मधम्म शब्द करते हैं (बजते हैं)। दमकत०=चमकते हैं। दाहिबे=जलाने के लिए। दच्छिन०=साहूजी। चंबल=एक नदी। आरपार=इधर और उधर। नेजे=भाले। [५२८] गनिक=गणक, ज्योतिषी। निजामबेग=

सारस ते सूबा करवानक[१] से साहजादे मोर से मुगल मीर धीर में धचैं नहीं[२] ।
बगुला से बंगस[३] बलूचियौ बतक ऐसे काबुली कुलंग यातें रन में रचैं[४] नहीं ।
भूषन जू खेलत सितारे में[५] सिकार साहू संभा को सुवन जातें दुवन सचैं[६] नहीं ।
बाजी सब[७] बाज की चपेट चहूँ ओर फिरैं तीतर तुरक दिल्ली भीतर बचैं नहीं।

बाजीराव

[५२६ ।

बाजे बाजे राजे ते निवाजे हैं नजर करि बाजे बाजे राजे काढ़ि काटे असि भत्ता सों।
बाँके बाँके सूबा नालबंदी दै सलाह करें बाँके बाँके सूबा करै एक एक लत्ता सों ।
गाढ़े-गाढ़े गढ़पति काटे रामद्वार दै दै गाढ़े-गाढ़े गढ़पति आने तरे कत्ता सों।
बाजीराव गाजी तैं उबारयो आइ छत्रसाल आमिल बिठायो बल करिकै चकत्ता सों।

साजि दल सहज सितारामहाराज चलै बाजत नगारा पढ़ैं धाराधर साथ से ।
राव उमराव राना देस देसपति भागे तजि तजि गढ़न गढ़ोई दसमाथ से ।
पैंग पैंग होत भारी डावाँडोल भूमि गोल पैंग पैंग होत दिग्गमैंगल अनाथ से ।
उलटत पलटत गिरत झुकत उझकत सेषफन बेदपाठिन के हाथ से ।५३१।

सुलंकी

बाजि बंब चढ़ो साजि बाजि जब कलाँ भूप गाजी महाराज राजी भूषन बखानतें ।
चंडी के सहाय महि मंडी तेजताई ऐंड छंडी राय राजा जिन दंडीऔनिआन तें ।
मंदीभूत रबि रज बंदीभूत हठधर नंदीभूतपति भो अनंदी अनुमान तें ।
रंकीभूत दुवन करंकीभूत दिगदंती पंकीभूत समुद सुलंकी के पयान तें ।५३२।

५२६—१ कीर बानिक। २ ढंक से महीप कोऊ जुद्ध में रचैं नहीं। ३ मोर से मुगल अरु। ४ इतै मामलैं मचैं। ५ भनत जहाँ खेलत। ६ तहाँ दुवन बचैं। ७ बाजीराव। अहमदनगर का बादशाह। पतारा = जंगल, घोर बन। गंग० = घोर जंगल (हिमालय) की गंगा। इतै० = इधर गुजरात देश और उधर गंगा-प्रदेश (उत्तरापथ) है। एक० = एक फेरी में यश ले लेता है दूसरी फेरी में किला भी। तारा = चाँदी। ततारा = तातार देश। हद्द० = हिंदुओं की मर्यादा का रक्षक वैसे ही है जैसे तुर्क तातार के। सहजैं = स्वभावतः। [५२६] सारस = एक पक्षी। सूबा = सूबेदार। करवानक = गौरवा पक्षी। मीर = छोटे सरदार। धीर० = धैर्य में शोभा नहीं पाते। (धैर्य नहीं धारण कर सकते)। बंगस = पठानों की उपजाति। बलूची=बिलोचिस्तान के लोग। बतक = पक्षी। कुलंग=मुर्गा। रचैं० = शोभा नहीं पाते। सुवन=पुत्र। दुवन=शत्रु। सचैं० = संचरण नहीं करते (सामने नहीं आते)। बाजी = घोड़ा। बाज = शिकारी पक्षी। चपेट = झपट। [५३०] नालबंदी = कर। राम-द्वार=स्वर्ग देकर, मारकर। आमिल = शासक। [५३१] धाराधर = बादल। बाजत०=नगाड़े बजते हैं मानों साथ में बादल (यश का वर्णन) पढ़ते हुए चलते हैं। गढ़ोइ = गढ़पति, किलेदार। दसमाथ=रावण। [५३२] बंब = रणनाद, रणवाद्य। बाजि=घोड़ा। कलाँ = बड़ा। गाजी = धर्मवीर। राजी = पंक्ति, समूह। महाराज० = महाराज का दल (सेना)। मंडी = मंडित की। तेजताई = प्रताप। छंडी = छोड़कर। दंडी = दंडित की। औनि = पृथ्वी। मंदीभूत = मलीन हो गया (धूल उड़ने से)। रज = धूल। बंदीभूत=पकड़ लिए गए। हठधर = हठी। नंदी० = महादेव। अनंदी=आनंदित। रंकीभूत = दरिद्र हो गए। करंकीभूत=

अवधूतसिंह

जा दिन चढ़त दल साजि अवधूतसिंह ता दिन दिगंत लौं दुवन दाटियतु है।
प्रलै कैसे धाराधर घमकै नगारा धूरिधारा तें समुद्रन की धारा पाटियतु है।
भूषन भनत भुवगोल को कहर[1] तहाँ हहरत तगा जिमि गज्ज काटियतु है।
काँच से कचरि जात सेष के असेष फन कमठ की पीठी पै पीठीसी बाटियतु है।
[५३३।

जयसिंह

भले भाय[1] भासमान भासमान भान जाको भानत भिखारिनके भूरि भयजाल है।
भोगनको भोगी भोगिराज कैसी भाँति भुजा भारी भूमिभारकेउभारनकोख्यालहै।
भावती[2] समान[3] भूमिभामिनी को भरतार **भूषन** भरतखंड भरत भुवाल है।
बिभौ को भँडार औ भलाई को भवन भासै भागभरे भाल जयसिंह भुवपाल है।
[५३४।

रामसिंह

अकबर पायो भगवंत के तनै सों मान बहुरि जगतसिंह महा मरदाने सों।
भूषन त्यों पायो जहाँगीर महासिंहजू सों साहजहाँ पायो जयसिंह जग जाने सों।
अब औरंगजेब पायो रामसिंहजू सों औरो दिन-दिन पैहै कूरम के माने सों।
केते राव-राजा मान पावैं पातसाहन सों पावै पातसाह मान मानके घराने सों।
[५३५।

अनिरुद्ध

पौरचनरेश अमरेसजू के अनिरुद्ध तेरे जस सुने तें सुहात स्रौन सीतलैं।
चंदन सी चाँदनी सी चादरैं सी चहूँ दिसि पथ पर फैलती हैं परम पुनीत लैं।
भूषन बखानी कबिमुखन प्रमानी सो तो बानीजू के बाहन हरष हंस हीतलैं।
सरद के घन की घटान सी घमंडती हैं मेंडू तें उमंडती हैं मंडतीं महीतलैं।
[५३६।

५३३—१ कहत। ५३४—१ भाई। २ भावती। ३ सभानि; समानि।

(कलंकीभूत) कलंकी हो गए (क्योंकि पृथ्वी को सँभाल नहीं सके)। पंकीभूत= कीचड़मय (सेना के चलने से समुद्र में इतनी धूल गिरी कि वह कीचड़ ही कीचड़ रह गया)। [५३३] दिगंत०=दिशाओं के अंत तक। दाटियतु०=काटे जाते हैं। प्रलै०=प्रयलकाल के समान। धाराधर=बादल। धारा=प्रवाह। पाटियतु०=भर दी जाती हैं। भुवगोल=पृथ्वीमंडल। कहर=आफत, संकट। हहरत=हिलते हुए। तगा=तागा, डोरा। काँच=कच्चा शीशा। असेष=समस्त। कमठ=कच्छप। पीठी= पीठी (पीसी हुई दाल)। [५३४] भले०=भली भाँति, अच्छे भाव से। भासमान= प्रकाशित। भासमान=सूर्य। भान=आभा, छाया। भानत=दूर करते हैं, तोड़ते हैं। भूरि=अत्यंत। भोगी=भोगनेवाला। भोगिराज=सर्पराज, शेष। कैसी०=की तरह। उभारन०=उठाने के लिए। ख्याल=ध्यान। भावती=भानेवाली। समान= मानवती। भामिनी=स्त्री। बिभौ=ऐश्वर्य। भँडार=खजाना। भासै=जान पड़ता है। भाग०=भाग्यशाली। [५३५] भगवंत=बीकानेर के राजा भगवानदास। तनै=पुत्र। भगवंततनै=मानसिंह। जग-जाने=जगत्प्रसिद्ध। कूरम=कछवाहा वंश। [५३६] सुहात=भले लगते हैं। सुहात०=कानों को शीतलता प्रदान करते हैं।

राव बुद्ध

जुद्ध को चढ़त दल बुद्ध को सजत[1] तब लंक लौं अतंकन के पतरैं पतारे से।
भूषन भनत भारे घूमत गयंद कारे बाजत नगारे जात अरिउर छारे से।
धँसिकै धरा के गाढ़े कोल की कड़ाके डाढ़े आवत तरारे दिगपालन तमारे से।
फेन से फनीस-फन फूटि बिष छूटि जात उच्छरि उच्छरि सिंधु पुरवै फुआरे[2] से।
[५३७ ।

रहत अछक पै मिटै न धक पीवन की निपट जू नाँगी डर काहू के डरै नहीं।
भोजन बनावै नित चोखे खानखानन के[1] स्रोनित पचावै तऊ उदर भरै नहीं।
उगिलत आसौ तऊ सुकल समर बीच[2] राजै राव बुद्ध-कर बिमुख परै नहीं।
तेग या तिहारी मतवारी है अछक तौ लौं जौ लौं गजराजन की गजक करै नहीं।

कुमाऊँनरेश

[५३८ ।

उलहत[1] मद उनमद[2] ज्यों जलधिजल बल हद भीम कद काहू के न आह के।
प्रबल प्रचंड गंडमंडित मधुपबृंद, बिंध्य से बिलंद सिंध सातहू के थाह के।
भूषन भनत भूल झंपति झपान झुकि झूमत झुलत झहरात रथ डाह के।
मेघ से घमंडित मजेजदार तेजपुंज गुंजरत कुंजर कुमाऊँ नरनाह के।५३९।

५३७—१ जसत। २ भुआरे। ५३८—१ नवीने नित चाहैं चकतानन के। २ आसब ज्यों समर में सत्रुन के। ५३९—१ उलदत। २ अनुमद।

चादरैं = चाँदी के पत्तर। पुनीत = पवित्र। लैं = भाँति। बानी = सरस्वती। बाहन= सवारी। हीतलैं = हृत्तल में। घमंडती हैं=घिरती हैं। मेंडू = राजधानी का नाम। मंडती = छा जाती है। महीतलैं = पृथ्वीमंडल को। [५३७] बुद्ध=बूँदी-नरेश हाड़ा बुद्ध-राव। लंक = लंका। अतंक = धाक। पतरैं=फैलते हैं। पतारे से=घोर बन की भाँति। लंक० = लंका तक घोर आतंक का बन सा छा जाता है। गयंद = हाथी। जात०= शत्रु के हृदय में छाले से पड़ जाते हैं। कोल = बराह। डाढ़=दाँत। धँसिकै० = नगाड़े की आवाज पृथ्वी के भीतर धँसकर बराह के मजबूत दाँतों को कड़ाकड़ तोड़ डालती है। तरारे = (तर्रार) चंचल अर्थात् शक्तिशाली। तमारे=गश, बेहोशी। [५३८] अछक= अघाई हुई। धक=उमंग, चोप। पीवन० = (खून) पीने की। नाँगी = नंगी (खुली हुई)। भोजन०=भोजन बनाती है (खा जाती है)। चोखे = अच्छे-अच्छे। खान-खानन०=मुसलमानों के। उगिलत० = शराब उगलती है (लाल-लाल शराब की भाँति खून बहाती है)। सुकल = चैतन्य। उगिलत०=मुख से शराब उगलती है पर रण में चैतन्य है (शत्रु-मित्र का ठीक ज्ञान है)। राजै = शोभित होती है। तेग=तलवार। गजक = शराब पीने के बाद मुँह का जायका ठीक करने के लिए जो चटपटी चीज चखी जाती है। [५३९] उलहत = उमड़ता है। मद० = मद के बाद मद। जलधि=समुद्र। बल०=अत्यंत बलशाली। भीम० = भारी डील डौलवाले। आह = हियाव। गंड= कनपटी। मंडित = शोभित। बिंध्य = बिंध्याचल। बिलंद = ऊँचे। थाह० = थहा लिए जानेवाले। झंपति = छिपाए है, ढके है। झपान=ढक्कन। झहरात = गिर पड़ते हैं। मजेजदार = अभिमानी। गुंजरत=गरजते हैं।

गढ़वालनरेश

लोक ध्रुवलोकहू तें ऊपर रहैगो भारो भानु तें प्रभानि की निधान आनि आनैगो।
सरिता सरिस सुरसरि तैं करैगो साहि हरि तें अधिक अधिपति ताहि मानैगो।
ऊरधपरारध तें गनती गनैगो गुनि बेद तें प्रमान सो प्रमान कछू जानैगो।
सुजस तें भल्यौ मुख **भूषन** भनैगो बाढ़ि गढ़वार राज पर राज जो बखानैगो।

औरंगजेब [५४० ।

किबलेके ठौर बाप बादशाह साहजहाँ वाको कैद कियो मानो मक्के आगि लाई है।
बड़ोभाईदारावाकोंपकरि कै मारिडारयो मेहरहू नाहिं माको जायो सगोभाईहै[२]।
खाइ कै कसम त्यों मुराद को मनाइ लियो फेरि ताहू साथ अति कीन्ही तैं ठगाईहै[३]
भूषन सुकबि कहै सुनो नवरंगजेब ऐसे ही अनीति करि[४] पातसाही पाई है ॥

हाथ तसबीह लिये प्रात करै बंदगी सी[१] मन के कपट सबै संभारत जपके[२]।
आगरें में जाय दारा चौकमें चुनायलीन्हो छत्रहूछिनाय लीन्हो मारि[३]बूढ़ेबप के।
सूजा बिचलाय कैद करिकै मुराद मारे ऐसे ही अनेक हने गोत्र निज चपके[४]।
भूषन भनत अब साह भए साँचे जैसे[५] सौसौ चूहेखाइ कै बिलाई[६]बैठी तप के।

दाराशाह [५४२ ।

डंका के दिये तें दल डंबर उमंड्यो उडमंड्यो उडमंडल लौं खुर की गरद्द है।
जहाँ दरासाह बहादुर के चढ़त पैंड पैंड में मढ़त मारूराग बंबनद्द है।
भूषन भनत घने घुम्मत हरौलवारे किम्मत अमोल बहु हिम्मत दुरद्द है।
हद्द न छपद्द महि मद्द पर नद्द होत कद्द नभनद्द से जलद्द दल दद्द है ।५४३।

५४१—१ कैद कियो। २ रंचक रहम आप उर मैं न आई है। ३ बंधु तो मुरादबक्स बादि चूक करिबे को बीच दै कुरान खुदा की कसम खाई है। एते काम कीन्हें फेरि। ५४२—१ उठैं बंदगी को। २ आप ही कपट रूप कपट सु जप को। ३ छिनायो मानो मरे। ४ कीन्हों है सगोत घात सो मैं नाहिं कहौं फेरि पील पै तोरायो चार चुगुल फे गप के। ५ छरछदी मतिमंद महा। ६ बिलारी।

[५४०] ऊरध०=परार्ध से भी ऊपर, परार्ध गिनती की चरम संख्या है। [५४१] किबले०=संमाननीय। आगि०=आग लगा दी है। मेहर=कृपा। मा=माता। जायो=उत्पन्न। ठगाई=धोखा। [५४२] तसबीह=माला। बंदगी=वंदना। चुनाव०=दीवाल में चुनवा दिया। छत्र=राजछत्र। छिनाय०=छिनवा लिया। मारि०=बूढ़े बाप को मारकर। बिचलाइ=विचलित करके। हने=मारे। गोत्र=संबंधी। चपके=चुपचाप (गुप्त रीति से)। तप के=तप करने के लिए। [५४३] डंका०=नगाड़ा बजने से। डंबर=बिस्तार। दल-डंबर=सेना का समूह (दल-बादल)। उमंड्यो=उमड़ा। उडमंड्यो=छा गया। उड़मंडल=तारामंडल (आकाश)। पैंड०=कदम कदम पर। मढ़त=मढ़ जाता है, छा जाता है। मारू०=वह राग जो युद्ध में गाया बजाया जाता है। बंबनद्द=रणनाद। घुम्मत=घूमते हैं। हरौल=सेना का अग्रभाग। अमोल०=बहुमूल्य। दुरद्द=हाथी। हद्द न=बेहद। छपद्द=(षट्पद) भौंरा। महि=पृथ्वी। मद्द=मद।

भगवंतराय

सुंडन समेत काटि बिहद मतंगन कों रुधिर सों रंग रनमंडल में भरि गौ।
भूषन भनत तहाँ भूप भगवंतराय पारथ समान महाभारत सो करि गौ।
मारे देखि मुगल तुराबखान ताही समै काहुवै न जानी काहू नट सो उचरिगौ।
बाजीगरकैसीदगाबाजीकरिताहीसमै हाथी हाथाहाथीतेंसहादत उतरिगौ ५४४।

उठि गयौ आलम सों रुजुक सिपाहिन को उठि गौ बँधैया सब बीरताके बाने को।
भूषन भनत उठि गयौ है धरा सों धर्म उठि गौ सिंगार सबै राजा राव राने को।
उठि गौ सुकबि सील उठि गौ जसीलो डील फैलोमध्य देस में समूह तुरकाने को।
फूटे भाल भिच्छुक के जूझे भगवंतराय अररायटूट्यौ कुलखंभ हिंदुआने को ५४५।

शृंगार—

अति सौंधे भरी सुखमा सु खरी मुख ऊपर आइ रहीं अलकैं।
कबि भूषन अंग नवीन बिराजत मोतिनमाल हिये झलकैं।
उन दोउन की मनसा मन सी नित होत नई ललना ललकैं।
भरि भाजन बाहर जात मनौ मुसुकानि किधौं छबि की छलकैं।५४६।

नैन जुग नैनन सों प्रथमै लड़े हैं धाय अधर कपोल तेऊ टरैं नहिं टेरे हैं।
अड़ि अड़ि पिलि पिलि लड़े हैं उरोज बीर देखौ लगेसीसन पै घाव ये घनेरे हैं।
पिय को चखायो स्वाद कैसो रतिसंगर को भए अंगअंगनि तें केते मुठभेरे हैं।
पाछे परे बारन कौं बाँधि कहै आलिन सों भूषन सुभट येई पाछे परे मेरे हैं।५४७।

५४४—१ 'सारँग' सुकबि भनै भूपति भवानीसिंह। ५४५—यह 'भूधर' की रचना कही जाती है। 'भूधर' असोथर (फतेहपुर) के भगवंतराय खीची के दरबारी कवि थे। फर=रणक्षेत्र। फर० =(मद) पृथ्वी पर झरने से नदी हो जाता है। कद्द० =उनका कद नभनदी (आकाशगंगा) तक है, बड़े ऊँचे है। जलद्द =बादल। दल=समूह। दद्द =दलते हैं। [५४४] पारथ=अर्जुन। [५४५] उठि=(संसार से) चला गया (स्वर्गवासी हो गया)। आलम=संसार। रुजुक=चाहनेवाला। बँधैया =बाँधनेवाला। बाना=अंगीकृत रीति। सिंगार=(शृंगार) शोभा। सुकबि० =अच्छे-अच्छे कवि जिसके राजदरबार में हों। जसी=यशस्वी। डील=शरीर। तुरकाना=मुसलमान। भाल० =भाग्य फूट गया। जूझे=युद्ध में लड़कर मर जाने पर। अरराय=भहराकर। [५४६] सौंधे=सुगंध से। सुखमा=परम शोभा। खरी=तेज (अत्यधिक)। अलकैं= लटें (बालों का गुच्छा)। झलकैं=चमकती हैं। मनसा=अभिलाष। मन सी= मन के समान (उनके मन के अनुकूल)। ललना=स्त्रियाँ। ललकैं=लालायित होती हैं (कि हमें भी ऐसा पतिप्रेम प्राप्त हो)। [५४७] जुग=जोड़ा। नैन० =आँखों से आखें लगीं। धाय=दौड़कर। टरैं० =पुकारने से भी नहीं टलते (हटाने से भी नहीं हटते)। उरोज=स्तन। संगर=युद्ध। मुठभेरे=भिड़ंत। पाछे परे=(सिर के) पीछे लटकते हुए। आली=सखी। पाछे० =मेरे पीछे पड़ गए हैं (मुझे तंग किया करते हैं)।

कोकनदनैनी केलि करी प्रानपति संग उठी परजंक तें अनंग जोति सोकी सी।
भूषन सकल दलमलि हलचल भए बिंदु लाल भाल फैल्यौ कांति रबि रोकी सी।
छूटी रही गोरे गोल गाल पै अलक आछी कुसुम गुलाब के ज्यों लीक अलि दो की सी।
मोती सीसफूल तें बिथुरि फैली रह्यो मानो चंद्रमा तें छूटी है नक्षत्रन की चोकी सी
[।५४८।

देखत ही जीवन बिडारौ तौ तिहारौ जान्यौ जीवन-द नाम कहिबे ही कों कहानी मैं।
कैधों घनस्याम जो कहावैं सो सतावैं मोहिं निहचैकै आजु यह बात उर आनी मैं।
भूषन सुकबि कीजै कौन पर रोषु निज भागि ही को दोषु आगि उठति ज्यौं पानी मैं।
रावरेहू आए हाय हाय मेघराय सब धरती जुड़ानी पै न बरती जुड़ानी मैं।५४९।

मेचक कवच साजि बाहन बयारि बाजि गाढ़े दल गाजि रहे दीरघ बदन के।
भूषन भनत समसेर सोई दामिनी है हेतु नर कामिनी के मान के कदन के।
पैदरि बलाका धुरवान के पताका गहे घेरियत चहूँ ओर सूने ही[1] सदन के।
ना करु निरादर पिया सों मिलु सादर ये आए बीर बादर बहादर मदन के।५५०।

मलय समीर परलै कों जो करत अति[1] जम की दिसा तें आयो जम ही को गोतु है।
साँपन को साथी न्याय चंदन छुए तें डसै सदा सहबासी बिषगुन को उदोतु है।

५५०—१ आन चहुँओरन। ५५१—१ पति।

[५४८] कोकनद=कमल के समान नेत्रवाली (नायिका)। केलि=क्रीड़ा। परजंक=(पर्यंक) शय्या। अनंग०=मानो कामदेव ने उसके मुख की ज्योति (तेज) सोख ली है (मुख उतरा हुआ है)। भूषन=आभूषण। दलमलि=घिसकर। हलचल०=इधर के उधर हो गए हैं। कांति=चमक। लीक=रेखा। अलि=भौंरा। सीसफूल=सिर के अग्रभाग में पहना जानेवाला गहना। बिथुरि=टूट-टाट कर। चौकी=चार का एक गुट (समूह)। [५४९] जीवन=जिंदगी (प्राण)। बिडारौ=नष्ट करो। जान्यो=समझ गई। जीवन-द=जल देनेवाला; जिंदगी (प्राण) देनेवाला। कहिबे ही कों कहानी=केवल कहने के लिए कहानी भर हैं। कैधों=या तो, अथवा। घनस्याम=काला बादल और श्रीकृष्ण; कवि का नाम। सतावैं=तंग करते हैं। निहचैकै=निश्चयपूर्वक। उर०=चित्त में निश्चित कर ली हैं। रोसु=क्रोध। भागि=भाग्य। आगि०=जैसे (भाग्यदोष से) पानी में भी आग की सी ज्वाला उठने लगती है। रावरेहू=आपके भी। मेघराय=मेघराज, श्रेष्ठ बादल। धरती=पृथ्वी। जुड़ानी=ठंढी हो गई। बरती=जलती हुई। [५५०] मेचक=अँधेरा। कवच=शरीर की रक्षा करनेवाला लोहे का वस्त्र। बाहन=बायुरूपी घोड़ा ही सवारी है। गाढ़े०=भारी सेना। दीरघ=भारी। बदन=मुख। दीरघ०=दीर्घमुख (हाथियों) के और भारी आकारवाले बादल के टुकड़ों के। समसेर=तलवार। दामिनी=बिजली। कामिनी=स्त्री। कदन=नाश। पैदरि=पैदल सेना। बलाका=बगुले। धुरवा=बादलों के खंड। पताका=झंडा। गहे=लिए। निरादर=अपमान। बादर=बादल। बहादर=सिपाही। मदन=कामदेव।

सिंधु को सपूत कलपद्रुम को बंधु दीनबंधु को है लोचन सुधा को तनु सोतु है।
भूषन भनत भुवभूषन द्विजेस तें कलानिधि कहाय कै कसाई कत होतु है।५५१।

जिन किरनन मेरो अंग छुयो तिन ही सों पियअंग छुवै क्यों न मैनदुखदाहे को।
भूषन भनत तू तौ जगत को भूषन है हौं कहा सराहौं ऐसे जगतसराहे को।
चंद ऐसी चाँदनी तू प्यारे पै बरसि उतै रहि न सकै मिलाप होय चितचाहे को।
तू तौ निसा करै सबही की निसा करै मेरी जौ न निसा करै तौ तू निसा करै काहेको।

बन उपबन फूले अंबनि के भौर भूले अवनि सोहात सोभा और सरसाई है।
अलि मदमत्त भए केतकी बसंती फूली भूषन बखानै सोभा सबै सुखदाई है।
बिषम बिडारिबे कों बहुत समीर मंद कोकिला की कूक कान कानन सुनाई है।
इतनो सँदेसो है जू पथिक तिहारे हाथ कहो जाय कंत सों बसंतरितु आई है॥

कारो जल जमुना को कालसो लगत आली छाइ रह्यो मानो यह बिष कालीनाग को[१]।
बैरिन[२] भई है कारी कोयल निगोड़ी यह तैसो ही भँवर कारो[३] बासी बनबाग को।
भूषन भनत कारे कान्ह को बियोग हिये सबै दुखदाई जो करैया[४] अनुराग को।
कारो घन घेरि घेरि मारयो अब चाहत है एते पर[५] करति भरोसो कारे काग को।

[५५४।

५५१—१ मानो बिष भयौ रोम-रोम कारे नाग को। २ तैसियै। ३ सदा। ४ ऐसे ही सँयोग सब करि। ५ तापै तू।

[५५१] मलय० = मलयानिल (चंदन के वन से आनेवाली वायु)। परलै = प्रलय। जम० = यमराज की दिशा (दक्षिण)। जम ही० = यम के ही कुल का है (दुःखदायक है)। न्याय = उचित ही है। छुए० = स्पर्श करने से काट लेता है (जलन होती है)। सहबासी = एक साथ रहनेवाला। बिष गुन० = अपना विष-गुण फैलाता है। दीनबंधु = ईश्वर, भगवान्। लोचन = नेत्र (सूर्य और चंद्र ईश्वर के नेत्र माने गए हैं)। सुधा० = तेरा शरीर अमृत का स्रोत हैं, तेरे शरीर से अमृत निकलता है। भुव० = पृथ्वी का आभूषण (श्रेष्ठ)। द्विजेस = द्विजराज (ब्राह्मणों में श्रेष्ठ चंद्रमा)। कलानिधि = कलाओं का खजाना (सोलह कलाओं से युक्त)। कसाई = बध करनेवाला, व्याधा। [५५२] किरनन = किरणों से। अंग = शरीर। मैन० = काम के दुःख से जले हुए (प्रियतम के अंग)। भूषन = श्रेष्ठ। सराहौं = प्रशंसा करूँ। जगत० = संसार से प्रशंसित। मिलाप = भेंट। चितचाहा = मन को प्रिय लगनेवाला (प्यारा)। निसा = (निशा) रात्रि। निसा = (निसाखातिर) संतोष, तृप्ति। निसा० = तृप्ति करता है। निसाकरै = (निशाकर) चंद्रमा ही। काहे को = किस बात का। [५५३] अंब = आम। भौर = घौर, गुच्छा। और = अन्य प्रकार की। सरसाई० = फैल रही है। बसंती = एक फूल। बिषम = विषमता, टेढ़ापन। बिडारिबे० = नष्ट करने के लिए। बहुत = चलता है। कूक = 'कुहू कुहू' शब्द। [५५४] काल = मृत्यु। कालीनाग = इसे श्रीकृष्ण ने नाथा था। निगोड़ी = दुष्ट। बासी = बसनेवाला।

सुने हूजै बेसुख सुने बिन रह्यो न जाय याही तें बिकल सी बिताती दिनराती हैं।
भूषन सुकबि देखि बावरी बिचार काज भूलिबे के मिस सास नंद अनखाती हैं।
सोई गति जानै जाके भिदो होय कानै सखि जेती कढ़ै तानै तेती छेदिछेदिजाती हैं
हूक पाँसुरी मैं क्यों भरौं न आँसुरी मैं थोरे छेद बाँसुरी मैं घने छेद किए छाती हैं।
[५५५ ।

भेंटि सुरजन तोहि मेटि गुरजनलाज पथ परिजन को न त्रास जिय जानी है।
नेह ही को नात गुनि जीवन सफल गात भादों तपपुंजन निकुंजन सकानी है।
सावन की रैनि कबि **भूषन** भयावनी में भावत सुरति तेरी संकहू न मानी है।
आज रावरे की यहाँ बातैं चलिबे की मीत मेरे जान कुलिस घटा सी घहरानी है।
[५५६ ।

देवता को पति नीको पतिनी सिवा को हर श्रीपति न तीरथ बिरथ उर आनिये।
परम धरम को है सेइबो न ब्रत नेम जोग को सँजोग त्रिभुवन जोग जानिये।
भूषन कहा भगति न कनक मनि तातें बिपति कहा बियोगसोगन बखानिये।
संपति कहा सनेह न गथ गहिरो सुख मुख को निरखिबोई मुकुति न मानिये५५७।

मेरु को सोनो कुबेर की संपति ज्यों न घटै बिधि राति अमा की।
नीरधि नीर कहै कबि **भूषन** छीरधि छीर छमा है छमा की।
रीति महेस उमा की महा रसरीति निरंतर राम रमा की।
ये न चलाए चलैं क्रम छोड़ि कठोर क्रिया औ तिया अधमा की।५५८।

औरे रूखनि छोड़ि अलि **भूषन** सेइ रसाल।
याके निकट बसंत ही ह्वै है निपट निहाल।५५९।

धाय नहीं घर माँहि सुनौं पुनि सासु रिसाइहै कैसें बुलैबौ।
संग न नेक चलै ननदी रिपु जोवत साँझ समै को अन्हैबौ।
जद्यपि जानति हौं कबि **भूषन** क्यौं इनमें वसिकै जसु पैबौ।
तद्यपि चंद के पूजन कौं जमुनातट मोंहि जरूर है जैबौ।५६०।

संगम कौं आगम भयौ है सु तरंग गेहु घरी घरी दृगनि भरी सनेह काई है।
जैसे कहूँ मीन जल सूखत मलीन तपै प्रेम के बियोग गति बाल की जनाई है।

---

[५५५] बेसुख = सुखहीन, दुःखी। नंद=(ननद) पति की बहन। अनखाती० = अप्रसन्न होती हैं। गति = दशा, अवस्था। भिदी = प्रविष्ट हुई हो। कानै=कान में। कढ़ै निकालती है। तानै = तान, आलाप। हूक = पीड़ा। पाँसुरी = पसुली। भरौं० = क्यों न रोऊँ। छेद=छिद्र। [५५६] सुरजन = स्वजन, प्रिय। गुरजन = गुरुजन, घर के बड़े बूढ़े। परिजन = सेवक। सकाती = भयभीत। [५५७] सिवा = पार्वती। बेरथ = व्यर्थ। कनक= सोना। गथ = धन। [५५८] अमा = अमावास्या। [५५९] रूख = वृक्ष। रसाल = आम। निहाल = खुश। [५६०] धाय = दाई। रिपु = विरोधी। जसु=यंश, प्रशंसा।

जोहै नीकैं सुखद सँकेत मनभावते के **भूषन** सुकबि सो तौ ह्वाँ न कहूँ पाई है।
आयौ है बसंत दल बिरल बिलोकि बन मदन की आगि उर में उमगि आई है।
[५६१ ।

दूरि चितै जहाँ मित्र को आनन कानन पास धरचौ बिबि पानी।
ऊभी तबै भुजमूल भवै कवि **भूषन** आँगन में अँगरानी।
अंग मरोरनि रंगभरी त्रिबली उघरीन अली पहचानी।
नेह दिखाय बिचच्छन कौं गहि गाढ़ें सखी निज अंक में आनी ।५६२।

मंदिर न नाह औ न निकठ ननद आजु औसर अनंद नंदनंदन कों ध्यावती।
ऐहै मनमोहन लगैहै उर आपने सों ह्वै है हित मन चित्त चैन यौं बढ़ावती।
है समीप सासु पै न नैन बलि बैरिन के मुदित भई है मुदिता बधू कहावती।
लोचन बिलोल कवि **भूषन** हियें अलोल कामिनि कपोलन में लोभ उपजावती।
[५६३ ।

पठई जितही तितही रजनी सजनी अपने हित ही तू भई।
अनतैं रति कै रतिआई इतै छतिया में नखच्छत छाप नई।
बिथुरी अलकैं सुथरी पलकैं कबि **भूषन** नैनन ताप तई।
धुतई बतियाँ पतिआवन की गति जानि परी पति पै न गई ।५६४।

तेरो सुहाग बड़ो कहियै अपने कर पी गहनो पहिरावै।
धन्य तू माई बड़ाई सही सब या बिधि साँई सनेह जनावै।
नेरे तें बल्लभ दै कुच चंदन बंदनबिंदु सों बैन बनावै।
अंगप्रभा छिपि जैहै कहै कबि **भूषन** मोहि न भूषन भावै ।५६५।

मानिनी के मन में मनमोहन मोहन के मन मानिनी भावै।
मान कियौ अनुमान बिलोकनि आन तिया कों जहाँ पिय ध्यावै।
कंत सुजान तहाँ कबि **भूषन** चूमन दै उहि कोप छिमावै।
केलिकला हुलसी ततकाल मिलि हँसि सो लघु मान कहावै ।५६६।

लाल चहै चितचैन बिनै करि भाल में बंदनचिह्न लह्यौ है।
चंदनरेख लखी उर माँह लखें पिय कों तिय कोपु गह्यौ है।
सौति की साल बिसाल महा तहाँ देह दवानल दाह दह्यौ है।
मौन कियें अभिमान हियें कबि **भूषन** सो गुरु मान कह्यौ है ।५६७।

बैठी गृहद्वार बारबारन बिसारति है बरस अनेक एक बासर गनावती।
आसन सुहात है न बासन तमोल चोवा बोलति न बैन नहीं **भूषन** बनावती।

---

[५६१] संगम = संयोग। बाल=बाला। [५६२] बिबि=दोनो। ऊभी० = खड़ी संतप्त हो रही है। भवै=घुमाती है। बिचच्छन=चतुर। [५६३] औसर० = आनंद का अवसर प्राप्त हुआ है। मैंन=काम। बैरिन०=उस बैरिन सास के नेत्र नहीं (अंधी) है। [५६४] धुतई० = बातें बनाकर ठग लिया। [५६५] कर०=अपने हाथ से। बैन=वदन, मुख। बनावै=सजाती है। [५६६] छिमावै=क्षमा कराती है। [५६७] बंदन=सिंदूर। साल = पीड़ा।

प्रेम के जनाएँ बहुरघौं बिसेष पैयै बलि बस करि बालम बिरंचि कौं मनावती।
कहै कबि **भूषन** बिहाल तन कीने बहु बाला बिरहानल की ज्वाला सी जनावती।

जान कह्यौ पिय आन पुरी कों डरी तिय प्रान अचानक सोका।
बानघटा कबि **भूषन** यौं जिमि भानछटा लखि लच्छिन कोका।
नैनन नेह सलज्ज चितौनि सरोजमुखी तब भूमि बिलोका।
पूछें कछू न कही बतिया गनि तच्छिन स्याम पयानहिं रोका।५६६।

लालन कै आगे रसपागे लालन अचेत लोचन चुवन लागे कैसें कै सचाइहौं।
प्राननाथ रावरे जौ निस्चय पयान कियौ ह्वै है जलपान और अन्न पै न पाइहौं।
कहैं कबि **भूषन** अँदेसौ देह राखिबे कौ एक ही उपाय नेह आपनो जनाइहौं।
दीजै कंठमाल सो बिलोकि रावरे की ठौर राज उठि भोर पूजि उर लपटाइहौं।

और के धाम में स्याम बसे सगरी रतिया तिय जागि बिताई।
आजु सखी लखि लालन सों हठ सी बतियाँ करिहौं कठिनाई।
आयौ हरी कबि **भूषन** भोर तौ दूषन दैन कौ है ढिग ठाई।
राखि उसास कही न कछू असुवा जल सों अँखिया भरि आई।५७१।

बैठी सँकेत किसोरी सखी बन सूनो बिलोकति ही बिलखानी।
पी बिन ती मृगसावकनैनि न बोली कछू नत बोली थिरानी।
गुंजि उठे अलिपुंज तहाँ कबि **भूषन** स्रौन परी यह बानी।
सोच भिद्यौ मन मोद ततच्छन लच्छन हौं मुगधा पहचानी।५७२।

कैधों अली न सँदेस कह्यौ कै उनैं सो सँकेतसमै बिसरायौ।
मो पति यौं तजियै अनुराग न नागरि काहू निसा बिरमायौ।
कारन कौन निबारन कौं कबि **भूषन** बेगि न बालम आयौ।
नीरजनैनि के नीरजनैननि नीर सु नीरधुनी को सो धायौ।५७३।

जानौ नहीं अबहीं चतुरापन हाव न भाव भयौ जुवती कौ।
नीबी गही रति मानौ नहीं कर सों गहि टारति हौं पर पी कौ।
जद्यपि मो गुन ये कबि **भूषन** तद्यपि मो पर यों नित नीकौ।
नाह को नेह सखी सुनि री इमि संग सु मेरो तजै न घरीकौ।५७४।

द्यौस निसा सखी मो मुख चाहै[1] सराहै सदा सुषमा अँखिया की।
जोबनजोति तिहारी पियारि हरै दुख ज्यौं तम जोति दिया की।

५७५—१ यों सुखमा है।

[५६८] बार = दिन। बास=वस्त्र। तमोल = तांबूल। चोवा = सुगंधित द्रव्य। नहीं०=गहने नहीं पहनती। [५६९] सोका = सूखा। बान = नेत्रबाण। कोका = चक्रवाक। [५७०] चुवन०=आँसू टपकने लगे। सचाइहौं=बचाऊँगी। [५७१] ठाई=खड़ी हुई। [५७२] पी=प्रिय। ती=नायिका। भिद्यौ=दूर हो गया। [५७३] सँकेत० = संकेत का समय भूल गए। निवारण=अवरोध, रुकावट। बल्लभ=प्रिय। धुनी=नदी। [५७४] नीबी=फुफुँदी। परि = निश्चय। घरीकौ = घड़ी भर को भी।

जो उनि कौ कहिबौ कबि **भूषन** बातौ न चाहै[२] बिरानी तिया की।
रीझ कहौं[३] अपने पिय की सपनेहूँ न सूझ जु और हिया की ।५७५।

अंकुर जोग सँजोग भयौ कबहूँ न बियोग दवानल ज्वाला।
तापर फैलि रहे सर पल्लव फूलि रही उर फूल की माला।
सांचत नाह सदा कबि **भूषन** नीरस नेहस्वभाव कौ प्याला।
श्रीफल आँब सुहाग के बाग में मानौ महा सुखबेलि है लाला ।५७६।

बोलि न व्यंगिन जानति हौं न बिलोल बिलोकनि में चतुराई।
हासबिलास प्रकास की केलि में खेलि बिसेष न आहि ढिठाई।
भूषन की रचना कबि **भूषन** जद्यपि हौं सिखऊँ चतुराई।
तद्यपि नाह को नेह सखी तजि मोहि न और तिया मन भाई ।५७७।

पाएन परत हारे पाए न मन तिहारे काहे दृग तारेहू ललाई दीजियतु है।
कारन बिनाहूँ तू करै री अकरन लागी मन मूढ़ता कहूँ बढ़ाय लीजियतु है।
बातैं सरकसी रसहू में कबि **भूषन** तौ बालम सों बौरी बरकसी कीजियतु है।
कैसेहू न बोध तेरे सील को न सोध है री ऐसे प्यारे प्रीतम सों क्रोध कीजियतु है।।

कंत जागि जामिनि सकाम ठौरठौर बसि आए भोर और कामिनीसों रति मानिकै।
तहाँ कोप कामिनी जनायौ है चलायौ बान नैनकोर छोर तिरछौंहैं ठानि ठानिकै।
एते बीच स्यामलै मनैबे के किये लै बैन तिहि सु ढरयो है बैन प्रीति पहिचानकै।
कहै कबि **भूषन** ततच्छन लगाय अंक मानद सों आनँद बढ़ायौ सुख सानिकै ।।

जद्यपि बिहारी और मंदिर तें आए भोर उरज की छाप उर और छबि पावही।
तद्यपि सुचैन वाहि प्रीतम कौ बैन चाहि सुधा सों लपेटे बैन आवत सुभावही।
लोचन बिलोल यौं बिरोचन उए हैं कौल अठिलात बोलि अंकमालिका लगावही।
कहै कबि **भूषन** भई है कुल भूषन ये भले गुन भामिनो ते उत्तम कहावही।

जाति उहैं ब्रजचंद समीप जहाँ घन कुंज की कुंजगली है।
चंदमुखी पहिरें सित चोल हँसै हियहू मुकताअवली है।
चंदकला सी पुरी कबि **भूषन** वाहि चहूँ रुख चूनकली है।
चंदउदै तकि चंदन देति न चंद्रप्रभा सिवराज चली है ।५८१।

---

२ चालै। ३ कही।

[५७५] तम = अंधकार। [५७६] श्रीफल = बेल (कुच)। आँब = आम। [५७७] व्यंगिन = व्यंग्य वचन। भूषन = गहना। [५७८] पाए० = तेरा मन न मिला। अकरन = अकरणीय। सरकसी = कठोर। बरकसी=ढिठाई। बोध = ज्ञान। सोध = पता। [५७९] [स्यामलै = श्याम ने। बैन = वचन। बैन = बदन, मुख। [५८०] उरज = कुच। बैन = बदन, मुख। चाहि = देखकर। बैन = वचन। बिलोल=चंचल। बिरोचन=विशेष लाल। कौल = कमल। उए=फूले। अठिलात = छेड़छाड़ करते हुए। अंकमालिका = अँकवार, आलिंगन। [५८१] घनी = सघन। सित = उज्ज्वल वस्त्र। हँसै० = हँसने पर मोतियों की सी छटा हृदय पर हो जाती है। चहूँ० = चारो ओर चूने की कली (उज्ज्वल वर्ण)। चंदन = चंदन लगाती है। चंद्रप्रभा० = मानो चंद्रप्रभा शिवजी के पास जा रही है।

गेह तें गौन कियौ गजगौनी सनेही के भौन जहाँ मन वाकौ।
घूमि रही जु घटा घन की गगनै अँगनै पग पंथनि थाकौ।
भारी उरोज फबै कबि **भूषन** लंक सँभारन है बरु ताकौ।
तैसें नितंबनि जात निसा मनमथ्थ समथ्थ है बाहन जाकौ।५८२।

मेरी सुधा सिव जीवन मूरि हँसी जितहीं तितहीं चितयौ है।
तेरे बिलोकें बिना मृगलोचन मेरे बिलोचन सोच भयौ है।
मोसों महारस सासन देति हौ आसन बासन और नयौ है।
भूषन पान न पानी छुए सु कहा कछु मोपर कोप भयौ है।५८३।

कंत तुही हौ मनोहर मूरति सूरति सो मकरध्वज कैसी।
यों जुवतीजन के मनमोहन राजति चातुरता चित तैसी।
कोप कियौ हिय में मृगलोचनि बैन नहीं सुखचैननि बैसी।
धीर अधीर धरी कबि **भूषन** आँसू भरे दृग पावक ऐसी।५८४।

देख्यौ सापराध निज बल्लभ समीप सेज तेज मन मान तन बक्र ह्वै जनावती।
ब्याकुल बिलोल चित कोप कै अलोल ही में सरस कपोल ढीठ पुलक बढ़ावती।
ज्यौं कमल लोचन उरोज छेंकि जोहै रोच सोच कबि **भूषन न** लोचननि लावती।
लच्छन समच्छ तहाँ धीरज अधीरज ह्वै मध्य घर मौन महा मोहनी लगावती।
[—'बिरहमंजरी' संग्रह] [५८५।

शांत—

देह देह देह फिर पाइयै न ऐसी देह जौन तौन जो न जानै कौन जौन आइबो।
जेते मनि मानिक हैं तेते मन मानि कहैं धराई में धरे ते तौ धराई धराइबो।
एक भूख राखै भूख राखै मन भूषन की यही भूख राखै भूप **भूषन** बनाइबो
गगन के गौन जम गिनन न दैहै नग नगन चलैगौ साथ नग न चलाइबो।
[५८६।

---

[५८२] लंक० = कमर को सँभालने में बल पड़ रहा है। [५८३] सिव = कल्याण। महारस = अत्यंत प्यार दिखाकर। सासन=शासन, शिक्षा। [५८४] मकरध्वज= कामदेव। बैनन०–वचनों से सुखचैन (रोषरहित) की स्थिति प्रकट की। आँसू०= नेत्रों में आँसू और रोष की ललाई (पावक) है। [५८५] बल्लभ=प्रिय। तेज=तीव्र। बक्र = टेढ़ा। [५८६] देह०=दो दो दो। पाइए०=नहीं पाई जा सकती। देह = शरीर। जौन=जो 'जो तो' नहीं जानता है वह आएगा (यमराज के गण)। मनि=जवाहिरात। मन = मन में मान लो। कहैं=लोग कहते हैं। धराई = जो कुछ पृथ्वी में रखा है वह पृथ्वी पर ही रखा रह जायगा। भूख=क्षुधा। भूख = इच्छा। भूषन= गहना। यही० = इच्छा रखे। भूप=राजा। भूषन = कवि। बनाइबो=बनूँगा। गौन=गमन। गिनन०=रत्नों को गिनने न देगा। नगन = नग्न। नग = जवाहिरात।

१—प्रतीकानुक्रम

(संख्याएँ छंदों की हैं)

अंकुर जोग सँजोग । ५७६
अंभा सी दिन की । ३२७
अंदर तें निकसीं । ४३०
अकथ अपार भवपंथ । १
अकबर पायों भगवंत । ५३५
अगर के धूप । २२४
अचरज भूषन मन । ३६८
अजौं भूतनाथ मुंडहार । ३०९
अटल रहे हैं । १२०
अतर गुलाब चोवा । ४३१
अति मतवारे जहाँ । २२८
अति संपति बरनत । ३१३
अति सौंधे भरी । ५४६
अत्र गहि छत्रसाल । ५०९
अनत मेटि कछु । २२७
अनहूबे की बात । १७८
अफजलखानजू को । ४३६
अब को है भूषन । २६०
अभिप्राय लीने जहाँ । २८५
अरितिय भिल्लिनि । ३६७
अरिन के दल । ३४३
अरु अक्रमातिसयोक्ति । ४०१
अरु अर्थअंतरन्यास । ४०५
अहमदनगर के थान । २८४
आई चतुरंग सैन । ४५०
आए दरबार बिललाने । ३४९
आगें आगें तरुन । ३०७
आज सिवराज महाराज । ३२६
आजु इहि समै । ३२९
आदर घटत अबन्यं । ३५१
आदि की न । ४४७
आदि बड़ी रचना । २१९
आनँद सों कहुँ । १९
आन बात आरोपियँ । ७५
आन बात को । ७१
आन बात में । ९१
आन हेतु सों । २९५
आनि मिल्यो अरि । २९२
आपस की फूट । ४७७
आयो आयो सुनत । ३५७
आवत गोसलखाने । ७४
इंद्र जिम जंभ । ५०
इंद्र निज हेरत । २७८
इक हाड़ा बूंदी । ५२०
इत सिरजे खाँ । ४९८
उचित सिवाजी तेरी । १८४
उठि गयो आलम । ५४५
उतरि पलँग तें । ४२८
उतै पातसाहजू के । ४१६
उत्तर पहार बिधनोल । १४२
उदित होत सिवराज । १२
उदैभानु राठवर । २६२
उद्धत अपार तुम्र । १०४
उपमा अनन्वै कहि । ३९९
उपमाबाचक पद । ३५
उमड़ि कुड़ाल मैं । ३०६
उलहत मद उनमद । ५३९
ऊँचे घोर मंदर । ४२९
एक अनेकन में । २२२
एक कहैं कलपद्रुम । ३५२

एक क्रिया सों । १३१
एक प्रभुता को । ३४५
एक बचन में । १४७
एक बात कों । २२५
एक बार ही । ३७४
एक समै सजिकै । ८४
एकै भाजि सकत । ४८६
एते हाथी दिये । २०
ऐसे बाजिराज देत ३९८
औरँग अठाना । ४६५
औरँग जो चढ़ि । ३०१
औरँग यों पछितात । १८०
औरँग सा इक ओर । ४६९
और काज करता । २०९
और काज करिकै । २९७
और के धाम । ५७१
और, गढ़ोई नदी । ३५६
और ठौर करनीय । १८३
औरन के अनबाढ़ें । २५८
औरन के जाँचें । ३३९
औरन को जो । १२९
और नृपति भूषन । १११
और हेतु मिलि । २३२
औरे रूखनि छोड़ि । ५५९
औरै के गुन-दोष । २५२
औरै के गुन-दोष तें । २५७
कंत जागि जामिनि । ५७९
कंत तुही हो । ५८४
कछु न भयो । ३६९
कत्ता की कराकनि । ४२५
कत्ता के कसैया । ४६१
कबि कहैं करन । ६७
कबिगन को दारिद । ३९३
कबि-तरुबर सिव । ३५८
करत अनादर बन्यं । ४०
करन लगै औरे । १८५
करि मुहीम आए । ३८८
कलजुग जलधि अपार । ५७
कसत में बार बार । २१०
कहनावति जो लोक । २९९
कहिबे जँहि सामान्य । १०९
कहुँ केतकी कदली । २१
कह्यो अर्थ ताही । २४१
कामिनि कंत सों । ११८
कारी भीति कालिंजर । ४८१
कारो जल जमुना । ५५४
काल करत कलिकाल । ३५२
काल मही सिवराज । २५४
कालीपाल छत्रसाल । ५१९
काहू के कहे । ३९०
काहू पै जात न । १५१
कितहूं बिसाल प्रबाल । २०
किबले के ठौर । ५४१
कीन्हे खंड खंड । ४९७
कीबे को समान । ५२४
कीरति कों ताजी । १४०
कीरतिसहित जो प्रताप । १२८
कुंद कहा पयबृंद । ३५०
कुंभकर्न औरँग । ४४८
कुल सुलंक । २८
कूरम कबंध हाड़ा । ४६६
कूरम कमल कमधुज । ४४१
केतकी भो राना । ४४०
केतिक देस दले । ५०५
कैधों अली न । ५७३
कै बहुतै कै । ६६
कैयक हजार किये । ४४२
कै यह कै वह कीजियै । २२९
कै यह कै वह यों । ७३
कैयो देस परिब्रढ़ । ४९०

कोऊ बूझै बात । ३८३
कोकनद नैनन तें । ५००
कोकनदनैनी केलि । ५४८
को कबिराज बिभूषन । ३६३
कोटगढ़ ढाहियतु । ४२२
कोटगढ़ दैकै । २०४
को दाता को । ३८५
कोप करि चढ़यो । ४५१
कौन करै बस । २८६
कौन बचै नर । २६३
क्रम सों कहि । २२०
क्रुद्ध फुरत अति । ३३६
गजघटा उमड़ै महा । ३१०
गढ़देव गढ़चाँदा । १०६
गढ़न गँजाय । ४४४
गढ़ परनाले ते । ५०३
गतबल खानदलेल । ३३३
गरब करत कित । ४२
गरुड़ को दावा । ४०९
गुननि सों इनहूँ । ११६
गेह तें गौन । ५८२
गैरमिसिल ठाढ़ो । ३८२
गोसलखानहु में लख्यो । २५१
गौर गरबीले अरबीले । २३६
घट बढ़ जँहि । ६०
घिरे रहे घाट । ४७६
चंदन में नाग । ४६
चंदराव चूर करि । ४३९
चकित चकत्ता चौंकि । ४२३
चक्रवती चकता चतुरंगिनि । १२४
चढ़त तुरंग चतुरंग । ११३
चमकति चपला न । ७६
चले चंदबान । ५२५
चाकचक चमू के । ५०८
चारि चारि चौकी । ५०१
चावर दार पिसान । ४९१
चाहत निरगुन सगुन । १३२
चित्त अनचैन आँसू । ३२५
चोरी रही मन में । ४७८
छाय रही जितही । ३८
छुटत हुलास आमखास । १३७
छूटत कमान बान । ४१५
जद्यपि बिहारी और । ५८०
जयति जयति जय । २
जसन के रोज । १७९
जहँ दूरस्थित बस्तु । ३११
जहँ बिरोध सों । १६६
जहाँ आपुनो रंग । २६४
जहाँ एक आधेय । २०३
जहाँ एक उपमेय । ४९
जहाँ और की । ८५
जहाँ और के । २७५
जहाँ करत हैं । १९२
जहाँ जुगुत सौं । ७७
जहाँ दुहुँन अनुरूप । १९०
जहाँ दुहुँन की । ३२
जहाँ दुहुँन को । ५६
जहाँ परस्पर उपकरत । २०७
जहाँ परस्पर होत । ४७
जहाँ प्रगट भूषन । १७१
जहाँ प्रसिद्ध निषेध । ३२०
जहाँ बड़े आधार । १९९
जहाँ सरस गुन । २५९
जहाँ सूरतादिकन । ३१६
जहाँ स्लेष कै । ३०२
जहाँ हेतु अरु । १०३
जहाँ हेतुचरचाहि । १०५
जहाँ हेतु तें । १०७
जहाँ हेतु समरथ्थहुँ । १७६
जहाँ होत उपमेय कों । ५४

जहँ अधार आधेय । २०५
जहँ अभेद करि । ६३
जहँ उतकरष अहेत । २४४
जहँ कैतव छल । ८६
जहँ चितचाहे । १६६
जहँ जहँ आनहि । १०१
जहँ जहँ बातन । १८७
जहँ प्रसिद्ध उपमान । ३७
जहँ बरनत उपमेय । ४४
जहँ बरनत गुन । २६१
जहँ मनबांछित । १६४
जहँ संगति में । २७१
जहँ समता कौं । ५१
जहँ हेतू पूरन । १७३
जाको बरनन कीजियै । ३१
जाति उहैं ब्रजचंद । ५८१
जातें सरजा बिरद । ८
जा दिन चढ़त । ५३३
जा दिन जनम । १३
जान कह्यौ पिय । ५६६
जानि पति बागबान । ४५७
जानौं नहीं अबहीं । ५७४
जा पर साहितनै । १५
जाय भिरो न । १६१
जावलिबीर सिंगारपुरी । १८८
जाहि पास जाहि । ६५
जाहिर जहान जाके । १४६
जाहिर जहान सुनि । २६०
जाहु मति आगें । ३१५
जिन किरनन मेरो । ५५२
जिन फन फुतकार । ४१६
जीत हुती औरंग में । २२३
जीति लई बसुधा । ११०
जीत्यो सिवराज । ४१७
जुगल वाक्यगन को । १२५
जुद्ध को चढ़त । ५३७
जे अरथालंकार ते । ३३०
जेई चाहो तेई । २२१
जेते हैं पहार । ६२
जे सोहात सिवराज । ३८७
जेहि निषेध आभास । १६२
जोर करि जैहैं । ४३७
जोर रूसियान को । ४८२
जौ यों ह्वै । २४६
ज्ञान करत उपमेय । ६६
झूठ अरथ की । २४८
टूटि गए गढ़ । ४६५
डंका के दिये । ५४३
डाढ़ी के रखैयन । ५०४
तखत तखर पर । ४६३
तरनि तचत जलनिधि । ३
तहवरखान हराय । ५१३
तहाँ राजधानी करी । २४
ता कुल में । ६
ता दिन अखिल । १७५
ताही ओर परै । ४८४
तिमिरबंसहर । ८८
तिहुँ भुवन मैं । २१६
तुम सिवराज बृजराज । ७०
तुरुमती तहखाने । ३३८
तुल्यजोगिता धरम । ११२
तुही साँच द्विजराज । १४३
तूँ तौ रात्यौंदिन । १५६
तेगबरदार स्याह । ४८१
तेरी असवारी महाराज । ४७६
तेरी धाक ही । ४५४
तेरे त्रास बैरिबधू । ४८०
तेरे ही भुजानि । ८१
तेरो सुहाग बड़ो । ५६५
तेरो तेज सरजा । ४८

तैं जयसिहहि । ३७०
तो कर सों । २०८
तो सम हो । ३९
त्रिभुवन महि परसिद्ध । १३४
दच्छिन के सब । १४
दच्छिन को दाबि करि । १७४
दच्छिनधरन धीर । २२६
दच्छिन-नाइक एक । १६७
दरबर दौरि करि । ४१८
दसरथ राजा राम । ११
दान समै द्विज । ३८९
दानव आयो दगा करि । ३५४
दारहि मारि मुराद । १९७
दारा और औरँग । ५२३
दारा की न दौरि । ४३८
दारुन दइत हरनाकुस । ३९५
दारुन दुगुन दुरजोधन । १३५
दावा पातसाहन सों । ४१४
दिढ़ाइबे को अरथ । २३९
दिल्लिय दलनि गजाइ । ३३२
दिल्ली को हरौल । ४७५
दिल्लीदल दले । ४५२
दीजै जहाँ जनाय । २९३
दीनदयाल दुनीप्रतिपालक । २७२
दीपक एकावलि मिले । २१७
दुअनसदन सबके । ९६
दुग्ग पर दुग्ग । ४२४
दुग्गहि बल पंजन । ८६
दुरजनदार भजि । ९३
दूरि चितै जहाँ । ५६२
देखत उचाई उदरत । ९८
देखत सरूप को । १४९
देखत ही जीवन । ५४९
देख्यो सापराध निज । ५८५
देत तुरीगन गीत । १२६
देवता को पति । ५५७
देवल गिरावते । ४४६
देस दहपट कीने । २५५
देस दहपट्टि आयो । ५१५
देसनि देसनि तें । २५
देसनि देसनि नारि । २३१
देह देह देह । ५८६
दै दस पाँच रुपैयन । १७७
दौरि चढ़ि ऊँट । ४७३
दौलत दिल्ली की । २५६
द्यौस निसा सखी । ५७५
द्रव्य क्रिया गुन । १६४
द्वारनि मतंग दीसैं । ३१४
द्विज कनोज कुल । २६
धाय नहीं घर । ५६०
धुव जो गुरता । ३९७
नाती को हाथी । ५१७
नामन को निज । ३१८
निंद्या में स्तुति । १५७
निकसत म्यान तें । ५२२
नृप सभान में । ३७९
नैन जुग नैनन । ५४७
पंचहजारिन बीच । १९१
पंपा मानसर आदि । २६५
पक्खर प्रबल दल । ४७२
पग रन में । ३७८
पठई जितही तितही । ५६४
पर के मन की जानि गति अभिप्राय । २९१
पर के मन की जानि गति ताको । ३८१
पहिले कहियँ बात । १६०
पाएन परत हारे । ५७८
पाय बन्यं उपमान । ४३
पारावार पार पैरि । ४८५

पावकतूल अमित्रन । ३६
पावस की इक । २८२
पीय पहारन पास । ७२
पीरी पीरी होनैं । १५८
पुंनाग कहुँ कहुँ । २२
पुनि यथासंख्य । ४०४
पुहमि पानि अरु । ३४७
पूना बीच सुनिकै । ३४१
पूनामध्य गगन महल । २९८
पूरब के उत्तर के । १६३
पूरब पूरब हेतु । २१२
पैजप्रतिपाल भूमिभार । ६८
पोरचनरेस अमरेसज्‌ । ५३६
प्रथम बरनि पुनि । २१५
प्रथम रूप मिटि । २६६
प्रबल पठान फौज । ४६८
प्रबल सत्रु के । २३४
प्रस्तुत लीने होत । १५०
प्रेतिनी पिसाच रु । ४१३
फिरंगाने फिकिर । ४३४
बंध कीन्हें बलख । ४६७
बचनन की रचना । १५३
बचैगा न समुहाने । १४५
बड़ो औंडी उमड़ी । ५१६
बड़ो डील लखि । ३६४
बद्दल न होंहि । ४२७
बन उपबन फूले । ५५३
बरनत हैं आधेय । २०१
बरनन कीजै आन । १४१
बरने निरुक्तिहु हेतु । ४०७
बर्न्यं अबर्न्यंन को । ११७
बर्न्यं वाक्य के अरथ । २५०
बलख बुखारे । ५२६
बस्तु अनेकन को । ३७६
बस्तु गोय ताको । ८०
बस्तुन को भासत । १३६
बहसत निदरत हसत । ५२
बाएँ लिखवैयन के । ४९६
बाजि गजराज । ४२६
बाजि बंब चढ़ो । ५३२
बाजे बाजे राजे । ५३०
बाने फहराने घहराने । ४१२
बाप तें बिसाल । ४५६
बारह हजार असवार । ४७४
बारिधि के कुंभभव । ४१०
बारिधि के बीच । ५०२
बालपने में तहव्वरखान । ५१८
बासव से बिसरत । १००
बिकृत बस्तु में । २६९
बिज्ञपुर बिदनूर । ४३५
बिना कछू जहँ । १३८
बिना लोभ को । १३९
बिनु चतुरंग संग । २४२
बीर बड़े बड़े । १६९
बीर बिजैपुर के । ६४
बीर बीरबर से । २७
बूझे तें जहि । २८८
बेदर कल्यान दै । १९३
बेद राखे बिदित । ४२०
बेहर बरार बाघ । ३३७
बैठती दुकान लैकै । ४७०
बैठी गृहद्वार । ५६८
बैठी सँकेत किसोरी । ५७२
बैरि कियौ सिव । २३३
बोलि न ब्यंगिन । ५७७
ब्रह्म के आनन । २५३
ब्रह्म रचै पुरुषोत्तम । २११
भयो काज बिनु । १६८
भयी होनहारो अरथ । ३०८
भले भाय भासमान । ५३४

भासत है पुनरुक्ति । ३४२
भिन्न अरथ फिरि । ३४०
भिन्न रूप अरु । २८१
भिन्न रूप जहिं । २८३
भुज भुजगेस की । ५१०
भूप सिवराज कोप । ४५३
भूषन एक कबित्त । ३२८
भूषन कहिबे जू । ३२४
भूषन जहिं बरनन । १५५
भूषन भनत जहि । १८
भूषन भनि ताकें । ९
भूषन भनि सबही । ३६६
भूषन सब भूषननि । ३०
भेंटि सुरजन तोहिं । ५५६
भेजे लिख लग्न । ५२८
मंगन मनोरथ को । १०८
मंदिर न नाह । ५६३
मच्छहु कच्छ में । ३६१
मदजलधरन । १२३
मन कबि भूषन । २१८
मनिमय महल । १६
मलय समीर परलै । ५५१
महाबीर ता बंस । ५
महाराज सरजा खुमान । ४९१
महाराज सिवराज के । ३९२
महाराज सिवराज चढ़त । १८२
महाराज सिवराज तव । ३५५
महाराज सिवराज तुअ । १९८
महाराज सिवराज तेरे त्रास । ४९४
महाराज सिवराज तेरे बैर । १५४
माँगि पठायो सिवा । ३७५
मानसरबासी हंसबंस । २४५
मानिनी के मन । ५६६
मानो इत्यादिक । ९७
मारि करि पातसाही । ४४९
मारे तें रुहेलनि । ४८८
मारे दल मुगल । ४५९
मालवा उज्जैन भनि । ४३३
मिलत ही कुरुख । ३३
मुंड कटतु कहुँ । ३९६
मुकतानि की झालरनि । १७
मेचक कवच साजि । ५५०
मेरी सुधा सिव । ५८३
मेरु को सोनो । ५५८
मेरु सम छोटो । २४९
मोरँग कुमाऊँ । ४४५
मोरँग जाहु कि । २३०
या निमित्त यहई । ३९४
या पूना में । ३९१
यों पहिले उमराव । ४६४
यौं कबि भूषन । २६८
यौं सिर कौं । २७०
यौं सिवराज कौ । ४५
रसत बिहंगम बहु । २३
रहत अछक पै । ५३८
राखी हिंदुवानी । ४२१
राजत अखंड तेज । ५१२
राजत है दिनराज । ४
रेवा तें इत । २८७
रैयाराव चंपति को । ५०७
लाज धरी सिवजू । २३५
लाल चहै चितचैन । ५६७
लालन कै आगै । ५७०
लिखें सुनें अचरज । ३४४
लिय जिति एदिल । ३३५
लिय धरि मोहकमसिंघ । ३३४
लूटयो खानदौरा । ९४
लै परतालो सिवा । १८९
लोक ध्रुवलोकहू । ५४०
लोगन सौं भनि । ३८४

लोमस की ऐसी । २४७
वह जीत्यो तो । २३७
वहि कों औरें पद । ११९
वाक्य जुगन कों । १२२
वे देखो छत्तापत्ता । ५२१
श्रवन कै साहन । २३८
श्रीनगरपाल । १०२
श्रीसरजा सलहेर के । २६७
श्रीसरजा सिव तो । १६५
श्रीसिवराज धरापति । ५०६
संक और की । ८२
संकर की किरपा । २१३
संगम कों आगम । ५६१
सक्र जिमि सैल । ४०८
सतयुग द्वापर औ । ४७१
सदा दान करवान । ७
सदस बस्तु में मिलत । २७९
सदस बस्तु में मिलि । २७७
सदस वाक्य जुग । १२७
सपत नगेस आठौं । ११४
सबन के ऊपर । ४४३
सम छबिवाले दुहुन । १३३
सम सोभा लखि । ६९
समत सत्रह सैंतीस । ३४६
सहज सलील सील । २००
साँगन सों पेलि । ५१४
साँचो त्यौं ही । ३०५
साइत लै लीजियै । २४०
साजि चतुरंग सैन । ४११
साजि चमू जिन । ३२१
साजि दल सहज । ५३१
साभिप्राय बिसेषननि । १४४
सामान्य और बिसेष । ४०६
सायस्तखाँ दच्छिन कों । ३०४
सायस्तखाँ दुरजोधन । ३४
सारस से सूबा । ५२९
सारी पातसाही के । ४५५
साहन के उमराउ । २१६
साहन के सिच्छक । १५६
साहनमनी समथ्थ । ५८
साहि के सपूत रनसिंह । ४५८
साहि के सपूत सिवराज । ४६२
साहितनै गुन गैबे । २१४
साहितनै तेरे बैर । ३०३
साहितनै भुम्र को । ६५
साहितनै सरजा की । १९५
साहितनै सरजा के । ८३
साहितनै सरजा खुमान । ९०
सहितनै सरजा तुम्र । ५५
साहितनै सरजा समरथ्थ । २४३
साहितनै सरजा सिव के । १८६
साहितनै सरजा सिवा । ५३
साहितनै सिव तेरो । १७२
साहितनै सिवराज ऐसे । ३१७
साहितनै सिवराज तो । ६१
साहितनै सिवसाहु की । १७०
साहितनै सिव साहि । ९२
साहितनै सुभट सिवाजी । ४९२
साहिनंद सरजा सिवा । २७६
साहिन सों रनु । १३०
साहूजी की साहिबी । ५२७
सियथरी जाने बिन । ५९
सिंहल के सिंह । ४६०
सिद्ध बस्तु ही । ३२२
सिव औरंगहि जिति । ३६०
सिवचरित्र लखि । ३४८
सिव प्रताप तो । ४१
सिव सरजा की जगत । २७४
सिव सरजा की सुधि । ३००
सिव सरजा के कर । ७९

सिव सरजा के बैर । १८०
सिव सरजा तब हाथ । ३७१
सिव सरजा तुव । १२१
सिव सरजा तो । २८०
सिव सरजा भारी । ३५९
सिव सरजा सों । ३७२
सिवा की बड़ाई । ३२३
सिवाजी के कर । ७८
सिवाजी खुमान तेरो । २७३
सिवाजी खुमान सलहेर । २०२
सिवा बैर औरँग । ३८६
सीय संग सोभित । १४८
सुंडन समेत काटि । ५४४
सुंदरता गुरुता प्रभुता । ३७७
सुकबिन सों सुनि । २९
सुजस दान अरु । ३७३
सुनि सु उजीरन । ८७
सुनें हुजै बेसुख । ५५५
सु बिनोक्ति भूषन । ४०२
सु बिसेषउक्ति । ४०३
सुमन मैं मकरंद । २०६
सूबन साजि पठावत । ३१२
सूबा ह्वै आनि । २८६
सूरन सों रन । २९४
सूर सरदार सूबेदार । ४८७
सूरसिरोमनि सूरकूल । ३६५
सैयद मुगल पठान । ४८३
सोधे को अधार । ४३२
सोभमान जग पर । ३५२
स्वर समेत अच्छर । ३३१
हरचो रूप इन । ३१९
हाथ तसबीह लिये । ५४२
हिंदुन सों तुरकनि । १५२
हित अनहित सों । ११५
हेतु अनत ही । १८१
हेतुअपन्हुतियो बहुरि । ४००
हैबत ही फीलखाने । ४९३
हैबर हरट्ट साजि । ५११

२—नामानुक्रम

[ग्रंथ तथा ग्रंथकार]

(संख्याएँ पृष्ठों की हैं)

अग्निपुराण—५, ८
अजबेस—३३
अजयगढ़-हस्तलेख—२२८
अनुप्रास का अन्वेषण—२६
अनुप्रासविनोद—१८
अनूप शर्मा—३६
अप्पय दीक्षित—१०, १५, २०
अब्दुलरहमान—२३
अमरकोश—७०
अमीर खुसरो—३८
अर्जुनदास केडिया—२६
अलंकारआभा—२३
अलंकारआशय—२२
अलंकारग्रंथ (पुष्य)—११
अलंकारचंद्रिका (टीका)—१०
अलंकारचंद्रिका (गोपा)—१३
अलंकारचंद्रोदय—१६
अलंकारदर्पण (गुमान मिश्र)—२१
अलंकारदर्पण (नाथ)—२१
अलंकारदर्पण (रामसिंह)—२१
अलंकारदीपक—२१
अलंकारपीयूष—७, २६
अलंकारप्रकाश—२५
अलंकारमंजरी—२५
अलंकारमंजूषा—२५
अलंकारमणिमंजरी—२१
अलंकारमाला—१६
अलंकाररत्नाकर—१६, १६
अलंकारशेखर—६
अलंकारसर्वस्व—६
अवधूतभूषण—२२
आनंदवर्धनाचार्य—६
आचार्य शुक्ल दे०—'रामचंद्र शुक्ल'।
आल्हा—२६, ३२-३३
इंगलिश रेकर्ड्स आन शिवाजी—११५
इंदु कवि—७२, २११
इच्छाराम अवस्थी—६७
इतिहास (हिंदी-साहित्य का इतिहास)—२६
इलियड—२८
उत्तमचंद भंडारी—२२
उदयनाथ त्रिवेदी—६६
ऋषिनाथ—२१
ओझाजी—दे० 'गौरीशंकर हीराचंद ओझा'।
ओडेसी—२८
औरंगजेब (ग्रंथ)—११४-८५
कंठाभरण—१६
कन्हैयालाल पोद्दार—२५
कबित्तावली—३४, ३८, ४२
कबीर—१२
कमंच कवि—६८
करन भट्ट—६७
करनेस—१३-१४
कर्णपर्व (अनुवाद)—३५
कर्णाभरण—१३
कविकुलकंठाभरण—२१
कविकुलकल्पतरु—१६, ८१

कविप्रिया–१३–१५, २१, ५०
कविमुखमंडन–२२
कविराजा–दे० 'मुरारिदान'।
कान्यकुब्ज-वंशावली (खेमराज)–८५
कान्यकुब्ज-वंशावली (लीथो कान्यकुब्ज यंत्रालय)–८६
कान्यकुब्ज-वंशावली (लीथो काशीप्रसाद यंत्रालय)–८६
कालिदास (संस्कृत कवि)–३२, ५४
कालिदास–३३, ६०, ६६
कालिदासहजारा–६०
काव्यकल्पद्रुम–१६, १८
काव्यकल्पद्रुम (पोद्दार)–२५
काव्यनिर्णय–१८
काव्यप्रकाश (चिंतामणि)–१६, ८१
काव्यप्रकाश (मम्मट)–९–१०, १३, १५–१८,२१,२३,२५–२६
काव्यप्रभाकर–२५
काव्यरसायन–२०
काव्यविवेक–१६,८१
काव्यसरोज–१८
काव्यसुधारकर–२३
काव्यादर्श–९
काव्याभरण–२२
काव्यालंकार (भामह)–८
काव्यालंकार (रुद्रट)–९
काव्यालंकारसूत्रवृत्ति–९
काशिराज (चित्रचंद्रिकाकार)–२३
कुंतक–८
कुंभनदास–६६
कुमाऊँ का इतिहास–८७
कुमारपालचरित्र–३२
कुमारमणि भट्ट–१८
कुरान–१०५
कुलपति–९,१५,१७,२१,२४,३५
कुवलयानंद–१०, १५–२१,२३
कृपाराम–१३
कृष्णबिहारी मिश्र–६१
केदार (भट्ट)–३२
केशवदास–६, ७, ९, १३–१६, १८, २०–२१, २३, ३३, ३८–४०, ४३, ५०,५२,८४
केशव मिश्र–९, १३
कोशोत्सव-स्मारकसंग्रह–३१
खालिकबारी–३८
खुमान 'मान'–३५
खुमानरासो–३१
गंग–३३,७२
गंगाभूषण–२३
गणेशपुरी 'पद्मेश'–३५
गयाप्रसाद शुक्ल 'त्रिशूल'–३६
गिरिवर–८४
गीतावली–३८
गुमान मिश्र–२१
गुरुदत्तसिंह 'भूपति'–१९
गुरुदीन पाँडे–२१
गुलाब–१६, २३
गुलाबरत्न वाजपेयी 'गुलाब'–३६
गोकुलनाथ–२२, ३६
गोपा–१३
गोपालचंद्र (गिरिधरदास)–१३
गोपीनाथ–३६
गोविंद गिल्ला भाई–२१, ६१–६३, ६९, ७१, ७६, १०९
गौरीशंकर हीराचंद ओझा–३१–३२
ग्रियर्सन–६४
ग्रैंड डफ–११५
ग्वाल–२२

घनआनंद–३८, ४३
घनश्याम (भूषण)–८८–९१ ११५
घनश्याम शुक्ल–३६
चंद—दे० 'चंदबरदाई'।
चंदन–२२
चंदबरदाई–३१
चंद्रशेखर–३२, ३५
चंद्रालोक–६–१०, १५–१६, २३
चंद्रालोककार—दे० 'जयदेव'।
चक्रमणि–८४
चतुर्भुजदास–६६
चतुर्भुज मिश्र–२३
चरखाष्टक–३७
चिंतामणि–६, १५–१६, ३३, ८१, ८३, ८८, ९०, २३३
चिटणीस बखर–९०, ९२-९३
चित्रचंद्रिका–२३
चुन्नीलाल वैद्य–६०
चेतचंद्रिका–२२
छंदविचार नाम पिंगल–८१
छंदसारपिंगल–८२
छत्रप्रकाश–३४, ४८, ७८, १०१
छत्रसाल–३६
छत्रसालदशक–६०, ६२–६३, ७५–८०, २३२
छीतस्वामी–६६
जंगनामा–३४
जगनिक–२६, ३२–३३
जगन्नाथ पंडितराज–६
जगन्नाथप्रसाद चतुर्वेदी–२६
जगन्नाथप्रसाद 'भानु'–२५
जटाशंकर–८१, ९०
जनार्दन–६२
जयचंदप्रकाश–२२
जयचंद सूरि–३२
जयदेव (चंद्रालोककार)–६, १५, ५२
जयमयंकजसचंद्रिका–३२
जयराम पिंड्ये–८८–८९
जल्हन–३१
जवाहरलाल चतुर्वेदी–८२
जसवंत-जसोभूषण–२४
जसवंतसिंह–१०, १५–१६, १९
जहाँगीरजसचंद्रिका–३३
जायसी (मलिक मुहम्मद जायसी)–३८
जिदे की डायरी–१२१
जीवन सूरदास (लिपिकार)–६२
जोधराज–३२, ३५
टिकैतरायप्रकाश–२२
ठाकुर–४३
तजकिरए सर्व आजाद–९०
तुलसी—दे० 'तुलसीदास'।
तुलसीदास–७, १२, ३०, ३४, ३८–४२, ४७, ८०
तुलसीभूषण–२३
थान कवि–२२, ३६
दंडी–८–९१३, १९–२०
दंपतिकिशोर–६१
दत्त–२०–२१, ७३, २२८
दयालदास–३२
दलपतिराय–१९, २२, २४
दलपतिविजय–३१
दलेलप्रकाश–२२, ३६
दशक—दे० 'छत्रसालदशक'।
दास—दे० 'भिखारीदास'।
दिग्विजयभूषण–२२७
दि लाइफ आव् शिवाजी महाराज–११५
दीनदयाल गिरि–६१
दीपप्रकाश–२२

दुरसाजी चारण–३३
दुर्गाप्रसाद (लिपिकार)–६१
दुर्गाप्रसाद शास्त्री–६२
दूलह–३१, ६६
दूषणउल्लास–५९–६०
देव—दे० 'देवदत्त'।
देवकीनंदन–२२
देवदत्त—२०, ३८
देवीरहस्य–२९
द्रोणपर्व (अनुवाद)–३५
द्विज गंग–२३
द्विजदेव—दे० 'मानसिंह'।
धनीराम–२१
ध्वन्यालोक–९, २६
नंददास–१२
नरपति नाल्ह–३२
नरेंद्रभूषण–२२, ३६
नल्लसिंह भट्ट–३२
नाट्यशास्त्र–८
नाथ–३६
नानक–१२
नानाराव-प्रकाश–२१
नाल्ह—दे० 'नरपति नाल्ह'।
निवाज–दे० 'नेवाज'।
नीलकंठ–८१, ९०
नीलदेवी–३६
नृपनीतिशतक–१०१
नृसिंहचरित्र–३५
नृसिंहपचीसी–३५
नेवाज–७२–७३, २२८
नैषध–२१
पंचम कवि–७९, २३३
पंडित प्रबीन–३६
पतिराम–८७
पद्मधर अवस्थी 'पद्म'–३६
पद्माकर–२१, २३, ३३, ३६, ४०, ४२–४३, ११५
पद्माभरण–२१
परताप (प्रताप)–६६
परमानंद सुहाने–६२
पर्णालपर्वतग्रहणाख्यान–१०७
पारसीकप्रकाश–२९
पुष्य–११
पृथ्वीराजरासो–३०–३२, ४२
प्रतापचौहत्तरी–३३
प्रतापविनोद–२३
प्रतापविरुदावली–३५
प्रतापसाहि–१६, २१–२२
प्रवीणसागर–२३
फारेन बायग्राफीज आव् शिवाजी–१०६, ११०
बरवैरामायण–१२
बलदेव–२३
बलदेव उपाध्याय–२६
बलभद्र–८४
बहादुरसिंह–३५
बागबहार–२१
बालकृष्ण शर्मा 'नवीन'–३६
बावनी—दे० 'शिवाबावनी'।
बिहारी–४१, ४३
बिहारीलाल त्रिपाठी–६६, ८१–८४
बीसलदेवरासो–३०, ३२
बेनी प्रबीन–२१
बेनी बंदीजन–२२
बैरीसाल–२१
ब्रह्मभट्ट–१२
ब्रह्मविलास–६७
भगवंतराय खीची–२५–३६, २३९
भगवानदीन (लाला)– २५–२६, ३७

भरत–४, ८
भानु--दे० 'जगन्नाथप्रसाद भानु'।
भानु कवि--२२, ३६
भानुदत्त--१२
भामह--८
भारतदुर्दशा--३६
भारतीभूषण (केडिया)--२६
भारतीभूषण (गिरिधर)--२३
भारतीय साहित्यशास्त्र--२६
भारतेंदु बाबू--२३--२४, ३६, ४३
भाषाभरण--२१
भाषाभूषण--१५--१७, १९, २१--२३
भाषाभूषण की टीका--२१
भिखारीदास--६,९–१०,१५,१८-१९, २१–२२,२४,५२
भूधर–३६, २३९
भूपभूषण--१३
भूषणउल्लास–१६, ५९–६०
भूषणग्रंथावली (मिश्रबंधु)–६१–६२, ७२, १०९–११०
भूषणचंद्रिका–१६, २३
भूषणमंजरी–२३
भूषणहजारा–५९–६०
भोजराज–८-९
मणिदेव–३६
मतिराम–१०, १९–२१,२३,६६,६८, ८१–९०
मधुकर कवि–३२
मनियारसिंह–३५
मनिराम–८७–८८
मनिलाल—दे० 'चिंतामणि'।
मम्मट–४,९,१५,१८,२५,५४,५६
मल्ल–३६
महाभारत–२७,३३, ३५–३६
महाराष्ट्र देश की वीरांगनाएँ–३७
महेश्वरचंद्रिका–२३
माखनलाल चतुर्वेदी–३६
माघ–३२
माधव शुक्ल–३६
मान कवि–३३
मानस—दे० 'रामचरितमानस'।
मानसभूषण–२३
मानसिंह (अयोध्यानरेश)–३६, ४३
मिश्रबंधु–६१–६४, ६९–७०, ७२, ७९ १०९–१०
मिश्रबंधुविनोद–६८
मीर गुलाम अली–९०
मीराबाई–६६
मुकुंदसिंह–७७, २३३
मुगल रूल इन इंडिया–११५
मुरारिदान (कविराजा)–२४
मून–३५–३६
मेदिनीकोश–७०
मैथिलीशरण गुप्त–३६
मोहनलाल भट्ट–३६
मोहनलाल विष्णुलाल पंड्या–३१
यदुनाथ सरकार–६९, १०५, ११४
यमकशतक–२३, २६
युगुलकिशोर मिश्र–६१, ६३
रघुनाथ–२२, ३५
रतनबावनी–३३
रतनसेन–६६
रतिनाथ–८२-८५, ८९, ९०, १३३
रत्नाकर (भूषण के पिता)–६४, ८२, ८५, ८९–९०, १३३
रमाशंकर शुक्ल 'रसाल'–२६
रसखानि–३८
रसगंगाधर–९
रसगंगाधर (टीका)–२६
रसचंद्रिका टीका–८३

रसतरंगिणी–४६
रसपीयूषनिधि–१९
रसमंजरी (नंददास)–१२
रसमंजरी (पोद्दार)–२५
रसमंजरी (भानुदत्त)–१२
रसरहस्य–१७
रसराज-८२
रससागर–१८
रसिकबिहारी–२३
रसिकमोहन–२२
रसिकरसाल–१८
रसिकसुमति–१९
रसिकानंद–२२
राजविलास–३३
राठौड़ाँ री ख्यात–३२
राधामाधवविलास चंपू–८८, १६५
रानाडे–६२
रामचंद्र गोविंद काटे–१०९
रामचंद्रचंद्रिका–२१
रामचंद्रभूषण–२३
रामचंद्र शुक्ल–२९,६४
रामचरितमानस–२५,२७,३०,३४,४८
रामभूषण–१३
राम-रावण-युद्ध–३५
रामसहायदास–२२
रामसिंह–२१
रामानंद–१२
रामायण (चिंतामणि)–८१
रामायण–दे० 'रामचरितमानस'।
रामायण (वाल्मीकीय)–२
रावणेश्वरकल्पतरु–२३
रीवाँराज्य-दर्पण–६४
रुद्रट–५,८–९
रुय्यक–५,८-९,१३
रूपविलास–२१
रूपसाहि–२१
लक्ष्मणशतक–३५
लक्ष्मणसिंह–१०१
लक्ष्मीशंकर व्यास–६१,६९
लघुभूषण–२३
लछिराम ब्रह्मभट्ट–२३,३६
ललितकौमुदी–२३
ललितललाम–११–२०,२३,८१
लाल–२३-३४,४८,५९,६६,७१-७
१०१,२३३
लालचंद्रिका–२४
लालभोग–८१
लालमनि–दे० 'चिंतामणि'।
लालाजी–दे० 'भगवानदीन'।
लालित्यलता–२१
लेखराज–२३
लोकनाथ–६२
वंशभास्कर–३५
वंशीधर–१६,१९,२२,२४
वक्रोक्तिजीवित–८
वक्रोक्तिविनोद–२६
वनिताभूषण–२३
वल्लभाचार्य–१२,६६
वाग्भट–९
वाग्भटालंकार–९
वाणीभूषण–२२
वामन–२,८९
वाल्मीकि–२
विक्रमसतसई की टीका–८३
विजयपालरासो–३२
विजयमुक्तावली–३६
विट्ठलनाथ–६६
विनयपत्रिका–३८
विमला (साहित्यदर्पण की टीका)–२६
वियोगी हरि–३७

विरहमंजरी–२४६
विशाल भारत (पत्रिका)–८७
विश्वनाथ–६,१७,५६
विष्णुविलास–७८
वीरचरित्र–३३
वीरपंचरत्न–२६,३७
वीररामायण–३५
वीरबल–६०,१३३
वीरसतसई–३७
वीरोल्लास–२३२
वृत्तकौमुदी–८४–८५
वेद–२१६
वेदव्यास–५,८–६
वैद्यनाथ मिश्र–१०
व्यंग्यार्थकौमुदी–२२
शंकर पांडुरंग–६२
शंभुनाथ–२१,३६
शब्दरसायन–२०
शर्माजी–दे० 'सुब्रह्मण्य शर्मा'।
शहाजी महाराजचरित्र–८८
शार्ङ्गधर–३२
शालग्राम शास्त्री–२६
शिरोमणि भट्ट–३३
शिवकालीन पत्रसार-संग्रह–११०-१२
शिवचरित्र-निबंधावली–१२४
शिवप्रसाद (राजा)–२४
शिवभारत–१०७–१०८,११५
शिवरहस्य–२६
शिवराजबावनी–७२
शिवराजशतक–६२, ७६, १०६, २२४, २३०
शिवसिंह सेंगर–११, १६, ५६, ६४, ६७, ६०
शिवसिंहसरोज–११, ६४–६५, ६७–६८, ७१–७३, ७५–८०, ८२, ८७, २३३
शिवाजी (ग्रंथ)–१०५
शिवाजी–निबंधावली–१२४
शिवाबावनी-६०,६२–६३,७०–७५
शीतल त्रिपाठी–६६,८१–८३
शृंगारसंग्रह–७२,७५–७६
श्रीधर–३३–३४
श्रीनारायण कृती–४६
श्रीपति–६,१५,१८,२१,२४
श्रीपतिसरोज–१८
श्रुतिभूषण–१३
श्लेषचंद्रिका–२६
संपूर्ण भूषण–१०६
संस्कृत-साहित्य का इतिहास–२५
सतसई (भूपति)–१६
सबलसिंह चौहान–३५
सरदार कवि–२३,७२–७३
सरस्वतीकंठाभरण–६
सरोज–दे० 'शिवसिंहसरोज'।
सारंग–२३६
साहित्यचंद्रिका (बिहारीसतसई की टीका)–६७
साहित्यदर्पण–६–१०, १७–१८, २१, ४६
साहित्यदर्पणकार–दे० 'विश्वनाथ'
साहित्यलहरी–१२,२३
साहित्यसिंधु–२२८
सुखदेव–६
सुजानचरित्र–३४,४२
सुधासर–२२७
सुब्रह्मण्य शर्मा–६, ७
सुरेंद्रनाथ सेन–११०
सूदन–३३–३४,४२,४७.५६
सूर–दे० 'सूरदास'।

सूरति मिश्र–१९
सूरदास–७,१२,८०
सूर्यमल्ल–३५
सेंगर–दे० 'शिवसिंह सेंगर'।
सेनापति–१५–१६,२३
सेवक–२३
सोमनाथ–१९
सोर्स बुक ग्राव् मराठा हिस्ट्री–१०७, ११५
हनुमत्-छब्बीसी–३५
हनुमद्भूषण–२३
हनुमन्नाटक–३५
हनुमानचरित्र–३५
हनुमान तिवारी–६१
हनुमान-नखशिख (खुमान मान)–३५
हनुमान-पंचक (खुमान मान)–३५
हनुमान-पचासा–३५
हनुमान-पचीसी (खुमान मान)–३५
हम्मीरकाव्य–३२
हम्मीर-महाकाव्य–३२
हम्मीररासो–३२,३५
हम्मीरहठ–३२,३५
हरिकेस–३६
हरप्रसाद शास्त्री–३१
हिंदी-शब्दसागर–२९,१०९
हिंदी हस्तलिखित ग्रंथों की खोज–६१, ६५,२२७,२३२
हिंदुस्तानी (पत्रिका)–६७
हिततरंगिणी–१३
हितैषी–३६
हिम्मतबहादुर-विरुदावली–३५, ४२
हिस्ट्री ग्राव् दि महरट्टाज–११५
हृदयराम–३५
हेमचंद्र–१०
होमर–२८

ऐतिहासिक व्यक्ति और स्थल

ग्रंकुश खाँ–१०८, १२४, १३८–३९ १७०, १७२, १८७, १९६, २०१, २०८, २१३–१४, २२२
ग्रंगदराय–९७
ग्रकबर–१३, ३३–३४, ६५, १७७, २१६, २३६
ग्रकबरपुर–२१२
ग्रनवर खाँ–९९, २३०
ग्रनिरुद्धसिंह–९५, २३६
ग्रन्हलवाड़ा–३२
ग्रफगानिस्तान–५०, १५५, २१९
ग्रफजल खाँ–३९, १०३, १०८, १११, ११९–२०, १२४–२५, १३५, १३८–३९, १५५, १५८,
ग्रफ्रीका–१५८
ग्रबुल फजल–६६
ग्रबुल फैज–दे० 'फैजी'।
ग्रब्दुल मऊद–११२
ग्रब्दुल मुहम्मद मियाना–१२०
ग्रब्दुल्ला कुतुबशाह–१२४
ग्रब्दुस्समद (ग्रब्दुल समद)–५१, ९९, २२९–३१
ग्रब्बास शाह–१११, १३८
ग्रमर–दे० 'ग्रमरसिंह चंदावत'।

अमरसिंह चंदावत–५५, ९५, ११२ ११६, १२३, १२६, १४५, १५५, १७०, १७२, १७६, १९९, २३६
अमरेस–दे० 'अमरसिंह चंदावत'।
अमीर खाँ–११३
अरब–१५८, २०९, २२४
अराकान–१२५
अलमोड़ा–८७
अलाउद्दीन–३५, ४८
अलीआदिलशाह–११९, १२१–२२
अलीगढ़–९५
अलीवर्दी खाँ–१२३
अल्लिफते ('अबुल फतह', अब्दुल फतेह, अब्लफते)–५३, ११२, १२८
अवधूतसिंह (सुलंकी)–७१, ७४, ९४, २३६
अवरंग–दे० 'औरंगजेब'।
असोथर–२३९
अहमदनगर–११७–१८, १२१, १२६–२७, १८१, २३५
अहमदाबाद (सिंध)–१२२
आँकुस–दे० 'अंकुश खाँ'।
आकुत–दे० 'याकूत खाँ'।
आगरा–५०, ९५, ११८, १२५, १४२, १५८, १८०, २१०, २१२, २२५, २३१, २३८
आदिलशाह–४०, १०७, १२६ १३८, १४०, १५९, १६४–६५ १७२, १८८, १९१, १९९, २०१, २१४, २१८–१९, २२४
आनंदराव–११२, १२०, १२६
आमेर–९७
आलमगीर–दे० 'औरंगजेब'।
आल्हा–३३
आशादत्त–८६
आसफजंग–१४५
इंगलैंड–२२४
इखलास खाँ मियाना–११२, १२३, १२६, २०८
इस्माइल–११६
इहतिशाम खाँ–११७
ईरान–२२४
उज्जैन–२१२
उड़ीसा–१९१
उदयपुर–१५१, २१४
उदयसिंह–१०१
उदैभान (राठौर)–११३, १२६, १४५, १५५, १७८
उदोतचंद–८७–८८
उमरानी–१२०
ऊदल–३३
एदिल, एदिलसाह–दे० 'आदिलशाह'।
ओड़छा–१२६
ओरछा-नरेश–९७
औरंगजेब–३३–३४, ३९, ४९, ५१–५२, ५५, ७३, ७६–७८, ९१, ९५, ९७–१००, १०३–४, १०६, १०८, १११–१२, ११७–१९, १२२–२५, १३३, १३८–३९, १४२–४४, १४७, १४९–५२, १५५, १५९–६०, १६२–६७, १७०–७७, १७९–८०, १८३–८६, १८८–९१, १९३, १९७–९८, २००–१, २०६, २१०–११, २१३–१६, २१८,

२२०--२१, २२४, २२६-२८, २३०-३३, २३५-३६, २३८

औरंगाबाद-६७, ११२, ११८, १२२

औलिफतो--दे० 'अब्दुल फतह'

कँधई--८६

कंधार--११७, २०६

कनरा, कनारा (कन्नड़)--११४, १२२, १२४, १६०

कनोज, कनौज (कन्नौज)--३२, ८२ १३३

कमाऊँ--दे० 'कुमाऊँ'।

करन, करनराव, करन्न--दे० 'कर्णसिंह राव'।

करनाट, करनाटक (कर्नाटक)--४०, ११३--१६, १२५, १४८, १७३, २१२, २१८, २२२, २२४, २२८

करिंजा--१२५

करौली--३२

कर्णसिंह राव--११३, ११६, १३४, १४१

कलकत्ता--२१८

कलिंग (उड़ीसा)--८६, १६१, २१६

कलिंद (पर्वत)--१४५

कलिंदी--दे० 'जमुना'।

कल्यान (कल्याण)--११६, १६५

कश्यप--८६

काकोजी--१२१

काठियावाड़--६१

कानपुर--६६, ८०--८१

कान्होजी--११६

काबुल--२०६, २१८, २३४

काबेरी--११४

कारतलब खाँ--११६, १४५--४६

कारवार--१२४

कालिंजर--३३, ६६, २३५

कावजी कोधालकर--१२१

काशिराज--३६, ६१, ६३

काशी--६०, ६५, १०५, ११८, २१६

काशीदत्त--८२--८३

काश्मीर, कासमीर (कश्मीर)--८६, २१८

कासगर--१२७

कासिम खाँ--११४

किबला--६१

किशोरसिंह--११६, १६१

किसोर--दे० 'किशोरसिंह'।

कीरतसिंह--११७, १२५

कुँअरसेन--६८

कुडाल--११६-१७, १२१, १८५

कुतुबशाह--१३८--४०, १६५, १७२, २१०, २१८--१६

कुमाऊँ--५६, ८०, ८८, ६२, ६५, १७२, २१५

कुमाऊँ--राज (नरेश, नरनाह) ६६, ७४, ८०, ६२, ६५, २३७

कुमारपाल--३२

कुमाहु--दे० 'कुमाऊँ'।

कुलभोट--दे० 'भोटकुल'।

कूचबिहार--१२३

कूबद खाँ--११७

कृष्णा नदी--११४--१५

केशवराय--६८

कोंकण, कोंकन--११६, १२०--२१, १६४

कोंडाना--११३

कोटा--७७--७८, ८१, ११६, १६१

कोड़ा जहानाबाद–२१४

कोलाबा–१२०

कोली–१२४

कोल्हापुर–११६, १२१, १२४

कौंसिलापुरी–२२५

खंडहर–१५५

खजुआ–२१४

खफी खाँ–१०७

खवास खाँ–११६-१७, ११६, १२१, १२६, १८५, १६६, २०१

खानदेश–१२५

खानदौरा–दे० 'नौशेरी ख़ाँ'।

खुंडी–२३१-३२

खुरासान–२१२, २१७, २२०, २२४, २३४

गंगा (नदी)–१६४

गंगा (प्रदेश)–२३४-३५

गड़वालनरेश–२३८

गयादत्त–८२-८३

गरारा–१२२

गहोरा (परगना)–६४

गुजरात–६२, ७३, १०८, ११८, १२१, १२३, १५५, २१३, २३४-३५

गूदरपुर (गुरुदयालपुर या गुरुदत्तपुर)–८२-८३, ८६-८७

गैहर–६८

गोआ (पुर्तगाली भारत)–१२४

गोकुल–२१४

गोगाभट्ट–१०५

गोड़वाना–२१२

गोदावरी–१२४

गोपीनाथ–१०३

गोर–१५५

गोरखपुर–१२३

गोलकुंडा–३६, १०६, १२२, १२४-२५, १२६, १३८-३६, १६७, २१०, २१२-१३, २२२, २२५, २२७

ग्वालियर–६८-६६, १२३, २१२

घोसाला–१२०

चंचावर, चंडावर, चिंजाउर, चिंडीवर, चेंजावर–दे० 'तंजौर'।

चंडी–१०६-१०, ११६, २१३

चंडौरा–११२

चंदन त्रिपाठी–८६

चंपतराय–६६, २२६-३१, २३३

चंद्रराव (मोरे)–१२४, २१४

चंबल–२३४

चकतै, चकत्ता, चिकत्ता–दे० 'औरंगजेब'।

चगताई खाँ–१३३, २१०

चमरगुंडा–११८

चरखारी–३२

चाँदागढ़–१२७, १४८

चाकन–१२५

चालकुंड–१०६, २१३

चिंजी या चेंजी–दे० 'चंडी'।

चिंतामणि–६४

चिकली–१२४

चितकूट (चित्रकूट)–६४, १३३

चित्तौर–३१, १७२

चिमणाजी आपा–६४

चिमणाजी बापूजी–६४

चीन–२१३, २२४

चैनपुर–१२०

छतसाल–दे० 'छत्रसाल'।

छत्ता–दे० 'छत्रसाल'।

छत्रसाल (महेबावाले)-२८, ३३-३४, ३६-३७,४४,४८, ६६, ७२-८१,६१-६३,६५-१०१,२२८-३२
छत्रसाल (हाड़ा)-७५-७६, ६५, १२२, १२७,२३२-३३
जंजीरा-१२०
जगतराय-१००
जगतसिंह-६६,२३६
जगदेव-१७६-७७,१८६
जगन्नाथ-८२-८३
जमुना (यमुना)-६०,६५, ६६, १३३, १४५,१८०,२२७,२४२
जयचंद-३२
जयपुर-३५,६२, १४७, १५१, १६२, १६८,२१४
जयसाह-दे० 'जयसिंह'।
जयसिंह-६५, ६७,१०४,१०७, ११७-१८,१२०, १२५-२६, १३४, १६२, १६५,१६८,२३६
जसवंतराव-१२६
जसवंतसिंह-११७-१८, १२२, १३४, १४१,१८२,१६३,२१५,२१६
जहाँगीर-२३६
जहाँदारशाह-३४,११८
जापान-३०
जावली-१०७, १२४, १२६, १३८, १४०-४१,१६४,१६६, २१४, २२२
जिंजी-दे० 'चंडी'।
जीजीबाई-१०२
जुनार-११६
जैतपुर-१००
जैनदी अहमद-८१
जोधपुर-१५१,१७२,२१४
जोरावरसिंह-३६
ज्वारी-दे० 'जावली'।
झारखंड (वैद्यनाथ)-१४७
टिकमापुर-दे० 'तिकवाँपुर'।
टोडरमल देव-६४
ट्राय-२८
डंडाराजपुरी-१२०,१२७
डेहरी-१२१
ढिढोंरी-११२
ढूँढार-दे० 'जयपुर'।
तंजावर-दे० 'तंजोर'।
तंजोर-१०६, ११०-११, २१३
ततारा (तातार)-२३४-३५
तरनितनूजा-दे० 'जमुना'।
तरबियत खाँ-११२
तलब खाँ-दे० 'कारतलब खाँ'.
तहबरखान-(तहव्वर खाँ)-६६, १२०, २३०-३१
तातार सराय-१२७
तानाजी मालसरे-१०८, ११३, १२६
ताप्ती नदी-११२, १२७
ताल-१२०
तिकमापुर-दे० 'तिकवाँपुर'।
तिकवाँपुर-६६, ८१-८५, ८७, ६०, १३३
तिमिर-दे० 'तैमूरलंग'।
तिरुवाड़ी-१२५
तिलंगाना (तैलंग)-१६१, २१२, २२८
तुरान-२२४
तुराबखान-२३६
तुर्किस्तान-१४८
तुलजापुर-१११

तैमूरलंग–१४४
त्रिबिक्रमपुर–दे० 'तिकवाँपुर'।
त्रुंबक–१०६
त्र्यंबक भास्कर–१२६
दभोल–१२६, २१३
दमन–१२४
दरकोजी भोंसले–१२१
दरभंगा–१२०, १२३
दलकुंड–दे० 'दभोल'।
दलेल खाँ–३६, ४८, १६०
दाऊद खाँ–११२, ११७, २१६
दादाजी कोणदेव–१०२–३,
दानशाह–७२
दार–दे० 'दारा'।
दारा (दाराशाह, दाराशिकोह)–७७-७८, १११, ११३, ११८, १२७, १६६, २१४, २३२–३३, २३८
दिलीप, दिलीस–दे० 'औरंगजेब'।
दिलेर खाँ–१०४, १०८, ११२, ११७, १२१, १२३, १२६–२७, ११६
दिल्ली–७६–७७, ६७, १०४–५, १११, ११८–१६, १२५, १३०, १४८, १५०–५१ १५३–५५, १५७–५८, १६३–६४ १७०, १७३, १७७, १८०, १८६, १६०–६१, २०८–१२, २१४, २१६–१८, २२०, २२२–२३, २२५, २२७, २२६–३१, २३४–३५
दिल्लीपातसाह , दिल्लीसुर–दे० 'औरंगजेब'।
देवगढ़–६७, १४८
देवगिरि–१०१, १०७, १२६, २२५
देवराजजा–१०१
देवल–८६
द्रविड़–१०६, २१३, २१८
धंधेरा–६८
धमौनी–६६
धामुनी–६८
धारवार–११४, १२४
नंदकिशोर–८२–८३
नगोथन–१२७
नरमदा (नर्मदा)–११७, १२२, १४२, १६७, २१७, २३१, २८७
नवकोट (मारवाड़)–२१५
नवसेरी खाँ–दे० 'नौशेरी खाँ'।
नस्सेर–१०६
नागपुर–८१, २१२
नागपुर (छोटा)–११६
निजामबेग–२३४
निजामशाह (बहरी)–१०७, १४०
निमिस–८६
नीलगाँव–६१
नैपाल–२१५
नौरंग–दे० 'औरंगजेब'
नौशेरी खाँ 'खानदौरा'–११७, १४५, १८१
पंचमसिंह–७६
पंजाब–१२१
पंपा (पंपासर)–१७८
पचरुवा–६७
पटेहरा–६४
पन्ना–६७, ६८, १००
परनारा परनाले, परनाला, पनल्ल पन्हाल–११५–१६ , ११६–२०

१२४, १२६, १४६, १५६, १६४, १६१, १६६, २१०, २१३–१४, २२८
परेंदा या परेंडा–११६, ११६, १६५
पलाऊँ, पालामऊ (पलामू)–११६–२०, २१५
पवायँ–६८
पहारसिंह–६४
पांडुचेरी–१२५
पार (ग्राम)–१११
पाल्लीवान–१२६
पिलमदल–११०
पुरंदर–११७–१८, १२५, १२७
पुरतगाल, पुरुतगाल (पुर्तगाल)–४०, ११३, १५६, १७३, २२५
पूना–६२, १०२–३, ११२, ११६, १२५, १४५, १८२, १८४, १६३, २०२
पूर्निया–१२३
पृथ्वीराज–३०–३१
पेन गंगा–१२१, १२४
पोरच–२३६
प्रचारक–८६
प्रताप–दे० 'महाराणा प्रताप'।
प्रतापगढ़–१०३, १११, १२४
प्रतापराव–११२, १२०–२१, १२६
प्रतापसिंह–३५
प्रभावली–१२६
प्रागदत्त (प्रयागदत्त)–८२–८३
प्राणनाथ योगिराज–६६
फतहपुर, फतेहपुर–३६, २१४, २३६
फतेबहादुरसिंह–६४
फतेसाहि बुंदेला–८२
फतेह उल्ल खाँ–१२६
फतेह खाँ–१२०, १२४, १७०
फत्तेखान–दे० 'फतेह खाँ'।
फरांस (फ्रांस)–२२४
फरूखाबाद–१००
फर्रुखसियर–३४
फहीम शेख–६६
फाजल खाँ–१२४–२५
फारस–१११, १२२, १३८
फैजी–६६
बंकपुर–११४
बंग–'दे० 'बंगाल'।
बंगलाना–१२१,१२३,१२५
बंगलोर–१०२
बंगश, बंगस–दे० 'मुहम्मद खाँ बंगश'।
बंगाल–१२५, २१६
बंबई–११४,११६,१२७
बका खाँ–६८
बघेलखंड–२१४
बछई (वक्षस्थराज)–८६–८७
बनकोट–१२७
बब्बर–दे० 'बाबर'।
बरीदशाही सुलतान–१२२
बलक, बलख–६३,११३,११७,१४८, १७४,२१०,२१३, २१६–२०,२२५, २३४
बलिदिवान–६७–६८
बवंजा–२१५
बहमनी–१२२
बहरोज–१२०
बहलोल खाँ (अब्दुल करीम बहलोल)–३६,६६,१२०–२१, १२५,

१५५,१५८,१७०,१९१-९२, २०३, २३०
बहलोल, बहलोलिया-दे० 'बहलोल खाँ'।
बहादुर-दे० 'बहादुर खाँ'।
बहादुर खाँ (जहाँबहादुर खाँ)-४०, ९७-९८,११२,१२१, १२३, १२६, १४१,१८२,१८४,१९०,२०२,२१९, २२२,२२५
बाँकपुर-१२०
बाँदा-३५, ९४
बांधव, बाँधो-दे० 'रीवाँ'।
बांबे-दे० 'बंबई'।
बाँसी-९८
बाजी घोरपरा (बाजी घोरपड़े)-११६, १५४-५५
बाजीराव-९३-९४, १००, २३५
बादर खाँ-दे० 'बहादुर खाँ'।
बाबर-३४, १७७, २१६, २२१
बावजी-१०१
बावनी-१२१, २१५
बावनीगिरि-१२५
बिगुरला-१२१
बिंध्य (बिंध्याचल)-९५, २३७
बिजैपुर, बिज्ञपुर-दे० 'बीजापुर'।
बिदनूर-४९, १०९, ११५, १२१, २१३
बिधनोल-दे० 'बिदनूर'।
बिलूचिस्तान-२३५
बिहार-११९, १४७
बीकानेर-११३, १३४, २३६
बीजापुर-३९, ४९, १००, १०२-३, १०८-९, १११, ११४, ११६-१७, ११९-२२,१२४-२६, १३०,१३८-४०, १४५, १४८, १५५, १५८, १६४, १६७, १७०, १९९, २१०, २१२-१३, २१७, २२२, २२५, २२७-२८
बीजावर-१०१
बीदर, बेदर (विदर्भनगर)-१२२, १६५, २१९, २२५
बुँदेलखंड-१४, ६७, ९५-९६, ९९-१००, १४७, २१२, २२०, २३१-३२
बुखारा-९३, २१३, २३४
बुदक बेग-१११
बुद्धराव-९५, २३७
बुरहानपुर-११२
बुलाकी-दे० 'बहलोल खाँ'।
बूँदी-१९, ३५, ७५, ८१,९०, १३४, २३२, २३७
बेतवा-९९, २२९
बेलगाँव-११४, १२४
बैजनाथ-८२-८३
भखर-२३४
भगवंत (भगवानदास)-९५, २३६
भगवंतराय (खीची)-२३९
भटकल, भटकुल-दे० 'भोटकुल'।
भदावर-८६
भदौरिया राजा-८३
भरतपुर-३४
भरतसिंह-१२७
भरोच, भड़ोच-१०६, १२२, १९०
भवदास (भव शर्मा)-८१
भवानीसिंह-२३९
भाऊ (सिंह)-६८,८१,११८,१२२, १३४, १४१

भागनेर (भागनगर)-१२२, १४८, २१७
भारत (भरतखंड,-१००-१, २११, २३६
भावनेर (भावनगर)-१४८
भिलायो-२२१
भीमसिंह-६५
भेलसा, भेलास-६६, २१२
भोंसाजी-१०१
भोजराज-२८
भोज परमार-३२
भोटकुल-१२१-२२, २२४
भोरघाट ११६
मंडला-१२१
मऊ-६८-६६
मकरंदशाह-८१
मक्कर (मकुरान)-२३४
मक्का-५५, १२७, १५८, २३०, २३८
मतलब खाँ-११४
मथुरा-१०४, १०६, २१६
मदरास, मद्रास-११४, १२१
मदुरा, मधुरा (मडुरा)--१२३, २१३
मध्यप्रदेश-१२१, १५५
मनोह-८६
मल्लारि-(मालावार) २१३
महमद अमी खाँ -दे० 'मुहम्मद हासिम खाँ'।
महमद सुलतान (औरंगजेब का बड़ा पुत्र)-१२४
महमुद-दे० 'मुहम्मद खाँ बंगश'।
महम्मद कुली कुतुबशाह--१२२
महाराज गिद्धौर-२३
महाराणा प्रताप-२१, ३७, ४४, ४८, १०१
महाराष्ट्र-४०, ५८, १०१-३
महाउत-दे० 'महावत खाँ'।
महावत खाँ-१२३, १३८, २१६
महासिंह-२३६
महेबा-७६-७७, २२६, २३१-३२
माधवसिंह-११६, १६१
मान-दे० 'मानसिंह'।
मानसर-(मानसरोवर)-१७८
मानसिंह-६५, १५५, २३६
माल-दे० 'मालोजी'।
मालवा-६५, १२५, २१२, २२५
मालोजी-१४७
मिमार, मेवार, मेवाड़ (मारवाड़)-११८, १३४, १४७, २२५
मिर्जा खाँ-१२०
मीनाजी भोंसले-११८
मीरज-१२०, १२४
मुंगेर-११७, १२०
मुअजम-६५, १०८, ११२, ११८, १२१, १२५
मुधोल-११६
मुबारक शेख-६६
मुराद (मुरादशाह, मुरादबक्श)-१२३, १२७, २१४, २३८
मुसेखान-१२४
मुलतान-६३, ११८, २३४
मुल्फत खाँ-११८
मुल्ला यहिया नवैयत-११७
मुहकम--दे० 'मोहकमसिंह'।
मुहम्मद आदिलशाह-१२२
मुहम्मदखाँ बंगश-१००,२३०, २३२
मुहम्मद हासिम खाँ-२३१
मूसी नदी-१२२
मेंडू-६५, २३६

मैसूर–११४, १२१
मोकीमसिंह–१२७
मोरंग–५६, १२३, १७२, २१५
मोरोपंत–१०६, ११२, १२४–२६, १४५
मोहकमसिंह–११२, ११६, १२१, १२३, १२६, १७०, १९१
मोधा–९९
याकूत खाँ–१०८, १२४, १३८–३९
यूसुफ आदिल खाँ–१२२
रंगन–१२१
रघुनाथ पंत–१२३
रघुनाथ बल्लाल कोर्डे–१२०
रतिनाथ–८२–८३
रत्नगिरि–११९, १२४
रनदौला (रनदूला खाँ) रुस्तमे जमाँ–९८, ११९, १२४–२५, १७०, २१३
राजगढ़–९९, १०८, १२६
राजपूताना–३१, १०१
राजमती–३२
राजसिंह–३३
राजापुर–११९
रामगिरि–१२४, १६४–६५
रामदीन–८२–८३
रामनगर (रामनैर)–१२४, १५८, १६४
रामसिंह–१८, ९४–९५, १६२, २३६
रायगढ़–३४, ५०–५१, ९२, १०३–५, १२४, १३०–३२, १७८
रायदुग–दे० 'रायगढ़'।
रायरी–१२४
रायसिंह सिसौदिया–११३, ११७
रीवाँ–३३, ९४, १२१, १४७, १७२, २१५
रुंडी–२३१–३२
रुद्र, रुद्रराव, रुद्रसाहि–दे० 'रुद्रशाह'–९१, ९४, १३३
रुस्तमे, रुस्तमे जमाँ–दे० 'रनदौला रुस्तमे जमाँ'।
रुहेलखंड–१८६, २१२
रुहिलाना–दे० 'रुहेलखंड'।
रूम (रोम)–११३, १४८, २१३, २१८–१९, २२४, २३४
रूस–२२४
रेवा--दे० 'नर्मदा'।
रैयारावदेव--दे० 'रुद्रशाह'।
रैसिन--११८
लंक, लंका--दे० 'सिंहल'।
लक्ष्मणसिंह--२०१
लक्ष्मण सावंत देसाई--११७
लखूजी यादव--१०२
लतीफ सैयद--९५
लालताबख्शसिंह--६१
लोदी सेरखाँ--दे० 'शेरखाँ लोदी'।
लोहगढ़--११६, १२५, १७३
वनपुरा--६६
वदनसिंह--३४
वरुआ--८६
वरुण--८६
वसंतराय--१४
वालीगंडपुरम्--१२५
विजयपाल--३२
विक्रम (विक्रमादित्य)--२८, १४७, १७४
विक्रमसिंह--९८
विग्रहराज चतुर्थ 'बीसलदेव'--३२
वीरबलक अकबरपुर (अकबरपुर वीरबल)--८२, ९०

वीरभद्र–६५
वैद्यनाथ–१४७, १५५
शंभुनाथ सूलंकी–८१
शहाबुद्दीन मुहम्मद गोरी–३०–३१
शाइस्ताखाँ–५३, १०४, १०८, ११२, ११६–१८, १२५, १३४, १४१, १४५, १५८, १६१ १८२, १८४–८५, १८७, २१६
शाहकुली–१००
शाहगढ़–६८–६६
शाहजहाँ–७३, ७७, ८१, ६१, ६६, ११३, ११८–१६, १२३, १२५, २३८
शाहजी–१०१–४, ११६, १२४, १३०, १३७–४०, १४३–४४, १४७–४६, १५१, १५३–५५, १६०–६१, १६३–६५, १६७, १६६, १७१, १७४, १७७, १७६ १८१–८३, १८५–८७, १६२, १६४, १६७, २०१–३, २०६, २११–१२, २१५, २१७–२१, २२३
शाहशूजा (मुहम्मद शूजा)–१२३, १२५, १६६, २१४, २३८
शिवगुलाम–८२–८३
शिवनेरीगढ़–१०२
शिवपुर–१२२
शिवप्पा नायक–१२१
शिवबर्ला–८६
शिवराखन–८२–८३
शिवराजपुर–८६
शिवली–८६
शिवसहाय–८२–८३, ८६
शीतल–८३
शुभकर्ण–६७
शूजा, सूजा–दे० 'शाहशूजा'।
शेरखाँ लोदी–१२३, १२५, २२०
शोलापुर–११६
श्रीनगर–५६, ८२, १४७, १७२
संगमेश्वर–१२६
सँड़वाँ–६६
संभाजी (शिवाजी के पुत्र)–६१, ६३, १०४, २३५
संभाजी (शिवाजी के पितृव्य)–१०१।
सखरेज (व्यक्ति)–८६
सखरेज (ग्राम)–८६
सक्खर–२३४
सतारा–दे० 'सितारा'।
सदरुद्दीन–६६
सभासिंह–६७
समद–दे० 'अब्दुस्समद'।
सलहेर–११२, ११६, १२५–२६, १४४, १४६, १५५, १६७, १७६, १८६, १६०, २०८, २१३, २१७
साइत खाँ, सायस्ता खाँ, सायस्तखान–दे० 'शाइस्ता खाँ'।
सागरराय–६४
साबरमती–१२२
साम (श्याम)–२१३
सामूगढ़–११८, १२७
सावंत–दे० 'लक्ष्मण सावंत देसाई'।
सावंतवाड़ी–११६
साहजहाँ–दे० 'शाहजहाँ'।
साहसुवा–दे० 'शाहशूजा'।
साहिनिजाम–दे० 'निजामशाह'।
साहि–दे० 'शाहजी'।
साहुजी, साहू, साहूजी–६६, ७१, ७३, ७६, ८७, ६३, २३०–३१, २३४

सिंगारपुर, सिंगारपुरी(शृंगारपुर)-- १२६, १६४, २१४
सिंध–११८, १३४, २३४
सि[illegible]–१०३–४, १०८, ११३, ११८, ११२, १२५–२६, १४५, १७३, १८२
सिंहल–२१८, २२५, २३७
सिकंदर आदिलशाह–११६, १२२
सितारा (सितारागढ़)–८०, ८७, ९३, २१०-११, २१६, २३४-३५
सिद्दी जोहर–११६, १२६
सिरजे खाँ (शरजा खाँ)–१२१, १४५, २२६
सिरीनगर–दे० 'श्रीनगर'।
सिरोंज–९८,२१२, २३४
सुंडा–१२१
सुजान–दे० 'सुजानसिंह'।
सुजानराय–९६–९७
सुजानसिंह–११७, १२६
सुजानसिंह 'सूरजमल'–३४
सुतरुद्दीन–२१०
सूराजपुर–८२
सूजा–दे० 'साहशूजा'।
सूरत–७३, १०४, १०६, ११२,११७, १२३-२४, १२७, १६३, १९०, २२१–२२, २३८
सूर्यजी मालसरे–११३
सूर्यराव–१२६
सुलंकी–७१, २३५
सैयद अफगन–१००, २३०
सोमशाह–१२४
स्कैंडेनेविया–३०
हड़िया–११७
हमीदुद्दीन–११४
हम्मीर–३२, ३५, ४८
हरिवंश–८६
हरिवंशपुर–८६
हसन–१२४
हाशिमखाँ–९८
हिंदुस्तान–दे० 'भारत'।
हिमाचल (हिमालय)–१४३, १४५
हिमायूँ–३४, २१६, २२१
हिम्मतबहादुर–३५
हृदयराम (हृदैराम) सुलंकी ८७, ९४–९५
हृदयसाहि–६७
हेमकर्ण–९५
हैदरगढ़–६७
हैदराबाद–१२१-२२, १२४